입법을 알아야 기업이 산다

입법을 알아야
기업이 산다

초판 1쇄 발행 2021년 10월 15일

지 은 이	서인석
발 행 인	권선복
편 집	오동희, 노유경
디 자 인	노유경
전 자 책	오지영
발 행 처	도서출판 행복에너지
출판등록	제315-2011-000035호
주 소	(157-010) 서울특별시 강서구 화곡로 232
전 화	0505-613-6133
팩 스	0303-0799-1560
홈페이지	www.happybook.or.kr
이 메 일	ksbdata@daum.net

값 22,000원
ISBN   979-11-5602-925-0 (93320)
Copyright ⓒ 서인석, 2021

입법을 알아야
기업이 산다

성 공 적 인   비 즈 니 스 를   위 한
국 회   사 용   설 명 서

서인석 지음

도서
출판 행복에너지

정치분야 '위기관리 전문가'가 필요한 시대

성공적인 비즈니스를 위한 '국회 사용설명서'

이 책은 평소 비즈니스를 하는 기업인은 말할 것도 없고 심지어 개인조차 '입법을 알아야 잘 살 수 있다'는 취지 아래 쓰였다. 여기서 '잘 살 수 있다'는 건, 당장 규제로 인한 불이익을 피하고 동시에 기존 이익을 보호하는 것과 함께 새로운 이해(利害) 관철로 성공적인 비즈니스를 할 수 있어야 한다는 걸 의미한다. 단 이를 위해서는 두 가지에 대한 이해(理解)가 필요한데 하나는 입법, 즉 법률이 갖고 있는 현실적인 힘과 함께 때로는 그것이 '리스크(risk)'로 작용하는 의미를 알고 있어야 한다. 두 번째는 입법의 주체인 국회의 작동원리, 즉 입법과정과 국정감사 또는 청문회와 관련한 국회의 증인신청과정에 대해서도 잘 알고 있어야 한다. 이 책의 부제가 '성공적인 비즈니스를 위한 국회 사용설명서'인 이유도 바로 여기에 있다.

하지만 여기까지만 읽어서는 글쓴이의 주장이 무슨 뜻인지 쉽게 이해되지 않을 수 있다. 개중에는 좀 엉뚱한(?) 얘기라고 받아들이는 사람도 있을지 모르겠다. 그럼 이렇게 생각해 보자. 기업의 경영 위기를 불러일으키는 중요한 요소로는 어떤 것들이 있을까? 당장 불황이나 환율, 무역전쟁을 거론할 수 있을 것이다. 유가(油價)나 금리 인상 혹은 수출 감소를 생각할 수도 있다. 은행의 대출 규제나 임금 인상, 원자재 가격 상승 같은 것을 떠올리는 사람도 있을 것이다. 개인에 따라서는 노동자 파업이나 인력난 또는 임대료나 세금 인상을 꼽기도 할 것이다.

그러나 이런 것들은 엄밀히 말하면 비즈니스와 불가분의 관계를 맺고 있는 '일반적인 위험'에 지나지 않는다. 사업을 하는 사람이라면 매 순간 누구나 고민해야 할 과제일 뿐, 특정인에게만 제한적으로 주어지는 정말 해결하기 어려운 과제는 아니기 때문이다. 더욱이 이 모든 것은 누구나 예상할 수 있는 것인 만큼 사업을 하는 사람치고 이런 것을 모르거나 준비하지 않는 사람은 없다. 특히 예측 가능하거나 언제 어떤 형태로 발생할 것인지를 짐작할 수 있는 위험은, 실은 진짜 위험이 아니다.

반면 이전에 경험한 적도 없고 기업 경영과 관련해 생각할 수 있는 보편적인 위험도 아니라서 예측 가능하지도 않으며, 그래서 대응 방법도 잘 모르고 특히 솔루션을 제공할 수 있는 사람 또한 대단히 제한적이라고 한다면, 이거야말로 기업 경영에 가장 큰 영향을 미칠 수 있는 심각한 위험이 될 수 있다. 그런데 여기에 더해 기업 경영에 큰 위험을 제공하는 상대가 아주 강한 힘을 갖고 있고 동시에 우리 사회 변화 발전에 따라 힘의 집중이 더 크게 일어나며, 때론 명분이나 여론 혹은 국민감정까지 등에 업고 있다고 한다면 어떻게 될까?

이건 요즘 젊은 친구들 표현대로 '할 필요도 없거나' 혹은 '해보나 마나 한 게임'이 될 수 있다. 혹자는 "사업하는데 그런 게 어디 있냐?"고 할지 모르겠다. 하지만 국회의 입법활동으로 어제까지 멀쩡하게 운영하던 사업을 오늘 갑자기 중단해야 하거나 심한 경우 당장 회사 문을 닫아야 한다면 어떤 반응을 보일까? "세상에 그런 일이 어디 있어!"라고 치부할 것인가? 아니면 "말도 안 돼!"라고 무시할 것인가? 이해를 돕기 위해 예를 들어 설명해 보자.

먼저 국회 입법 때문에 멀쩡하던 사업을 중단해야 했던 사례다. 2020년 3월 국회는 일명 '타다 금지법'인 「여객자동차운수사업법」 개정안을 통과시켰다. 개정안은 관광 목적으로 11~15인승 차량을 빌리되, 6시간 이상 사용하거나 대여·반납 장소가 공항이나 항만일 때만 사업자가 운전자를 알선할 수 있도록 하는 내용을 담고 있다. 그런데 '타다 금지법'으로 불리는 것에서 알 수 있듯, 개정안 통과로 공유 자동차 '타다'는 더 이상 사업을 이어갈 수 없었다. 국회의원들은 "공유 자동

중앙일보   2020-03-06 (금) 030면

타다 금지법이 보여 준 '코리아 디스카운트'의 실체

170만 명이 이용하던 '타다' 서비스가 멈춰 서게 됐다. '타다 금지법'(여객자동차운수사업법 개정안)이 그제 국회 법사위를 통과했다. 법원이 타다에 무죄를 선고한 지 2주일 만이다. 정부와 국회가 없던 법 조항까지 만들어 타다를 불법화했다. 타다를 운영하는 VCNC 측은 관련 서비스를 중단하겠다고 발표했다.

타다 서비스 자체에 대해서는 혁신성 등을 놓고 벤처·스타트업 업계에서 논란이 있었다. 그러나 타다 금지법 통과에는 거의 우려와 비판 일색이다. '코리아 디스카운트'의 실체를 극명히 드러낸 사례여서다. 코리아 디스카운트란 한국 기업의 주식이 선진국보다 상대적으로 저평가받는다는 뜻이다. 이유는 크게 두 가지다. 북한이라는 지정학적 요인과 손바닥 뒤집듯 하는 정부 정책의 불안정성·불확실성이다. 말로만 외치는 규제 개혁이 정책 불확실성의 대표적인 예다. 이번에 국토교통부가 타다 금지법 개정안을 만들고 국회가 이를 일사천리로 처리함으로써 한국은 얼마나 정책이 쉽사리 흔들리는 나라인지를 다시 만방에 알리게 됐다.

애초 남들은 다 하는 승차 공유를 한국만 제대로 못하는 것부터가 이해하기 어려웠다. 타다는 그 틈을 뚫고 합법 서비스를 시작했다. 호응을 얻어 수많은 이용자를 확보했다. 그걸 정부와 국회가 합작해 기어이 멈춰 세웠다. "혁신성장을 위해 붉은 깃발 규제를 뿌리 뽑겠다"던 정부에서 일어난 일이다. 총선을 앞두고 선거에 큰 영향을 끼치는 택시 기사들을 의식한 포퓰리즘의 전형이라는 분석이 유력하다. "제발 정치가 경제를 놓아 달라"던 박용만 대한

없던 규제도 만들어 합법 서비스 막아
한국의 정책 불안정성 극명히 드러내
누가 위험 무릅쓰고 벤처 투자하겠나

상공회의소 회장의 호소가 새삼 떠오른다.

당장 1만2000명 타다 기사는 일자리를 잃을 위기에 처했다. 이뿐이 아니다. 스타트업·벤처 업계는 더 큰 폭풍을 걱정한다. 벤처 투자가 얼어붙을까 봐 노심초사다. 타다처럼 멀쩡하던 사업을 막아버리면 투자자는 투자금을 고스란히 날리게 된다. 타다 사태를 지켜본 벤처 투자자들은 소극적으로 돌아설 수밖에 없다. 벤처로서는 젖줄이 막히는 셈이다. 타다 금지법 통과를 놓고 '벤처 생태계에 코로나19 바이러스를 풀었다'는 격한 표현까지 나오는 이유다.

문재인 정부는 '벤처 육성 강화'를 내세우고 있다. 미래 성장 동력을 확보하고, 일자리를 늘리려는 목적이었다. '벤처 투자금이 사상 최대'라고 여러 차례 자랑도 했다. 벤처 육성은 시중에 떠도는 자금을 생산적인 방면으로 흡수해 부동산 가격을 안정시키는 효용도 있다. 그런데 정부와 국회는 타다 금지법을 만들어 벤처 육성에 스스로 찬물을 끼얹었다. 당장 총선에서 표를 얻겠다는 생각에 휘둘려 경제와 산업의 미래엔 눈을 감아버렸다. 코리아 디스카운트를 해소하려고 노력하기는커녕 오히려 한층 굳어 주기만 했다. 여기엔 여야가 따로 없었다. 미래통합당도 타다 금지법에 찬성한다고 당론을 정했다.

그렇지 않아도 한국 경제는 힘을 잃고 비틀거리는 판이다. 반기업·친노조 일변도 정책과 소득주도 성장 등이 앞서고 코로나19가 덮친 데 이번엔 정치까지 가세했다. 경제·산업·문화·스포츠 등 여러 방면에서 차곡차곡 쌓아 온 '코리아 프리미엄'을 정치가 갉아먹고 있다. 대체 이 정치는 언제쯤 경제의 발목을 놓아줄 것인가.

▲ '타다'는 남들 다 하는 승차 공유를 못 하는 우리 현실에서 그나마 합법적으로 시작된 서비스였다.

차 영업으로 택시 운전기사들이 피해를 볼 수 있다."며 '타다'를 금지했다. 개정안의 국회 통과 며칠 전만 해도 법원은 '타다' 운행이 문제없다고 판결했다.

하지만 한 달 뒤 치러질 4.15 총선을 앞둔 정치권은, 오로지 택시 기사들 표를 얻기 위해 '국민편익'은 물론 경제와 산업의 미래까지 도외시한 채 '타다 금지법'을 통과시켰다. 이를 위해 정부와 국회는 없던 법 조항까지 만들어 '타다'를 불법화했다. 이로써 우리 국민 170만 명이 이용하던 합법 서비스 '타다'는 곧바로 중단됐다.

이번에는 국회 입법활동으로 아예 회사 문을 닫아야 했던 사례를 살펴보자. 2016년 1월 초 한참 잘나가던 벤처기업인 '헤이딜러'가 하루아침에 회사 문을 닫는 사건이 발생했다. 원인은 2015년 12월 28일 국회 본회의를 통과한 「자동차관리법」 개정안에 있다. 2015년 1월에 창업한 헤이딜러는, 중고차를 팔려는 개인이 애플리케이션을 통해 차량 사진 5장만 올리면 딜러들이 견적을 매기고, 그 가운데 개인이 원하는 딜러를 선택해 판매하는 역경매방식의 서비스를 제공하는 벤처기업이다. 창립 1년 만에 누적거래액 300억 원을 돌파할 정도로 국내 자동차 경매 시장에서 돌풍을 일으켰다. 그런데 온라인 자동차경매회사라도 오프라인과 마찬가지로 영업장(3300㎡ 이상 주차장, 200㎡ 이상 경매실)과 사무실 등 각종 공간을 확보하지 않으면 사업을 할 수 없다는 내용의 「자동차관리법」 개정안이 국회를 통과하자 2016년 1월 5일 폐업(廢業)했다. 개정된 법이 규정한 대로 돈을 들여 영업장과 사무실을 마련하거나, 그렇지 못할 경우 '3년 이하의 징역 또는 1000만 원 이하의 벌금'에 처할 수 있기 때문이다.

'타다'와 '헤이딜러' 두 가지 사례는, 국회 입법으로 인해 얼마든지 멀쩡하던 사업을 접거나 심한 경우 회사 문을 닫는 일이 벌어질 수 있음을 여실히 보여주고 있다. 그리고 국회 입법활동이 우리 믿음과 달리 국민편익이나 경제성장 또는 산업의 미래라는 '사회적으로 중요한 가치'보다 때론 국회의원만의 이익, 즉 '표'를 의식해 침묵하는 다수 대신 목소리 큰 소수에게 유리한 방향으로 귀결되기도 한다는 것을 알 수 있다. 여기에는 여야 구분도 없다. 당장 '타다 금지법'이 그렇고, 모바일 앱을 이용한 우버(Uber)와 같은 비즈니스 모델을 모두 불법으로 만들어버린 「여객자동차운수사업법」 개정안이 2015년 5월 국회를 통과한 것도 이런 사실을 뒷받침해 주고 있다. 자가용을 이용해 택시처럼 영업하는 우버는 '공유경제'의 대표주자로 미국을 비롯해 전 세계 600여 개 도시에서 운영되고 있다. 하지만 우버를 반대하는 택시 기사들에 편승한 입법 때문에 한국에서는 '불법'이 됐다.[1]

그런데 이처럼 '표'만 계산하는 국회 입법활동을 기업 경영 차원에서 본다면, 그야말로 '정치리스크'이자 '입법리스크'가 아닐 수 없다. 불법을 저지른 것도 아니고, 그렇다고 우리 사회에 해악을 끼친 것도 아닌데, '표'를 의식한 규제 입법으로 하루아침에 멀쩡하던 사업을 접거나 회사 문을 닫아야 한다면, 비즈니스 차원에서 이보다 더 큰 위험은 없을 것이다. 동시에 이는 입법이 비즈니스나 기업의 흥망을 좌우하는 절대적인 힘이자 기업 경영에 가장 큰 위험이 될 수 있는 제일 중요한 요소라는 걸 보여주고 있다. 이 같은 위험은 단지 물건이 잘 안 팔린다거나 혹은 경제 사정이 좀 어렵다는 것과는 차원을 달리하는, 기업의 생사(生死)를 좌우하는 '본질적인 위험'이다.

---

1) 아무리 늦더라도 자율주행차는 2030년 이전에 상용화돼 전 세계 도로를 질주할 것이다. 그럼 이때도 '생계'를 근거로 택시기사들이 반대하면, 우리 국회가 자율주행차 운행을 전면 규제할지 의문이다. 어차피 4차 산업혁명을 통한 미래 모습은 정해져 있다. 모빌리티 혁신 또한 마찬가지다. 그렇다면 우버를 불법화할 게 아니라, 차라리 이를 계기로 택시 기사들이 점진적으로 다가올 미래를 준비하고 적응할 수 있도록 입법화하는 게 국회의 올바른 역할일 것이다. 우버 합법화는 서울에 있는 5만여 명의 개인택시 생계와 관련된 문제이지만 자율주행차로 인해 '운전'이라는 직업 자체가 사라진다면, 그것이 미칠 파장은 쉽게 가늠할 수 없을 것이다. 물론 이때도 국회가 입법을 통해 자율주행차 운행을 규제할 수 있다. 단 이 경우 우리 국민은 세계적인 '모빌리티 혁명'을 외면한 채 관련한 국민편익과 미래 변화를 모두 포기해야 한다.

立法을 알아야 기업이 산다

여론과 명분 그리고 국민정서법

한편 앞서 언급한 것처럼 기업 경영에 위험을 주는 상대는, 입법이 갖고 있는 절대적인 힘은 논외로 하고라도 명분이나 여론 또는 국민 정서나 감정까지 등에 업고 있을 때가 많다. 그런데 비즈니스를 하는 기업 입장에서는, 이것 하나만으로도 경영에 큰 어려움을 겪을 수 있다.

이와 관련한 최근 사례로는 2021년 2월 헌정 사상 처음으로 열린 '산업재해 청문회'를 들 수 있다. 당시 국회 환경노동위원회는 최정우 포스코 회장을 비롯해 포스코건설, 현대중공업, LG디스플레이, GS건설, 현대건설, CJ대한통운, 롯데글로벌로지스, 쿠팡풀필먼트서비스 등 9개사 대표를 증인으로 불렀다. 이들 9개 기업 대표들이 한꺼번에 청문회 증인으로 불려 나온 건, 국회가 산업재해라는 명분과 사망 사고에 따른 국민정서법을 근거로 기업을 압박할 수 있었기 때문이다. 특히 산업재해 청문회가 내용상으로 최정우 포스코 회장 개인 청문회로 돌변했던 건, 포스코 측에서 이 같은 명분과 여론이나 국민정서를 감안하지 못한 채 어떻게든 청문회 출석을 회피했던 데 따른 것이다.

그렇지 않아도 기업과 국회는 애초 양자가 갖고 있는 힘이 대등하지 않은 가운데, 한쪽은 여론과 국민감정을 동원해 다른 한쪽에 압박을 가할 수 있는 위치에 있다. 실제로 최 회장이 취임한 2018년 7월 이후 포스코에서 노동자 16명이 사망했다는 것만으로도, 포스코는 명분과 국민정서법상 대단히 불리한 위치에 처했다. 그런데 포스코는 이 같은 상황에서 요추부 염좌상 진단서와 함께 불출석 사유서를 제출하며 최 회장의 청문회 불출석을 꾀했다. '긁어 부스럼'이자 '화'를 자초한 것이다. 포스코 스스로 '매'를 벌고(?) '미운털'이 박히는 결과를 초래했다.

이는 이미 19대 국회 들어서면서부터 대기업 총수들이 증인 출석을 회피하지 않는 흐름과 명백히 배치되는 것이다. 19대 국회가 임기를 시작한 지 얼마 되지 않은 2012년 11월 정무위원회는 신동빈 롯데그룹 회장, 정지선 현대백화점 회장, 정용진 신세계그룹 부회장, 정유경 ㈜신세계 부사장 등 4명을 증인으로 하는 「대형 유통업체의 불공정거래 실태 확인 및 근절대책 마련을 위한 청문회」를 개최했다. 그런데 증인 4명 모두 해외 출장을 핑계로 출석하지 않으면서, 헌정 사상 처음으로 청문회가 무산되는 일이 벌어졌다. 이로 인해 여야는 불출석한 증인 4명을 검찰에 고발하고 사법부 또한 엄격한 재판 결과를 내놓으면서, 이제는 과거처럼 해외 출장 혹은 병(病)을 핑계로 증인 출석을 회피하지 않는 '불문율'이 만들어졌다. 이런 사실은 2013년부터 국회 증인으로 의결된 대기업 총수들이 모두 출석했던 것에서도 확인된다. 특히 2016년 12월 이재용 삼성그룹 부회장, 정몽구 현대기아차 회장, 최태원 SK그룹 회장, 구본무 LG그룹 회장, 신동빈 롯데그룹 회장, 조양호 한진그룹 회장, 손경식 CJ그룹 회장 등 우리나라 8대 재벌 총수들이 「박근혜-최순실 게이트 국정조사 특별위원회」 증인으로 한꺼번에 국회로 불려 나온 걸 감안하면, 포스코 최 회장의 증인 출석 회피는 '최악의 정무적 판단'이 아닐 수 없다.

최 회장이 정말 청문회 증인으로 출석하고 싶지 않았다면, 인맥과 다양한 방법을 동원해 국회가 자신을 증인으로 의결하지 않도록 '사전에 노력'해야 했다. 다시 말해 국회가 증인 채택을 논하는 것에 발맞춰 최 회장은 산업재해에 따른 대국민 사과 성명을 재차 발표하거나 희생자들에 대한 개인적 차원의 배상금을 내놓거나 아니면 사망 사고 원인과 해결책에 대한 대책 발표 또는 산업재해 예방을 위한 실태조사를 하는 시늉(?)이라도 해야 했다. 만약 이런 게 안 되면 환경노동위원회에 소속된 의원들을 개별적으로 만나 필요한 자료도 제공하며 설득해 이들 가운데 몇 명이라도 자신의 우군(友軍)으로 만드는 최소한의 노력이라도 기울였어야 했다.

요컨대 포스코가 여론과 국민정서법에서 불리한 위치에 놓인 만큼 청문회 증인으로 의결되는 것을 막기 위해서라도 최 회장 스스로 최소한의 명분을 축적하고 자신에게 유리한 상황을 만들기 위해 노력했어야 한다는 것이다. 그런데 이런 것을 소홀히 한 채 증인 출석이 의결된 뒤에도 무조건 국회 출석을 피하려고만 하다 보니 스스로 수동적 위치에 직면, 결과적으로 여론만 더 악화시키는 결과를 초래했다. 이른바 국민정서법을 거슬러 '호미로 막을 것을 가래로도 막기 어려운 상황'이 된 것이다.

만약 국회의 증인 의결을 막거나 피하지 못했다면, 그다음 단계인 출석은 당연한 것이다. 물론 「국회에서의 증언·감정 등에 관한 법률」 제5조의2는 "증인은 부득이한 사유로 출석하지 못할 경우, 출석요구일 3일 전까지 의장 또는 위원장에게 불출석 사유서를 제출하여야 한다."고 규정돼 있다. 하지만 이는 불출석 사유서를 내기만 하면 증인으로 출석하지 않아도 된다는 것을 의미하지 않는다. 증인 불출석은 국회가 불출석 사유서를 '수용', 요컨대 출석하지 못할 만한 합당한 이유가 있다고 인정할 때만 비로소 가능한 일이다. 그런데 실제 이런 일이 얼마나 될까? 국회가 증인 출석을 의결할 당시 이미 큰 병 혹은 수술로 입원해 있지 않는 한 실제로 불출석을 인정받을 수 있는 사유는 거의 없다. 설혹 감옥이나 해외에 있더라도 국회는 '동행명령장'을 통해 증인 출석을 강제할 수 있다. 「국회에서의 증언·

감정 등에 관한 법률」제6조에 따르면 "증인이 정당한 이유 없이 출석하지 아니하는 경우에는 의결로 해당 증인에 대하여 지정한 장소까지 동행할 것을 명령할 수 있다."라고 규정하고 있다. 증인이 동행명령을 거부할 경우 '국회 모욕죄'에 해당해 5년 이하의 징역형에 처할 수 있다.

이렇게 볼 때, 증인으로 의결되면 무조건 출석해야 한다는 것을 알 수 있다. 증인으로 의결되고도 출석하지 않으면 국회 고발로 인해 징역 또는 벌금에 처할 수 있다. 특히 2016년 12월 최순실 게이트를 거치면서 증인 불출석에 따른 처벌을 규율하고 있는 「국회에서의 증언·감정 등에 관한 법률」제12조①항은 "정당한 이유 없이 출석하지 아니한 증인은 3년 이하의 징역 또는 1000만 원 이상 3000만 원 이하의 벌금에 처한다."로 강화됐다.[2]

아무튼 기업은 이처럼 국회에 의한 증인 출석요구 하나만으로도 언제든 대외 신인도 하락이나 기업 이미지 훼손 혹은 총수나 임원이 징역 또는 벌금에 처하는 것과 같은 위험에 직면할 수 있다. 포스코가 최 회장의 청문회 출석을 계기로 경영지원본부 산하 커뮤니케이션실(홍보)과 정책지원실(대관)을 통합해 커뮤니케이션본부로 격상하고 '정치(국회)와 관련한 위기관리 전문가'인 여야 보좌관 출신 2명을 임원으로 영입한 것도, 뒤늦게나마 이 같은 위험을 최소화하기 위한 조치로 이해할 수 있다.

---

2) 개정 전 「국회에서의 증언·감정 등에 관한 법률」제12조①항은 "정당한 이유 없이 출석하지 않은 증인에 대해서는 3년 이하의 징역 또는 1000만 원 이하의 벌금에 처한다."였는데, 관련한 자세한 내용은 이 책 제4장의 국정감사 증인에 대한 이해와 대응에서 설명하겠다.

立法을 알아야 기업이 산다

입법으로 새로운 비즈니스와 일자리도 창출

그렇다고 국회 입법활동이 매번 기업 경영에 부정적인 영향만 끼치는 건 아니다. 때론 입법을 알면 이전에 없던 시장을 만들어 새로운 비즈니스를 할 수 있고 그에 따른 수익도 챙길 수 있다. 최근 사례를 살펴보자.

이화여대 경영대학원은 2020년 8월 국내 대학으론 처음으로 '여성 사외이사 양성과정'을 개설했다. 느닷없이 왜 이런 일이 벌어졌을까? 이유는 2020년 1월 「자본시장과 금융투자업에 관한 법률」(「자본시장법」) 개정안이 국회 본회의를 통과한 데 있다. 개정된 「자본시장법」은 2022년 8월부터 자산총액 2조 원 이상 기업이 이사회를 구성할 때 여성 이사를 최소 1명 이상 두도록 규정하고 있다. 요컨대 입법으로 인해 기업들은 당장 230여 명에 달하는 여성 사외이사를 확보해야 하는 과제를 안게 됐다. 그런데 기업 내 여성 사외이사는 교수, 변호사, 회계사 등 일부 전문가들이 지목되고 있지만, 문제는 후보 리스트에 올릴 수 있는 절대 숫자가 부족하다는 것이다.[3] 결국 이화여대 경영대학원은 이처럼 「자본시장법」 개정에 따라 발생한 문제, 다시 말해 '여성 인재 육성'이라는 새로운 시장을 발견하고 관련한 여성 사외이사 양성과정을 긴급히 개설한 것이다.

입법을 통하면 얼마든지 특정 직업군의 '일자리'도 만들어 낼 수 있다. 이름도 생소한 '준법지원인제도'를 통해 입법을 통한 변호사들의 일자리 창출 과정을 살

---

3) 2018년 기준 국내 500대 기업의 여성 임원 비율은 3.6%에 그치고, 여성 사외이사 비율은 이보다 더 낮은 3.1% 수준이다. 같은 아시아권이지만 중국만 하더라도 여성 사외이사 비중은 20~30%인데 반해 한국은 한 자릿수로 유독 낮다. 우리 기업이 지난 50년간 남성 중심 문화로 성장해오다 보니, 자연 사외이사에 대한 판단 기준도 남성 중심으로 형성돼 해당 기준을 충족하는 여성 자체가 적을 수밖에 없었다.

퍼보자. 2012년 4월부터 자산규모 3000억 원 이상 상장사들은 1인 이상 준법지원인을 의무적으로 채용해야 한다. 이는 2011년 4월 이 같은 내용을 담은 「상법」 개정안이 국회를 통과한 데 따른 것이다. 개정안은 윤리경영이 강화되고 있는 세계적인 추세에 발맞춰 우리나라 상장사들의 준법경영과 사회적 책임 강화를 목표로 법률 전문가 출신을 준법지원인으로 채용토록 의무화하고 있다.

여기서 '법률 전문가 출신'은 변호사를 의미한다. 다시 말해 변호사단체는 법 개정을 통해 기업의 윤리 · 준법 경영 정착이라는 명분 아래 상장사들로 하여금 변호사를 의무적으로 채용토록 강제하고 있는 것이다. 이 때문에 「상법」 개정안이 제출될 때부터 "법조인의 고용 창출을 위한 법률안"이라는 비난이 일었다. 이와 관련, 당시 한국상장사협의회는 "사외이사제도, 감사제도, 내부회계 관리제도 등 준법 통제와 관련된 각종 제도가 중첩적으로 도입돼 있다. 이 같은 규제 중복에도 불구하고 준법지원인제도가 도입된다면 변호사업계에만 유리한 결정이다." [4]라고 강하게 비판했다.

이해 당사자인 상장사들의 반대에도 불구하고 준법지원인제도는 「상법」 개정안의 국회 통과를 계기로 2012년 4월부터 의무적으로 시행됐다. 당시에는 변호사 2만 명 시대를 눈앞에 둔 때로, 변호사들 간에 사건 수임 경쟁이 치열했다. 그런데 법 개정으로 한꺼번에 과거에 없던 수백 명의 일자리가 생기면서, 일자리 부족에 허덕이던 변호사들은 숨통을 틔울 수 있었다.

이렇게 볼 때 입법은 가장 강력한 힘을 갖고 있는 건 물론 비즈니스를 하는 기업이라면 응당 배우고 알아야 하며 늘 관심 갖고 지켜봐야 할 가장 중요한 대상이

---

4) 「이데일리」, 2011. 12. 29.

立法을 알아야 기업이 산다

문화일보

2009년 08월 07일 금요일 009면 사호

변호사 '밥그릇 늘리기法' 입법 추진 논란

준법지원인 채용 의무화·전문변호사제 도입 주 내용

■ '준법지원인제'와 '전문변호사제' 등 변호사 고유의 영역을 수호하려는 입법화 움직임이 이어지고 있어 관심을 끌고 있다.

이들 제도는 경기 침체와 공급 과잉에 신음하고 있는 변호사 업계에 숨통을 틔워줄 것으로 보이지만 일각에서는 '변호사 밥그릇 챙기기 아니냐'는 곱지 않은 시선을 보내고 있어 추진 과정상의 논란이 예상된다.

국회 법제사법위원회의 노철래 (친박연대) 의원은 이르면 14일 준법지원인 제도 도입 관련 법안을 제출할 계획이다. 상장기업 1800여곳과 정부기관에 법률 전문가 출신 준법지원인

채용을 의무화(상법 일부 개정안, 공공기관 운영에 관한 법률 일부 개정안)하는 내용이다. 제도 도입 취지는 기업의 윤리·준법 경영 정착이다.

대한변호사협회 (김평우 협회장) 와 서울시지방변호사회 (김현 회장) 는 내친김에 올 하반기 전문변호사 제도 도입을 위한 입법도 추진하고 있다. 김현 회장은 "이르면 9월 관련 법안을 의원 발의를 통해 법사위에 제출하겠다"고 밝혔다. 영역이 투렷한 의사들처럼 변호사들도 세법, 행정법, 노동법 등 법률에 따라 전문변호사를 두자는 것이 주요 골자다.

입법과 관련해 변호사 단체들이

내세우는 것은 기업경영, 법률서비스의 선진화다. 하지만 실제로는 '밥그릇 지키기' 혹은 '밥그릇 늘리기' 성격이 강하다는 시각도 존재한다.

이와 관련, 전문변호사 제도는 변리사 등의 영역 침범 시도에 대한 방어벽 쌓기이고, 준법지원인 제도는 '블루오션' 개척 차원이라는 시각이 많다. 업계의 반응도 부정적이다. 준법지원인 제도 도입과 관련, 전재경 전국경제인연합회 홍보실장은 "대부분 기업이 감사 및 사외이사제도를 이미 도입해 준법·투명 경영을 실천하고 있는 마당에 새로운 준법지원인 제도를 도입하는 것은 기업에 새로운 부담만 지우는 일"이라고 반대 입장을 표했다. 권로미기자 romi@

▲ 이해당사자인 상장사들의 반대에도 불구하고 「상법」 개정안이 국회 문턱을 넘은 데 따라, 변호사들을 위한 수백 개의 일자리가 새롭게 만들어졌다.

다. 기업이 입법, 그리고 관련한 국회의 입법과정을 모른다는 건 마치 총 없이 전쟁터에 나가는 것이나 다를 게 없기 때문이다. 아울러 국정감사나 국정조사는 물론 특정 주제와 관련한 청문회에 기업인들이 증인으로 자주 불려 나가는 것을 감안할 때, 국회가 어떤 과정과 절차를 거쳐 기업인을 증인으로 의결하고, 그렇다면 기업은 어떻게 대응할 수 있는지를 알아야 하는 것 또한 입법만큼이나 꼭 챙겨야 할 중요한 과제이다.

글쓴이가 기업이 살아남기 위해서는 '입법마인드'로 무장해야 한다고 강조하는 이유도 바로 여기에 있다. 그런데 여기서 말하는 입법마인드란, 다음과 같은 3가지 조건이 모두 충족될 때 비로소 의미를 가질 수 있다. 첫째, 기업 스스로 변화한 환경에 대응해 '정치리스크' 또는 '입법리스크'를 정확히 인식하고 있어야 한다. 그

러기 위해서는 먼저 기업 경영에 대한 규제를 만들어내는 국회의 입법활동 및 그 프로세스를 잘 알고 있어야 한다. 둘째, 규제 입법과 관련해 단계별로 어떻게 대응해야 하는지를 알고 있어야 한다. 동시에 기존의 이익을 보호하고 나아가 새로운 이해를 관철하기 위한 전략도 수립할 수 있어야 한다. 셋째, 개별 회사 차원에서 앞서 열거한 두 가지 사항과 관련한 업무를 수행할 수 있는 '정치와 관련한 위기관리 전문 인력'도 확보하고 있어야 한다.

글쓴이는 이상과 같은 3가지 조건을 통칭해 '입법적 리더십'이라고 규정했다. 그래서 입법적 리더십이란, 좁게는 입법이 갖고 있는 힘과 함께 입법활동 및 그 전 과정에 대한 이해를, 넓게는 기업의 기존 이익을 보호하고 새로운 이해를 관철하기 위한 입법전략 수립과 함께 국회의 증인신청에 대한 기업의 효과적인 대응까지를 의미한다. 한마디로 기업 경영을 위해 국회의 작동원리에 대한 이해는 물론 관련한 대응전략을 수립하고 실전에서 활용할 수 있는 경험과 노하우도 갖고 있어야 한다는 것이다.

'국내 1호 입법매니지먼트'

이 책 『입법을 알아야 기업이 산다』는 지난 25년간 입법부 공무원으로 일하며 익힌 지식을 기반으로, 규제 정책에 대한 대응 및 기업의 이해 관철을 위한 입법 등을 컨설팅하며 '국내 1호 입법매니지먼트(입법 및 정책분야 위기관리전문가)'로 활동하고 있는 글쓴이의 경험과 노하우를 총정리한 것이다. 이를 위해 정부의 규제 정책이 국회를 통해 기업에게 어떻게 영향을 미치는지 일련의 과정을 분석하고, 그렇다면 기업은 어떻게 대응해야 하는지를 서술하고 있다. 당장 대관(對官)업무에 참고할 수 있는 건 물론 정부의 규제에 대응하거나 한발 더 나아가 입법을 통한 기업의 이해 관철, 국정감사 증인 출석과 대응 등 성공적인 비즈니스를 위해 다양하게 활용할 수 있을 것이다.

이상의 관점에서 이 책은 총 4장으로 구성돼 있다. 제1장은 이 책의 서론 격으로 '입법리스크' 또는 '정치리스크'가 무엇이고 그것이 언제 어떻게 우리 사회에 등장하기 시작했는지를 설명하고 있다. 동시에 그것이 어떻게 기업 경영에 영향을 미치는지, 이 때문에 이제 경영에서 가장 중요한 변수는 바로 입법이 됐다는 것을 다양한 사례를 들어 설명하고 있다. 이런 맥락에서 지금은 입법전문가 시대이고, 국회 보좌관 출신들을 기업에서 채용하는 것 또한 같은 맥락에서 이해할 수 있다는 것을 보론을 통해 보여주고 있다.

제2장에서는, 그런데 이처럼 기업 경영에 중요한 영향을 미치는 입법에 대해 제대로 인식하지 못하고 있는 현실을 소개하고 있다. 같은 맥락에서 입법활동의 주체인 국회에 대한 인식 또한 잘못돼 있는 문제점에 대해 지적하고 있다. 경영을 위한 기업의 올바른 대(對) 국회 인식은 바로 '국회를 활용해 기존 이익을 보호하고 나아가 새로운 이해를 관철할 수 있다는 것을 인지하는 것'이라고 밝히고 있다. 아울러 이익 보호 및 이해 관철을 위한 국회 관련 대관업무는 어떻게 하는 게 좋은지를 보론에서 설명하고 있다.

제3장은 이 책의 핵심 개념인 '입법적 리더십'과 함께 이의 9가지 형태가 어떤

것인지를 보여주고 있다. 그것은 입법을 통해 새로운 시장을 창출하거나 기존 이익을 보호 또는 강화하는 것, 입법을 통해 경쟁상대가 차지한 시장을 뺏거나 반대로 뺏긴 걸 되찾는 것 혹은 경쟁상대의 공격을 효과적으로 막아내고 살아남는 것 등을 의미한다. 이 밖에도 입법을 통해 사업에 필요한 예산을 확보하거나 규제 완화를 이루어 내거나 숙원사업을 해결하는 것도 입법적 리더십의 9가지 형태에 포함하고 있다.

제4장은 국회 작동원리를 설명하고 있는데, 크게 두 가지로 대별된다. 하나는 국회 입법활동, 즉 그 절차인 입법과정이 단계별로 어떻게 이루어지는지를 보여주고 있다. 다른 하나는 국정감사나 청문회 증인신청과정이 어떻게 이루어지고, 그렇다면 기업은 단계별로 어떤 대응전략을 수립할 수 있는지를 서술하고 있다. 특히 제4장은, 실은 글쓴이가 국회에서 일하는 동안 행정부 공무원이나 공공기관 직원은 말할 것도 없고 대관업무를 담당하는 기업인들에게서 가장 많이 받던 질문이다. 이들은 국회 입법과정과 증인 의결과정에 대해 잘 알지 못하는 데다 참고할 자료도 거의 없다 보니, "법률안이 발의되면 언제 어떤 과정을 거쳐 법안소위로 넘어 가느냐?", "법안소위는 1명만 반대해도 통과가 어렵냐?", "증인으로 의결되면 무조건 출석해야 하느냐?", "혹 증인에서 빠질 수 있는 방법은 없느냐?"와 같은 걸 글쓴이에게 자주 물었다. 간혹 대체토론이나 축조심사가 뭐냐고 묻는 사람도 있었다. 용어의 차이, 즉 발의나 제출, 제안 또는 질의와 질문이 서로 다른 뜻인지를 묻는 사람도 있었다. 가끔은 "다른 보좌관에게 물어보니 잘 모르던데, 너는 이걸 아느냐?"라며 입법이나 증인 출석과 관련해 이해당사자가 취할 수 있는 대응 방법에 관해 물어오기도 했다.

　　　　　立法을 알아야 기업이 산다

국회 증인신청과정과 입법과정 및 관련한 단계별 대응전략에 대해 대관업무 담당자들이 잘 알 수도 없고 참고할 자료도 없다는 건 분명 뭔가 잘못된 일이다. 심지어 실무를 담당하는 대다수 보좌진 또한 잘 모르고 있거나 경력과 경험이 많은 소수의 몇몇 보좌관만 알고 있다는 것 또한 말이 안 되는 얘기다. 지식과 정보는 투명하게 공개돼야 한다. 만약 그렇지 않고 소수만이 지식과 정보를 독점한다면 왜곡이 발생할 수 있다. 그 자체로 힘의 불균형이 초래된다. 아는 사람만이 힘을 갖고 돈도 벌 수 있으며 반대로 모른다는 이유 하나만으로 손해를 보거나 불이익을 감내해야 한다. 지식과 정보를 누가 더 많이 아느냐는, 단지 그걸 갖고 있는 양(量)만으로 승패가 갈린다면 결코 민주사회일 수 없다. 이건 심하게 말하면 조선시대 양반들만 글을 읽고 쓸 수 있을 뿐, 글을 배운 적이 없는 일반 백성은 읽을 수도 또 자신의 생각을 적을 수도 없어 양반에게 일방적으로 휘둘리는 것과 크게 다르지 않다. 검사가 피의자에 대해 수사하지만 동시에 검사 출신 변호사가 피의자의 권리를 보호해 주는 게 민주사회 모습이다. 피감기관이나 기업인 모두 국회 입법활동 및 그 과정, 증인신청과정 및 대응 방법에 대해 응당 알고 있어야 하고 동시에 이는 투명하게 공개돼야 한다. 글쓴이가 이 책을 써야겠다고 마음먹은 이유도 바로 여기에 있다.

부족하지만 이상의 내용이 규제 입법과 정책으로 어려움을 겪고 있는 이 땅의 수많은 기업에게 조금이나마 도움이 됐으면 하는 바람이다. 이 책이 담고 있는 문제의식, 즉 입법과 기업 경영 그리고 기업인의 증인 출석을 '정치리스크' 또는 '입법리스크' 차원에서 분석하고 관련한 국회의 작동원리에 대한 두 가지 이해를 입법적 리더십으로 설명한 기존 도서나 논문은 전혀 없다. 글쓴이가 이전에 썼던 『국정감사 실무 매뉴얼』이나 『국회 보좌진 업무 매뉴얼』처럼 이 책을 쓰기 위한 참고자료는 전무(全無)한 실정이다. 오로지 25년 동안 보좌관으로 일하며 스스로 배우고 익힌 글쓴이의 경험과 업무 노하우 그리고 이와 관련한 개인적 안목(perspective)과 통찰력(insight)만이 이 책의 유일한 참고자료이다. 따라서 혹 본문 중 부적절한 서술이나 사실에 부합하지 않는 내용이 있다면, 이건 전적으로 글쓴이의 역량 부족에 따른 결과이다.

어려운 상황에서도 글쓴이의 저술을 물심양면으로 지원해 준 김병천 선배가 없었다면, 이 책은 출판되지 못했을 것이다. 이 자리를 빌려 다시 한번 감사를 표한다. 국회 수석전문위원 경험을 살려 이 책에 대한 코멘트(Comment)를 아끼지 않은 정재룡 선배의 도움은 글쓴이가 범할 수 있는 실수를 크게 줄여줬다. 교정을 도와준 후배 정내라 비서관 또한 이 책의 완성도를 높이는 데 힘을 보탰다.

무엇보다 글쓴이가 저술에만 집중할 수 있도록 도와준 아내의 배려는, 이 책이 세상에 나올 수 있는데 가장 큰 힘이 됐다. 아빠의 저술을 끝까지 관심 갖고 지켜봐 준 아들 龍源이와 딸 菜源이의 사랑은 글쓴이가 계속해서 저술 활동을 이어갈 수 있는 가장 큰 원동력이자 앞으로도 내가 살아 숨 쉴 수 있는 이유이다.

2021년 9월
글쓴이 **서인석**

I

경제민주화와

'입법리스크'

01

'입법리스크'란 무엇인가?

국회 문턱을 넘지 못하는 법률안들

네이버(NAVER)나 다음(DAUM)과 같은 인터넷 포털 사이트 검색창에서 '리스크(Risk)'라는 단어를 입력하면 중국리스크, 대외적리스크, 경제리스크, 대북리스크, 지정학적리스크, 북핵리스크 등등의 표현을 접할 수 있다.

중국리스크란, 중국의 경제가 급격하게 하락해 그것이 우리 경제에 미치는 부정적인 영향을 의미한다. 경제리스크나 대외적리스크 또한 중국리스크와 비슷하게 경제적인 변화 혹은 대외경제 여건이 우리 경제 상황에 위험을 안겨준다는 의미를 담고 있다. 한편 대북리스크나 지정학적리스크는 북한의 핵 개발이나 미사일 발사와 같은 '호전성(好戰性)'이 우리 '안보(安保)'는 물론 경제적 불안까지 초래할 수 있다는 것을 의미한다. 따라서 이들 모두는 경제나 국가의 안보와 관련된 분야에서 사용되는 용어이다.

그런데 언제부터인가 이 같은 단어와 함께 '정치리스크'나 '입법리스크' 혹은 '국회리스크'라는 표현이 검색되기 시작했다. 이제 리스크라는 단어가 정치분야에까지 사용되고 있다. 경제나 국가안보와 관련한 리스크는 그 자체로 쉽게 이해되는 측면이 있다. 경제나 안보 모두 늘 동전의 앞뒷면처럼 위험이나 불안과 공존하기 때문이다.

한데 리스크가 '정치'분야로까지 확대·적용되는 건 쉽사리 수긍되지 않는 측면이 있다. 더욱이 국회리스크는, 단어만으로는 과연 어떤 위험을 의미하는지 쉽게 다가오지 않는다. 기본적으로 정치나 국회 모두 국민의 안위(安危)를 돌보고 편안한 삶을 누릴 수 있도록 작동해야 하는 기제(機制)이기 때문이다. 물론 제3세계처럼 군사쿠데타가 발생해 군부정치가 실현되거나 혹은 폭력적인 대규모 민중시위로 정치적 안정성이 크게 위협받고 있다면, 정치분야에서의 리스크를 이해할 수도 있을 것이다. 하지만 현재 우리나라에는 대규모의 폭력적인 민중시위나 군사쿠데타가 발생할 가능성은 거의 없다고 봐도 무방하다.

그런데도 우리 언론은 언제부터인가 '정치리스크' 혹은 '국회리스크'라는 표현을 즐겨 쓰고 있다. 국회리스크라는 단어가 언론에 빈번하게 등장하기 시작한 것은 2010년대 들어서다. 「헤럴드경제」 2011년 12월 7일 자 신문은 국회리스크와 관련해 다음과 같이 적고 있다.

더구나 파행을 겪고 있는 국회 통과 리스크도 상당하다. 실제 분양가상한제 법안은 올해 7번의 대책이 나오는 동안 법안 통과 추진의 문구로 단골 메뉴로 올라왔다. 다주택자 중과세 폐지, 재건축 초과이익부담금 부과 중지 등도 법안 개정이 필요한 사안이어서 실제 실행에 들어가기까지는 상당한 시일이 걸릴 것으로 보인다.

여기서 국회리스크란 정부가 제출한 법률안이 국회, 정확하게는 야당의 반대로 국회 문턱을 넘지 못하는 것을 뜻한다. 이 같은 의미는 2013년 12월 8일 자 「머니투데이」 기사로도 이어진다. 당시 「머니투데이」는 '국회리스크 피한 정책' vs '빚내서 집

立法을 알아야 기업이 산다

사는 것 말곤'이라는 제목 아래 정부의 12.3 부동산 정책에 대한 시장의 긍정 및 부정적 평가에 대해 논하고 있다. 여기서 언급한 국회리스크 또한 법률안이 국회에서 통과되지 못하는 데 따른 위험이라는 의미로 사용됐다. 2014년 들어 「문화일보」는 2월 21일 자 신문에서 다음과 같이 언급하고 있다.

> 기지개를 켜는 부동산시장에 또다시 '국회발 리스크(위험)'가 불거지고 있다.
> 정부의 주택 재건축사업 관련 규제 폐지 발표로 모처럼 부동산시장 안팎에 훈풍이 불고 있는 가운데 관련 규제 개정을 위한 법안이 또다시 국회의 문턱을 넘지 못할 가능성이 있다고 우려하고 있기 때문이다.

이 밖에도 "부동산시장 또 '국회리스크'···회복 경기 '불씨' 꺼뜨리나"(한국경제신문, 2014년 7월 18일), "부동산 3법으로 대표되는 국회 입법 리스크 해소"(한국경제신문, 2014년 12월 27일), "금융권이 연말연시 '국회리스크'로 혼란에 빠졌다"(중앙일보, 2015년 12월 30일) 등등의 기사가 이어졌다.

이상의 보도에서 알 수 있는 것처럼 국회리스크란, 정부가 추진 중인 주요 법률안들이 야당의 반대로 국회 문턱을 넘지 못하는 것을 의미하고 있다. 요컨대 언론은 시종일관 하루 빨리 시행돼야 할 법률안들이 국회를 통과하지 못하는 데 따라 발생하는 위험이라는 의미로 '국회리스크' 혹은 '국회 입법리스크'라는 표현을 사용하고 있다.

정치리스크

'정치리스크'라는 단어는 비교적 최근 들어 지면(紙面)에 오르내리기 시작했다. "경제 발목 잡는 정치리스크"(시사위크, 2015년 7월 31일), "또 정치리스크… 성장판 닫히는 경제"(서울경제, 2015년 12월 2일) 등이 그 같은 예이다. 여기서 좀 길지만 "경제 발목 잡는 정치리스크"라는 제목의 시사위크 기사 일부를 옮겨보자.

여야는 나름의 이상과 목표를 갖고 정치를 한다지만 대중에게 비춰지는 것은 계파 갈등 등 다음 총선에서 살아남기 위한 정쟁뿐이다. 전문가들은 현재 우리나라 경제의 문제점으로 투자와 소비 위축의 악순환을 지적한다. 기업들은 정책의 불안정성, 경제 악화 등으로 실물경제에 투자를 하지 않아 일자리 창출이 안 이뤄지고, 서민들은 일자리 부족에 따라 소득과 소비가 줄고 부채는 늘어난다는 것이다. 이에 정치는 앞장서 국가 경제의 방향성 또는 해법을 제시해야 한다. 그럼에도 불구하고 정치권은 자기 밥그릇 챙기기에 혈안이다.

「서울경제」 기사 또한 「시사위크」와 궤를 같이하고 있다. "선거 일정에 매몰된 근시안적 국정운영이 갈 길 먼 한국 경제의 발목을 잡고 있다."라는 것이다. 나아가 총선을 앞둔 정치권의 포퓰리즘(대중영합주의)으로 경제정책이 왜곡될 것을 우려하고 있다. 이렇게 볼 때, '정치리스크'라는 표현은 경제문제와 밀접히 관련돼 사용되고 있는 것을 알 수 있다. 다시 말해 경제가 발전할 수 있도록 정치가 제 역할을 하는 것이 아니라 오히려 정쟁(政爭)에 눈이 멀어 어려운 경제를 도외시한 채 발전에 걸림돌이 되고 있다는 것이다. 그러면서 동시에 선거만을 의식해 대중의 인기에 영합한 퍼주기식 정책만을 쏟아냄으로써, 궁극적으로 우리 경제를 더 어렵게 만들고 있다는 것이다.

立法을 알아야 기업이 산다

한편 법률안 통과를 가로막는 의미로서의 '국회리스크' 또한 시행돼야 할 법률안을 지체시키고, 그것이 궁극적으로 경제문제와 연결됐을 가능성이 크다는 점에서 경제 활성화 내지는 경제발전과 맞닿아있다고 할 수 있을 것이다.

여기서 중요한 것은 국회리스크의 일차적인 이해당사자는 '정부'라는 것이다. 정부가 법률안 통과를 희망하고 있기 때문이다. 정치리스크 또한 마찬가지다. 정치권이 어려운 경제상황에 대한 해법을 외면한 채 오로지 '표'만 의식한 포퓰리즘(Populism) 정책을 시행하려고 하면, 경제적 해법을 모색하는 정부 정책이 실효성을 거두기 어렵기 때문이다. 그리고 이는 법이 통과되거나 어떤 정책이 실현되면 경제 활성화가 이루어질 것이라는 기대를 전제로 하고 있다. 물론 경제적 논리를 도외시한 포퓰리즘 정책이 시행되면, 그것이 가져올 부정적 결과 또한 전제하고 있다. 이런 점에서 '정치리스크' 혹은 '국회리스크'는 모두 미래의 시점에서 긍정적 효과를 수반하거나 반대로 부정적 효과를 가져올 수 있다는 것일 뿐, 지금 당장 큰 문제를 수반하는 것은 아니다. 그리고 무엇보다 그 일차적 당사자는 정부이다.

입법으로 기업이 문 닫는 일도 발생

그런데 문제는 이처럼 국회 또는 정치리스크가 정부 차원에만 국한되거나 그치지 않는다는 데 있다. 더 중요한 것은 정부와 달리 개인이나 기업 입장에서의 국회리스크는 당장 '현존하는 위협'이자 사업이나 생업에 직접적이고도 심대한 영향을 미칠 수 있다는 것이다. 특히 '국회의 입법활동'으로 인해 멀쩡한 기업이 망하는 일도 발생한다. 먼저 예를 들어보자.

2016년 1월 초 한참 잘나가던 벤처기업이 하루아침에 문을 닫는 사건이 발생했다. 원인은 2015년 12월 28일 국회 본회의를 통과한 「자동차관리법」 개정안에 있다. 개정안에 따르면, 온라인 자동차 경매회사라도 오프라인과 마찬가지로 영업장(3300㎡ 이상 주차장, 200㎡ 이상 경매실)과 사무실 등 각종 공간을 확보하지 않으면 사업을 할 수 없도록 규정하고 있다. 이에 따라 서울대 재학생들이 창업한 중고차 모바일 경매 스타트업인 '헤이딜러'는 더 이상 사업을 할 수 없게 됐다. 이 같은 규정을 어길 경우 '3년 이하의 징역 또는 1000만 원 이하의 벌금'이 부과되기 때문이다.

車관리법 졸속 개정에 범법기업 된 헤이딜러 오늘 폐업

"청년창업 도넘은 입법규제" 들끓는 SNS

"위원님께서 양해해주시면 효율적 의사진행을 위해 상정되는 법률안을 대체토론까지 마치는 것을 전제로 먼저 소위원회 회부를 의결하고자 합니다." (지난달 12월 1일 국회 국토교통위원회 회의록)

그야말로 속전속결이었다. 매일경제가 지난달 1일 국토교통위원회 전체회의 회의록을 확인한 결과 이날 국토위에는 법안을 발의한 김성태 새누리당 의원조차 참석하지 않은 것으로 드러났다.

또 법안과 관련된 질의와 답변도 없었으며 대체토론 과정도 생략됐다. 상임위 논의 과정에서 여야 의원들은 창조경제를 대표하는 모바일 기반 청년 스타트업 생존 문제는 거론조차 하지 않았다. 결국 지난해 12월 28일 본회의 의결로 전도 유망한 청년 기업가들은 '사업 퇴출'이라는 벼랑 끝에 마주한 상황이다.

▶1월4일자 A1면 보도

중고차 모바일 경매시장에서 혁신적 스타트업들을 졸지에 범법자로 규정하는 '대못 규제'로 논란을 빚고 있는 '자동차관리법'이 소관 상임위를 거쳐 본회의 문턱을 넘는 데는 한달이 채 걸리지 않았다.

자동차관리법 '대못 규제'로 모바일 중고차 경매업체 '헤이딜러'가 5일 사업 잠정 폐쇄라는 극단적 상황에 내몰렸다는 본지 보도가 나오자 시민은 물론 서울대 창업동아리 등 청년 예비창업자와 동종 업계에서 성토가 이어지고 있다.

헤이딜러와 비슷한 처지에 놓인 스타트업 '바이카' 정욱진 대표는 김성태 의원 SNS에 글을 남겨 아쉬움을 토로했다. 정 대표는 "정부에서 열심히 창업하라고 해서 직원 18명

정욱진 안녕하세요 바이카 이룸 대표 정욱진 입니다. 누구를 위한 법안이었는지 정말 궁금합니다. 저희는 미래창조과학부와 중기청 종진공 지원을 지금도 받으며 저희 직원들과 일금이 나올 수 있을지 의문이 들 있습니다. 정부에서는 열심히 창업하라면서 열심히 달리라며 일자리 창출에 최선을 다하고 있는데, 국회법안은 이렇게 만들어지고 답답한 마음입니다. 저희직원들은 정말 바라보고 스타트업에서 주말도 없이 일을 하고 있습니다. 저희에게 투자한 VC기업분들과 메가인베스트먼트 등등 제가 여러사람들에게 고통을 주는 대표로 하루 아침에 변한 바인베스트 알리바바도 타격이며 오며 중고차 경매 플랫폼들을 오픈함으로 일본은 60% 미국은 30% 자동이 경매한 것이 장선진화된 방식으로 차량을 거래합니다. 그러나 우리나라는 아직 3%에 불과하며 일본은 준하조차 어려운 상황입니다. 2016년 8년진국에서 외치는 대한민국에 많은 아쉬움이 남는 결과라 생각합니다.

🖤 1 · 댓글 달기 · 👍1 · 10분 · 수정됨

"발의의원 불참하고 질의·답변없이 통과시키다니…"

과 함께 주말도 없이 일하고 있는데 국회 법안이 이렇게 돼 답답하다"며 "하루아침에 저희에게 투자한 투자사 등 여러 사람에게 고통을 주는 대표로 변해버렸다"고 말했다.

선배 창업가의 좌절에 의욕마저 꺾이다는 후배 청년들의 비판도 이어졌다.

박진우 헤이딜러 대표가 활동했던 서울대학생벤처네트워크 회장단은 4일 매일경제에 "이번 사태는 낮은 확률을 뚫고 창업을 성공 궤도에 올려놓아도 (규제가) 언제든 널 압

김성태 의원이 발의한 자동차관리법으로 어려움에 처한 바이카 정욱진 대표가 김 의원의 페이스북에 남긴 항의글.

추게 할 수 있다"는 메시지를 주는 것 같다"고 유감을 표했다. 회장단은 "이런 상황에서 한국의 페이스북, 구글이 나올 수 있을지 의문"이라고 거듭 국회의 '대못 규제'에 절망감을 피력했다.

학계에서도 손소리가 터져나왔다. 유병준 서울대 경영대학 교수는 "시장 질서 확립과 신사업 발굴에 (정부와 정치권이) 균형을 맞출 필요가 있다"고 꼬집었다. 그는 "법안이나 규제가 새로운 비즈니스 모델이 출현하는 것을 저해해 결국 국제경쟁력 하락으로 이어지는 측면에 대해 고민해야 한다"고 당부했다.

이에 대해 법안을 발의한 김성태 의원실 관계자는 "자동차관리법 개정법은 '온라인 규제'가 아니라 '소비자 피해 방지'가 방점"이라며 "청년 창업을 규제하려는 별도 입법이 아니다"고 해명했다. 또 "온라인을 기존 법체계 내로 들여와 소비자와 시장을 보호하려는 것"이라며 이번 법 개정으로 폐업 위기에 몰린 스타트업에 대해 "보완할 수 있는 (입법 조치 등) 방안을 강구하겠다"고 답했다.   황순민 기자

▲ 「자동차관리법」 개정안이 국회를 통과하면서, 한참 잘나가던 벤처기업이 하루아침에 '불법'이 돼버리는 사건이 발생했다.

2015년 1월에 창업한 헤이딜러는, 중고차를 팔려는 개인이 애플리케이션을 통해 차량 사진 5장만 올리면 500여 명의 딜러가 견적을 매기고, 그 가운데 개인이 원하는 딜러를 선택해 판매하는 역경매방식의 서비스다. 특히 헤이딜러는 판매과정을 단순화한 것은 물론 안심하고 비싼 가격으로 팔 수 있다는 점에서, 중고차 판매를 희망하

는 개인 입장에서는 최적의 방식으로 평가됐다. 이전에는 중고차를 팔려는 개인이 중고차 매매 업자에게 전화해 자동차 판매를 위탁해야 했고, 동시에 자동차 또한 전시장까지 갖다줘야 했다. 그렇다고 높은 가격으로 팔 수 있다는 보장도 없었다. 오히려 자동차에 대한 무지(無知) 또는 비전문성으로 인해, 중개상들의 농간(?)에 헐값에 넘길 위험이 더 컸다. 하지만 헤이딜러의 등장으로 자동차를 전시장까지 갖다주지 않은 채 인터넷을 통해 가장 높은 가격을 제시하는 중고차 업자에게 손쉽게 팔 수 있게 된 것이다. 과거의 방식보다 훨씬 수월한 것은 물론 더 비싼 값을 받을 수 있으니 중고차를 팔려는 개인으로서는 이보다 더 좋은 방식도 없을 것이다. 헤이딜러가 창립 1년 만에 국내 자동차 경매 시장에서 돌풍을 일으키며 누적거래액 300억 원을 돌파한 것도 이 같은 사실과 무관치 않다.

그러나 헤이딜러의 돌풍은 국회를 통과한 규제 조치로 위기에 직면하더니, 결국 2016년 1월 5일 폐업(廢業)하고 말았다. 사업하는 입장에서 볼 때, 이거야말로 '입법리스크'가 아닐 수 없다. 멀쩡하게 잘 하고 있던 사업을 난데없는 입법 때문에 하루아침에 접어야 했기 때문이다. 그것도 단순히 규제가 강화되는 것이 아닌 입법으로 인해 아예 회사 문을 닫아야 했으니, 그야말로 '최고 강도의 입법리스크'라고 할 수 있다.

사실 모바일을 통해서 온라인으로만 사업하는 회사에 3300㎡ 이상 주차장과 200㎡ 이상 경매실은 절대 필요한 조건이 아니다. 이는 오프라인 방식으로 사업하는 기존 중고자동차 매매상들에게나 필요한 것들이다. 그러면 왜 이런 일이 벌어졌을까? 경위는 이렇다. 헤이딜러의 등장으로 시장을 잠식당한 오프라인 방식의 중고자동차 매매상들이 자신들의 기존 이익을 지키는 것과 함께 상대를 고사(枯死)시키기 위해 '입법을 활용'한 것이다.[5]

반면 헤이딜러는 이 같은 경쟁상대의 움직임을 전혀 눈치채지 못했거나 혹은 알

---

5) 「자동차관리법」개정안은 우리나라에서 최대 규모를 자랑하는 자동차매매단지가 있는 지역의 국회의원이 앞장서 추진했으며, 당시 해당 의원은 「자동차관리법」 소관 상임위원회인 국토교통위원회 위원으로 활동하고 있었다.

았다고 하더라도 적절한 대응 방법을 강구하지 못해 하루아침에 회사 문을 닫지 않을 수 없었다. 반대로 전통적 방식의 중고자동차 매매상들은 '입법'을 효율적으로 활용, 다시 말해 입법을 통해 자신들의 이익을 관철함으로써 기득권을 지키고 나아가 경쟁상대를 문 닫게 만드는 성과(?)를 얻을 수 있었던 것이다.

입법을 통해 이처럼 기업이 망하는 사례는 비단 헤이딜러 사건에 그치지 않는다. 한때 우리 사회에는 '네트워크병원'이라는 말이 유행했다. 유디치과는 그 대표적 사례이다. 여기서 네트워크병원이란 2개 이상의 의원급 또는 소규모 병원이 브랜드를 공유하면서 주요 진료기술과 마케팅, 직원에 대한 교육 등을 공유하는 것을 가리킨다. 무엇보다 한 사람이 첨단장비나 재료 등을 대량으로 구매할 수 있기 때문에 '비용'을 낮출 수 있는 게 특징이다. 이로 인해 기존 동네병원들은 적잖은 타격을 입었다. 가격경쟁에서 네트워크병원을 따라잡을 수 없었기 때문이다.

그런데 어느 순간 우리 사회에서는 네트워크병원이라는 말이 거짓말(?)처럼 사라졌다. 이는 2011년 10월 17일 보건복지위원회 소속 의원이 대표 발의한 「의료법」 개정안이 국회 본회의를 통과한 데 따른 것이다. 개정안에 따르면, "의료인은 둘 이상의 의료기관을 개설·운영할 수 없도록 한다."라고 규정돼 있다. 한마디로 네트워크병원을 하면 안 된다는 것이다. 「의료법」 개정안 통과를 계기로 네트워크병원은 불법으로 전락했고, 반대로 동네병원들은 다시 기득권을 누릴 수 있게 됐다. 다시 말해 네트워크를 통한 병원 운영이라는 비즈니스모델은 더 이상 이 땅에 발을 디딜 수 없게 된 것이다.

이를 이 책의 핵심 개념인 '입법적 리더십' 차원에서 분석해 보면, 한쪽은 시장과 이익을 지키는 것에 실패한 데 반해 다른 한쪽은 상대에게 뺏긴 것을 입법을 통해 확실하게 그리고 항구적으로 되찾았다는 것을 의미한다. 여기서 말하는 시장 지키기와 되찾기는 이 책 제3장 '입법을 통한 뺏긴 것 되찾기'에서 상세히 설명하겠다.

立法을 알아야 기업이 산다

경영 위한 필수 요소, '입법적 리더십'

그런데 여기서 잠깐 생각해 보자. 이 얼마나 무서운 현실인가? 이해가 다른 상대가 입법을 통해 멀쩡하던 사업을 더 이상 할 수 없게 불법으로 만드는 걸 그 누가 꿈에라도 생각하겠는가? 기존 법을 잘 지키고 상거래 질서에 순응하면 별문제가 없을 것이라는 게 일반인들이 갖고 있는 법 상식일 것이다. 법을 잘 지켜 사업을 하고 있는데, 누군가의 입법으로 인해 자신의 사업이 하루아침에 불법으로 전락해 더는 할 수 없는 일이 발생한다는 건, 누구나 쉽게 상상할 수 있는 일은 아니다. 그런데 현실은 우리 생각과 정반대이다. 더욱이 이 같은 일이 '시장'을 놓고 싸우는 과정에서 벌어진다는 점에서 입법리스크, 나아가 입법적 리더십에 대한 이해와 적절한 대응요령을 습득하는 것은 개인과 기업 모두에게 경영을 위한 필수 요소이다.

한편 앞선 두 가지 사례처럼 회사 문을 닫아야 할 만큼의 상황은 아니라고 해도, 법 개정이 기업(또는 개인)에게 위기로 작용하는 사례는 비일비재하다. 조금 오래됐지만 「화학물질 등록 및 평가 등에 관한 법률」에 대해 살펴보자. 2011년 여름 정부와 산업계는 이 법률안을 놓고 적지 않은 갈등 관계에 빠졌다. 화학물질에 대한 규제를 강화해야 한다는 환경부와 그럴 경우 기업경쟁력이 크게 저하될 것이라는 산업계의 입장이 팽팽히 맞섰기 때문이다.

이와 관련, 산업연구원은 법 도입으로 2022년까지 직접 비용만 최대 2조6000억 원이 소요되고 2만여 개의 일자리가 사라질 것이라는 보고서를 발표해 양측의 대립을 더욱 고조시켰다. 만약 정부 방침대로 2013년에 법이 시행되면, 국내 산업계에 미칠 파장은 적지 않았을 것이다. 우여곡절 끝에 법률안을 2015년에 실시하되 '등록대상 기존 화학물질'을 제조하거나 수입하는 기업에게는 2018년 6월 말까지 등록하는 것으로 유예기간을 둬 양측의 갈등은 봉합됐다.

정부–산업계, 이번엔 '화학물질 등록·평가법' 갈등

화학업체 1만여곳 "法 도입땐 경쟁력 상실"

직접비용만 2조6000억 필요… 신중 도입 촉구
정부 "EU선 이미 시행" 연내 제정 밀어붙이기

환경부가 연내에 도입 추진 중인 '화학물
질 등록 및 평가 등에 관한 법률'(화평법)
을 놓고 정부와 산업계 간 갈등이 본격화
되고 있다. 화학물질 위해성 규제를 강화
해야 한다는 환경부와 기업경쟁력 저하
를 우려하는 산업계의 입장이 팽팽하게
맞서고 있다.

화평법이 통과되면 최소 1만여곳의 국
내 기업들이 적용 대상이 된다. 온실가스
배출권거래제처럼 정부와 산업
계 간 첨예한 갈등을 부를 것이 관측
이 나온다.

◆화학물질 규제 강화하겠다는 정부

환경부는 지난 2월 말 화평법을 입법예고
했다. 오는 9월 관련 법안을 국회에 제출
한 뒤 12월 말까지 승인을 받겠다는 계
획이다. 법안이 연내 통과되면 1년 유예를
둔 뒤 2013년부터 본격 시행된다. 화평법
은 국내에 유통되는 연간 0.5 t 이상 모든
화학물질을 정부에 보고·등록하도록 하
는 법이다. 위해성이 있다고 판정되던 기
업은 화학물질의 사용을 제한하고 대체
물질 사용 방안을 마련해야 한다.

지금까지는 1991년 제정된 '유해화학

물질 관리법'에 의해 국내에서 유통되는
6000여종의 신규 화학물질에 대해서만
등록이 의무화됐다. 현재 국내에서 유통
되는 화학물질은 4만3000종으로, 이중
1991년 이전에 유통된 기존화학물질은 3
만7000종에 달한다. 이 물질에 대해서는 등
록이 의무화되지 않아 위해성 판단이 불
가능했다.

이에 따라 화평법 도입을 통해 신규 및
기존화학물질에 대한 위해성을 평가하겠
다는 게 환경부의 설명이다. 또 기존 유해
화학물질관리법상 18가지인 위해성 평가
항목을 45가지이상 늘려 관련 산업에 대한
규제를 더욱 강화예정이다.

이지윤 환경부 화학물질과장은 "유럽
연합(EU), 일본, 미국 등 주요 선진국을
중심으로 환경에 대한 규제가 점차 강화
되고 있다"며 "국민 건강을 보호하고 국
제 화학물질 규제 기준을 맞추기 위해서는
화평법 도입이 반드시 필요하다"고 설
명했다.

◆산업계, "도입에 신중 기해야"

김영환 한국석유화학협회 본부장은 "화학
물질 관리를 위한 법도입에는 찬성한다"

며 "그러나 도입하는 과정에 좀 더 신중을
기해야 한다"고 말했다. 그는 "무작정 2013
년부터 법안을 도입할 게 아니라 시범사업
을 추진한 후 분석적 발굴·해결 과정을 거
쳐 도입하는 게 늦지 않다"고 지적했다.

산업연구원은 화평법이 도입되면 2022
년까지 직접비용만 최대 2조6000억원이
소요되고 2만여개의 일자리가 사라질 것
이라는 보고서를 최근 내놓았다. 한기주
산업연구원 선임연구위원은 "기업의 화학
물질 공급 중단에 따른 손실 및 대체물질
개발 등의 간접비용까지 포함하면 전체
비용은 직접비용의 수배에 이를 것"이라
고 지적했다.

또 다른 화학업계 관계자는 "정부가 E
U의 REACH를 본뜨는 대만 치중하
면서 국내 현실을 고려하지 않고 있다"고
비판했다. REACH란 2007년 6월부터 E

U 내에서 1 t 이상 유통되는 모든 화학물
질은 등록 및 허가 절차를 거친 후 사용하
도록 하는 제도다. 화평법은 이 REACH
를 벤치마킹한 법안으로, K-REACH라
고도 불린다.

이 관계자는 "EU조차 REACH를 도
입하는 데 산업계의 반발을 고려해 6~7년
의 검토 과정을 거쳤다"며 "국내 기업들
이 1년에 불과한 유예기간에 준비하라는
사실상 어렵다"고 말했다. 뿐만 아니라 화
학물질 등록 의무 기준을 EU보다 엄격한
0.5 t으로 규정한 국내 기업이 해외 기
업에 비해 역차별을 받을 수 있다는 지적
도 나온다. 이에 대해 환경부 관계자는
"을 들어다보면 화평법과 관련한 다섯번의
공청회를 통해 산업계의 의견을 수렴했
다"고 반박했다.

법 시행을 앞두고 인프라가 갖춰지지
않았다는 점도 논란거리다. 화학물질의
위해성을 평가하기 위해선 국제적으로
인정받는 GLP(우수실험실 운영기준)
기관이 필요하다. 지난해 기준으로 국제
GLP 기관은 25곳에 불과하다. 화학업계
관계자는 "화학물질 위해성을 평가할 국
내 GLP도 부족한데 화평법이 2013년부
터 시행되면 우리 기업들은 (평가를 위
해) EU나 일본 GLP로 몰려나갈 것"이
라고 지적했다.

강경민 기자 kkm1026@hankyung.com

화평법 도입시 소요 비용	
직접비용	6138억~2조6165억원
간접비용	1조2276억~5조2330억원
일자리 감소	4786명~1만9328명

※2014~2022년 자료 기준   자료:산업연구원

▲ 2011년 여름 정부와 산업계는 「화학물질 등록 및 평가 등에 관한 법률」을 놓고 적지 않은 갈등 관계에 빠졌다.

「화학물질 등록 및 평가 등에 관한 법률」이 애초 산업계 우려와 달리 '봉합'될 수 있었던 것은, 법의 주요 내용이 입법 예고만 됐을 뿐 정작 국회에 제출되지 않은 탓이 크다. 다시 말해 양측은 시간을 갖고 얼마든지 의견을 조율할 수 있었던 것이다. 하지만 만약 개정안이 이미 국회에 제출돼 심사를 앞두고 있었다면, 결과는 크게 달라졌을지도 모른다. 물론 상임위원회 법률안 심사과정에서도 법조문을 수정할 수 있지만, 경우에 따라서는 시간이 부족하거나 정해진 절차에 따른 진행으로 산업계의 의견이 충분히 반영되기 어려울 수 있기 때문이다.

이런 점에서 개정안이 국회에 접수된 뒤에야 비로소 그 내용을 알 수 있는 '의원발의 법률안'이 기업 입장에서는 더 큰 위험(?)으로 다가오는 것이 사실이다. 왜냐하면 '정부 제출 법률안'의 경우 관계부처 협의와 함께 입법 예고, 규제심사 등의 여러 절차를 거치는 동안 법률안의 주요 내용이 알려지는 것은 물론 국회에 제출되기 전

立法을 알아야 기업이 산다

까지 이견(異見)을 조율할 수 있는 시간과 방법이 충분한 데 반해, 의원입법은 그런 기회와 시간 그리고 절차 등이 전혀 없기 때문이다. 실제로 중고자동차 역경매 서비스인 헤이딜러를 불법으로 만들어버린 「자동차관리법」 개정안은 2015년 11월 9일 의원입법으로 발의돼 12월 28일 본회의를 통과하기까지 채 두 달이 걸리지 않았다. 헤이딜러로서는 미처 대응할 시간이 없었던 것은 물론 상황을 파악하기에도 시간이 부족했을 것이다.

기업 경영의 현실적 위험으로 존재하는 '입법리스크'

의원 발의 법률안이 때때로 기업에게 위험이 되는 사례는 「유통산업발전법」 개정안을 통해서도 확인할 수 있다. 2014년 말 한 야당 의원은 전통상업보존구역의 범위를 전통시장이나 전통상점가의 경계로부터 현행 1km 이내에서 2km 이내로 확대하는 것을 주요 내용으로 하는 법 개정안을 발의[6]했다. 백화점과 마트가 포화상태에 이르면서 백화점 이월상품을 50% 이상 싸게 파는 아울렛 영업은, 가장 성장성이 좋은 것으로 평가돼 왔다. 그런데 만약 이 개정안이 통과되면 출점 예정이거나 현재 운영 중인 아울렛 점포 중 상당수가 개장 또는 증축 과정에서 규제를 피할 수 없다. 개정안이 국회를 통과한다면, 앞으로 아울렛 사업이 어려워질 것은 분명한 사실이다. 당장 회사 문을 닫아야 하는 건 아니지만, 국회의원의 법률안 발의는 이처럼 기업의 사활을 좌우할 만큼 중요한 의미를 갖고 있다.

행정부 입장에서는 물론 기업이나 개인 입장에서 겪을 수 있는 '국회(입법)리스크'와 관련, 과거 박근혜 전 대통령은 다음과 같이 언급한 바 있다. 2015년 5월 6일 박 대통령은 제3차 규제개혁장관회의 겸 민관합동 규제개혁점검회의에서 "4월 임시국회

---

6) 「한국경제신문」, 2014. 12. 16.

마지막 날인데 「관광진흥법」, 「서비스산업발전법」 등 경제활성화 법안이 2년이 되도록 아직도 통과되지 못하고 있어 정말 안타깝다. 이런 경제활성화 법안들에 청년 일자리 수십만 개가 달려있다. 제가 이렇게 애가 타는데 당사자들은 얼마나 애가 타며, 그런 일자리 하나하나를 부모들은 얼마나 기다리고 있는지"라며, 우선 정부가 추진 중인 법률안이 국회 문턱을 넘지 못하는 것에 대한 안타까움을 표출했다. 뒤이어 박근혜 전 대통령은 "현장을 모르고 나오는 법(의원입법)이 현장 기업에 엄청난 고통을 주고 기업 투자를 위축시키는 것"이라며, 기업(혹은 개인)이 느끼는 입법리스크에 대해서도 언급했다. 심지어 "그런 막 나오는 법들"[7]과 같은 표현으로 의원들의 입법활동에 대해 강한 불만(?)을 드러냈다.[8] 당시 이 자리에 참석했던 윤상직 산업통상자원부 장관은 "대부분 의원입법과정에서는 제동을 걸 수 있는 장치가 없어 매우 중요한 사항들이 1주, 한 달 만에 그냥 도입된다."라며 "예를 들면 안전사고가 있어 규제 강화 필요성이 있지만, 그 방법이 굉장히 과격하다는 것이다. 기업 활동을 저해할 정도로"[9] 라고 말했다.

경제민주화와 입법리스크

사실 기업이 부담을 갖는 '입법리스크'는 2012년 4월 총선을 앞두고 정치권 최대 화두로 등장한 '경제민주화' 바람과 함께 그 모습을 드러냈다. 당시 정치권은 여야를

---

7) 「서울신문」, 2015. 5. 7.

8) 바로 이런 맥락에서 박근혜 전 대통령은 "현재 의원 발의 규제 법안에 대해 사전에 검토 절차를 두는 법안이 발의됐지만 통과되지 않고 있다. 그것은 입법권 침해가 아니라 현장을 모르고 나오는 법이 기업에게 엄청난 고통을 주고 있으니 기업 투자를 위축시키는 일을 막기 위한 법"이라며, 2014년 9월 이한구 의원이 발의한 「국회법」 개정안의 통과 필요성을 역설했다. 한편 이한구 의원은 "의원입법은 정부 제출 법률안과 달리 규제의 국민경제적 영향에 대한 충분한 사전 검토가 부재한 상태에 놓여 규제를 양산하고 있다."라고 국회법 개정안 발의 배경을 설명하고 있다.

9) 「서울신문」, 2015. 5. 7.

매일경제　　　　　　　　　　　　　2015-05-07 (목) A01면

朴 "현장 모르는 의원立法에 기업 고통"

규제개혁장관회의 그린벨트 규제 대수술…30만㎡ 이하 해제권한 지자체에

박근혜 대통령이 6일 남발하는 의원입법이 만드는 규제에 대해 일침을 가했다. 박 대통령은 이날 열린 제3차 규제개혁장관회의에서 "현재 의원 발의 규제법안에 대해 사전에 검토 절차를 두는 법안이 발의 돼 있는데 통과가 안되고 있다"며 "현장을 모르고 나오는 법(의원입법)이 현장 기업에 엄청난 고통을 주고 기업 투자를 위축시키는 것"이라고 말했다.

박 대통령은 또 "우리가 규제에 묶여 있는 동안 다른 경쟁국들은 발 빠르게 움직이고 있다"며 "경제 회복과 청년 일자리 창출을 위해 보다 과감한 규제 개혁에 나서야 한다"고 밝혔다.

박 대통령은 "현재 정부가 추진 중인 경제살리기와 경제혁신 노력의 핵심 과제가 규제 개혁이라고 해도 과언이 아니다"며 규제 개혁의 필요성을 강조했다. 박 대통령은 △현장 중심·수요자 맞춤형 규제 개혁 △규제품질 선진화 △규제집행 공무원의 변화 △중소기업에 부담을 지우는 인증제도 개혁 △글로벌 스탠더드에 따른 규제 설정 등 5대 과제를 주문했다.

이날 회의에서 정부는 외국인 투자, 그린벨트 규제, 핀테크 등 금융 규제, 물류 규제 등을 포함한 7개 영역에서 대대적인 규

정부 규제개혁 핵심내용

● 그린벨트 규제
- 그린벨트 해제기간 2년서 1년으로 단축
- 개발시 보존부담금 1500억원만 지원

● 지자체 규제
- 지자체 조례 4222건 개선
- 7월까지 지자체 규제 4만건 재정비

● 외국인 투자 규제
- 29개 업종 투자제한 완화·철폐
- 투자변경 등 중복신고 의무 5건 폐지

● 금융 규제
- 금융사 핀테크기업 출자 허용
- 핀테크기업 최소자본금 기준 인하

● 헬스케어 활성화
- 웰니스제품 의료기기 규제대상서 제외
- 첨단 융복합 의료기기 신속 제품화 지원

제 완화 방안을 발표했다.

▶ 관련기사 A4·5·6면

먼저 1971년 이후 반세기 동안 유지됐던 대도시 주변 개발제한구역(그린벨트) 관련 규제를 대폭 완화하기로 했다. 정부는 30만㎡ 이하 중·소규모 그린벨트 해제 권한을 지자체에 넘겨 개발사업에 걸리는 기간을 총전 2년에서 1년 이하로 줄이기로 했다. 또 지자체 조례 4222건을 개선하고 올해 7월까지 4만건의 규제를 재정비하기로 했다. 외국인 투자를 활성화하기 위해

항공정비법상의 지분 제한 규제를 철폐하고 투자 절차도 간소화하기로 했다. 핀테크 기업의 최소자본금 기준을 1억원으로 낮추는 등 금융 분야 규제 완화 대책도 내놨다. 아울러 자율주행차 상용화를 촉진하고 헬스케어 산업 활성화를 위해 건강관리용 웰니스 제품은 의료기기 규제 대상에서 제외하기로 했다.

박 대통령은 이날 국회에서 각종 경제활성화법 통과가 또 무산된 것과 관련해 "오늘이 4월 임시국회 마지막 날인데 관광진흥법, 서비스산업발전법 등 상당수 경제활성화 법안이 2년이 되도록 아직도 처리되지 못하고 있어서 정말 안타깝다"며 "이런 경제활성화 법안에 청년 일자리 수십만 개가 달려 있다"고 말했다. 박 대통령은 "당사자인 청년들은 얼마나 애가 타며, 그런 일자리 하나하나를 부모들은 얼마나 기다리고 있는지, 그런 사회적 요구들을 모두가 잘 알고 있지 않으냐"라며 "제가 이렇게 애가 타는데 당사자들은 얼마나 애가 타겠는가"라고 말했다. 박 대통령은 "그런데도 이것을 붙잡고 있는 것이 과연 국민을 위한 정치인지 묻고 싶고, 이런 부분과 관련해 우리 정치가 거듭나야 한다고 생각한다"고 말했다.

김선걸·노영우 기자

▲ 박근혜 전 대통령은 "현장을 도외시한 의원들의 법률안 발의가 기업에게 질곡으로 작용하고 있다."라고 강조했다.

가리지 않고 대기업 법인세 증세, 출자총액제한제도 부활 또는 보완 등 대기업을 압박하는 쪽으로 정책 방향을 잡고 있었다. 당시 김종인 한나라당 비상대책위원은 "재벌은 탐욕에 항상 차 있는 사람들이고 절제할 수 없다."라면서 이명박 정부 들어 폐지됐던 출자총액제한제도 부활을 주장했다. 박근혜 비상대책위원장 또한 언론 인터뷰를 통해 "출자총액제한제를 보완해 재벌의 사익(私益) 남용을 막겠다."라고 공공연하게 언급했다. 야당인 민주통합당은 한발 더 나아가 재벌 개혁을 주장하며 경제민주화를 총선 전략으로 전면에 내세웠다.

상황이 이렇게 되자 대기업 임원들은 인맥을 통해 입법 정보는 물론 의원들의 성향, 국회 발언 등을 파악하느라 분주했다. 국회에 대해 이렇다 할 인맥이 없는 기업은

보좌진을 영입해 국회 동향을 파악하는 등 국회 움직임에 대비하는 모습을 보였다. 한 신문은 "대기업 임원들, 여의도서 숙식 왜?"[10]라는 제목의 기사를 통해 경제민주화를 대하는 기업 동향을 보도했다.

매일경제

2012년 01월 26일 목요일 A35면 분석과전망

국회의원회관 들락거리는 대기업 임원들

18대 국회가 파장 분위기로 치닫는 요즘 여의도 국회의사당 주변과 의원회관에 대기업 임원들이 북적댄다고 한다. 두 달 반 남은 4·11 총선을 앞두고 여야 정당이 재벌 때리기 정책을 만든다니까 대기업들이 정치권 로비에 적극적으로 나서고 있기 때문이다. 대기업 로비활동은 어제오늘 얘기가 아니지만 최근엔 여의도 주변에서 숙식을 해결하며 의원들을 따라다닐 만큼 부쩍 왕성해진 게 사실이다. 회사 내부에서도 정치인과 연고가 있는 임직원들을 발탁하고, 그게 마땅치 않으면 외부에서 임원급 인사를 영입하려는 움직임도 감지된다.

대기업들 목표는 뻔하다. 정치권에서 흘러나오는 출자총액제한제 부활, 법인세 증세, 경영권 세습 제한 같은 내용들이 법제화되지 못하게 막으려는 것이다. 대기업으로선 한나라당에서조차 "재벌은 항상 탐욕에 가득 차 있고 절제가 안 되는 사람들"이란 비판이 나오는 현실에 바짝 긴장할 수밖에 없을 것이다. 박근혜 비대위원장도 지난주 "재벌의 사익 남용을 막아야 한다"며 출총제 보완 필요성을 언급할 정도다.

선거를 겨냥해 반(反)재벌 정서를 부추겨 환심을 사려는 정치권의 꼼수도 문제지만, 그걸 막겠다고 정치권 로비나 강화하는 건 더 어처구니없다. 권위주의 정권 시절을 연상케 하는 '정경(政經)유착' 행태도 시대착오적이거니와 더구나 지금은 권력형 비리에다 돈뭉투 사건까지 겹쳐 온통 쑥대밭이 된 상황이다. 여기에 대기업들이 뻔질나게 의원회관을 드나들면 양대 선거가 겹친 올 한 해 정치판이 어떻게 굴러가겠는가.

대기업들은 뒷거래 대신 사회적 책무에 더 신경 쓰길 충고한다. 가령 출총제 부활론만 하더라도 왜 이런 주장이 나오는지 재벌 스스로 잘 안다. 30대 재벌 계열사는 2006년 731개에서 5년 만인 지난해 1150개까지 늘어났다. 한 해 평균 84개꼴로 늘어난 셈이다. 그것도 고용을 늘리는 신규 투자보다는 중소기업 인수나 2·3세 일감 몰아주기를 통해 몸집만 불린 것이다.

그런 탐욕에 대한 사회적 비판엔 귀를 막고 국회의원 쫓아다니며 로비나 하면 반재벌 정서는 더 강해질 뿐이다. 자본주의 시장경제에 역행하는 제도적 문제점을 지적하고 싶다면 전경련 같은 단체가 나서서 공개적으로 하는 게 타당하다. 대기업 덩치에 걸맞은 행동을 보이라는 말이다.

▲ 2012년 4월 총선 당시 새누리당 박근혜 비상대책위원장은 "출자총액제한제를 보완해 재벌의 사익(私益) 남용을 막겠다."라고 공언했으나, 그해 12월에 치러진 대통령선거 승리 후 경기 부양으로 정책 기조를 바꿨다.

경제민주화는 경제 권력도 정치 권력처럼 민주화하자는 것이다. 특히 경영권 세습을 막고 교체도 가능하도록 제도화하자는 것이 경제민주화의 핵심을 이루고 있었다. 당시 삼성과 현대차 등 주요 대기업들이 모두 3대(代) 승계를 앞두고 있는 상황임을 감안할 때, 경영권 세습을 막자는 경제민주화가 19대 총선을 앞두고 사회적 이슈로 부각되는 게 당사자인 대기업들에게는 여간 불편한 과제가 아닐 수 없었다. 그야말로 입법리스크로 인해 경영권을 세습하지 못할 위험에 처했다. 특히 이 같은 위험은 김종인 비대위원이 박근혜 후보 대선 캠프에서 국민행복추진위원장을 맡아 경제 관련 대선 공약을 주도하면서 한층 더 커졌다. 하지만 총선에 이어 대선까지 승리한

---

10) 「조선일보」, 2012. 1. 25.

立法을 알아야 기업이 산다

박근혜 비대위원장은 정권 출범 후 경제정책 기조를 경기 부양에 두며 보수주의로 회귀하자, 대기업이 꺼렸던 '경제민주화를 필두로 한 정치리스크'는 잦아들었다.

대신 앞서 설명한 것처럼 의원들의 개별적인 입법활동을 통해 특정 산업계 혹은 특정 기업을 대상으로 한 '규제안'들이 계속 발의되면서 경제 주체인 기업과 개인 모두 경제민주화와는 또 다른 차원, 즉 개별 의원 중심의 '입법에 의한 정치리스크'에 직면했다. 한편 '촛불혁명'을 거쳐 새롭게 들어선 문재인 정권 들어서는 정부가 앞장서 규제 입법을 추진하면서 기업 경영과 관련한 입법리스크 위험성은 더욱 높아졌다.

02

기업 경영과 입법마인드

'넛지'와 '입법'

    한때 우리 사회에 『넛지』라는 도서가 크게 각광받던 시절이 있었다. 이명박 전 대통령이 여름휴가를 떠나면서 이 책을 갖고 간 것은 물론 청와대 직원들에게도 선물해 세간의 이목을 끌었다. 뿐만 아니라. 삼성경제연구소를 비롯한 각종 민간 경제연구기관에서도 읽어봐야 할 책으로 추천해 유명세를 탔다.

▲ 남자 화장실 소변기에 붙은 작은 파리 스티커가 지저분하게 밖으로 튀던 소변을 80%나 줄여줬다.

    잘 알려진 것처럼 '넛지'란 "팔꿈치로 상대를 가볍게 툭 찌른다."라는 뜻이다. 저자의 표현을 빌려 좀 더 자세히 설명하면, "타인의 선택을 자연스럽게 유도하는 부드러운 개입"을 의미한다. 이 책은 그 대표적 사례로 네덜란드 암스테르담 스키폴공항의 남자 화장실을 들고 있다.

이곳 남자 화장실 소변기에는 파리 모양의 스티커가 붙어있다고 한다. 중요한 건, 이 때문에 용기 밖으로 튀어 나가던 소변이 80%나 줄어들었다는 것이다. 이는 남자들이 소변을 보면서 변기에 붙어있는 파리 그림을 맞추려고 '조준'(?)하다 보니 자연스럽게 나타난 현상이란다. 우리나라 남자 화장실에는 소변기 주변에 "남자가 흘리지 말아야 할 것은 눈물만이 아닙니다." 혹은 "한 발 더 가까이"와 같은 표어가 붙어 있다. 이 모든 게 소변이 용기 밖으로 튀는 것을 막으려는 조치이다. 하지만 실제로는 큰 효과가 없는 것으로 알려졌다. 심지어 "한 발짝 앞으로 다가서면 구두와 바지에 튀지 않습니다."라고 구체적으로 상황을 알려주는 표어를 붙여둬도 결과는 크게 달라지지 않는다. 그런데 소변기 한가운데에 붙여 둔 작은 파리 스티커로 인해 용기 밖으로 튀어 화장실을 더럽히는 소변량이 대폭 줄었다고 한다.

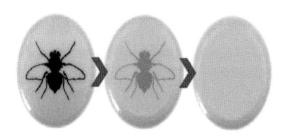

▲ '조준'의 정확도에 따라 파리 모양이 사라지는 이 스티커는, 기존 파리 스티커의 업그레이드 버전이다.

최근 들어서 '파리 스티커'는 한층 더 진화했다. 그렇지 않아도 소변기에 그려진 파리는 남성들에게 목표의식(?)을 고취하는 아이디어로 화제를 불러일으켰다. 그런데 일본의 중소기업인 화이트래빗 익스프레스에서 개발한 새로운 파리 스티커는, 소변이 닿을 때마다 파리 그림이 희미하게 사라진다. 이는 소변을 보는 남성들에게 기존의 파리 스티커와는 또 다른 '재미'를 선사한다. 기존 스티커는 남성들의 '조준'(?)

욕구를 불러일으켰다고 하면, 업그레이드 버전은 한발 더 나아가 '정확도에 따른 차이'를 만들어 낸 것이다. 이 스티커의 비밀은 온도에 있다. 한마디로 스티커에 그려진 염료가 온도에 따라 색이 변하는 것이다. 따뜻한 소변 줄기가 닿으면 파리 그림은 배경색과 같아지며 점차 사라지는데, 이는 남성들에게 마치 정확하게 조준해 파리를 없애버렸다는 재미(?)를 안겨준다.

'가입주의'와 '탈퇴주의'

이처럼 넛지는 파리 스티커 하나로 용기 밖으로 소변이 튀어 화장실을 지저분하게 만드는 골치 아픈 문제를 손쉽게 해결했다. 그러나 우리가 『넛지』라는 책에서 가장 주목할 내용은 정작 파리 스티커와 같은 개입을 통한 문제 해결보다는 '입법'이 갖고 있는 현실적 힘이자 규정력이다.

이 책은 넛지를 통해 장기(臟器) 기증을 늘릴 수 있다고 설명하고 있다.[11] 미국 대부분의 주(州)는 장기 기증과 관련해 '명시적 승인(explicit consent)'이라는 정책을 채택하고 있다고 한다. 여기서 명시적 승인이란, 정해진 절차를 밟아 스스로 장기 기증을 원한다는 점을 입증해야 비로소 기증이 이뤄질 수 있다는 것을 의미한다. 반면 '승인 추정(presumed consent)'이라는 정책을 사용하면, 장기 기증 비율을 대략 16% 정도 더 높일 수 있다고 한다. 승인 추정이란, 모든 시민이 장기 기증에 동의한다고 추정하되 기증을 원치 않을 시, 이를 표명할 수 있도록 하는 정책을 말한다.

---

11) 리처드 탈러·캐스 선스타인 지음, 안진환 옮김, 『넛지』, 276~286쪽, 리더스북, 2009.

'가입주의'와 '탈퇴주의'는 종종 기업 경영에도 활용된다. 대표적인 것으로 통신사의 데이터 요금을 들 수 있다. 과거 2G 폰을 써본 사람이라면 누구나 한 번쯤 다음과 같은 제안을 받아봤을 것이다. "데이터 요금이 정액제로 한 달에 1만 원씩인데, 3개월간 무료이니 우선 써보고 마음에 들지 않으면 해지해도 된다."라는 것이 그것이다. 이는 흔히 새롭게 핸드폰을 개통하거나 통신사를 변경할 때 대리점으로부터 받는 제안이다. 이 경우 대개는 별생각 없이 "네"라고 답한다. 그러다 몇 달 혹은 개인에 따라서는 1년 이상 지난 후에야 자신이 사용하지도 않는 데이터 요금을 내고 있다는 사실을 뒤늦게 깨닫는다. 3개월 뒤 데이터를 쓰지 않겠다는 조치를 취하지 않은데 따른 것이다. 특히 이런 일은 중년 이후 세대에게서 많이 발생한다.

과거 글쓴이도 1년여 정도 전혀 사용하지 않은 데이터 요금을 낸 일이 있다. 애초부터 데이터를 쓸 일이 없었지만 3개월 무료로 써보라는 말에 덜컥 응했다가 한두 번 써보고는, 이 같은 사실 자체를 잊어버린 것이다. 핸드폰 이용요금 납부는 자동이체로 신청해 놓은 터라 e-메일로 보내는 고지서를 출력해 꼼꼼히 살피지 않는 한 사용하지 않는 데이터 요금이 납부되고 있다는 사실조차 알지 못했다. 바쁜 일상에서 3개월 뒤 '필요 없으니 데이터 사용을 취소하겠다.'라고 잊지 않고 챙길 수 있는 사람이 과연 얼마나 될까? 이런 일은 인터넷을 설치할 때도 똑같이 벌어진다. 새롭게 인터넷을 설치하면 "3개월간 IPTV를 무료로 볼 수 있으니 나중에 취소하면 된다."라는 식이다.

기업 입장에서 볼 때, '탈퇴주의'는 손쉽게 고객을 모으거나 공짜로 돈을 버는 방법이다. 반면 소비자 입장에서는 자칫 잘못하면 손해 보기 쉬운 방식이다. 그럼 소비자 입장에서 본다면 어떻게 해야 할까? 답은 간단하다. '가입주의'를 하면 된다. 3개월 무료사용하다가 연장하고 싶은 사람에 한해서만 서류를 제출해야 한다고 하면, 쓰지도 않는 데이터 요금을 내는 것과 같은 일은 사라질 것이다. ☕

Ⅰ. 경제민주화와 '입법리스크'　　　47

하지만 여기서 간과할 수 없는 것은 승인 추정을 단순히 '정책'이 아닌 '법'으로 규정할 경우 그 효력은 크게 높아진다는 것이다. 『넛지』의 저자에 따르면 법이 장기 기증에 미치는 효과는 엄청나다고 한다. 가령 경제력이 비슷한 두 국가, 즉 오스트리아와 독일의 장기 기증율을 비교해 보면 양자 간에는 99%대 12%라는 놀라운 차이가 존재하고 있다.[12]

2015년 기준으로 오스트리아의 1인당 GDP는 4만4000불이다. 독일은 이보다 약간 적은 4만2000불이다. 인구는 오스트리아가 800만인 데 반해, 독일은 그 10배에 달하는 8천만이다. 그런데 장기 기증비율은 99%대 12%로 양자 간 엄청난 차이를 보인다. 원인은 '가입주의'와 '탈퇴주의'라는 법 규정에 있다. 오스트리아는 입법으로 모든 국민에게 장기 기증을 의무화하고 있다. 기증비율 99%는 바로 이에 기인한 것이다. 단 본인이 원하지 않을 경우, 정해진 절차를 거쳐 기증을 취소(탈퇴주의)할 수 있다. 반면 독일에서는 이와 반대로 장기 기증을 희망할 경우, 당사자가 절차를 밟아 신청서를 제출(가입주의)해야 한다.[13] 이 때문에 독일이 오스트리아에 비해 인구는 10배 더 많지만, 기증비율은 12%에 지나지 않는 것이다.

현재 오스트리아뿐만 아니라 벨기에 프랑스 헝가리 폴란드 포르투갈 스웨덴 스페인 등이 탈퇴주의를 운영하고 있다. 프랑스는 법 개정을 통해 2017년부터 탈퇴주의를 시행했다. 반면 같은 유럽이라도 독일과 덴마크 네덜란드 영국 등은 가입주의를 규정하고 있다.[14] 결국 '입법'으로 어떤 것을 정하느냐에 따라 비슷한 경제 규모와 같은 문화권에도 불구하고 장기 기증율에는 커다란 차이가 존재하는 것이다. 특히 『넛지』라는 책은 이처럼 장기 기증과 같은 문제를 해결하는 데는 '넛지'보다는 '입법'이 훨씬

---

12) 위의 책, 282쪽.

13) 인간은 본시 게으른 동물이다. 자신이 기증 의사가 있다고 해도 여러 단계의 번거로운 절차를 밟아 서류를 내야 한다면, 그 자체가 기증 의사를 감퇴시킬 것이다. 반대로 막히 기증 의사가 없다고 하더라도 그렇게 하려고 번거로운 단계를 밟아야 한다면, 이 또한 귀찮아 포기하기 마련이다.

14) 최인철, 『프레임』, 26쪽, 21세기북스, 2007.

더 강력한 규정력으로 작용한다는 것을 보여주고 있다. 다시 말해 '입법마인드', 즉 정부 정책에서 가장 중요한 변수는 바로 '입법'인 것이다. 그럼 정부 정책만 그럴까? 아니다. 앞서 헤이딜러를 예로 들어 잠시 살펴본 것처럼, 기업 경영과 생존을 위해서도 입법은 대단히 중요한 의미를 갖고 있다.

朝鮮日報

2010년 09월 13일 월요일 A08면 특별기획

뇌사자 장기기증 세계1위 스페인

기증 거부자 빼곤 모두 기증 동의자로 간주

뇌사자 장기기증 세계 1위는 스페인이다. 스페인에선 인구 100만명당 35명이 뇌사자 장기기증을 선택하는 반면, 한국은 100만명당 불과 5명이 생명을 나눠주고 있다. 그 결과 스페인 국민은 장기이식 대기시간이 평균 70여일이지만, 한국인은 평균 2년을 기다려야 한다. 왜 이런 차이가 생길까.

스페인 복지부 산하 국립장기이식기구(ONT)의 라파엘 마테산즈(Matesanz·61) 대표는 전화 인터뷰에서 "한국의 유교 전통이 장기기증을 가로막는다는 말은 납득하기 힘들다"고 했다. 스페인에 이민 온 아시아 이민자가 뇌사하면 스페인 국민과 비슷한 수준으로 장기기증에 동참한다. 요컨대 문화적 전통이 아니라 시스템이 문제라는 얘기다.

스페인이 우리와 가장 다른 점은 '옵트아웃'(opt-out) 시스템이다. 스페인은 '기증하지 않겠다'고 미리 못박은 사람만 빼곤 나머지는 모두 기증에 동의하는 것으로 간주한다. 반면 한국을 포함, 미국·일본은 '기증했다'고 손 든 사람만 빼고 나머

주요국 뇌사자 장기기증 현황 단위: 명
2009년. 인구 100만명당 기준.

스페인	미국	오스트 리아	프랑스	독일	한국	일본
35	25	24	22	14	5	1명 미만

자료: 한국장기이식원

장기이식 대기 기간
한국 2년, 스페인은 70일

지는 기증에 반대하는 것으로 간주한다.

그러나 옵트아웃 시스템 하나만으로 스페인의 성공을 전부 설명할 수는 없다. 프랑스도 옵트아웃 시스템이지만 장기기증은 스페인보다 적다(인구 100만명당 22명).

마테산즈 대표는 "스페인에서는 간호사가 아닌 의사가 장기 이식 코디네이터를 맡고, 중환자실이 있는 전국 170개 병원이 의사 코디네이터를 한 명 이상 의무적으로 중환자실에 배치한다"고 했다. 뇌사 가능성이 높은 환자를 조기에 파악하고, 연명 치료가 한계에 부딪혔을 때 빨리 장기기증 설득 단계로 넘어가기 위해서다.

전문가들은 전체 사망자의 1~3%가 뇌사 단계를 거쳐 심장이 정지한다고 본다. 우리나라는 연간 2300~7500명이 뇌사하는 것으로 추정되지만, 실제로 뇌사 판정 절차를 밟고 기증하는 이는 10%에 못 미친다.

서울아산병원 이승규 장기이식센터장은 "우리나라는 뇌사자 장기기증이 드물어 살아있는 사람의 간을 나누는 '생체 이식'이 전체 수술의 3분의 2를 차지한다"고 했다. 반면 대부분 선진국은 전체 간이식 수술 중 90%가 뇌사자 간 이식이다. 마테산즈 대표는 "국민 대다수가 '기증하면 언젠가 나도 혜택을 본다'고 실감할 때 장기기증이 활성화된다"고 했다.

김수혜 기자

▲ 『넛지』라는 책이 전하는 가장 중요한 메시지는 바로 '입법'이 갖고 있는 현실적 힘이다.

03

기업 경영의
가장 중요한 변수, '입법'

법률안 통과에 따라 기업 주가도 변동

흔히 기업 경영과 관련해서는 빠른 의사결정이나 매니지먼트가 강조된다. 때로는 CEO의 리더십이나 구성원 간의 소통이 중요한 요소로 등장하기도 한다. 시장 상황에 맞는 유연한 단기전략을 추진하면서 지속 가능한 경영을 위한 중장기적인 전략이 갖는 중요성을 설명하는 자료도 있다. 언제 어떻게 발생할지 모르는 위험에 대해서도 요인별로 사전에 시나리오를 만들어 대비하는 것의 필요성을 강조하는 서적도 있다. 개인에 따라서는 홍보나 마케팅 혹은 매출과 시장 상황 등에 방점을 찍기도 한다.

하지만 기업 경영 나아가 경쟁이 치열한 시장에서 기업생존과 관련해 가장 중요한 것이 뭐냐고 누군가 묻는다면, 글쓴이는 잠시의 망설임도 없이 '입법'이라고 답하겠다. 앞서 헤이딜러의 사례에서 알 수 있듯, 그리고 모빌리티 플랫폼인 '타다'의 사업 포기를 통해서도 확인할 수 있듯, 입법은 기업 '존망(存亡)'을 좌우한다. 사업전략이나 리스크 대비 혹은 매니지먼트나 리더십, 매출과 마케팅, 불황과 재정적 어려움, 성공적인 경영사례 등등은 모두 부차적인 것에 지나지 않는다. 물론 이러한 것들이 중요

立法을 알아야 기업이 산다

한 요소일 수는 있으나 하루아침에 기업의 생존을 좌지우지할 만큼 강력한 힘을 갖고 있지는 않다. 다시 말해 사업전략이나 매니지먼트가 기업 존망을 위한 충분조건이라고 한다면, 입법은 필요충분조건인 것이다.

그렇다고 입법이 단순히 기업 문을 닫게 만드는 '한 가지 힘'만 갖고 있는 건 아니다. 입법은 당장 개별 기업 주가(株價)에 많은 영향을 미친다. 새로운 사업에 성공적으로 진출할 기회도 제공한다. 입법을 통해 다른 사람들의 시장을 뺏을 수도 있고, 반대로 기존시장에 장벽을 높게 쌓아 경쟁자들의 진입을 어렵게 만들 수도 있다. 자신만 혼자 살아남는 것도 가능하다. 경우에 따라서는 정부의 예산 지원을 이끌어낼 수도 있다.

이와 관련한 자세한 내용은 제3장 국회와 입법적 리더십에서 살펴보기로 하고, 여기서는 한두 가지 사례만 언급하겠다. 우선 입법이 기업 주가에 영향을 미치는 경우다. 평소 주식에 관심을 두지 않는 일반인들은 얼핏 '입법과 기업 주가 사이에 무슨 관계가 있느냐?'라고 생각할 수도 있을 것이다. 그러나 현실에서는 주가에 가장 큰 영향을 미치는 게 입법이라고 할 만큼 양자는 밀접한 관련을 맺고 있다.

2009년의 일이다. 언제나 그랬지만, 당시는 유독 국회가 하루도 조용할 날이 없었다. 제18대 국회 최대 쟁점인 미디어 관련 법률안 때문이다. 당시 이명박 정권은 「신문법」과 「방송법」 그리고 「인터넷멀티미디어방송사업법」(일명 IPTV법) 등 이른바 '미디어 관련 3개 법안'을 통과시키기 위해 사력을 다하고 있었다. 미디어 관련 법률안들은 통과 여부에 따라 미디어시장의 지각변동을 가져올 수 있는 '인화성'이 큰 사안이라 본회의가 열리기만 하면 관심을 표명하는 곳이 한둘이 아니었다. 평소 자주 왕래하지 않던 증권사에 근무하는 후배조차 국회 본회의가 예정된 날이면, 글쓴이에게 전화를 걸어 "형님, 오늘 미디어 3법 통과 되나요?"라며 묻곤 했다.

이유는 간단하다. 법률안이 통과되면 콘텐츠 시장이 커지면서 방송장비 수요가 큰 폭으로 늘어날 것이기 때문이다. 이는 곧 매출 증대가 수익 창출로 연결돼 주가가 오를 것이라는 걸 의미한다. 당시 아날로그 TV로 디지털방송을 수신하기 위해서는 꼭 있어야 하는 '셋톱박스'를 제작하는 회사 주가가 영향을 받은 것도 이와 무관치 않다. 증권사 직원들이나 애널리스트의 눈과 귀가 늘 여의도 국회를 향해 있는 것도, 이처럼 법률안 통과 여부가 주가 변동에 커다란 영향을 미치기 때문이다. '미디어 3법'은 2009년 7월 22일 당시 여당인 한나라당 의원들만의 단독 표결처리로 국회 본회의를 통과했다.

이번에는 법률안 통과로 인해 주가에 부정적인 영향을 미친 사례를 살펴보자. 2011년 12월 30일 국회는 「유통산업발전법」 개정안을 통과시켰다. 개정안의 주된 내용은 대형마트의 심야영업을 규제하는 것이다. 대형마트와 슈퍼마켓의 영업시간을 제한하고 의무 휴일을 도입함으로써 중소기업과 동네 상권의 피해를 줄여보자는 것이다. 대형마트의 영업시간이 저녁 11시까지로 제한되고 아울러 한 달에 두 차례 영업을 하지 않는 건, 바로 이에 근거한 것이다. 이는 곧 대형마트나 슈퍼마켓의 매출과 이익에 직접적인 영향을 미친다. 법 통과와 함께 이마트 현대백화점 롯데쇼핑 신세계 등의 유통기업 주가가 정체 내지 하락한 건 두말할 것도 없는 일이다.

새로운 법 시행으로 매출 증대

새로운 법률안 통과나 시행으로 뜻하지 않게 수익이 늘거나 매출이 증대하는 사례도 있다. 2016년 9월 28일 시행된 「부정청탁 및 금품 등 수수의 금지에 관한 법률」(일명 김영란법)은 한국 사회에 많은 변화를 가져왔다. 공짜로 얻어먹지 말고 청탁도 하지 말라는 법의 취지대로 과도한 접대문화와 부정부패에 대한 사회적 경각심을 높인 것을 그 첫 번째 공으로 들 수 있다. 하지만 반대로 고급음식점, 화훼업계, 한우농가, 공연계 등은 법 시행과 함께 큰 타격을 입었다. 일례로 강남의 고급 한식당이나 일식당이 폐업했다는 소식은 이런 사실을 뒷받침해 주고 있다.

그러나 음이 있으면 양도 있기 마련이다. 김영란법에 의해 한 끼 밥값이 3만 원으로 제한되자 호텔 도시락 판매가 늘어 어부지리로 '대박'을 친 것이다. 또한 일반음식점 매출은 줄어든 데 반해 구내식당 매출은 급격히 늘었다는 보도도 같은 맥락으로 이해할 수 있다.

한국경제

2016년 12월 20일 화요일 A02면 종합

김영란법 효과?… 호텔 도시락 판매 '대박'

세종호텔 등 1만~2만원대 인기
기업·학회 행사에 주문 몰려

호텔 도시락이 인기를 끌고 있다. 청탁금지법(김영란법) 시행 후 가격 거품을 빼면서 주변 직장인뿐 아니라 기업이나 학회 행사 등에서 수요가 증가했기 때문이다. 간편하게 한끼를 즐기려는 소비자가 많아진 것도 도시락 판매 증가의 이유로 꼽힌다. 세종호텔은 이탈리안 레스토랑 베르디의 도시락(사진) 판매량이 지난달 2800개로, 1년 전보다 30배가량 늘었다고 19일 밝혔다. 이달 들어서도 매일 100개 넘게 팔리며 지난 18일까지 2300여개가 판매됐다.

이 호텔은 지난 9월28일 김영란법이 시행되자 레스토랑 매출을 늘리기 위해 도시락 시장을 겨냥했다. 세미나 같은 행사가 많은 기업을 대상으로 단체 주문을 받았다. 김영란법이 허용하는 기준에 맞추기 위해 메뉴 등을 조정해 2만~4만원대이던 도시락 가격을 1만~2만원대로 낮췄다. 1만원인 석쇠불고기 도시락과 2만7000원인 안심스테이크 도시락을 중심으로 판매량이 급증했다. 같은 종류의 도시락을 10개 이상 주문하면 무료로 배송해주는 서비스도 시작했다. 심보섭 베르

디 지배인은 "도시락이라도 호텔 레스토랑 음식 수준의 품질을 유지하고 있다"며 "도시락 매출이 식당 전체 매출의 절반 이상을 차지할 정도"라고 설명했다.

밀레니엄힐튼호텔은 점심시간에 서울 남산을 찾는 직장인을 중심으로 1만원 안팎의 샌드위치와 3만원대 일식 도시락을 판매하고 있다. 지난 10월 이후 판매량이 1년 전보다 10% 넘게 늘었다. 신세계조선호텔이 포장 판매하는 샌드위치 매출도 작년보다 40% 늘었다. 워커힐호텔은 4월 서울 아차산 벚꽃축제를 찾는 나들이객을 대상으로 3만원대 도시락을 판매해 재미를 봤다. 워커힐호텔 관계자는 "한정 수량만 판매했는데 반응이 좋아 내년에도 판매하는 방안을 검토 중"이라고 말했다.

정인설 기자 surisuri@hankyung.com

▲ 김영란법 시행으로 뜻하지 않게 호텔 도시락 판매가 증가했다.

'금연법' 시행은 작은 술집들이 매상을 올리는 현상을 낳았다. 「국민건강증진법」이 개정되면서 2012년 12월부터 150㎡(약 45평) 이상 규모의 술집을 포함한 일반음식점에서는 담배를 피울 수 없게 됐다. 관련 규정은 더 강화돼 2014년 1월부터는 100㎡(약 30평) 이상 규모의 식당이 '전면 금연구역'으로 지정됐다. 요컨대 웬만한 규모의 식당에서는 이제 술을 먹으면서 담배를 피울 수 없게 된 것이다. 그러자 이전에는 규모가 작아 상대적으로 손님이 잘 찾지 않던 30평 이하의 작은 식당으로 술꾼들이 몰리는 특이한 현상이 연출됐다.

이유는 간단하다. 규모가 작은 식당이 「국민건강증진법」의 규정을 받지 않아 식당 내에서 담배를 피우는 데 아무 문제가 없기 때문이다. 한번 생각해 보자. 술을 마시다 가 밖에 나가 담배를 피워야 한다면, 여간 귀찮은 게 아니다. 대화가 끊기는 건 물론 이고 한여름이나 한겨울이면 날씨 탓에 밖에 나가는 것 자체가 고역이 아닐 수 없다. 그런데 담배를 피울 수 있는 술집이 있다고 한다면, 흡연자들이 이런 식당을 마다할 리 없을 것이다. 규모가 작은 식당 입장에서는 손님이 몰리고 매상이 오르는 건 당연 한 이치다. 특히 스스로 어떤 노력도 하지 않았지만, 규모가 작은 식당에 「국민건강증 진법」 개정은 매출 증대의 일등 공신으로 기능했다.

헤이딜러 사건의 3가지 교훈

2016년 1월에 발생한 헤이딜러 사건이 기업 경영에 주는 교훈은 분명하다. 첫째, 입법리스크, 즉 입법으로 인해 하루아침에 회사 문을 닫을 수 있다는 것이다. 둘째, 그래서 늘 입법리스크를 염두에 두고 국회의 입법동향을 살펴야 한다는 것이다. 셋 째, 하지만 단순히 입법동향을 파악하는 것에 그쳐서는 안 되며, 단계별 대응전략을 수립해 상황에 맞게 적절히 대응할 때 자신의 이익을 지켜낼 수 있다는 것이다. 실제 로 헤이딜러는 이 세 가지 모두에 어두웠던 탓에 결국 「자동차관리법」 개정안이 발의 된 지 두 달 만에 멀쩡한 사업을 접어야 했을 것이다.[15]

평소 자신이 타는 자가용을 이용해 택시처럼 영업하는 우버(Uber)는 '공유경제'의 대표주자다. 그러나 2015년 5월 「여객자동차운수사업법」 개정안이 국회 본회의를 통

---

15) 물론 헤이딜러는 「자동차관리법」 통과로 인한 폐쇄 이후 청년창업을 가로막는 규제라는 부정적 여론 확산으로 청와대를 비롯한 국토교통부가 나서면서 법률 재개정을 통해 두 달 만에 살아났 다. 하지만 사업이 막 성장할 시기에 입법으로 인해 사업 폐쇄라는 치명타를 입으며 성장할 기 회를 놓친 것은 물론 '입법'으로 인해 얼마든지 한순간에 경영을 접을 수 있다는 것을 보여준 대 표적 사례이다.

과하면서 모바일 앱 등을 이용한 우버와 같은 비즈니스 모델은 모두 불법이 됐다. 물론 기존의 법 조항에도 사업용 자동차가 아닌 일반 자동차를 운송용으로 제공하거나 임대하는 것은 불법이었다. 우리는 이처럼 불법 영업하는 자가용을 속칭 '나라시'라고 부른다. 하지만 모바일 앱 등을 이용한 유사택시운송업에 대해서는 명확한 규정이 없어 논란의 여지를 낳았다. 그런데 2015년 5월 명시적으로 이를 금지하는 개정안이 시행됨으로써, 현재 미국 등 전 세계 600여 개 도시에서 시행되고 있는 우버 택시는 적어도 한국에서는 '불법'으로 규정돼 운행할 수 없게 됐다. 이뿐만 아니라 경쟁 상대인 택시업계가 반발하고 나서자 정부가 앞장서 일명 '타다 금지법'인 「여객자동차운수사업법」을 개정, 2020년 3월 모빌리티 플랫폼 비즈니스인 '타다'가 더는 사업을 할 수 없도록 만들었다.

바로 이런 점에서 개인이나 기업 입장에서의 '입법리스크'란, 정부 입장에서의 그것과 달리 법 개정을 계기로 기존 이익을 침해받거나 새로운 것을 할 수 없는 것 혹은 멀쩡한 사업이 존폐기로에 놓일 수 있다는 것을 의미한다. 따라서 정치리스크에는 국회가 법률안 통과를 가로막는 '국회리스크'와 함께 이처럼 법 개정 또는 제정으로 인해 하루아침에 사업이 위험에 직면할 수 있는 '입법리스크'의 두 가지 측면이 함께 존재한다. 하지만 기업과 개인 입장에서는 전자보다 후자, 즉 국회에서의 법 개정으로 사업에 막대한 지장을 받거나 심한 경우 회사 문을 닫는 입법리스크가 더 중요한 것이자 심대한 영향을 받을 수 있는 것은 분명한 사실이다.

'경제민주화'라는 담론을 계기로 앞으로 입법리스크에 의한 기업 경영 위기는 더 빈번하게 벌어질지 모른다. 그래서 이제 기업(개인)은 과거와 달리 국회의 '입법리스크'에 대비하지 않으면 안 되는 상황에 직면했다. 물론 여기서 말하는 대비란 단순히 규제를 피하기 위한 '수동적 대응'만을 의미하지 않는다. 개인과 기업이라면 누구나 자신의 이익을 보호하고 더 확대하기 위한 법률안을 입안하고 나아가 이를 통과시키기 위해 노력하는 '능동적 대응'도 포함된다. 「자동차관리법」 개정안이 헤이딜러 입장

에서 보면 입법을 매개로 한 상대의 공격에 수동적으로 당한 것이지만, 반대로 중고
자동차 매매상 입장에서는 자신의 기득권을 지키기 위한 능동적 입법 활용이 될 수
있는 이유도 바로 여기에 있다.

한국경제   2016년 09월 10일 토요일 a26면 종합

"신형 BMW 500만원에 팔아요"
광고 보고 중고차 단지 갔더니
9시간 '뺑뺑이' … 계약금만 뜯겨

▲ 기존 이익을 보호하기 위한 중고 자동차 매매상들의 입법 공격으로 헤이딜러는 「자동차관리법」 개정
안이 발의된 지 두 달 만에 멀쩡한 사업을 접어야 했다.

이제 기업이 살아남기 위해 입법적 리더십, 즉 '입법마인드'로 무장해야 하는 이유
또한 분명하다. 특히 여기서 말하는 입법마인드란, 우선 기업 스스로 변화한 환경에
대응해 '입법리스크'를 인식하고 정확히 대처할 수 있어야 한다는 것을 의미한다. 요
컨대 규제를 가해오는 국회의 입법활동 및 그 과정(법률안 제출부터 본회의 통과까지 입
법 프로세스의 전 과정)에 대한 기본적 이해와 함께 동시에 입법과정에 대한 단계별 대
응전략을 수립할 수 있어야 한다는 것이다. 동시에 개별 회사 혹은 업역(業域)의 이익
을 관철하기 위한 방법과 절차 또한 잘 알고 있어야 한다는 것과 함께 관련된 전문 인

력도 확보하고 있어야 한다는 것을 의미한다.

　이런 점에서 21세기 기업이 필요로 하는 인재는 바로 '입법전문가'이고, 최근 들어 많은 기업이 국회 보좌관 출신을 채용하는 것도 이런 측면에서 이해할 수 있다. 관련한 자세한 사항은 '보론1'과 '보론2'를 통해 살펴보도록 하자. 아울러 제2장에서는 입법과 비즈니스의 관계에 대해 좀 더 구체적으로 알아보자.

21세기 기업이 필요로 하는 인재상 : 입법전문가 시대

4단계에 걸친 한국 사회 인재상 변천 과정

1945년 해방 이후 우리 사회를 되돌아보면 시대별로 중요시되는 인재상이 변해왔음을 알 수 있다. 이는 우리 사회의 발전단계와 밀접한 관련을 맺고 있다. 우선 1960~1970년대는 '재무통(財務通)'의 시대였다. 아시안게임과 올림픽이 열렸던 1980년대부터 1990년대 후반까지는 노사(勞使)협상을 전문으로 하는 '노무 전문가' 시대였다. 2000년대 들어서는 우리 사회 갈등을 조정하는 '협상전문가'가 득세했다. 2010년대 이후부터는 누가 뭐라 해도 '입법전문가' 시대이다. 특히 입법전문가 시대의 도래는 앞서 언급한 것처럼 경제민주화를 필두로 한 입법리스크에 힘입은 바 크다.

그럼 해방 이후 4단계에 걸친 인재상 변화가 우리 사회 발전과 어떻게 연동돼 있는지 좀 더 자세히 살펴보자. 최초로 경제통계가 집계된 1953년 당시 우리나라 1인당 국민소득은 67불로 세계 최빈국 수준이었다. 미국의 원조(援助)를 기반으로 경제를 발전시키려던 이승만 정권은 4·19 혁명으로 뜻을 이루지 못했다. 뒤이은 장면 정권은 '경제제일주의'를 내세웠지만 5·16 군사쿠데타로 이내 정권을 내주고 말았다.

군사 정변으로 정권을 잡은 박정희는 '정통성 부재'라는 약점을 경제개발로 상쇄하기 위해 집권과 동시에 과거 장면의 민주당 정권이 수립했던 '경제개발5개년계획'을 추진했다. 1962년부터 1981년까지 총 4차례에 걸쳐 진행된 경제개발5개년계획은 한마디로 정부 주도하에 성장 위주의 경제정책과 이를 위한 수출 주도형 발전으로 집약된다. 또한 이는 외국자본의 적극적 도입을 통한 중화학공업의 발전, 다시 말해 공업화를 위해 정부 주도하에 저리(低利)의 정책자금 배분을 통한 기업의 독점적 성장으로 구체화됐다. 이를 위해 박정희 정권은 국가자원의 효율적 동원이라는 명분 아래 「금융기관에 관한 임시조치법」 제정 및 「한국은행법」 개정을 통해 금융에 대한 정부의 개입을 적극화했다. 한마디로 '금융'을 성장주도 산업 지원을 위한 정책 도구로 사용했던 것이다.

전통적인 경제이론에 따르면, 자본은 노동·토지와 함께 3대 생산요소 가운데 하나이다. 기업이 공장을 짓고 물건을 만들어 수출하기 위해서는 무엇보다 '자본'이 필요한 것이다. 하지만 당시 한국전쟁으로 모든 것이 폐허가 된 경제 구조하에서 정부를 제외하고 자본을 갖고 있거나 혹은 이에 대한 강제 배분권을 행사할 수 있는 주체는 없었다. 응당 정부가 나눠주는 저리의 정책자금을 얼마나 잘 받느냐에 따라 기업의 흥망성쇠가 좌우됐다. 이는 곧 '관치(官治)금융'[16]으로 연결됐고, 각 기업 입장에서는 돈을 아는 사람, 즉 '재무통'의 필요성과 등장을 낳았다.

---

16) 1960년대 후반, 재무부 이재과장을 거쳐 노태우 정권 때 재무부 장관을 했던 이용만 전 장관은 관치금융과 관련해 한 언론과의 인터뷰에서 다음과 같이 얘기했다. "사람들이 '관치금융'이라고 비난하는데 내 손으로 해서가 아니라 관치금융을 무턱대고 폄하할 일만은 아닙니다. 한국처럼 가난한 나라가 무슨 돈으로 경제성장을 했겠어요. 나라가 돈이 없으니 은행에 그 역할을 다 떠넘겼지요. 대한민국 기업을 성장시키려고 은행에 역마진까지 강요하면서 산업 자금을 대 줬습니다. (중략) 그래도 낮은 금리로 대출해 기업 부담을 덜어주고 기업을 키우는 것이 일자리도 창출하고 경제를 발전시키는 길이라고 믿고 추진했지요. (중략) 은행이 멍들면서까지 기업 뒷바라지를 해줬는데 우리나라 재벌들은 혼자 잘해서 성장했다는 식으로 생각해서는 안 된다고 봅니다." (「조선일보」, 2017. 2. 11.)

이병철·이건희·이재용으로 이어지는 삼성그룹 50년 역사에서 지금껏 고용주를 대신한 2인자는 총 13명이다. 하지만 이 가운데 자타가 공인하는 2인자다운 2인자는 단 2명에 불과하다. 지금까지 삼성그룹 역사상 10년 이상 2인자 자리를 지킨 사람 또한 이들 2명에 불과하다. 이 중 한 명은 이병철 회장 시절, 이 회장의 '복심'으로 알려진 소병해 비서실장이다. 다른 한 명은 이건희 회장 시절 '분신'으로 불렸던 이학수 구조조정본부장이다.

▲ 이학수 부회장에서 김인주 사장과 최광해 부사장으로 이어지는 '전략기획실 3인방'은 모두 다 제일모직 경리과를 거친 재무통이다.

이 두 사람은 각각 아버지와 아들이라는 서로 다른 주군(主君)을 모셨지만, '재무통'이라는 공통점을 갖고 있다. 이병철 회장이 '숫자'에 밝았던 것은 잘 알려진 사실이다. 그런 만큼 소 실장 또한 재무에 밝지 않고는 12년간 비서실장을 할 수 없었을 것이다. 실제로 소 실장은 대구상고와 성균관대 상학과를 나와 재무 분야에서는 삼성 내에서 타의 추종을 불허한 것으로 알려졌다.

'이건희의 오른팔'로 불렸던 이학수 본부장은 1996년 비서실장으로 선임됐다. 하지만 뒤이은 IMF 외환위기로 구조조정본부장을 맡아 각 계열사의 강력한 구조조정을 총 지휘했다. 특히 이학수 본부장이 삼성 내 사업 및 투자 조정 등을 이끌며 재도약의 발판을 만들 수 있었던 것은, 그가 1971년 제일모직 경리과 근무를 시작으로 최고의 재무통이었기에 가능했다는 것이 일반적인 평가다. 이학수 본부장 또한 소병해 실장과 마찬가지로 상업계고등학교인 부산상고를 거쳐 고려대 상과를 졸업했다.

소병해 실장이나 이학수 본부장이 상고를 거쳐 대학도 상과로 진학했던 것은 앞서 설명했던 것처럼 1960~1970년대가 재무통의 시대였기 때문이다. 특히 이학수에서 김인주와 최광해로 이어지는 전략기획실(최순실 사건으로 이재용 부회장이 해체한 미래전략실의 전신) 3인방은 모두 다 제일모직 경리과를 거친 유명한 재무통이다. 이들이 모두 제일모직 경리과 출신인 것은 1960~1970년대 당시 삼성그룹 내 핵심 기업이 제일모직이고, 그 가운데서도 '돈'을 다루는 경리과가 가장 중요한 부서였기 때문이다.

여의도 브런치

제일모직은 '삼성의 본류'라는 자부심이 강하다. 1960~1970년대 개발독재 시대에 섬유산업으로 삼성이 크게 흥했기 때문이다. 그래서 제일모직 사업보고서상에도 "삼성의 모태 기업으로 출발해 한국 섬유산업 발전과 함께 성장했다."라고 기록돼 있다. 한편 1992년 매출액 기준 재계 순위는 1위 삼성물산, 2위 현대중공업, 3위 대우 순이었다. 당시 삼성전자는 7위였고, 매출은 삼성물산의 절반 정도였다. 그런데 20여 년 뒤인 2013년 기준으로 1위 삼성전자, 2위 SK에너지로 바뀌었다. 특히 삼성전자의 매출액은 2위인 SK에너지의 거의 두 배에 달했다. 불과 20여 년 전에 1위였던 삼성물산은 20위권에도 들지 못했다. 이렇게 볼 때 지금 재계 순위 1위인 삼성전자가 20년 뒤에도 여전히 지금과 같은 지위를 누릴지는 알 수 없는 일이다. ☕

비단 이 같은 현상은 삼성그룹에서만 볼 수 있는 것은 아니다. 1997년 IMF 외환위기 이후 주요 재벌그룹이 만든 구조조정본부에서 본부장 역할을 한 사람들은 대부분 1960~1970년대 재무통으로 출발한 재무전문가이다.

IMF 당시 LG그룹의 구조조정 업무를 이끈 사람은 강유식 구조조정본부장이다. 1972년 ㈜럭키에 입사한 강 본부장은 경영학과 출신의 공인회계사로 금융과 재무에 밝았다고 한다. 강 본부장은 5년간 LG그룹 구조조정본부장을 맡으면서 반도체 '빅딜(Big Deal)', LG전자·정보통신 합병, IMT-2000 동기식 사업자 선정 등 그룹 내 굵직한 현안 등을 챙긴 것으로 알려졌다. LG그룹은 2004년 노무현 정부 출범과 함께 구조조정본부를 해체하고 통합지주회사로 변신했는데, 이때 강 본부장을 ㈜LG의 대표이사 부회장으로 선임했다.

SK그룹은 그룹 구조조정업무를 SK㈜ 김창근 사장에게 맡겼다. 1974년 SK케미칼에 입사한 김 사장은 외환 과장, 자금부장, 재무담당 상무를 거쳐 외환위기 당시에는 그룹 구조조정본부 재무팀장을 맡는 등 줄곧 자금 분야에서 근무하며 SK를 대표하는 재무전문가의 역할을 담당했다. 김 사장은 재무담당 임원 시절 경제부 기자들이 환율 전망을 묻곤 했다는 일화가 있을 정도로 숫자에 밝은 것으로 정평이 나 있었다고 한다.

한진그룹에서 구조조정업무를 담당한 원종승 구조조정실장은 경영학과 출신에 공인회계사 자격증을 가진 재무통이다. 원 실장은 한국은행에서 자금감독 업무를 맡다가 뒤늦게 한진그룹에 입사해 계열 금융사 관리, 외자 유치 등 재무업무를 담당했다.

롯데그룹은 여타 기업과 달리 그룹 구조조정본부나 회장 비서실 같은 기구가 없었다. 대신 그룹 기획조정실격인 호텔롯데 경영본부가 구조조정본부의 역할을 대신했다. 외환위기 당시 호텔롯데 경영본부에서 구조조정업무를 지휘한 사람은 김병일 사장이다. 김 사장은 대구상고에 영남대 경영학과 출신으로, 회계장부를 줄줄 외우며 전반적인 살림을 챙겼을 정도로 그룹 내에서 첫손가락에 꼽히는 재무전문가로 알려졌다.

외환위기 당시 한화그룹 구조조정본부장은 ㈜한화 최상순 사장이다. 한국은행 출신인 최 사장은 그룹 경영기획실에 특채돼 줄곧 재무와 경영 분야에서 일했다. 결재 서류의 가득한 숫자를 잠깐 훑어보고는 소수점 이하 합계가 틀린 것을 정확히 잡아낼 정도로 재무업무에 밝은 것으로 알려졌다. 그래서일까? 별명이 '숫자 귀신'이라고 한다.

금호그룹 박삼구 회장은 평소 수치(數値)경영을 강조하는 경영인이다. 자연 그룹 구조조정본부장 역할을 하는 비전경영실의 오남수 실장 또한 재무에 밝은 것은 당연한 일이다. 오 사장은 서울은행에서 근무하다 금호그룹으로 자리를 옮겼는데, 박 회장이 1990년대 10년간 아시아나항공 사장으로 있을 때 아시아나항공 재무담당 임원으로 '숫자'를 챙겼던 것으로 알려졌다.[17]

이렇게 볼 때, 1960~1970년대 우리 기업들은 정부의 관치금융 아래서 다른 무엇보다 재무전문가들을 필요로 했으며, 이들은 1997년 IMF 외환위기 당시 구조조정본부장 역할을 하는 등 CFO(최고재무책임자)를 거쳐 마침내 CEO(최고경영자)로 성장하는 똑같은 경로를 거쳤다.

노동자들의 생존권 투쟁과 노사전문가의 등장

2, 3차에 걸친 '경제개발5개년계획' 실행으로 공업화는 더욱 진전됐고 수출액도 급증했다. 짧은 순간 '한강의 기적'이라는 신조어가 만들어질 정도로, 1970년대 우리 경제는 고도성장을 이뤄냈다. 전쟁의 폐허 속에서 이룬 것이라고는 믿기지 않을 정도

---

17) 이형삼, 대기업 전략·기획·재무통 열전, 「신동아」, 2003년 8월호 참조.

로 당시 연평균 경제성장률은 9.6%에 달했다. 하지만 이 같은 경제성장은 기본적으로 '저임금'이라는 노동자의 희생 속에서 각종 특혜를 통한 대기업의 성장에 불과했다. 요컨대 1970년대 고도성장은 한계 이하의 저임금과 장시간 노동을 바탕으로 한 것으로, 경제가 성장할수록 노동자의 상대적 빈곤은 심화했다.

고도성장을 구가하던 한국 경제는 1973년에 이은 1978년의 제2차 석유파동으로 큰 어려움에 직면했다. 경기 호황과 정부의 수출 지원정책에 힘입어 성장을 구가하던 기업들이 인원 감축과 휴 · 폐업에 나선 것이다. 이에 노동자들은 폐업 철회와 고용 승계, 임금인상 등을 요구하며 농성에 돌입했다. 이 가운데 대표적인 사건이 1979년 8월에 발생한 YH무역농성사건이다.[18]

YH무역농성사건이란, 1979년 8월 9일부터 11일까지 중랑구 면목동에 있던 YH무역 노동자 200여 명이 회사 측의 부당한 폐업 공고에 반대해 마포구 신민당사에서 회사 운영 정상화와 노동자들의 생존권을 주장하며 벌인 농성 투쟁 사건을 말한다. 이

▲ 1998년 8월 현대자동차 노사분쟁은 과거와 달리 공권력 개입 없이 노사 간 협상으로 마무리됐다.

---

18) 1970년대도 노동자 투쟁이 빈번했지만, 당시는 유신치하에서의 공권력 투입을 통한 무조건적인 탄압 그리고 전근대적인 기업 경영만이 횡행했던 터라 형식적인 노사협상이나 합의조차 이루어지지 않았다는 점에서 노사전문가의 시대는 아니었다.

立法을 알아야 기업이 산다

는 반유신 연대투쟁을 촉발하는 등 1970년대 말 한국 노동 운동사에 한 획을 그은 사건으로 평가된다.[19]

1980년 '민주화의 봄'이라는 짧은 시간 동안 노동운동은 강하게 분출했다. 그 시작은 강원도 탄광에서 이뤄졌다. 이는 목숨을 저당 잡힌 막장 노동이라는 열악한 노동조건과 저임금 속에서, 어용노조 집행부에 대한 반대에서 시작됐다. 사건은 무장경찰과 광부들의 무력 충돌로 발전했는데, 사북사태는 이후 노동자 파업투쟁을 촉발하는 등 1980년대 노동운동의 신호탄이 됐다.

1984년 전두환 정권에 의한 유화국면이 조성되면서 대구지역을 기점으로 서울과 부산 등 대도시에서 택시노동자들의 가두시위가 전개됐다. 1985년에는 인천 '대우자동차공장'에서 대학 출신 노동운동가에 대한 탄압이 발단이 돼 대규모 파업투쟁이 진행됐다. 독점재벌의 주요 사업장에서 대학출신 활동가들의 주도로 벌어진 대우자동차 파업투쟁은 이후 구로동맹파업 등 학생 출신을 중심으로 한 노동운동을 활성화하는 계기가 됐다.

1987년 6월 항쟁 이후 3개월간 전 지역과 업종에 걸쳐 연인원 2백만 명에 3300건에 달하는 노동자들의 대규모 파업투쟁이 벌어졌는데, 이것이 바로 1987년 '노동자 대투쟁'이다. 노동자 대투쟁 이후 지역·업종별 노동조합협의회, 전국노동운동단체협의회 등이 결성됐는데, 이는 곧 1988년 「노동법」 개정 투쟁으로 이어졌다.

1980년대 후반은 현대중공업파업투쟁으로 마무리됐고, 1990년대 초반은 또 한 번에 걸친 현대중공업파업투쟁으로 시작됐다. 애초 단체교섭 결렬로 시작된 1988년 현대중공업 파업투쟁은 이듬해 노조 간부들에 대한 회사 측의 테러 사건과 뒤이은 정부의 대규모 강제해산 작전이 이어지면서, 울산 시내 전역이 전쟁터를 방불케 하는 양상으로 진행됐다. 1990년 4월 들어 현대중공업 노조는 구속 간부에 대한 고소 고발

---

19) 1980년대 및 1990년대 노동운동과 관련해서는 두산백과와 네이버 지식백과, 한국민족문화대백과 등을 참조했다.

철회를 주장하며 전면 파업에 돌입했고, 정부는 대규모 공권력을 동원해 노동자들을 연행했다. 이 과정에서 노조 집행부는 골리앗 크레인에 올라가 투쟁을 계속했는데, 이것이 그 유명한 '골리앗 투쟁'이다.

1990년대 노동운동은 1996년 4월에 발족한 노사관계개혁위원회 그리고 1996년 말에서 1997년 초까지 이어진 「노동법」 개정과 관련한 총파업 투쟁으로 커다란 변화를 맞았다. 1998년 1월에는 당면한 경제위기를 사회적 합의와 노력으로 극복하기 위한 국민적 기구인 노사정위원회가 발족했다. 이후 1998년 8월의 현대자동차 노사분쟁과 9월의 금융노동자총파업은 과거와 달리 공권력 개입 없이 노사 간 협상으로 마무리됐다. 1980년대와 90년대는 이처럼 하루가 멀다하고 발생하는 노동자 파업에 자연 노사(勞使)협상을 전문으로 하는 '노무 전문가' 시대였다. 기업마다 노무 업무를 담당하는 임원 자리가 별도로 만들어진 것도 이에 따른 것이다.

공공갈등과 협상전문가의 등장

노동운동 중 일부는 2000년대 들어 환경운동과 같은 시민사회운동으로 변화·발전했다. 이 가운데 대표적인 것은 환경 또는 시민단체가 약자인 지역주민들과 힘을 합쳐 개발 논리를 앞세우는 정부의 국책사업에 맞서는 것이었다.

1990년대 후반에는 경인운하건설과 새만금 간척사업을 둘러싸고 중앙정부와 지역주민 간 갈등이 발생했다. 애초 두 사업은 노태우 전 대통령의 대선 공약으로 추진됐다. 하지만 사업 타당성 문제와 함께 환경문제 등으로 여러 정권에 걸쳐 추진과 중단을 반복하며 지금에 이르렀다.

2000년대 들어서는 경부고속철도 천성산 구간, 서울외곽순환도로 사패산터널, 한탄강 댐 건설, 부안 핵폐기장, 제주 해군기지, 4대강 살리기, 동남권 신공항 건설 등이 우리 사회 주요 갈등과제로 등장하면서 사회적 파열음을 낳았다.

경부고속철도 또한 노태우 전 대통령의 공약으로 시작됐다. 문제는 2001년 말 천성산 구간을 건설하면서 발생했다. '도롱뇽 소송'으로 잘 알려진 천성산 구간은 경부고속철도 2단계 사업의 일환(一環)으로 추진됐다. 하지만 환경단체인 도롱뇽의 친구들, 천성산 내 사찰인 내원사와 미타암 등이 공사 주체인 한국철도시설공단을 상대로 공사금지가처분신청을 제출하는 것과 함께 지율 스님의 단식농성 등으로 공사가 중단됐다가, 마침내 대법원판결로 계속될 수 있었다. 2002년 초 금정산 · 천성산 공동대책위원회에 의한 「경부고속철도 금정산 · 천성산 통과 반대를 위한 토론회」 개최를 시작으로 대법원이 공사착공금지가처분신청 재항고 사건에 대해 기각을 결정한 2006년 6월까지 천성산 구간을 둘러싼 갈등은 계속됐다.

▲ 천성산 구간 공사는 불교계와 환경단체의 반대로 5년여간 우리 사회의 중요한 공공갈등요소로 등장했다. 왼쪽은 단식농성 중인 지율 스님이고, 오른쪽 사진은 천성산 구간 공사 반대의 빌미가 됐던 도롱뇽이다.

서울외곽순환고속도로의 사패산터널은 세계 최장 광폭터널이다. 하지만 공사 도중 환경파괴를 이유로 불교계와 환경단체가 반발해 2001년 11월부터 2003년 12월까지 공사가 중단됐다가 우여곡절 끝에 마무리됐다.

부안 핵폐기장 사건은 앞선 두 사건 못지않게 2000년대 초 전국적 관심을 불러일으킨 시민운동이다. 발단은 2003년 7월 부안군수가 주민의 의사를 묻지 않은 채 독단으로 핵폐기장 유치를 선언한 데 있다.

핵폐기장 후보지 지정 과정을 둘러싼 갈등은 이미 1980년대 후반부터 있었다. 1989년 영덕, 안면도, 굴업도 등이 후보지가 됐을 때도 주민 반대 운동이 있었다. 1990년대 중반 들어 덕적도에 핵폐기장을 건설하려는 노력 또한 실패했다. 2003년 6월 들어 정부는 다시 울진, 영덕, 장흥, 영광, 고창, 부안 등 7개 지역을 대상으로 부지선정 작업에 나섰다.

부안군수의 독단적인 유치신청에 주민저항은 다양한 방법으로 전개됐다. 하지만 시위 과정에서 폭력사태가 전개돼 부상자와 구속자가 다수 발생하면서 갈등은 점차 심화했다. 2004년 2월 부안군민 찬반 투표가 벌어졌고, 91%가 반대함에 따라 부안 핵폐기장 유치는 없던 일이 됐다.

2000년대 후반 들어서는 4대강 살리기와 동남권 신공항이 우리 사회 '뜨거운 감자'로 등장했다. 두 사업 모두 이명박 전 대통령의 대선 공약이다. 2008년 2월 대통령직 인수위원회는 국정과제의 하나로 한반도대운하사업을 선정, 그해 12월 4대강 사업 추진을 발표했다. 4대강 사업은 총사업비 22조 원을 들여 4대강(한강, 낙동강, 금강, 영산강) 외에도 섬진강 및 지류에 보 16개와 댐 5개, 저수지 96개를 만드는 공사다. 그러나 야당은 물론 환경시민단체 등이 환경파괴와 예산 낭비를 이유로 대대적인 반대에 나섰다. 공사가 모두 끝나 오랜 시간이 지난 지금에서도 4대강 사업의 성과를 둘러싼 찬반 논의는 제각각이다.

신공항 건설은 한반도 동남쪽에 인천공항에 이은 동북아 제2의 허브공항을 짓겠다는 목표로 추진됐다. 하지만 지역 간 갈등이 심해지자 과다한 건설비용으로 경제성이 없다는 등의 이유로 2011년 3월 전면 백지화로 결론 났다. 2012년 대통령선거 당시 박근혜 후보가 김해공항을 대체할 동남권 신공항 건설을 공약으로 내세우면서 불씨는 되살아났다. 부산은 가덕도 신공항 건설을 추진했다. 반면 대구·경북지역은 밀양 신공항을 추진했으나 정부는 가덕도와 밀양 대신 2016년 6월 기존의 김해공항 확장을 결정했다.

立法을 알아야 기업이 산다

두 차례에 걸쳐 추진된 동남권 신공항 건설은 대구·경북 대 부산 지역 간 심각한 갈등을 양산했다. 이 밖에도 2010년대 들어 밀양송전탑 건설, 사용 후 핵연료 처리, 사드 배치 등의 문제가 해결되지 않은 채 지역 대 지역 혹은 지역 대 정부와의 갈등을 불러일으키고 있다. 특히 이 같은 공공갈등은 사회적 통합을 저해하고 국가경쟁력을 약화하는 요인으로 작용한다는 점에서 '협상'의 중요성 및 협상과 관련한 전문가의 필요성을 잘 보여주고 있다.

경제민주화와 입법전문가 시대

지금 우리가 사는 2020년대는 이론의 여지 없이 입법전문가가 우대받는 시대이다. 이는 기본적으로 2010년대 초반의 경제민주화를 필두로 한 국회의 권한과 역할이 과거와 비교할 수 없을 정도로 커지고 중요해진 데 따른 결과이다. 여기에 재벌 총수들에 대한 잦은 국정감사 증인 채택 및 출석을 강제하는 사회적 비판 여론, 불출석에 대한 처벌 강화 등은 효과적인 대 국회 업무를 위한 입법전문가의 필요성을 높여주고 있다.

과거 국회는 정부가 제출한 법을 무조건 통과시켜준다고 해서 한때 '통법부(通法部)'라는 놀림의 대상이었다. 그러나 시간이 흘러 이제는 스스로 자신이 가진 '입법권'을 활용해 기업과 일상생활에 커다란 영향을 미칠 수 있는 법률안들을 양산하고 있다. 이 같은 흐름은 2012년 4월 제19대 총선을 앞두고 노골화됐다. 당시 여야를 막론하고 총선에서 승리하기 위해 출자총액제한제도 부활·보완, 하도급 문제 전면 혁신, 중소기업 적합업종 지정, 고소득층 과세 등 대기업을 압박하는 정책들을 경쟁적으로 추진했다. 보수주의자를 자처하는 한나라당 박근혜 비상대책위원장은 "출자총액제한제를 보완해 재벌의 사익(私益) 남용을 막겠다."라고 했다. 특히 야당은 대기업들이 가장 민감해하는 주제인 경영권승계문제마저 경제민주화라는 틀 속에서 논의함으로써 주요 재벌들을 바짝 긴장시켰다.

2012년 4월 총선을 비롯해 그해 연말에 치러진 대통령선거까지 새누리당의 승리로 끝났지만, 19대 국회 내내 최대 의제는 재벌 개혁과 서민 살리기, 즉 경제민주화였다. 19대 국회가 문을 열자마자 대형마트 의무휴업 규정, 담합 행위 등 불공정거래 관행 규제, 대기업 계열사 간 일감 몰아주기 근절, 출자총액제한제도 재도입, 금산분리 강화, 대통령 사면 대상에서 기업인 범죄 관련자 제외 등과 관련된 법률안들이 쏟아졌다.

이 가운데 대기업 일감 몰아주기에 대한 처벌 강화를 주 내용으로 하는「독점규제 및 공정거래에 관한 법률」, 대형유통업체 영업 제한을 주 내용으로 하는「유통산업발전법」, 연봉 5억 원 이상 등기임원의 연봉 공개를 주 내용으로 하는「자본시장과 금융투자업법」, 산업자본의 은행 자본 보유 한도를 줄여 금산분리 강화를 주 내용으로 하는「은행법」과「금융지주회사법」, 납품단가 후려치기 등에 대한 징벌적 손해배상제 도입을 주된 내용으로 하는「하도급법」등이 줄줄이 19대 국회 본회의를 통과했다.

이 같은 상황은 20대 국회 들어서도 계속된 것은 물론 16년 만의 여소야대 국면이 조성된 데 따라 더 가속화되는 양상을 띠었다. 당장 야당에서는 대기업 법인세 증세 과세표준 기준 상향, 법인세 세율 증가, 중소기업 적합업종 확대, 최저임금 인상, 납품단가 연동제 시행, 청년고용 의무할당제 도입, 비정규직 사용 부담금제 신설 등의 주장을 쏟아냈다.

21대 국회 들어서는 정부가 중소기업 적합업종을 지원 및 육성토록 한「대·중소기업 상생 협력 촉진법」을 비롯해 제품 생산자의 고의나 과실로 소비자가 중대한 손해를 입었을 때 손해액의 최대 3배까지 징벌적 손해배상 책임 부과를 주 내용으로 하는「제조물책임법」이 2017년 3월 국회 본회의를 통과했다. 이 밖에도 다중대표소송제 도입과 감사위원 분리선임 등의 내용을 담고 있는「상법」과 불공정거래 사건에 대한 공정거래위원회의 전속고발권 폐지를 주 내용으로 하는 「공정거래법」 등이 소관 상임위원회에서 논의됐는데, 이는 하나 같이 대기업이 통과를 반대하는 경제민주화 관련 법률안들이다.

한편 이와 달리 19대부터 여당이 통과시키려고 했던 경제활성화 법률안 및 노동개혁 법률안 등은 20대 들어서도 야당의 반대로 더 이상 진척되지 못했다. 특히 이런 상황은 국회선진화법[20]으로 인해 과거와 같은 여당 단독의 법률안 통과가 사실상 불가능해지면서 역설적으로 행정부를 상대로 한 국회의 힘이 더 커지는 결과를 낳았다.

흔히 현재의 권력 구조를 '제왕적 대통령제'라고 한다. 이는 대통령의 막강한 권능을 잘 보여주는 표현이다. 하지만 이런 대통령도 국회에서의 법률안 통과는 본인의 뜻대로 할 수 없다 보니 국회를 상대로 법률안 통과를 읍소하거나 때로는 가끔은 겁박(?)하는 상황이 연출된다.

한때 우리 정치사에서는 정부와 여당이 원하는 경우 야당의 반대에도 불구하고 여당 단독으로 법률안을 통과시키던, 이른바 '날치기'가 횡행하던 시절이 있었다. 하지만 국회선진화법으로 180석이 넘지 않는 한 여당 단독의 법률안 통과가 사실상 불가능해지면서, 이제는 자신의 정책을 실현하기 위해서는 무소불위의 권한을 가진 대통령조차 국회를 상대로 법률안 통과를 부탁하거나 호소하지 않으면 안 되는, 그야말로 국회의 힘이 더 막강해지는 시대가 됐다. 특히 21대 국회 들어 180석을 얻은 거대 여당에 의한 '경제3법(「상법」 및 「공정거래법」 개정안, 「금융그룹감독법」 제정안)'과 이익공유제 관련 여당의 입법 및 정책 추진으로 기업들은 더 커다란 입법리스크에 직면했다.

이제 누가 정부와 여당의 입법에 효과적으로 대응하느냐, 180석을 가진 거대 여당

---

20) 국회의장 직권상정과 다수당의 날치기를 통한 법률안 처리를 금지하도록 규정한 것으로, 자세한 것은 이 책 제4장 국회의 입법과정에서 설명하겠다.

의 입법 폭주를 제대로 막아내느냐, 이 와중에 기업의 이익 보호 및 성장에 필요한 입법을 통과시키느냐가 기업 경영의 성패를 좌우하는 절대적 가치로 등장했다. 기업에게 필요한 정책 시행을 이끌어내고, 기업 비즈니스에 유리한 환경을 조성할 수 있는 입법 관철의 중요성은 더더욱 커진 것이다. 이는 자연 입법전문가의 필요성을 높이는 결과를 가져왔다.

기업인에 대한 국정감사 증인신청도 국회 전문가 필요성 높여

한편 경제민주화와 같은 규제 법률안 못지않게 국회의 움직임과 관련해 기업들이 우려하는 게 있는데, 바로 자기 회사 사주(社主)나 오너(owner)가 국정감사 증인으로 채택되는 것이다. 국회는 매년 가을 국정감사 기간이면 기업인들을 증인으로 채택한다. 물론 그동안에도 기업인들에 대한 증인 채택은 줄곧 있었다. 하지만 실효성이 별반 없다는 게 문제였다. 예를 들면 이런 식이다.

2005년 9월 재정경제위원회는 이건희 삼성 회장을 국정감사 증인으로 채택했다. 이 회장은 채권단과 삼성그룹 사이의 소송으로 번진 삼성자동차 손실보전 문제와 관련해 증인으로 채택됐는데, 국회가 이 회장을 증인으로 채택한 건 당시가 처음이다. 하지만 이 회장은 신병치료를 위해 미국에 체류 중이라는 이유로 출석하지 않았고, 국회는 불출석 증인에 대해 고발[21]하지 않았다.

한 때는 해외 출장 등을 핑계로 증인 출석을 회피하기도 했다. 꼭 해외 출장과 같은 '꼼수'(?)가 아니어도 출석하지 않았다고 해서 검찰에 고발[22]되는 경우도 많지 않

---

21) 당시 「국회에서의 증언·감정 등에 관한 법률」에 따르면, 불출석 등의 죄를 저지르면 3년 이하의 징역 또는 1천만 원 이하의 벌금에 처하도록 규정돼 있다.

22) 2008년 국정감사에선 46명이 불출석했고 이 가운데 6명이 고발됐으며, 2009년에도 불출석 증인 46명 중 고발된 인원은 5명에 불과했다.

았다. 검찰 '고발'을 위해서는 여야 간 합의가 있어야 하는데, 대개는 여당이 보호막이 돼줬기 때문이다. 설혹 고발되더라도 그동안 검찰은 약식기소하거나 기소유예 또는 각하·무혐의 등으로 매듭지었다. 심지어 검찰이 국정감사 증인 불출석을 이유로 고발된 사람들을 정식 형사재판에 넘기기 시작한 게 2000년대 초반이었을 정도로, 국정감사 증인 불출석과 형식적 고발은 관행으로 굳어왔다. 더 큰 문제는 여당의 반대 때문에 재벌 총수들이 증인으로 채택되는 경우가 흔치 않았다는 것이다. 또한 증인으로 채택됐다고 해도 꼭 기업 '사주'가 출석해야 하는 경우는 많지 않았다. 대개는 상황을 잘 알고 있는 실무자가 답변해야 한다는 논리에 밀려서 오너 대신 '전문경영인'이 출석했기 때문이다.

그러나 이 또한 시대가 변해 과거와는 다른 양상을 띤다. 일단 여당에 의한 무조건적인 증인 채택 반대가 많이 사라졌다. 과거에는 야당이 기업인을 증인으로 부르려 하면 여당이 '방패막이' 역할을 해줬다. 또한 고발도 제대로 이뤄지지 않았으며 기껏해야 벌금형이 전부였다.

2008년 국정감사 때의 일이다. 여성위원회 국정감사에서 야당은 어청수 경찰청장을 증인으로 부르려고 했으나 여당의 반대로 무산됐다. 2009년 국정감사에서는 민주당이 노무현 전 대통령의 서거가 정치타살이라는 것을 규명하기 위해 박연차·천신일·한상률 등을 증인으로 신청했다. 그러자 한나라당은 이를 막기 위해 권양숙·노건평·노건호를 채택하자고 맞불을 놓아 결국 증인 채택을 무산시켰다.

18대 국회 4년 동안 검찰에 고발된 불출석 증인은 고작 30명에 지나지 않는다. 이는 불출석 증인에 대한 검찰 고발이 얼마나 형식적으로 이뤄졌는지를 알 수 있다. 특히 이마저도 대부분 혐의없음 또는 기소유예 처분이 내려졌다. 처벌을 받은 11명 또한 200~300만 원의 벌금형을 받는 데 그쳤다.[23]

---

23) 실제로 2011년 국정감사 증인 출석을 거부한 조재목 KB국민은행 사외이사, 조은옥 햄튼 대주주와 이영수 KMDC 회장은 각각 200만 원과 300만 원의 벌금형을 받았다.

보론   73

19대 국회 첫 국정감사인 2012년 10월에는 다른 어느 해보다 다수의 재계 관계자들이 증인으로 채택됐다. 우선 대형마트·SSM의 골목상권 침해 논란과 관련해 신동빈 롯데그룹 회장, 정지선 현대백화점그룹 회장, 정용진 신세계그룹 부회장, 정유경 신세계그룹 부회장 등이 정무위원회 증인으로 채택됐다. 또한 최병렬 이마트 대표, 이승한 홈플러스 대표, 노병용 롯데마트 대표, 드레이퍼 코스트코 코리아 대표 등은 지식경제위원회 증인으로 채택됐다. 하나은행과 외환은행의 합병과 관련해서는 김승유 전 하나금융 회장이 증인으로 채택됐다. 대선 후보 의혹과 관련해 박영우 대유신소재 회장, 이홍선 전 나래이동통신 사장, 원종호 안랩 2대 대주주, 유병태 전 금융감독원장 등이 정무위원회 증인으로 채택됐다. 이 밖에도 SJM 용역폭력사태[24] 및 노조파괴 공작 의혹과 관련해 우문수 전 안산 단원 경찰서장, 심종두 노무법인 창조컨설팅 대표, 황태식 전 발레오만도 인사담당 상무가 그리고 언론사 파업과 관련해서는 김재철 MBC 사장, 배석규 YTN 사장 등이 환경노동위원회 증인으로 채택됐다. 이렇게 볼 때 과거 같으면 상상할 수도 없는 사람들이 여야 합의에 따른 증인으로 채택된 것을 알 수 있다.

그러나 이 가운데 코스트코 코리아의 드레이퍼 대표를 제외하고는 그 누구도 증인으로 출석하지 않았다. 특히 대형마트·SSM의 골목상권 침해는 대통령선거 의제인 경제민주화와 밀접한 관련을 맺고 있어 여야 모두 주목하는 사안[25]이었다. 하지만 신동빈, 정지선, 정용진, 정유경 등 유통업계 오너 CEO 4명은 2012년 10월 국정감사에서 증인으로 채택됐음에도 해외 출장을 이유로 두 차례 불출석한 것은 물론 이후 청문회 증인으로도 출석하지 않아 결국 검찰에 고발됐다.

한데 특이한 일이 벌어졌다. 검찰에 고발될 때만 해도 이들은 과거와 같이 기소유

---

24) 2012년 7월 28일 안산시 반월공단에 소재한 자동차부품업체 에스제이엠에서 노사분규를 둘러싸고 벌어진 폭력사태를 말한다.

25) 이런 사실은 여당인 새누리당이 신동빈 회장과 정지선 회장, 정유경 부사장을 증인으로 신청한 것에서도 알 수 있다. 정용진 부회장과 최병렬·이승한 대표, 노병용 사장, 드레이퍼 대표 등은 야당이 증인으로 신청했다.

예되거나 혹은 잘해야 200~300만 원의 벌금형에 처할 것이라는 예상이 많았다. 특히 검찰이 이들에 대해 약식기소하면서 사건은 과거와 똑같이 끝나는 것 같았다. 하지만 법원이 "피고인들과 유무죄를 다투고 있어 직접 법정에서 들어보고 판단할 필요가 있다."라는 이유로 직권으로 정식 재판에 회부(回附)하면서 이전과는 다른 양상으로 전개됐다. 법원은 정 부회장에게 법정 최고형인 벌금 1500만 원을 선고했다. 이는 정용진 부회장이 받을 수 있는 벌금 액수 중 가장 큰 것이다. 신동빈 회장과 정유경 부사장, 정지선 회장은 각각 벌금 1000만 원에 처했다.[26]

정용진 부회장은 이후 2013년 11월 지식경제위원회 국정감사 증인으로 채택됐는데, 해외 출장 등을 핑계 대지 않고 출석했다. 신동빈 회장은 2015년 9월 정무위원회 국정감사 증인으로 채택됐는데 직접 출석해 형제의 난, 일본기업 논란, 지배구조 투명성 등의 의혹에 대해 해명했다.

상황이 이렇게 되자 이제 재벌 총수라고 해도 국회가 증인으로 부르면 반드시 출석해야 하는 것으로 분위기가 완전히 바뀌었다. 과거와 같이 '해외 출장'을 핑계[27]로 출석을 회피하는 일은 더 이상 할 수 없게 된 것이다. 2016년 12월에 개최된 「박근혜-최순실 게이트 국정조사 특별위원회」로 인해 우리나라 8대 재벌 총수들이 한꺼번에 국정조사에 불려 나온 것을 생각해 보면, 분위기가 어떻게 얼마나 달라졌는지를 알 수 있을 것이다. 8대 재벌이 이처럼 증인으로 한꺼번에 불려 나온 일은 국회 개원 70년이 넘은 지금까지 없었던 일이다.

불출석 증인에 대한 처벌도 강화됐다. 국회는 2017년 3월 국정감사 및 국정조사와 관련해 출석하지 않는 증인에 대한 처벌을 강화하는 「국회법」 개정안을 통과시켰

---

26) 과거 국정감사에서 불출석한 재벌 또는 재벌 2세가 처벌받은 경우는 드물다. 최재원 SK그룹 부회장은 비자금 의혹과 관련해 2011년 법제사법위원회 증인으로 채택됐다. 하지만 최 부회장은 제주도 출장을 이유로 불참했다. 이에 국회는 최 부회장을 검찰에 고발했으나 '기소유예' 처분을 받는 것으로 끝났다.

27) 국정감사 증인 출석과 관련해 여의도에는 '1빽, 2도, 3병'이라는 격언이 있다. 첫 번째는 '빽'을 써서 명단에서 빠지는 것이고, 둘째는 첫 번째 방법이 여의치 않으면 해외 도피, 마지막으로 병원에 입원하는 것을 말한다.

다. 이는 2016년 12월 '최순실게이트'와 관련해 우병우 전 청와대 민정수석 등 일부 증인들이 고의로 출석요구서 수령을 회피하면서 불출석한 사례에 따른 것이다. 개정된 법은 증인이 고의로 출석요구서 수령을 회피하는 경우 '불출석 등의 죄'로 처벌하고, 불출석죄의 법정형 형량을 과거 1000만 원 이하 벌금에서 1000만 원 이상 3000만 원 이하로 상향 조정하는 것을 주 내용으로 하고 있다.

이처럼 재벌 총수들의 국정감사 증인을 강제하는 비판적인 사회여론과 불출석에 대한 국회 및 재판부의 엄격한 처벌, 경제민주화로 이름 붙여진 관련 법률안의 국회 통과 등은 지금 우리가 사는 2020년대가 다른 어느 것보다 국회와 입법과정에 정통한 '입법전문가' 시대임을 알려주고 있다.

▲ 2016년 12월 국회에서 열린 최순실 게이트의 제1차 청문회에서 정몽구 현대기아차 회장, 조양호 한진그룹 회장, 신동빈 롯데그룹 회장, 이재용 삼성그룹 부회장, 최태원 SK그룹 회장, 김승연 한화그룹 회장, 구본무 LG그룹 회장, 손경식 CJ그룹 회장 등 재벌 총수 8인이 출석하여 증인선서를 하고 있다.

立法을 알아야 기업이 산다

국회 보좌관 출신을 채용하는 기업들
: 보좌관, 정치분야 위기관리 전문가

로펌의 '입법컨설팅'

경제민주화와 관련한 입법뿐 아니라 국정감사 또는 국정조사와 관련해 종종 재벌 총수가 증인으로 채택되면서, 이제 국회 운영을 잘 알고 있고 나아가 이에 효과적으로 대응할 수 있는 '입법전문가'의 필요성은 더 높아졌다. 그 결과 기업의 대응은 크게 두 가지 형태로 나타났다. 대형 로펌에 대한 의지(依支)가 그 하나이고, 다른 하나는 입법전문가인 국회 출신 보좌관을 영입하는 것이다. 특히 후자는 입법으로 대표되는 국회리스크에 대한 대응 인력 필요성이라는 성격을 갖고 있다. 요컨대 국회(정치)와 관련한 위기관리 전문가를 채용하는 것이다.

우선 대기업이 로펌(법무 법인)으로 달려가는 현상부터 살펴보자. 한때 시중에는 "경제민주화법이 쏟아지니 로펌만 문전성시다."[28]라는 말이 돌았다. 경제민주화 관

---

28) 『한국경제신문』, 2013. 7. 9.

련 법률이 가진 애매한 표현 때문에 주요 로펌에 고객들의 문의가 쏟아진다는 것이다. 예를 들면 이런 식이다. 2013년 7월에 국회를 통과한 「독점규제 및 공정거래에 관한 법률」은 일감 몰아주기 처벌 범위와 관련해 부당 지원 행위 요건을 '상당히 유리함'으로 규정(23조1항7호나목)하고 있다. 개정안 이전에는 '현저히 유리함'으로 규정(23조1항7호)돼 있던 걸 감안하면 '상당히'의 범위를 어디까지로 볼 것이냐 하는 게 기업들의 의문이었다. 2013년 4월에 개정된 「자본시장과 금융투자업에 관한 법률」에 따르면, 사모펀드 업무집행사원의 등록 취소와 관련해 '투자의 이익을 현저히 해할 우려가 있어 대통령령으로 정하는 경우'로 규정(272조2의7항5호)하고 있으나, 정작 '현저히'의 구체적 내용은 시행령 어디에도 적시돼 있지 않다.

상황이 이와 같을 때, 대부분의 기업은 법제처 혹은 주무 부처로부터 애매한 규제 관련 법령 등에 대한 유권해석을 받아내려 하는데, 이 과정에서 로펌이 동원되는 것이다. 한마디로 기업들은 사전에 법률적인 분쟁 소지를 없애기 위해 로펌을 통해 자신들에게 유리한 유권해석을 미리 받아두려고 하는 것이다. 한편 정작 소송이 벌어지면 이렇게 받아둔 유권해석은 재판에 유리한 근거로 활용될 수 있다고 한다.

대형 로펌들이 단순히 법률자문만 하는 건 아니다. 최근 들어서는 '입법컨설팅'이라는 영역으로 활동 범위를 넓히고 있는데, 여기에는 고객이 필요로 하는 법률안 성안(成案) 및 통과와 함께 정부 혹은 의원이 만든 규제 법률안이 국회를 통과하지 못하도록 막는 역할도 포함된다고 한다. 요컨대 기업들의 요구에 따라 법도 바꿔주고 이의 통과도 추진하지만 반대로 기업에게 불리한 규제 관련 법률안들이 국회를 통과하지 못하도록 행정부와 의원들을 설득하는 작업도 병행[29]한다는 것이다.

여기서는 로펌의 법률안 성안과 관련해 살펴보자. 국회에서는 "기업, 특히 삼성과 관련된 경제 법률안들은 대형 로펌에서 만든다."라는 말이 회자된다. 글쓴이가 국회에 첫발을 내디딘 지 얼마 되지 않아서부터 선배 보좌관들에게 들은 말이다. 물론 그

---

29) 이와 관련해서는 「한국경제신문」, 2012. 8. 4. '로펌이 애매한 법 풀어드립니다' 참조.

들 스스로 자신들이 기업을 위해 법을 만든다고 떠벌리고 다니지 않을 것이고, 글쓴이 또한 그들과 직접 대면하지 않아 사실 여부를 확인할 수는 없다. 단지 그들 입장에서 꼭 필요한 몇몇 보좌진을 만나 법률안과 관련해 논의하다 보니, 이 같은 말이 국회 주변을 떠도는 것이 아닐까라고 미루어 짐작할 뿐이다.

▲ 이제 로펌이 법도 파는 시대가 됐다.

이와 관련, 잡지에 언급된 로펌의 입법컨설팅 사례를 옮겨 보겠다. 「주간 경향」 1114호에는 '모든 입법은 로펌으로 통한다.'라는 기사가 게재돼 있다. 이에 따르면, 「전기사업법」 72조의2의 ②항인 "지중이설에 필요한 비용은 그 요청을 한 자가 부담한다."라는 내용은, 전기사업자들이 ㄱ로펌의 도움을 받아 2013년 3월에 개정했다는 것이다. 기사는, 원래 72조의2가 "지방자치단체와 주민은 전기사업자에게 전선로를 땅에 묻어달라고 요구할 수 있다."라고만 돼 있었다고 적고 있다. 아울러 ②항이 추가된 것은 사업자들의 집요한 설득과 로비가 있었기 때문이고, 로펌이 법 개정에 결정적 역할을 했다는 것이다. 요컨대 로펌이 다른 법과의 형평성, 해외사례 등을 조사해 국회를 설득함으로써 수익자 부담의 내용을 담고 있는 ②항을 개정안에 넣을 수 있었다는 것이다.[30] 한마디로 많은 이

---

30) 「전기사업법」 72조의2는 주간경향의 보도와 달리 2011년 3월 30일에 신설됐으며, 지중이설을 요청할 수 있는 ①항과 요청한 자가 비용을 부담한다는 ②항 모두 담겨 있다. 이에 앞서 지식경제부는 2010년 6월 '가공배전선로의 지중화 사업 처리기준' 고시를 제정했다. 이에 따르면, 전선 지중화에 대한 비용을 한전과 지방자치단체가 50%씩 부담하는 것으로 돼 있다. 하지만 이렇게 되자 지중화에 따른 한국전력의 비용 부담이 적지 않아 결국 2011년 3월 법 개정을 통해 수익자 부담 조항인 72조의2를 신설한 것으로 보인다. 한마디로 지중화 사업을 요구할 이

설 요청으로 비용 부담이 증가하자 한전이 로펌의 도움을 받아 "요청한 자가 비용을 부담하는 것"으로 법을 개정했다는 게 기사의 주 내용이다.

이번에는 로펌이 앞장서서 관련 규제법을 바꾼 사례를 살펴보자. 2015년 12월 2일 자정을 넘긴 다음 날 새벽 시간에 「관광진흥법」 개정안이 국회를 통과했다. 그러자 일부 언론은 발의 1150일 만에 「관광진흥법」이 마침내 국회 문턱을 넘었다고 보도[31]했다. 「관광진흥법」은 2012년 10월 9일 정부에 의해 제출됐다. 학교 주변 200m 이내에 유해시설이 없는 호텔을 지을 수 있도록 하는 것을 주요 골자로 하고 있다. 이는 박근혜 정부가 출범 후 내세운 '경제활성화법' 가운데 하나이다. 박근혜 전 대통령은 2013년 9월 유해시설이 없는 관광호텔 건립 지원 계획을 발표한 바 있다.

그런데 「관광진흥법」 개정안 작업은 의뢰자인 대한항공을 위해 법무법인 광장이 수행했다는 것이 언론의 보도[32]다. 이유는 이렇다. 대한항공은 호텔을 짓기 위해 종로구 송현동 49-1 일대(옛 주한미국대사관 직원숙소 부지) 13만7000여㎡를 2008년 6월 삼성생명에서 매입했다. 하지만 이 부지 인근에는 중·고교가 산재해 있어 「학교보건법」상 호텔이나 여관 등 숙박 시설을 지으려면 교육청의 심의를 받아야 했다.[33]

대한항공은 2010년 초 서울 중부교육청에 7성급 고급 한옥호텔과 한국 전통 정원, 공연장, 갤러리 등이 함께 들어서는 '복합문화단지조성안'에 대한 심의를 신청했다. 하지만 2010년 3월 30일 중부교육청은 교육적 측면을 이유로 대한항공의 조성안을 허가하지 않았다. 심의가 부결되자 대한항공은 곧바로 행정소송에 돌입했다. 그

경우, 요구한 자가 비용을 지불하라는 것이다. 따라서 주간경향 보도는 사실과 다른 측면이 있다.

31) 이미 18대 국회 때인 2011년 6월 1일 정부가 유흥시설이 없는 관광 숙박 시설에 대해서는 학교환경위해정화구역 내에서도 설치할 수 있도록 하는 「관광진흥법」 개정안을 한 차례 제출했던 것을 감안하면, 실제 소요된 기간은 이보다 훨씬 더 길다.

32) 「한국경제신문」 2012. 1. 26.

33) 「학교보건법」 제5조와 제6조는 학교환경위생정화구역(학교 경계선 직선거리 200m)에 호텔 등 학습환경을 저해하는 건축물을 세울 수 없도록 규정하고 있다. 대한항공 부지는 경복궁에서 100여m, 덕성여고와 풍문여고에서는 50여m 떨어져 있다. 따라서 학교환경위생정화구역에서 호텔을 짓기 위해서는 관할 교육청의 금지시설 해제 승인이 필요했다.

러나 1심 행정소송은 2010년 12월 대한항공의 패소로 끝났다. 이와 관련 서울행정법원은 "대한항공은 제한받게 될 수 있다는 것을 알고도 부지를 매입했다."며 "학생들의 건전한 육성 환경 보호와 학교 교육의 능률 도모라는 공익보다 원고의 재산상 불이익이 크다고 보기 어렵다."며 원고 청구를 기각했다.[34] 당시 중부교육청을 상대로 한 소송은 법무법인 광장이 맡고 있었다. 광장은 1심 기각에도 불구하고 곧바로 항소했으나, 서울고등법원은 2012년 1월 또다시 중부교육청의 손을 들어줬다. 대한항공은 2012년 6월 대법원에서도 패소했다.

「관광진흥법」 개정안은 바로 이런 가운데 나왔다. 법무법인 광장은 중부교육청을 상대로 한 재판을 진행하면서 1심에서 패소하자 소송은 소송대로 계속하는 가운데 교육청의 승인 없이 호텔 건축이 가능하도록 관련 규제법 개정에 돌입한 것이다. 광장은 관련 규제법 가운데 「학교보건법」 대신 호텔 건립에 호의적인 문화체육관광부가 관할하는 「관광진흥법」 개정에 초점을 맞췄다. 소속 변호사들은 정치권 인사들이나 공무원들에게 호텔 건립의 당위성, 즉 "외국인 관광객이 몰려오는데 서울 시내 호텔이 부족하다."고 설명한 것으로 알려졌다. 숙박시설을 모두 유해시설로 규정한 것은 지나치게 폭넓은 규제라는 식의 논리도 더해졌다.[35] 그 결과 정부는 2011년 6월 유흥주점이나 도박 관련 시설이 없는 호텔은 학교 인근에도 지을 수 있는 것을 골자로 하는 「관광진흥법」 개정안을 국회에 제출했다.

당시 여당인 새누리당과 정부 그리고 청와대는 「관광진흥법」 개정안을 18대 국회의 마지막 임시회인 2012년 2월에 처리키로 합의했다. 하지만 "특혜 시비가 일 수 있다."라는 야당의 지적에 해당 상임위원회의 문턱도 넘지 못하고, 결국 「관광진흥법」 개정안은 2012년 5월 제18대 국회 임기 만료와 함께 자동 폐기됐다.

정부는 19대 들어 동일한 내용의 법률안을 2012년 10월 9일 재차 국회에 제출했고,

---

34) 「한국경제신문」, 2011. 1. 6.
35) 「한국경제신문」, 2012. 1. 26.

이는 3년이 더 지난 2015년 12월 2일 자정을 넘겨 다음날 새벽에서야 겨우 본회의 문턱을 넘었다. 특히 통과된 「관광진흥법」은 애초 정부가 제출한 원안이 아닌, "심의제외 지역을 학교 출입문 또는 학교설립예정지 출입문으로부터 직선거리로 75m 이상 떨어진 구역에 위치하도록 함"(안 제16조제6항), "관광 숙박 시설의 객실이 100실 이상일 것"(안 제16조제7항제2호) 등의 규제를 주요 내용으로 해 2015년 12월 2일 신성범 의원이 대표 발의한 수정안이다.

로펌의 '증인컨설팅'

로펌은 '입법컨설팅'과 함께 '국정감사 증인컨설팅' 사업에도 적극 나서고 있다고 한다.[36] 증인컨설팅이란, 국회가 증인으로 채택한 경영계 인사들을 대상으로 '관련 서비스를 제공'하는 것을 의미한다. 이는 무엇보다 재벌 총수와 임원들을 대상으로, 국회가 국정감사 또는 국정조사 증인으로 채택하는 것이 빈번해진 데 따른 결과이다. 특히 이는 경제민주화가 화두로 대두한 이후 과거와 같이 증인 불출석의 사유로 해외출장 등을 활용하는 것이 어렵게 된 것과 밀접한 관련을 맺고 있다.

여기서 관련 서비스 제공이란, 국회의 증인 채택에 맞서 과거와 같은 기획 출국이나 도피성 출국이 불가능해진 상황에서, '그럼 어떻게 하면 증인 채택에 효과적으로 대응할 수 있을 것인가'라는 기업의 필요와 이에 대한 '법률적 서비스 제공을 통한 새로운 수익 창출'이라는 로펌의 이해가 맞아떨어지면서, 증인컨설팅이 로펌의 새로운 수익사업으로 부상한 것을 의미한다. 대개 비용은 변호사들이 일한 시간만큼 받는 것으로 알려졌다. 하지만 '토털 서비스'를 제공하면 적게는 1000만 원에서 많게는 수

---

36) 보도에 따르면, 김앤장, 태평양, 광장, 세종, 화우, 율촌, 바른 등 주요 로펌에서는 적게는 5~6명에서 많게는 30여 명까지 국회 전담팀을 꾸려 입법서비스에 나서고 있다고 한다. 「한국경제신문」, 2013. 7. 8.

천만 원을 부른다고 한다.[37] 경우에 따라서는 증인 채택을 막아주거나 설혹 위증하더라도 법적 책임이 없는 참고인으로 낮추는 로비 비용으로 수억 원을 요구한다는 얘기도 있다.[38]

▲ 기업인들이 국정감사 증인으로 불려 나가는 일이 많아지면서 이들에 대한 컨설팅이 로펌의 새로운 수익사업으로 부상하고 있다.

이와 관련, 글쓴이가 직접 경험한 사례를 언급하도록 하자. 2014년 10월 국정감사 때의 일이다. 주 종목이 식품인 A회사 ㄱ전무가 골목상권 침탈을 이유로 야당인 민주당의 한 의원실에 의해 증인으로 채택됐다. 해당 의원실은 대기업인 A회사가 순대와 두부·청국장 등 민생과 밀접한 업종까지 사업을 확장한 것과 관련, 동반성장 및 상생 협력 정책에 관한 내용을 묻기 위해 ㄱ전무를 증인으로 신청했다.

---

37) 경향신문에 따르면, 건당 2000만 원에서 4000만 원 정도 한다고 보도하고 있다. 「경향신문」,
2014. 10. 16.
38) 「국민일보」, 2015. 9. 10.

그런데 증인을 신청한 의원실 보좌관은 이와 관련하여 금요일부터 주말 사이에 출석 관련 부탁 전화만 200통 넘게 받았다고 한다. 해당 보좌관은 "국회 보좌관 생활 10년에 국감 증인 한 명 때문에 휴일은 물론 자정이 다 돼서까지 전화에 시달려보기는 처음"이라며 "몇 쿠션에 걸쳐 다양한 인맥을 통해 전화가 걸려오고 있다. 두 개 그룹이 한꺼번에 움직이는 느낌"[39] 이라고 말했다.

이와 관련, 글쓴이 또한 평소 안면이 있는 B그룹의 대관(對官)업무[40] 담당자로부터 전화를 받았다. 글쓴이가 ㄱ전무를 증인으로 신청한 의원실 보좌진과 잘 알고 지내는지를 확인하는 전화였다. 그런데 A회사와 아무 상관이 없을 것 같은 B그룹 대관 업무담당자로부터 전화가 왔기에 "왜 이 사안을 B그룹이 챙기느냐?"고 물으니, A기업의 회장이 B그룹 창업주의 3남인데, ㄱ전무는 A기업 회장의 막내딸이기 때문이라는 것이다. 다시 말해 ㄱ전무는 B그룹 창업주의 친손녀였다. ㄱ전무를 증인으로 신청하자 사장[41] 이 허겁지겁 달려와 "자신이 대신 증인으로 나오겠다."라고 한 것도 바로 이런 맥락 때문이라고 한다. 그러다 보니 국정감사 증인 채택과 관련해 B그룹이 '나 몰라'라 할 수는 없었다는 것이다. 한편 그러면서 이어지는 말은, 자신들만 챙기는 게 아니라 "ㄱ로펌에게 이 문제를 맡겼다."라면서 "계약금이 1억이라고 들었다."는 것이다. 순간 글쓴이는 이게 말로만 듣던 로펌의 증인컨설팅이구나 하는 생각과 함께 계약금만 1억이라는 말에 깜짝 놀랐다.

---

39) 『프레시안』 2014. 10. 6. 마침 ㄱ전무를 증인으로 신청한 의원실의 보좌관이 글쓴이가 평소 잘 알고 지내던 후배인 터라 이 책을 쓰기 위해 당시 상황에 관해 물었더니, "200여 통의 전화에는 전직 국회의원이 증인신청을 철회해주면 좋겠다."라는 것도 있다고 했다.

40) '대관업무'라고 하면, 모르는 사람은 '장소를 빌리는 것'이라는 의미로 받아들인다. 그래서 요즘에는 '대외협력업무'라고도 표현하는데, 여기서는 기업이 원활한 업무처리를 위해 이해관계를 갖고 있는 행정부나 국회 또는 공공기관들을 대상으로 해서 행하는 모든 업무를 가리키는 의미로 사용되고 있다.

41) 통상 사장을 증인으로 신청하면, 전무나 상무가 달려와 "사장은 실무를 잘 모르니 실무자인 자신이 대신 증인으로 나오겠다."라며 증인의 급(級)을 낮추는 게 관례이다. 그런데 A기업은 관례와 다르게 전무 대신 사장이 증인으로 나오겠다고 했는데, 이는 전무가 총수 일가이고, 사장은 전문경영인이었던 데 따른 것이다.

로펌으로 달려가는 것과 함께 기업의 또 다른 움직임은 국회 출신 보좌진을 영입하는 것이다. 이는 대개 보좌진이 갖고 있는 '인맥'의 가치를 높게 평가한 측면이 강하다. 기업 입장에서 당장 현재 국회에 근무 중인 보좌진과 접촉하는데, 과거 보좌진으로 근무했던 것만큼 효과적인 사람은 없을 것이기 때문이다. 국회에 근무하다 자리를 옮겨 기업의 대관업무를 담당하고 있는 후배들을 보면, 주로 '안면장사'(?)를 하는 것에서도 이런 사실을 확인할 수 있다.

하지만 글쓴이는 국회 출신 보좌진이 갖고 있는 진짜 가치는 인맥이 아닌 '입법전문가'라는 데 있다고 생각한다. 요컨대 입법컨설팅과 증인컨설팅이야말로 정책업무를 담당하던 보좌진이면 평소 늘 하던 일로, 다른 누구보다 가장 잘할 수 있는 업무라는 것이다. 실제로 법을 만드는 '입법'은 국회 고유업무로 보좌진이면 누구나 당연히 해야 할 일인 것과 달리, 변호사들에게는 평소 늘 하던 업무가 아니다. 오히려 변호

중앙일보

2013년 05월 31일 금요일 001면 종합

기업, 경제민주화 불안감 의원 보좌관 몸값은 뛴다

재계는 요즘 스카우트 경쟁

최근 민주당 국회의원 보좌진 3명이 SK그룹 계열사로 자리를 옮겼다. 민주당 박지원 의원실의 Y보좌관, 이인주 의원실의 L보좌관, 배재정 의원실 S비서관이 그들이다. 김대중·노무현 정부 때 8년 동안 청와대 행정관을 지낸 Y보좌관은 '박지원맨'이다. 원내대표실과 의원회관에서 메시지와 일정을 담당하는 등 15년가량 정치권에서 잔뼈가 굵은 '고참'이다.

국회 인맥 풍부한 에이스 모셔라

전현희 전 의원(18대), 이인주 의원(19대) 등 초선 비례대표 의원들을 보좌해온 L보좌관은 국회 내에서도 정무감각이 뛰어나다는 평가를 받았다. 민주당 김영춘 전 의원, 새누리당 권영진 전 의원실을 거쳐 이명박 정부에서 청와대 행정관을 지내다 역시 SK 계열사로 옮긴 H 보좌관도 국회에서 '베테랑' 소리를 들었다. 지난해에 새누리당 조진형 전 의원의 보좌관을 지낸 S씨가 SK커뮤니케이션즈에 스카우트됐다.

이들의 공통점은 국회 경험이 많아 인맥이 풍부하다는 것이다. 또 국회에서의 의사 결정이 어떻게 이뤄지고, 누가 영향력을 행사하는지를 잘 아는 베테랑이란 것도 닮은꼴이다.

스카우트 '협상'이 진행 중인 경우

원하는 스펙
- 경력 10년차 이상, 고향 TK, 학교 SKY 선호
- 민주당 출신 보좌관 환영

기대하는 역할
- 국회 정부 수집 및 기업 입장 정치권 전달
- 정치권에 대한 전략 수립과 메시지 작성

어떤 대우 받나
- 부장급이나 이사급 대우가 주류
- 억대 연봉 보장

스도 여럿 있다. 한 대기업으로부터 영입 제안을 받았다는 민주당의 한 보좌관은 "우리가 줄 수 있는 연봉·상여금은 얼마인데 협상 상한선은 어디까지다'라고 아주 구체적인 대우를 제시하고, 또 그만큼 업무 내용도 상세하게 제안한다"고 밝혔다.

새누리당의 한 보좌관도 "요즘엔 '국회 경력 10년차 이상으로 고향은 TK(대구·경북) 지역, 학교는 SKY(서울대·고려대·연세대) 출신'이란 식으로 스펙을 아주 구체적으로 요구한다"고 분위기를 전했다.

회장 구속된 SK, 최근 3명 영입

내로라하는 굴지의 대기업들이 고액 연봉으로 보좌진들을 스카우트하는 데 열을 올리고 있다. 또 이런 트렌드는 최근 불어닥치고 있는 경제민주화 바람과 무관치 않다. 한화·SK 등 그룹 오너들의 구속, 남양유업 사태로 촉발된 갑을(甲乙) 논쟁, 대기업 빵집의 골목상권 침해로 경제민주화와 관련된 이슈가 커지자 대기업들이 국회에 이스급 보좌관들을 붙잡기 위해 팔을 걷어붙이고 나선 것이다.

기업 사정에 밝은 민주당의 한 당직자는 보좌관 스카우트 열풍에 대해 "몸 들어 오너 회장 구속이 이야기고 있는 것과 관련이 있는 것 같다"며 "오너의 신상 문제 등과 관련해 정보 수집을 강화해야겠다고 판단한 것으로 보인다"고 말했다. SK뿐 아니라 삼성전자·현대차 등도 '보좌관 복제' 움직임이 있다. 최근 비자금 파문이 터진 CJ는 오래전부터 국회 보좌진 영입에 공을 들인 기업으로 꼽힌다.

이들에게 억대 연봉까지 보장하며 이사급 대우가 보장된다. 국회에서 4급 보좌관 연봉(21호봉)은 세전 7149만원, 5급 비서관(24호봉)은 6220만원이다. 연봉협상 과정에서 이번 여함을 얼마나 할 수 있는지를 놓고 추가적인 '딜'이 성사되기도 한다.

"음성적 로비 통로로 변질 우려"

이런 추세에 대해 대기업의 한 관계자는 "설과 설마했는데 4월 임시국회에서 하도급법이 통과되는 걸 보고 그때 차원에서 국회의 움직임에 민감하게 반응하고 있다"고 설명했다. 상대적으로 경제민주화에 강경한 입장을 보이고 있는 민주당 출신 보좌관이 많이 스카우트되고 있는 것도 이런 기류를 반영했다.

기업의 보좌관 스카우트가 음성적인 로비 루트로 전락할 것을 우려하는 목소리도 만만치 않다. 국회 사정에 밝은 베테랑 출신 '창구'로 기업과 국회의원 간 '핫라인'가 이뤄질 수 있다는 지적이다. 명지대 김형준 교수는 "정치를 출신들이 정보 공유라는 본연의 기능만 수행한다면 긍정적으로 볼 수도 있지만 우리나라에선 대형 로펌이 장차관 출신들을 대리하는 것처럼 대기업들이 국회의원 보좌관 출신들을 활용해 불법에서 국회 로비를 벌일 가능성을 배제하기 어렵다"고 지적했다.

김경진 기자 kjink@joongang.co.kr

▲ 보좌관 출신 대관업무담당자들은 인맥을 통해 현직 보좌관들로부터 기업과 관련된 정보를 얻거나 거꾸로 기업의 의견을 전달하는 역할을 하고 있다.

사들은 국회가 만든 법의 '활용'을 주 업무로 하는 사람들이다. 요컨대 변호사는 '법률전문가'일 수는 있어도 법을 입안(立案)하고 이의 국회 통과에 기여할 수 있는 '입법전문가'는 아니라는 것이다. 바로 이런 점에서 결코 로펌은 입법컨설팅의 주체가 될 수 없다.

물론 법을 활용하는 전문가라는 측면에서 필요한 법을 성안(成案)할 수는 있을 것이다. 개정 혹은 제정의 필요성을 위한 근거와 논리를 동원해 국회와 행정부를 대상으로 한 설득작업에 나설 수도 있다. 어떤 의미에서 보면 필요한 자료조사와 함께 논리 개발을 통한 보고서 작성이라는 측면에만 국한한다면, 수많은 인력을 거느리고 있는 로펌이 소수 인력의 의원실보다 더 효과적으로 잘할 수 있는 업무이다. 하지만 입법은 단순히 '보고서 작성'이라는 하나의 과정으로만 이뤄지지 않는다는 측면에서 상대적으로 보좌관들의 '우월성'(?)을 논할 수 있다.

예를 들어보자. 당장 법률안을 제출할 수 있는 권한, 즉 '제출권'의 문제이다. 로펌이 성안한 법률안이 국회에 제출되기 위해서는, 우선 제출권자인 국회와 행정부 중 누군가를 대상으로 제·개정의 필요성과 당위성 그리고 그것이 갖고 있는 의미를 설명해야 한다. 입법권을 가진 국회와 행정부 두 주체 중 어느 한쪽의 동의를 얻지 않고서는 통과는 고사하고 법률안 제출이라는 국회 진입조차 할 수 없기 때문이다. 요컨대 로펌에서 법률안을 성안했을 경우, 누군가는 법률안을 발의하기 위해 의원들을 일일이 찾아다니며 서명에 동참하도록 설득해야 한다. 만약 의원입법으로 발의할 때는 개정 또는 제정안의 취지에 동의하는 의원 10명을 구해야 한다. 얼마의 시간이 걸릴지 모를 일이다. 반면 보좌관은 누굴 설득할 것도 없이 바로 의원과의 논의를 통해 제·개정안을 만들어 국회 의안과에 제출하는 것으로 법률안 발의를 마칠 수 있다. 평소 가깝게 지내는 의원실의 보좌관들을 동원해 법률안에 동의한다는 서명 9개를 더 받으면 곧바로 법률안을 접수할 수 있기 때문이다. 이건 작정하고 달려들면 1~2시간 내에도 가능한 일이다. 이처럼 보좌관은 외부인에게는 없는 '실행력'을 갖고 있다.

立法을 알아야 기업이 산다

입법컨설팅과 관련한 보좌관의 장점은 여기서 그치지 않는다. 오히려 법률안이 국회에 제출된 후부터 보좌관의 장점이 발휘된다. 당장 변호사 가운데 법률안이 성안돼 국회를 통과한 뒤 행정부에 이첩돼 공포되기까지의 복잡한 '입법과정'을 눈앞에 펼쳐놓듯 설명할 수 있는 사람은 많지 않을 것이다. 이건 역으로 보좌관 가운데 소송의 전 과정을 꿰뚫고 있는 사람이 많지 않은 것과 같은 논리다. 바로 이런 점에서 보좌관은 법률안 입안부터 본회의 통과에 이르기까지 입법과정 전체를 훤히 꿰고 있는 것은 물론 바로 옆에서 전 과정을 지켜볼 수 있어서 얼마든지 즉각적인 대응이 가능하다.

법률안은 성안 후 국회 의안과 접수에서부터 관련 상임위원회를 비롯해 법제사법위원회와 본회의를 거쳐야 통과될 수 있다. 하지만 이건 어디까지나 겉으로 드러난 일반적인 과정에 지나지 않는다. 해당 상임위원회와 법제사법위원회 모두 소위원회를 거쳐야 하는데, 특히 소관 상임위원회 법안심사소위원회는 일차적으로 법률안의 성패 여부를 좌우한다는 점에서 통과와 관련해 중요한 의미를 갖는다. 바로 이런 점에서 통과를 희망하는 법률안에 대해 법안심사소위원회에 소속된 의원실이 어떤 의견과 입장을 갖고 있는지를 파악하는 건 상당히 중요한 일인데, 이건 보좌관 입장에서 전화 한 통화로 끝낼 수 있다. 만약 부정적 의견을 설득하거나 최소화해야 할 필요성이 있다면, 해당 의원실의 보좌관을 만나 제·개정안의 필요성과 의미를 설명해주면 된다. 그러면 이런 내용이 보좌관을 통해 의원에게 보고된다.

무엇보다 이처럼 여러 단계를 거쳐 이뤄지는 법률안 심사과정에서 예기치 못한 '돌발변수'가 발생할 경우 단계별 대응전략을 짤 수 있는 사람이, 법률안 제·개정안을 발의하고 심사과정 전부를 오랫동안 지켜봐 풍부한 경험과 노하우를 갖고 있는 보좌관 말고 달리 누가 있을 수 있단 말인가.[42] 여기에 국회의 작동원리와 메커니즘,

---

42) 이 글이 입법과정 전체에서 의원이 갖는 영향력을 논외로 한 채 보좌관의 역할만을 강조하는 건, 의원의 역할이 없거나 미미하기 때문이 아니다. 단지 보좌관과 로펌의 변호사 가운데 입법과정에서 누가 더 영향력을 가질 수 있는지를 상호 비교해 설명하는 데 따른 결과일 뿐이다.

즉 어떻게 의사결정이 이뤄지고 관련해서 누가 영향력을 행사하는지를 잘 아는 사람은 보좌관밖에 없다고 해도 과언이 아니다. 더욱이 보좌관은 평소에도 늘 중요한 정보를 취급하며 '정무적 감각'을 키운다는 점에서 법률안을 둘러싼 이해당사자들의 복잡한 입장을 조정·반영하는 입법컨설팅에 최적화된 사람이다.

일반인들의 이해를 돕기 위해 예를 들어 설명해 보자. 앞서 로펌의 입법컨설팅과 관련해 대한항공의 호텔 건립을 구체적 사례로 거론했다. 법무법인 광장은 이를 위해 중부교육청에 '복합문화단지조성안'에 대한 심의를 신청했으나 거부되자 곧바로 행정소송을 진행했다. 하지만 1심 행정소송에서 패소하자 소송은 소송대로 계속 진행하면서 비로소 관련 규제를 바꾸는 새로운 전략을 도입했다. 법무법인 광장이 1심 패소 이후 소송과 「관광진흥법」 개정이라는 두 가지 전략을 동시에 구사키로 한 것은 아마도 3심까지 가더라도 소송에서의 승리를 장담할 수 없을 것이라는 뒤늦은 판단 때문이었을 것이다.

누가 국회와 관련한 진짜 위기관리 전문가인가?

「관광진흥법」 개정안은 앞서 언급한 것처럼 2015년 12월 3일 새벽녘에 국회를 통과했다. 결론만 놓고 보면 법무법인 광장의 입법컨설팅이 성공한 것처럼 보인다. 그러나 내용을 살펴보면 오히려 '실패'라고 하는 게 더 정확한 평가일 것이다.

우선 행정소송으로 문제 해결의 실마리를 찾으려고 했다는 점이다.[43] 법무법인 광장은 앞서 설명한 것처럼 심의가 거부되자 중부교육청을 상대로 행정소송을 제기

---

43) 글쓴이가 후일 대한항공 대관업무담당자에게 들은 얘기에 따르면, 율사 출신으로 새로 온 법무실장이 호텔 건립과 관련해 첫 임무에서 뭔가 성과를 보여주기 위해 소송을 결정했다고 한다. 그런데 '입법전문가'가 아닌 법률전문가인 변호사가 모든 문제를 '소송'으로 풀려고 하는 건 지극히 당연한 일이다. 그러나 만약 주변에 입법전문가가 있었다면 상황은 크게 달라졌을 것이다.

立法을 알아야 기업이 산다

했다. 「관광진흥법」 개정을 통한 해결방식은 1심 소송이 패소한 뒤, 즉 언론 보도를 통해 이해당사자들이 대한항공의 패소 사실을 모두 안 뒤 시작됐다. 가장 큰 문제점은 바로 여기에 있다. 소송 패소는 '벌집을 쑤셔놓은 것'과 다를 것이 없기 때문이다.

변호사의 일차적인 존재가치는 '소송'에 있다. 일단 승패를 떠나 소송을 하고 보는 게 변호사의 속성이다. 실제로 변호사의 전공(?)은 소송이라고 해도 과언이 아니다. 또 그래야 돈도 벌 수 있고 존재가치도 높아진다. 물론 소송에서 이길 수도 있다. 하지만 3심까지 결과를 받아보기 위해서는 최소 1~2년이라는 긴 시간이 필요하다. 더욱이 2년을 기다렸는데 최종적으로 패소하면 더 이상의 해결책이 없다. 재판은 우리 사회 갈등을 해결하는 최종적인 방법이라는 의미를 지녔기 때문이다. 만약 소송에서 패소한 뒤 비로소 다른 방법을 찾는다면 그건 더 큰 비용과 시간을 요구할 것이다. 그리고 소송에서 패소했다는 점에서 효과적인 방법을 찾기도 쉽지 않다. 그런 점에서 문제를 해결하기 위해 곧바로 '소송'에 돌입한 것은 올바른 '정무적 판단'일 수 없다. '법에 근거해 발생하거나 파생된 문제'는 즉자적인 소송으로 판가름할 것이 아니라 또 다른 입법, 즉 제 · 개정을 통해 국회 차원에서 '최대한 조용하게' 해결해야 할 문제이기 때문이다. 대개 동원 가능한 방법을 모두 사용한 뒤 그래도 안 될 때 마지막 수단으로 할 수 있는 게 바로 소송이다.

한편 보좌관의 속성은 법을 만들고 개정하는 것에 있다. '소송'에 대해서는 문외한에 가깝다. 그래서 전공과목(?)은 '입법'이다. 만약 현행법이 문제 소지를 안고 있거나 걸림돌로 작용한다면, 소송 대신 입법을 통해 해결점을 찾는 게 보좌관의 작업방식이다. 따라서 당장 법 개정에 착수했을 것이다. 다만 당시 야당의 '강성'(?) 의원들이 주를 이루고 있는 교육위원회를 대신해 외국인 관광객을 위한 서울 시내 호텔 부족으로 건립 필요성에 동의하는 문화관광위원회를 대상으로 법 개정을 추진했을 것이다. 상임위원회, 특히 법안소위원회가 어떤 의원들로 구성돼 있는지는 법률안 통과와 관련해 대단히 중요한 의미를 갖는다. 따라서 그 면면을 살피는 건 절대 소홀히 할 수 없는 작업이다. 다시 말해 18대 교육위원회처럼 야당 의원들이 강성인 경우, 굳이 정면 돌파하기보다는 관련한 다른 상임위원회의 소관 법률안을 개정함으로써 좀 더 쉽게 원하는 결과를 얻을 수 있다는 것이다.[44]

여의도 브런치

과거 기업이 느끼는 위기는 인허가를 담당하는 행정부, 수사와 구속을 담당하는 검경, 기업의 비리를 파헤쳐 이슈화하는 언론에서 비롯됐다. 따라서 당시 기업의 '위기관리 전문가'는 로펌(법무 법인), 즉 변호사였다. 행정부 등 3가지 차원에서 발생한 문제는 궁극적으로 소송을 통해 해결하거나 결론지어졌기 때문이다. 그러나 경제민주화와 함께 국회가 규제 관련 법률안을 양산하면서, 이제 기업이 느끼는 '위기 지형'은 크게 바뀌었다. 앞서 예를 든 '헤이딜러'나 '타다'의 사례처럼 입법으로 인해 어느 순간 잘 굴러가던 사업 자체를 접어야 할 수도 있기 때문이다. 국정조사와 청문회 그리고 국정감사 증인 출석 또한 기업에게는 이전과는 완전히 다른 형태의 위기를 안겨주는 요인으로 작용한다. 한마디로 '기업 오너(Owner)'가 위기상황에 직접 노출, 아니 위기의 주체가 되는 것이다. 이러다 보니 이제 기업이 느끼는 국회리스크는 행정부나 검경 또는 언론과 같은 3가지 요소로 발생하는 위기를 넘어서는 지경에 이르렀다. 특히 국회로 인한 위기는 그 성격상 해결이 쉽지 않다는 문제를 안고 있다. 더 큰 문제는 '입법'을 비롯한 국회리스크는 소송이 아닌 국회 차원에서 풀어야 한다는 것이다. 따라서 이제 기업에 대한 진정한 의미의 '위기관리 전문가'는 단순히 소송 전략을 짜고 이에 대응하는 법률전문가가 아닌, 입법 과정과 증인 프로세스를 잘 아는, 국민 정서를 생각해 대 국회 전략을 짤 수 있는, 무엇보다 당위보다는 현실에 기초해 정무적인 판단을 할 수 있는 '입법전문가', 즉 보좌관이다.

---

44) 상임위원회를 구성하고 있는 여야 의원들의 면면을 파악해 정공법을 동원해 상황을 돌파할 것인지 아니면 우회적인 방법을 강구할 것인지 또는 그 시기를 언제로 하면 좋을지와 같은 '정무적 판단'들은 입법에 최적화된 보좌관들이 아니면 쉽게 할 수 없는 일들이다.

立法을 알아야 기업이 산다

물론 1심 행정소송이 없었고, 호텔 부족을 비롯해 「학교보건법」으로 인한 심의 때문에 건설이 유보된 호텔이 19개에 달하는 것과 같은 논리로 「학교보건법」 개정안을 추진했다면, 그 또한 개정안 추진이 아주 불가능한 것은 아니었을 것이다. 혹자는 이를 두고 너무 자기중심적인 판단 혹은 사후적 해석이라고 비난할 수도 있을 것이다. 하지만 정부가 추진한 「관광진흥법」 개정안에 대한 야당의 반대 논리가 '대기업 특혜법'이었던 걸 감안하면, 글쓴이 주장이 터무니없는 것은 아니라는 걸 알 수 있을 것이다. 요컨대 소송과 그에 따른 패소로 재벌기업이 현행법에 저촉되는 호텔을 지을 예정이라는 것이 언론을 통해 널리 알려진 것과 함께 그 한 방법으로 「관광진흥법」 개정이 추진됐다는 사실이 보도되지 않았더라면, '대기업 특혜법'이라는 야당의 반대는 애초부터 성립될 수 없기 때문이다. 한마디로 '여론'은 법보다 앞서며 늘 법적 판단에 어떤 형태로든 영향을 미친다는 것이다. 그나마 이는 당시 여당이 친기업적이라 「관광진흥법」 개정을 추진했기에 망정이지 만약 민주당이 여당이었다면 정부 차원에서 법을 개정하는 것은 불가능했을 것이다.

여의도 브런치

법 개정은 그에 합당한 논리와 근거 그리고 당위성을 갖고 조용히 추진할수록 통과 가능성이 크다. 한마디로 남들의 이목이 쏠리지 않아야 '반대' 없이 수월하게 통과될 수 있는 것이다. "사공이 많으면 배가 산으로 가듯" 법률안도 마찬가지다. 글쓴이는 개인적으로 바로 이처럼 아무도 모르게 조용히 통과되는 과정을 '진정한 의미의 날치기'로 표현한다. 사실 서로 멱살 잡고 밀고 당기는 가운데 원하는 법을 통과시키는 건 생각처럼 쉽지 않다. 상대 또한 물리력 행사에 대비하고 있을 것인 만큼 설혹 성공한다고 하더라도 자신 또한 상처를 입을 수 있기 때문이다. 그래서 아무도 관심 갖지 않을 때 최대한 소리소문없이 순식간에 처리해야 법률안 날치기에 성공할 수 있다. ☕

정치분야와 관련해 기업이 겪는 위기과정에서 변호사가 할 수 있는 일은 생각보다 많지 않다. 입법과 기업 임원의 증인 출석 등 국회와 관련한 진정한 위기관리 전문가는 보좌관이기 때문이다. 소송과 관련해 법정에서 법적 지식을 근거로 의뢰인의 안전을 지켜주거나 이익을 보호 내지 관철하는 게 변호사에게 주어진 주요 임무다. 법에 앞서는 국민의 눈높이나 법정서, 즉 현실과 상황에 대한 '정무적 판단'은 변호사의 몫이 아니다. 그런데 현실은 어떤가? 늘 정무적 판단이 당위나 과학을 이긴다. 우리 현실에는 늘 강력한 힘으로 작용하는 '정서법'이라는 게 있다. 그래서 '대기업 특혜'라는 국민 정서는 법과 과학을 넘어선다. 국민 정서라는 여론이 법적 판단에 영향을 미치면 안 된다는 건 교과서에나 있는 당위에 불과하다. 현실은 언제나 당위 위에 존재하기 때문이다. 그래서 호텔 건립은 '대기업 특혜'라는 국민감정을 건드리는 소송으로 해결할 것이 아니라, 개정안을 만들어 국회 차원에서 최대한 조용히 처리했어야 할 문제이다. 행정소송으로 안 되니 법을 개정한다는 느낌을 주거나 대기업의 이해와 관련해 이를 관철하기 위한 한 방법으로 법을 개정하는 것이라면, 세인의 시선을 끌어서는 절대 원하는 결과를 얻을 수 없다. 물론 최대한 조용히 법 개정을 추진했음에도 불구하고 '눈 밝은 사람'(?)에 의해 개정안이 가진 진짜 함의가 밝혀져 여론의 반대에 직면할 수도 있다. 그때는 최후의 수단인 소송으로 해결할 수밖에 없다.

한편 정부가 추진한 「관광진흥법」 개정안이 통과된 과정을 살펴보면, 법무법인 광장의 전략이 성공했는지에 대한 의문을 갖기에 충분하다. 18대 국회인 2011년 6월에 처음으로 「관광진흥법」 개정안을 제출한 것부터 계산하면 법률안 통과에 무려 4년 6개월이나 걸렸다. 오랜 시간이 걸린 이유는 딱 하나, 법을 개정할 경우 재벌인 대한항공으로 하여금 호텔 신축을 가능하게 해준다는, 요컨대 야당의 '반재벌 정서' 때문이다. 특히 주목할 것은 여야 간 법률안 '주고받기식 거래'가 이루어진 뒤에야 비로소 2015년 12월 3일 새벽에 「관광진흥법」이 통과됐다는 점이다. 당시 정기국회 마지막 본회의에서는 「관광진흥법」과 「국제의료사업지원법」을 비롯해 「대리점거래의 공정화

에 관한 법률」, 「모자보건법」, 「전공의의 수련환경 개선 및 지위 향상을 위한 법률」 등
이 통과됐다. 앞의 2개는 당시 정부와 여당이 추진한 '경제활성화법안'이고, 뒤의 3개
는 야당이 통과를 희망했던 '경제민주화법안'이다. 그런데 더 중요한 것은 「관광진흥
법」이 국회를 통과하기 4개월 전인 2015년 8월에 대한항공이 호텔 건축을 포기하고
문화융합센터인 K익스피리언스를 건립하기로 했다는 것이다. 이는 「관광진흥법」의
국회 통과를 무색하게 하는 조치이다. 물론 보도에 따르면 K익스피리언스 건립이 최
순실 게이트의 핵심인물 중 하나인 차은택이 깊게 관여된 '문화창조융합벨트사업'의
일환에서 추진됐다고 하는데, 아무튼 처음부터 소송 대신 「학교보건법」 개정을 통해
문제를 풀려고 했다면, 이 같은 상황에 직면하지 않을 수 있었을 것이다. 왜냐하면 소
리소문없이 개정안 통과를 추진했다면 문제 해결에 국회 대수(代數)를 바꿔가면서 4
년 반씩이나 걸리지는 않았을 것이기 때문이다.

한편 입법컨설팅에는 원하는 법을 성안해 통과시키는 것만 있지 않다. 정부나 의
원이 규제와 관련한 내용으로 개정안을 추진한다면, 이걸 막아내는 것 또한 중요한
과제이다. 이런 점에서 입법컨설팅에는 자신의 이해를 대변해 줄 수 있는 법률안 '성
안 및 통과'와 반대로 기존에 누리고 있던 이익에 대한 제재나 규제를 가해오는 신규
법률안을 효과적으로 '차단' 내지 '저지'하는 두 가지 내용이 모두 포함돼 있다. 특히
'통과'와 '저지'는 그 해법을 서로 달리하고 있어 어느 한쪽에만 익숙해서는 원활히 업
무를 처리할 수 없다. 한데 현재 로펌에서 주로 수행하는 입법컨설팅은 '통과'에 무게
중심이 두어져 있어 '저지'에는 효과적으로 잘 대응하지 못하는 측면이 있다. 저지와
관련한 로펌의 역할은 주로 반대 논리 개발 혹은 이를 근거로 정부와 국회의원들에
대한 설득에 집중된 것으로 보인다. 하지만 그런데도 법률안이 상정돼 절차대로 진
행됐을 때는 어떻게 할 것이냐의 문제가 남는다. 이는 입법과정 전체를 손바닥 보듯
훤히 꿰고 있을 만큼의 축적된 경험과 노하우가 있어야 하는 건 물론 입법과정 단계
별로 그에 맞는 대응전략을 짤 수 있을 때만이 비로소 수행할 수 있는 과제이기 때문

이다.[45] 자연 입법과정이라는 실무를 담당했던 보좌관에 주목하지 않을 수 없다. 입법컨설팅 과정에서 전직 보좌관이 로펌이나 변호사보다 훨씬 더 뛰어난 경쟁력을 갖는 것도 바로 이런 이유 때문이다.

한국경제

2012년 01월 26일 목요일 A29면 사회

경복궁 인근 '7성급 호텔' 가능케 한 '로펌의 힘'

법리로 국회·정부 설득
경제 논리로 관철시켜

대한항공이 서울도심에서 2년여 동안 추진해온 7성급 호텔 건립이 빛을 보게 되면서 관련법 개정작업이 주목받고 있다. 로펌이 호텔 건립을 가능케 하도록 법을 개정시키는 업무를 수임해 성공했기 때문이다.

25일 법조계에 따르면 법무법인 광장은 호텔 건립사업과 관련 대한항공을 대리해 서울중부교육지원청을 상대로 한 행정소송과 관광진흥법 개정 작업을 수행했다.

대한항공은 처음에는 소송을 통해 건립 허가를 받는 데 주력했다. 대한항공은 2009년 호텔을 짓기 위해 교육청에 학교환경위생 정화구역 내 금지시설 해제를 요청했으나 거부당하자 소송을 냈다.

호텔 예정지는 경복궁 인근 옛 주한 미국대사관 직원숙소 부지 13만7000여 ㎡. 대한항공은 2008년 이 땅을 삼성에서 매입한 이후 지상 4층 규모의 7성급 고급 한옥호텔, 공연장, 갤러리가 함께 들어서는 시설을 만들려고 했다. 그러나 인근에 덕성여중·고, 풍문여고 등이 있어 학교보건법상 호텔이나 여관 등은 금지시설이었다.

1심 법원은 2010년 12월 "건축을 제한받게 될 수 있다는 것을 알고도 부지를 매입했다"며 대한항공의 청구를 기각했다. 광장은 그러자 항소심을 진행하는 가운데 아예 관련 규제법을 바꾸는 작업을 별도로 진행했다. 광장, 태평양, 세종 등 대형 로펌들은 기업규제를 풀게 하는 '법제 컨설팅' 팀을 운영하고 있다.

광장은 관련 규제법 가운데 학교보건법 대신 호텔 건립에 호의적인 문화체육관광부가 관할하는 관광진흥법 개정에 초점을 맞췄다. 소속 변호사들은 정치권 인사들이나 공무원들에게 호텔 건립의 당위성을 설명한 것으로 알려졌다. '숙박시

설을 모두 유해시설로 규정한 것은 지나치게 폭넓은 규제'라는 식의 논리였다.

문화부는 지난해 6월 유흥주점이나 도박 관련 시설이 없는 호텔은 학교 인근에도 지을 수 있게끔 관광진흥법 개정안을 발의했다. 한나라당과 정부, 청와대는 지난 16일 이 법이나 다음달 임시국회 중 처리키로 합의했다.

호텔을 지을 때 높이와 층수, 용적률 등을 완화토록 한 '관광숙박시설 확충지원 등에 관한 특별법안'이 지난달 국회 문화체육관광방송통신위원회 본회의에서 가결돼 지난 13일 문화부로 이송됐다.

원도원/도병욱 기자 van7691@hankyung.com

▲ 「관광진흥법」 개정안 통과에 총 4년 6개월이 소요됐다는 점을 고려할 때, 과연 로펌의 입법컨설팅이 성공했다고 할 수 있을지 의문이다.

국회 보좌관의 전공과목, 증인컨설팅

입법컨설팅도 그렇지만, 증인컨설팅은 특히 더 보좌관에 국한된 업무이다. 의회에서의 증인신청과 신문(訊問)과정은 법정에서의 그것과 완전히 다르기 때문이다. 이건 한마디로 현직 보좌관들만이 경험하고 노하우를 축적할 수 있는 분야이다. 설혹 같은 국회 구성원, 예컨대 국회사무처나 도서관, 입법조사처와 예산정책처 직원

---

45) 이와 관련해서는 이 책 제4장의 '입법과정에 대한 이해와 대응'에서 자세히 설명하도록 하자.

立法을 알아야 기업이 산다

들이라 하더라도 예외일 수 없다.[46] 증인신청과 취소, 증인 대상 신문서 작성 등의 모든 업무가 오로지 보좌관에 의해 의원실에서만 이뤄지기 때문이다. 굳이 로펌의 경쟁력을 거론한다면, 현안에 대한 법률적 검토와 '위증'을 피해 가면서 의원 질의에 답변하는 요령 정도를 꼽을 수 있다.[47] 하지만 나머지, 다시 말해 △증인 명단에서 제외하기 △증인신청 목적과 의원의 성향 파악 △효과적인 답변 요령 △증인신청 전(全) 과정에 대한 인식과 단계별 대응전략 수립 △신문 내용 사전 입수 등은 인맥은 물론 관련한 전문성을 갖고 있는 보좌관만이 할 수 있는 일이자 증인신청과 관련하여 가장 중요한 업무들이다.

이해를 돕기 위해 구체적인 예를 들어 설명해 보자. 증인신청과 관련해서는 초기에 어떤 기업의 누가 증인 대상에 오르내리는지를 파악해 발 빠르게 대처하는 게 가장 중요한 과제이다. 상임위원회에서 증인으로 채택되고 나면, '명단에서의 제외'나 '증인 수위 조절'과 같이 사전에 사용할 수 있는 여러 가지 조치나 기회 등을 시도조차 할 수 없기 때문이다.

여기서 사전에 취할 수 있는 조치와 기회란, 우선 의원실의 증인신청 의도가 무엇인지를 파악해 해명 혹은 다른 우회적 방법 등을 통해 그 의도가 상쇄될 수 있는지를 판단해 그에 적절히 대응하는 걸 의미한다. 전쟁도 싸우지 않고 이기는 게 최고의 방법이듯, 증인신청 또한 대상으로 거론되기는 했으나 사전에 적절한 조치로 증인신청을 통해 의원실이 얻고자 했던 것을 충족시켜줌으로써 아예 명단에 오르지 않게 하는 게 최선이다. 설혹 의원실의 증인신청 명단에는 올랐다고 하더라도 상임위원회에서 증인으로 의결하기 전에 빼버리면, 그 또한 효과적인 사전적 대응이라 할 수 있다.

---

46) 물론 국회사무처의 경우 행정적인 업무를 지원한다는 점에서 어깨너머로 볼 수는 있겠으나, 증인신청과 취소 권한을 비롯해 채택을 위한 여야 합의와 함께 증인에 대한 질의서 작성에 이르기까지 이 모든 게 보좌관의 손을 거쳐 이뤄진다는 점에서, 직접 실무를 담당하는 주체인 보좌관과 같을 수 없다.

47) 로펌은 증인컨설팅에서 증인의 손짓·말투 같은 '이미지 메이킹(Image Making)'에 대한 서비스도 제공하고 있다고 하는데, 이와 관련해서는 오히려 개인 이미지 또는 위기관리를 전문으로 하는 커뮤니케이션 업체들이 더 효과적일 것이다.

만약 의원실의 증인신청 의지가 강해 명단에서 제외하는 것이 어렵다고 한다면, 증인의 '수위'를 낮추는 것과 같은 차선책을 동원할 수 있다.

이처럼 초창기에 적절히 잘 대응하면 쉽게 갈 수 있지만, 만약 그렇지 못하면 '호미로 막을 것을 가래로도 막지 못하는' 사태가 올 수 있다. 그래서 증인신청은 무엇보다 초창기 정보 파악과 이를 근거로 한 신속한 대응이 중요하다. 그런데 정보력과 이를 가능케 하는 국회 내 인맥이 없다고 한다면, 과연 이게 가능할 수 있을까? 이거야말로 국회 내 다양한 인맥을 갖고 있는 국회 출신 보좌관이 아니면 쉽게 할 수 없는 일이다. 여기에 정무적 판단에 따른 적절한 대응까지를 감안한다면, 국회 밖 인사들이 수행하기에는 결코 쉽지 않은 일이다. 물론 로펌 소속 변호사라고 자신을 소개하고 전화로 증인신청 현황에 관해 물어볼 수도 있을 것이다. 하지만 서로 일면식도 없는 상태에서 자꾸 전화하는 게 얼마만큼의 효과를 낼 수 있을지 의문이다. 그렇다고 무작정 의원실로 찾아가는 것 또한 좋은 방법은 아닐 것이다. 물론 현재 보좌관으로 근무 중인 지인의 소개를 통해 증인을 신청한 의원실과의 접촉을 시도할 수도 있겠으나, 평소 서로 잘 알고 지내던 국회 출신 보좌관에 비해 그 효과나 강도가 떨어지는 건 누구나 아는 사실이다.

증인에 대한 '수위 조절' 방법에는 여러 가지가 있다. 증인에서 참고인으로 낮추는 것과 같이 언론에 보도돼 누구나 알고 있는 방법은 논외(論外)로 하고, 그 외에 다양한 대안들이 있다. 단 이건 직접 증인을 신청하고 기업의 요구에 대응해 협상하며 원만한 해결 방안을 찾아본 경험이 풍부한 보좌관만이 알 수 있는 것들이다. 하지만 단지 오랫동안 보좌관으로 재직했다고 해서 이 모든 걸 다 알 수 있는 건 아니다. 입법 컨설팅도 그렇지만, 증인컨설팅은 특히나 보좌관으로 오랜 시간 근무했다고 해서 누구나 다 잘할 수 있는 건 아니다. 실제 실무를 맡아 관련 업무를 여러 차례 직접 해봤느냐에 따라 달라진다.[48] 오랜 시간 은행에 근무한다고 해서 누구나 다 재테크에 능

48) 이는 기본적으로 보좌관의 개인적 역량이 균질하지 않은데 따른 것으로, 일차적으로 보좌관

　　　　立法을 알아야 기업이 산다

한 것이 아닌 것과 같은 이치다. 은행원 중에도 부채가 많거나 신용불량자도 있기 마련이다. 그래서 '옥석'을 가리는 게 필요하다.

최악의 경우 효과적인 답변을 위해 증인 신문 내용을 사전에 빼내야 하는데, 이걸 평소 일면식도 없는 변호사가 할 수 있을 것으로 기대하는 사람은 많지 않을 것이다. 증인 출석문제는 기업 총수와 밀접히 관련됐다는 점에서 어떤 측면에서 당장에는 입법보다 더 큰 의미와 부담으로 작용할 수 있다. 이는 곧 기업 입장에서 증인 출석은 그만큼 중요한 의미가 있어 실수하거나 실패하면 그에 따른 후과(後果, 나쁜 결과)가 다른 어느 것보다 크다는 걸 의미한다. 당장 오너 개인의 망신은 물론 기업의 대내외적 이미지에도 큰 타격을 입힐 것이기 때문이다. "한 대기업 총수가 증인으로 국회에 출석한 다음 날 두 명의 부사장이 옷을 벗었다."는 말은 사실인지 아닌지는 확인할 수 없지만, 글쓴이가 국회 들어간 지 얼마 안 돼 선배 보좌관한테서 들은 얘기다.

입법전문가는 곧 국회 전문가

지금까지 우리 사회가 필요로 하는 인재상이 어떻게 변해왔는지를 살펴봤다. 그 결과 재무전문가 → 노무 전문가 → 협상전문가 → 입법전문가의 형태로 변해왔음을 알 수 있다. 하지만 그렇다고 해서 이것이 현재에는 재무전문가의 중요성이 완전히 사라졌다는 걸 의미하는 건 아니다. 경향적으로 그렇게 변해왔다는, 다시 말해 시대별로 중요한 인재에 대한 '방점'이 달리 찍혔다는 것일 뿐 재무전문가와 노무 및 협상전문가들의 필요성 또한 계속된다고 할 수 있다. 다만 지금은 그 어느 때보다 기업의

개개인의 근무연수가 얼마인지에 기인한다. 그렇다고 무조건 오래 근무한 보좌관이라고 해서 모두 다 최적의 역량을 갖고 있는 것도 아니다. 보좌관이 주로 담당했던 업무, 즉 크게 나눠 '정책'이냐 '정무'냐에 따라 차이가 발생할 수 있다. 입법과 증인 등의 문제는 정책업무에 속한 사안이다. 참고로 보좌관의 업무량이 개인별로 큰 차이를 보이는 건 오늘 보좌관으로 채용된 사람이 있는가 하면, 벌써 20년째 보좌관으로 근무하며 실무를 익힌 보좌관도 있기 때문이다. 더 자세한 건 제2장 보론에서 다루기로 한다.

현안들이나 재계와 관련된 이슈에서 정치권의 목소리가 커지면서 입법전문가의 필요성이 날로 커지고 있다는 것이다. 따라서 여기서 말하는 입법전문가란, 단순히 법과 관련한 전문지식이 있느냐 여부만을 의미하지는 않는다.

21세기 기업이 필요로 하는 입법전문가는 일차적으로 국회의 법률안 제·개정 과정을 훤하게 꿰고 있는 것은 물론 국정감사 증인신청과 관련한 풍부한 경험과 노하우를 갖고 있는 사람이다. 하지만 이것만으로는 부족하다. 단지 '전문적인 식견'을 가진 것에 지나지 않기 때문이다. '진정한 의미'에서의 입법전문가는 실천, 즉 법률안의 통과 혹은 저지를 이끌어낼 수 있는 역량을 비롯해 증인신청과 관련한 대응전략을 수립해 최소한의 결과를 만들어 낼 수 있어야 한다.

그런데 이는 국회의 작동원리와 메커니즘, 그리고 조직 논리에 대한 이해가 선행될 때 비로소 가능한 일이다. 의사결정이 어떻게 이뤄지고, 결론을 도출해 내는 사람이 누구인지 잘 알고 있어야 한다는 것이다. 이 모든 과정에서 '경험'과 '인맥'은 절대적 가치를 갖는다. 단순히 한두 번 관련한 업무를 해본 것으로는 부족하다. 한두 차례 안면을 익힌 것으로도 안 된다. 풍부한 경험과 노하우를 갖고 있는 건 물론 실무를 담당하는 보좌진과 이전부터 절친한 관계를 유지하고 있어야 한다. 여기에 상황에 대한 종합적 판단을 가능케 하는 정무적 감각은, 모든 문제를 최종적으로 마무리 짓게 할 수 있는 화룡점정(畵龍點睛)의 의미를 갖고 있다.

이렇게 볼 때, 입법전문가는 곧 '국회 전문가'를 의미한다. 국회 전문가만이 입법과 국정감사 및 국정조사 증인신청에 대한 행정절차, 대응전략 수립, 국회의 조직 논리, 인적네트워크, 정무적 감각까지 이 모든 것을 경험해 노하우를 알고 있거나 효과적으로 잘할 수 있는 사람이기 때문이다. 이는 곧 변호사도 국회사무처 출신도 아닌 매일 매일의 실무과정에서 훈련되고 성장한 보좌관을 의미한다. 바로 이런 점에서 국회와 관련해 진짜 위기관리 전문가가 누구인지는 재론을 요하지 않는다.

II

입법과

비즈니스

01

법에 대한 일반적 인식

"법 없이도 살 사람"

제1장의 내용을 한 줄로 요약한다면, 입법으로 인해 하루아침에 사업이 망할 수도 있고 반대로 새로운 법 시행으로 기업의 주가가 오르는 것은 물론 매출이 크게 증대할 수도 있다는 것이다. 이는 곧 비즈니스의 성패를 좌우하는 가장 중요한 요소가 '입법'이라는 걸 의미한다. 따라서 누구든 '입법마인드'로 무장해야 하며, 동시에 법을 만드는 입법부의 작동원리나 메커니즘에 대해 잘 알고 있어야 한다. 그런데 현실로 눈을 돌려보면, 글쓴이가 제1장에서 주장한 내용과 많이 다른 상황을 목도(目睹)할 수 있다. 한마디로 '법에 대한 일반적 인식'이 대단히 부족하거나 현실과 동떨어진 채 잘못돼 있는 경우가 허다하다는 것이다.

우리는 주변에서 서슴없이 "나는 법에 관심이 없다." 라거나 "법은 나와는 무관한 것이다."라고 말하는 사람을 만날 수 있다. 심지어 개중에는 이게 무슨 자랑(?)인 양 떠벌리고 다니는 사람도 있다. 한때 '법 없이도 살 사람'이라는 말은 우리 사회 최고의 신랑감을 뜻하는 의미로도 사용됐다. 간혹 사람의 됨됨이를 평가할 때도 이 같은 표현이 사용된다. 이는 '선량하다'라거나 '선한 사람'으로, 결코 죄를 짓고 살 사람이 아니라는 의미를 담고 있다. 하지만 이 같은 표현은 공동체 생활이 강조되는 과거 농경사회에서나 통용될 수 있던 말이다. 더 정확하게는 로빈슨 크루소처럼 무인도에서 혼자 생활하는 사람에게 가장 잘 어울릴 수 있는 표현이다. 사물인터넷과 인공지능으로 대표되는 4차 산업혁명이 한창인 지금에서는 결코 법과 무관하게 살 수 없으며, 법에 무관심해서도 안 된다. 더욱이 비즈니스를 하겠다면서 입법에 관해 관심을 두지 않는 것은 성공할 생각이 없다는 것과 똑같은 말이다. 특히 이익은 차치하고라도 '손해'를 보지 않기 위해서라도 입법에 대한 인식은 중요한 의미를 갖는다. 오늘 당장 타인이 내게 소송을 걸어오는데도, 혹은 내가 선점하고 있는 시장을 뺏기 위해 관련된 개정안을 제출하더라도 단지 법은 나와 상관없는 일이라는 주문만 외우고 있을 것인가?

운전은 나 혼자 잘한다고 해서 사고를 피할 수 있는 게 아니다. 옆이나 뒤에서 누군가가 내 차를 들이받으면, 자신은 잘못한 게 없더라도 사고가 발생한다. 이 경우 사고를 막으려면 '예방운전'을 하는 수밖에 없다. 전방만 주시할 게 아니라 좌우는 물론 후방까지 살피며 양보 운전을 해야 비로소 사고를 최소화할 수 있다.

법도 마찬가지다. 나 혼자만 법을 잘 지키고 남을 해코지하지 않는다고 해서 내 가정과 사업이 지켜지는 건 아니다. 타인이 법을 통해 내 것을 뺏으려 하거나 혹은 법을 몰라 손해를 보는 일은 얼마든지 일어날 수 있다.

법과 관련한 유명한 격언 중에 "법은 권리 위에 잠자는 사람을 보호해 주지 않는다."라는 말이 있다. 자신의 권리를 누가 침범하는데도 오불관언(吾不關焉)의 자세로 법은 나와 무관하다고만 외치면, 그런 사람의 생명과 재산은 법조차 지켜주지 않는다는 의미일 것이다. 이처럼 법은 우리의 일상과 밀접한 관련을 맺고 있다. 절대 동떨어진 게 아니다. 내가 횡단보도가 아닌 곳을 건널 수는 있으나, 그러면 법은 나를 무단횡단으로 처벌한다.

立法을 알아야 기업이 산다

무단횡단을 하면 처벌받는 건 누구나 아는 사실이다. 하지만 우리가 일상생활을 하면서 법에 대한 무지로 주어진 기회를 상실한 사례는 생각보다 많다. 이는 평소 입법동향을 챙기지 않아 남들이 추진한 법 개정으로 자신에게도 뭔가 이익을 챙길 기회가 주어졌지만, 그조차 알지 못해 그냥 흘려버리는 걸 의미한다. 이와 달리 무지로 의도치 않게 범법(犯法)자로 전락하는 것 또한 반대의 개념이긴 하나 여기서 함께 논의하기로 하자. 요컨대 법에 대한 무지로 기회나 이익을 제대로 챙길 수 없는 건 물론 의도치 않게 죄를 저지르거나 큰 부담을 떠안아야 하는 두 가지 모두 발생할 수 있다.

먼저 입법에 대한 무지 내지 무관심으로 기회 상실 또는 손해를 보는 것부터 알아보자. 국회는 2005년 10월 「특정 건축물 정리에 관한 특별조치법안」 개정안을 통과시켰다. 법률안은 "급격한 산업화 및 도시화의 과정에서 부득이 발생한 불법(不法)시공 건축물에 대한 한시적인 양성화 대책을 마련하자는 것"을 주요 내용으로 삼고 있다. 여기서 불법시공 건축물이란, 세칭 주택이나 빌딩의 옥상에 지어진 '옥탑방' 같은 무허가 건물을 의미한다. 혹 이 글을 읽는 독자 가운데 '옥탑방'이라는 단어에 익숙하지 않은 사람도 있을 것이다. 옥탑방이라는 말이 일반화된 데에는 두 가지 계기가 있다. 첫째는 1999년 소설가 박상우가 쓴 『내 마음의 옥탑방』이라는 소설이 이상문학상 수상작으로 선정된 것이다. 둘째는 2002년 대통령선거와 관련한 에피소드다. 당시 한나라당 이회창 대통령 후보가 방송 기자클럽 초청 토론회에서 옥탑방이라는 뜻을 묻는 말에 대답하지 못하자 민주당은 '귀족 후보'라고 비난했다. 귀족적이라는 이미지를 벗기 위해 서민 친화적 행보에 공을 들여온 이 후보자가 옥탑방을 제대로 설명하지 못하자 "서민 생활을 잘 모른다."라고 야당이 비난하고 나선 것이다. 그런데 당시 민주당 대통령 후보였던 노무현 또한 한 라디오 프로그램에 출연해 "옥탑방 생활 형태에 관해서는 얘기를 들어봤지만, 용어 자체는 몰랐다."라고 밝혀 옥탑방을 모르는 이회창 후보를 위장 서민이라고 거세게 몰아붙였던 민주당 대변인을 머쓱하게 만들었다.

옥탑방은 건물 옥상에 건축돼 여름에 덥고 겨울에 춥지만 임차료가 저렴하기에 도시 빈민의 삶의 터전 역할을 해왔다. 하지만 옥상에는 물탱크를 둘 수 있을 뿐 건축물을 지을 수는 없다. 따라서 '방'의 형태를 띤 옥탑방은 지방자치단체로부터 사용승인을 받지 못한 불법건축물이다. 그러나 세를 놓을 수 있다는 집주인의 욕구와 저렴하게 거주할 수 있다는 임차인의 욕구가 맞아떨어지면서 다세대나 다가구주택을 중심으로 급격히 양산됐다. 주택 부족이 이 같은 현상을 부추긴 것 또한 사실이다.

한편 옥탑방 등 불법건축물은 합법적인 증 · 개축과 수선을 할 수 없어 구조 안정성의 문제를 안고 있다. 불법이 적발되면 강제이행금 부과 대상이 되는데, 대부분 저소득층이라 이행금을 납부하지 않아 재산권 행사에도 제약이 뒤따른다. 합법 건축물이 아닌 탓에 세금 부과 대상에서도 제외돼 세금을 징수할 수도 없다.

결국 이 같은 여러 가지 이유로 인해 옥탑방 등 불법건축물은 일정 시기마다 한시법인 특별법을 통해 양성화되는 과정을 거쳤다. 문제는 이처럼 특별법이 만들어지더라도 관련 사실을 잘 몰라 양성화되는 건축물이 많지 않다는 것이다. 가령 2000년에도 특별법을 통해 3월 1일부터 12월 31일까지 불법시공 된 건축물에 대한 양성화가 추진됐지만, 대상물 8만8000동 가운데 양성화된 것은 불과 562동에 지나지 않았다.[49] 이는 정부가 불법건축물을 양성화시켜 주려고 해도 법 개정 사실을 알지 못해 수많은 사람이 혜택을 받지 못했다는 것을 보여주고 있다. 이해당사자인 개인으로서는 큰 손해가 아닐 수 없다.

「특정 건축물 정리에 관한 특별조치법안」은 시행 기간이 1년인 한시법(限時法)이다 보니 마치 연례행사처럼 국회의원들의 임기가 바뀌면 그때마다 새로운 개정안이 제출됐다. 18대 국회에서는 2011년에 개정안이 발의됐다. 그러나 이는 앞선 사례와

---

49) 「특정 건축물 정리에 관한 특별조치법안(대안)」의 제안이유 참조, 2005. 10. 18.

다르게 국회 본회의를 통과하지 못하고 임기 만료와 함께 자동 폐기됐다.

19대 국회에서는 「특정 건축물 정리에 관한 특별조치법안」이 2013년 6월 26일 국회 본회의를 통과했다. 개정 이유와 주 내용은 17대 때의 그것과 비슷하다. 20대 국회에서도 「특정 건축물 정리에 관한 특별조치법안」에 대한 개정안은 3건이나 발의됐다. 개정 이유와 내용은 앞선 것과 크게 다르지 않다. 「특정 건축물 정리에 관한 특별조치법안」에 대한 개정안이 매 국회에서 추진되는 건 시간이 지남에 따라 불법건축물이 새롭게 만들어지는 것도 있겠지만, 여전히 법 개정 사실을 몰라 주어진 혜택을 누리지 못하는 데 따른 이유 또한 클 것이다.

한국경제

2014년 01월 14일 화요일 A25면

"소규모 불법 건물 양성화"

지자체, 다세대·다가구·단독주택 대상

소규모 불법 주거용 건축물이 오는 17일부터 1년간 한시적으로 양성화된다. 지난해 공포된 '특정 건축물 정리에 관한 특별조치법'이 시행에 들어가는 데 따른 것이다.

13일 국토교통부와 전국 시·도에 따르면 건축법을 어기고 무단으로 증·개축했거나 건축도면과 달리 건물을 지어 건축허가 및 사용승인을 받지 못한 소규모 주거용 건축물의 합법화 길이 열린다.

불법으로 발코니를 설치했거나 옥탑방을 신축한 경우가 대표적이다. 가구당 전용면적이 85㎡ 이하인 다세대주택, 연면적 165㎡ 이하 단독주택, 연면적 330㎡ 이하 다가구주택 등이 신고 대상이다. 주택과 상가가 같이 있는 복합건물은 주거용 공간이 50% 이상이어야 한다. 또 작년 말 기준으로 사실상 완공 상태여야 한다.

해당 건축주나 소유자는 신고서와 함께 건축사가 작성한 설계도서와 현장조사서, 대지권리 증명서류 등을 첨부해 관할 자치단체에 신고하면 건축위원회 심의를 거쳐 30일 이내 사용승인서를 받을 수 있다.

각 지자체는 항공촬영이나 담당 공무원에 의한 단속, 이웃 주민들의 민원 신고 등으로 주로 적발하던 위법 건축물 상당수가 자발적으로 양성화되길 기대하고 있다. 위법 건축물 소유주의 경우 건축물

대장에 '위반건축물'이라고 명시돼 권 행사에 제약이 따르거나 등기에 등기하지 못했던 불편함이 사라

단 소규모 주거용 건축물이더라도 단으로 용도를 변경했거나 주차 다른 법령을 위반한 경우, 개발제 (그린벨트)이나 상습재해구역, 획 구역에 들어선 건축물은 이번 합 상에서 제외된다. 건축주는 건축 에 따라 부과된 일종의 과태료인 제금' 체납도 없어야 한다. 체납 이행강제금 1회분만 납부하면 된

서울시 관계자는 "경제적 사 로 자발적인 시정이 어렵고 위반 한 지 1년 이상 된 주거용 건축물 하도록 해 최대한 행정 지원을 하 취지"라고 말했다.

문혜정 기자 selenmoon@hank

▲ 불법건축물 양성화 법률안은 연례행사처럼 제출됐다.

2005년에 「특정 건축물 정리에 관한 특별조치법안」이 국회를 통과할 수 있었던 것은 법률안을 발의한 의원이 개정안을 논의하는 담당상임위원회인 건설교통위원회의 상임위원장이었던 것과 무관치 않아 보인다. 당시 이 의원의 지역구는 다세대와 다가구주택이 많은 구로구였다. 적용대상 건축물은 2003년 12월 31일 당시 사실상 완공된 무허가 이외의 주거용 특정 건축물로서 △단독주택의 경우 50평 이하 △다세대주택은 25.8평 이하 △다가구주택은 100평 이하의 규모이다. 법 개정을 추진했던 의원은 법률안의 국회 통과에 맞춰 "지난 3월 서민 주거안정을 위해 대표 발의한 「특정 건축물 정리에 관한 특별조치법안」이 통과됐다."라는 보도자료를 배포했다. 이에 따르면 "현재 주거용 불법 건축물은 전국적으로 5600여 동에 이르며 법률안 통과로 2400여 동이 양성화될 것으로 예상한다. 이 가운데 구로구 지역에는 불법건축물이 96건 있다."라고 했다.

「공유토지분할에 관한 특례법」과 유치원 증·개축

옥탑방과 함께 입법동향을 몰라 일반인들이 손해를 본 사례를 하나 더 살펴보자. 국회는 2017년 3월 2일 「공유토지분할에 관한 특례법」 개정안을 통과시켰다. 개정안의 내용은 '5년'을 '8년'으로 고치고 "이 법은 공포한 날부터 시행한다."라는 게 전부다. 더욱이 이는 조문이 아닌 부칙과 관련된 것이다.

사정은 이렇다. 애초 「공유토지분할에 관한 특례법」은 2012년 5월부터 2015년 5월까지 3년간 한시법으로 시행됐다. 그러나 2014년 5월 개정안을 통해 2년간 유효기간을 연장해 5년이 지나는 2017년 5월 22일에 법률 시효가 만료될 예정이었다. 그러나 시효 만료 2개월여를 앞두고 또 한 번 개정된 것이다.

이처럼 한시법의 유효기간이 3년에서 5년으로 다시 8년으로 연장된 것은 법률을 개정한 취지가 제대로 이행되지 않은 데 따른 것이다. 애초 2012년 5월에 공포된 「공유토지분할에 관한 특례법」은 아파트 소유자들과 함께 '공유지분'으로 묶여 있는 유치원과 민간 어린이집 등의 재산권을 보호하기 위해 토지 분할을 쉽게 할 수 있도록 하는 데 그 목적이 있었다. 여기서 공유토지란 1필지의 토지 등기부에 2인 이상의 소유명의로 등기된 토지를 말한다. 공유토지의 분할은 각 공유자가 실제로 점유하고 있는 현재의 점유상태를 기준으로 각각의 소유권을 나누는 것을 의미한다. 한마디로 2인 이상 지분으로 등기된 토지가 그동안 법적 규제로 분할이 불가능했으나 간편한 절차를 거쳐 토지를 소유한 만큼 단독 등기할 수 있도록 특별법이 만들어진 것이다. 그 이유는 다음과 같다.

한국경제

2015년 02월 25일 수요일 A26면 부동산

아파트 내 유치원 토지 분할 쉬워져

국토부, 20人 동의하면 신청 가능

아파트 단지 내 유치원 등 공동주택 부지에 있는 입주민 공유토지의 분할이 쉬워진다. 국토교통부는 이 같은 내용의 '공유토지분할에 관한 특례법 시행령' 개정안이 24일 국무회의를 통과했다고 발표했다. 작년 5월 특례법 개정에 따른 후속 조치다.

현재 아파트 내 유치원 소유자는 해당 토지를 아파트 주민들과 공동 지분 형태로 보유하고 있다. 이 때문에 유치원 시설물을 새로 설치하거나 건축물을 증·개축할 때 아파트 주민들의 동의를 받아야 하는 불편을 겪었다. 공유토지를 분할하려고 해도 원칙적으로 토지 공유자 전원의 합의가 필요했다.

개정 법과 시행령에 따르면 공유자 총수의 5분의 1 이상 또는 20인 이상의 동의를 얻는 경우 공유자가 시·군·구청 지적담당 부서에 분할 신청을 하면 간편한 절차로 토지를 분할할 수 있게 된다. 다만 시행령은 상가 등 근린생활시설과 경로당, 어린이 놀이터 등 주민공동시설은 분할 대상에서 제외했다.

개정안은 또 공동주택부지 내 공유토지의 경우 토지대장 등 서류상 공유지 면적을 공유자 수로 나눴을 때 정확히 나눠지지 않는 경우도 분할 신청이 가능하도록 했다. 이현일기자 hiuneal@hankyung.com

▲ 토지가 분할돼 있지 않는 한 500세대 아파트라면 500세대 모두에게 동의를 받아야 유치원 시설물을 새로 설치할 수 있다.

일반적으로 아파트 단지 안에 건축된 유치원과 어린이집의 토지는 아파트 소유자와 공동 지분 형태로 묶여 있다. 그러다 보니 새로운 시설물을 설치하고자 할 때 토지의 공동소유자인 아파트 주민에게 동의를 받아야 한다. 이유는 유치원이나 어린이집 토지가 아파트와 별도로 등기돼 있지 않기 때문이다. 이 경우 토지 이용에 작지 않은 불편이 뒤따른다. 토지가 2인 이상 공동소유로 묶여 있으니 자연 재산권 행사에도 제약이 있는 것이다.

바로 이 같은 사정 때문에 공유토지를 각각이 실제 점유하고 있는 만큼 분할 할수 있도록 3년 기한으로 특례법을 만들었으나 홍보 부족과 시한 촉박 등을 이유로 실적이 미미하자 2년을 연기한 것이다. 하지만 5년 시한을 코앞에 둔 2017년 3월에도 법적용 대상인 전국 1200여 개의 분할 대상 유치원 중 고작 38개만 토지 분할[50]을 마친데 따라 특례법 제정 목적을 달성하기 위해 시행 기간을 한 차례 더 연장한 것이다. 특히 서울 지역에서는 5년 동안 분할 실적이 전무한 상태였다.

「실화책임에 관한 법률」과 피해에 대한 손해배상

자신은 아파트에 살고 있어 옥탑방도 없고, 유치원도 운영하지 않아 분할할 토지도 없으니 입법에 관해 관심을 갖지 않아도 된다고 생각하는 사람이 있을지 모르겠다. 그럼 누구도 자유로울 수 없는 '화재'와 관련한 책임에 대해 살펴보자.

먼저 퀴즈 하나 풀고 시작하자. "자신의 부주의로 인한 화재로 인해 이웃에게 피해를 주면 그 피해까지 보상해야 할까? 아니면 보상할 필요가 없을까?" 정답은 '보상해야 한다.'는 것이다. 혹자는 "당장 우리 집에 불이 나서 가구와 집이 홀랑 불에 타 피해가 막심한데, 무엇으로 어떻게 보상하란 말인가?" 하고 불만을 터뜨릴 수도 있을 것이다. 맞는 말이다. "화재로 당장 잠을 잘 집도 없고 앞으로 가구 등을 마련할 돈도 부족한데 어떻게 다른 사람의 피해까지 보상한단 말인가?"가 일반인들이 할 수 있는 말이다. 하지만 이건 어디까지나 개인적일 것일 뿐, 엄연히 법은 내 부주의로 인한 화재로 이웃에게 피해를 주면 그걸 보상하도록 규정하고 있다.

---

50) 국토교통위원회 수석전문위원, 「공유토지분할에 관한 특별법 일부개정법률안 검토보고」 1쪽, 2017. 3.

立法을 알아야 기업이 산다

과거에는 중대한 과실이 아닌 화재라면 법으로 책임을 면할 수 있었다. 「실화책임에 관한 법률」이 그것이다. 1961년 4월에 시행된 이 법률의 내용은 "민법 제750조의 규정은 실화의 경우에는 중대한 과실이 있을 때 한하여 적용한다."라는 단 한 줄이다. 여기서 민법 750조는 "고의 또는 과실로 인한 불법 행위로 타인에게 손해를 입힌 자는 그 손해를 배상할 책임이 있다."라는 것인데, 화재의 경우에는 중대한 과실이 있을 때만 이 조항을 적용한다는 것으로, 불이 나더라도 중대 과실이 없으면 그에 따른 손해를 배상하지 않아도 됐다.

그런데 한 가지 사건을 계기로 상황이 달라졌다. 2003년 6월 부산에서의 일이다. 한 화학 공장에서 불이나 인근 공장으로 번져 큰 피해가 발생했는데, 불이 난 화학 공장의 피해액은 4억5000만 원이었다. 그런데 다행히 화재보험에 가입했던 터라 보험회사에서 보험금으로 3억5000만 원을 받아 실제 피해액은 1억 원에 지나지 않았다. 하지만 이웃 건물과 공장으로 화재가 번져 20억 원에 달하는 큰 피해를 보았음에도

매일경제
2010년 10월 29일 금요일 A01면 종합

화재로 옆집 피해땐 배상해야 돼요

관련법 개정 불구 잘몰라…재산보호 안전장치 서둘러야

화재예방 나부터먼저

매경 - 화재보험협회 공동기획

2006년 8월 서울 명동. 누군가 던진 담배꽁초로 한 분식집에서 화재가 발생했다. 불길은 삼시간에 이웃 가게까지 옮겨 붙어 5000만원의 재산 피해를 냈다.

엽가게 주인은 분식집 주인을 상대로 배상책임 소송을 냈다. 1심 법원은 분식집 책임이 없다고 판결했다. 중대 과실이 아니면 책임을 면해주던 당시 '실화 책임에 관한 법률'이 근거였다. 그러나 2007년 헌법재판소

가 '피해자 재산권을 침해한다'며 관련 조항을 무력화시켰고, 2009년 5월 정부는 사소한 실수로 불을 내 이웃에 피해를 끼친 경우에도 배상책임을 지도록 법을 바꿨다. 결국 2심 법원은 분식집 주인에게 수천만원의 배상책임을 부과했다.

이젠 실수로 자신의 집·사업장에 불이 나더라도 옆집에 피해를 끼친다면 고스란히 배상해야 한다.

하지만 일반인들은 물론 사업주·건물주들도 법 개정 사실조차 모르는 경우가 대부분이다.

보험업계에 따르면 실화로 인한 이웃의 재산 피해까지 담보해주는 보험 상품, 특약사항 등이 있긴 하지만 가입자는 많지 않다.

소방방재청에 따르면 우리나라 화재 발생 건수는 2007년 4만7889건, 2008년 4만9831건, 2009년 4만7318건 등 연간 5만건에 육박하고 있다.

한국화재보험협회 관계자는 "지난해 발화 요인별 화재 현황을 보면 부주의로 인한 화재가 2만2765건으로 전체 화재의 48.1%에 달하고 있다"고 말했다. 또 지난해에만 화재로 인해 1684억원의 막대한 재산 피해가 발생했다.

매일경제신문은 KFPA(한국화재보험협회)와 공동으로 화재 예방과 안전 시스템 구축을 위한 기획시리즈를 마련한다.

▶관련시리즈 A30면
이재철·고승연 기자

▲ 과거와 달리 누전으로 인한 화재로 이웃에게 피해를 주면 실화자가 모두 배상해야 한다.

불구하고 화학 공장에 중과실이 없다는 이유로 보험회사로부터 단 한 푼도 보상을 받지 못하자 소송이 벌어졌다. 이에 재판을 담당하던 부산지방법원은 중과실이 있는 경우에만 손해배상 책임을 규정한 「실화책임에 관한 법률」이 위헌이라며 2004년 헌법재판소에 위헌제청을 신청했다.

이와 관련, 헌법재판소는 2007년 8월 "실화자의 손해배상책임과 피해자의 손해배상청구권을 부정하는 것은 일방적으로 실화자만 보호하고 피해자의 보호를 외면한 것으로, 실화자 보호의 필요성과 피해자 보호의 필요성을 균형 있게 조화시킨 것이라고 보기 어렵다."라며 헌법 불합치 판결 결정을 선고했다. 그 결과 2009년 5월 8일 「실화책임에 관한 법률」이 개정돼 오늘에 이르고 있다.[51]

사실 화학 공장의 사례처럼 화재가 발생한 곳은 피해액 4억5000만 원 중 보험회사로부터 3억5000만 원을 보상받는 데 반해 그로 인해 인근 건물과 공장은 20억 원의 피해를 보았음에도 불구하고 단 한 푼도 보상받을 수 없다고 한다면, 수긍할 사람이 얼마나 될까? 가해자에게는 면책을 주고 아무런 잘못이 없는 피해자에게 모든 책임을 지우는 것과 하등 다르지 않을 것이다.

이제 법 개정으로 아파트와 같은 공동주택에서 거주하는 사람은 화재가 일어나지 않도록 각별히 주의를 기울여야 한다. 누전이나 전기합선 또는 사소한 실수로 인한 화재로 옆집과 위아래 집이 피해를 보면 모두 다 배상해야 하기 때문이다. 공장, 건물, 점포도 마찬가지다. 따라서 「실화책임에 관한 법률」은 우리 국민 모두와 밀접히 관련된 것으로, 누구나 알아둬야 할 법률이다. 한편 이 같은 법률 개정으로 손해보험회사들은 뜻하지 않게 많은 이익을 얻게 됐다. 왜냐하면 화재 발생에 따른 피해를 배상하기 위해 손해보험에 가입하는 이용자가 더 늘 것이기 때문이다.[52]

---

51) 헌법재판소가 '단순위헌'을 내릴 경우 당장 화재와 관련한 사안을 규율할 법률이 없어짐에 따라 법적 공백으로 인한 혼란이 야기될 수 있어 '헌법 불합치' 결정을 내리면서 국회에 대한 입법 개선을 촉구했다. 이에 따라 2009년 5월부터 개정안이 시행됐다.

52) 사족을 붙이자면 글쓴이도 이 같은 법 개정을 알고 화재보험에 가입했다. 내가 사는 집에 불이 나면 당장 나 자신부터 큰 피해를 입을 것인데, 만약 혹시 모를 화재로 인해 이웃이 입을 피해

입법에 대한 무관심은 기관이나 단체에도 똑같이 손실 안겨줘

입법에 대한 무관심은 비단 개인들의 손실만을 초래하지 않는다. 각종 단체나 기관 또는 기업들이 입법에 관해 관심을 갖지 않을 경우, 개인과 마찬가지로 똑같이 손해를 볼 수 있다. 2003년에 있었던 일이다. 국회 보건복지위원회는 2002년 8월 「장기 등 이식에 관한 법률」을 개정하면서 '뇌사판정대상자관리전문기관'을 지정키로 했는데, 2003년 4월 1차 대상기관 선정에서 우리나라 '5대 병원' 중 하나인 대기업 소속 병원이 제외됐다. 대기업 소속 대관업무담당자가 법률안의 자세한 내용과 시행에 대해 잘 몰랐기 때문이다. 이 기업은 평소 모든 상임위원회를 다 관리할 수 없는 데 따라 주로 정무위원회, 기획재정위원회, 국토교통위원회, 환경노동위원회 등 자신들 사업과 밀접히 관련된 몇 개의 상임위원회를 중점적으로 관리해 왔다. 결국 평소 보건복지위원회를 잘 관리하지 않는 데 따라 자신의 기업이 가진 병원과 관련된 주요한 법률 시행에 대해 잘 알지 못해 전문관리기관으로 선정되지 못한 것이다. 물론 이런 사실이 공론화되면서 뒤늦게 서류를 갖춰 전문관리기관으로 신청, 추가로 선정되긴 했지만, 기업 입장에서는 중요한 것 하나를 놓칠 뻔한 사건이었다.

자신의 업역(業域)에 대한 입법사항을 모르고 있다가 뒤늦게 난리가 난 일도 있다. 2006년 7월 유치원 업계가 들고 일어났다. 2005년 12월에 통과된 「사립학교법」 개정안과 관련해 크게 반발하고 나선 것이다. 이유는 다음과 같다. 개정된 「사립학교법」은 사립학교장에 대한 임기 제한을 규정하고 있는데, 유치원 원장도 '사학경영자'로 규정돼 임기를 4년 이내로 하고 한 차례만 중임할 수 있도록 한 것이다. 유치원총연합회는 이 같은 사실을 전혀 모르고 있다가 개정 「사립학교법」이 이듬해 7월 1일부터 시행되고 나서야 "유치원 원장의 임기를 제한하면 다른 사람에게 유치원을 넘겨주라는 얘기냐?"며 강력히 반발했다.

까지 배상해야 한다면, 그로 인한 어려움은 더 커질 것이기 때문이다.

물론 유치원 업계가 혼란에 빠진 것은 기본적으로 입법 미비에 따른 것이지만, 만약 유치원 업계 중 누구 하나라도 국회의 입법동향에 관심을 두고 지켜봤더라면 사전에 얼마든지 막을 수 있는 사태였다.

▲ 입법 미비에서 출발한 「사립학교법」 개정 사태는. 관련 사실을 모르는 유치원 업계를 혼란에 빠뜨렸다.

법을 몰라 손해를 보는 것에서 한발 더 나아가 법에 대한 무지로 범법자로 전락하는 경우도 있다. 당장 그 유명한 '김영란법'(「부정청탁 및 금품 등 수수의 금지에 관한 법률」)이 그렇다. 2016년 9월 28일부터 시행된 김영란법은 공직자를 비롯해 언론인·사립학교 교직원 등 법률 대상자들이 직무 관련성이나 대가성에 상관없이 1회 100만 원(연간 300만 원)을 초과하는 금품을 수수하면 형사처벌(3년 이하의 징역 또는 3000만 원 이하의 벌금)을 받도록 규정하고 있다. 또 직무 관련자에게 1회 100만 원(연간 300만 원) 이하의 금품을 받았다면 대가성이 입증되지 않더라도 수수금액의 2~5배를 과태료로 물어야 한다. 3·5·10으로 유명한 식사 3만 원, 선물 5만 원[53], 경조사비 10만 원을 초과하면 이 또한 과태료 부과 대상이다. 한편 공직자는 배우자가 금품을 받은 사실을 알면 즉시 신고해야 하며, 신고 의무를 어길 시에는 형사처벌 또는 과태료 처분을 받게 된다.

다행스러운 것은 김영란법의 경우 대대적인 홍보와 보도를 통해 대다수 국민이 그 내용을 잘 알고 있다는 것이다. 그런데도 이 같은 내용을 몰라 과거와 같이 청탁을 하거나 돈을 주고받는다면, 그건 곧 법적 무지로 인해 범법자로 전락하는 결과를 낳을 것이다.

법명(法名)은 널리 알려졌는데도 불구하고 관련된 법적 내용을 잘 몰라 누구나 쉽게 범법자가 될 수 있는 게 바로 「개인정보보호법」이다. 2011년 9월 30일부터 시행된 「개인정보보호법」은 일반인들이 생각하고 있는 것처럼 법적 구속력이 인터넷 사업자

---

53) 김영란법은 공직자, 언론인, 사립학교 교직원 등에게 직무 관련자가 할 수 있는 선물 한도를 5만 원 이하로 정해 2016년 9월 28일부터 시행됐다. 그러나 법률 시행 후 이듬해 설 명절부터 백화점, 대형마트 선물 판매 실적이 역성장하기 시작했는데, 특히 이는 과일과 난초 그리고 한우나 굴비와 같은 선물세트 판매 감소를 낳아 농어민에게 적지 않은 타격을 미쳤다. 이에 정부는 2017년 12월 농축 수산물의 선물 상한액을 5만 원에서 10만 원으로 올리는 내용의 개정안을 통과시켰다. 한편 정부는 2021년 설 명절만 선물 가액 한도를 20만 원으로 높이기로 했는데, 이는 코로나19 바이러스 감염증과 각종 자연재해로 어려움에 빠진 농어민을 돕기 위한 데 따른 것이다.

나 공공기관에만 해당하는 것은 아니다. 예컨대 도서대여점이나 공인중개소와 같은 자영업자는 말할 것도 없고 심지어 각종 협회나 동창회 또는 동문회와 같은 비영리 단체와 개인적인 친목 단체까지 모두 다 이 법의 적용을 받는다. 한마디로 개인정보를 소유한 모든 자영업자, 직원 정보를 보유한 모든 기업 그리고 소규모의 개인적인 모임까지 「개인정보보호법」에서 결코 자유로울 수 없는 것이다.

예를 들면 이렇다. 동창회 명부를 무심코 타인에게 넘기면 「개인정보보호법」 위반이다. 이 경우 5년 이하의 징역이나 5000만 원 이하의 벌금형에 처할 수 있다. 타인의 개인정보를 수집하는 때도 마찬가지다. 두 경우 모두 법을 위반하지 않기 위해서는 '당사자의 동의'를 받아야 한다. 만약 안정성을 확보하기 위한 노력을 하지 않아 개인 정보를 분실하거나 유출·도난당하는 경우에는 2년 이하의 징역 또는 1000만 원 이하의 벌금을 물어야 한다.

주변을 돌아보면 「개인정보보호법」을 은행이나 카드사 혹은 백화점이나 대형마트 등에서 개인정보를 관리하지 못해 해킹을 당하는 것 정도로 생각하는 사람이 있다. 이들은 대개 「개인정보보호법」은 자신과 하등 상관없는 일이라고 생각한다. 하지만 앞으로도 계속 이렇게 생각하고 행동한다면, 언젠가는 자신도 모르게 「개인정보보호법」을 위반해 범법자로 전락할 수도 있다.

'법미꾸라지'= 법비(法匪)

2016년 말에서 2017년 초 한국 사회를 뒤흔들었던 최순실 게이트에 대한 국정조사 청문회를 거치면서 법과 관련해 우리 사회에 새롭게 등장한 단어가 하나 있는데, 그게 바로 '법미꾸라지'이다. 한편 법미꾸라지라는 말과 동의어로 사용된 단어가 있으니, 법비(法匪)다. 법비란 사전적 개념으로 법률 지식을 이용해서 도적질하는 자, 비적(匪賊)질하는 데 법을 동원하는 무리를 일컫는다. "나는 법에 관심이 없다."라는 것이 법에 대한 무지를 적나라하게 보여주는 가장 최상의 표현이라고 한다면, 반대로 '법미꾸라지=법비'는 법이라는 말과 함께 쓰일 수 있는 최악의 표현일 것이다.

흔히 공직자가 범죄를 저지르고도 교묘한 법 논리를 앞세워 위기를 벗어나려는 것을 '법비'라 부른다. 이 경우 법은 부정(不正)을 저지르고도 잘못을 감추는 수단으로 전락한다. 최순실 게이트에 대한 국정조사 청문회 과정에서 법미꾸라지로 불린 사람은 2명이다. 정치검찰 출신인 김기춘 전 청와대 실장과 우병우 전 청와대 민정수석이 그 주인공이다.

김기춘은 청문회에 출석해서도 최순실의 존재에 대해 "전혀 모른다."라고 주장했다. 그러나 청문위원인 박영선 의원이 "2007년 7월에 열린 박근혜 한나라당 대선 후보 검증청문회에서 최씨에 대한 언급이 나왔는데 이때 김 전 실장이 동석했다."라는 사실을 공개하자 곧바로 말을 바꿨다. "이제 생각해 보니 이름은 아는 것 같다."라고 한 것이다. 법률가들은 이를 두고 위증죄 처벌을 피하기 위한 '꼼수'라고 지적했다. 관련 법에 따르면, 국정조사에 출석한 증인이 허위 진술을 하면 1년 이상 10년 이하의 징역에 처한다.[54] 하지만 대법원 판례는 "허위 진술을 신문 종료 전, 시정(是正)한 경우 위증죄가 성립되지 않는다."라고 하고 있다. 결국 김기춘은 자신의 진술이 허위로 드러나자 위증에 따른 처벌을 면하기 위해 곧바로 말을 바꾼 것이다. 그야말로 문제가 되는 사안과 관련한 법률 지식을 총동원해 자신이 처한 위험에서 빠져나간 것이다.

김기춘의 법미꾸라지 행태는 이보다 훨씬 앞선 1992년에도 있었다. 김대중과 김영삼 후보가 맞선 제14대 대통령선거를 앞둔 1992년 11월 김기춘은 부산 초원복집에서 부산의 기관장들을 모아놓고 부정선거를 획책했다. 당시 크게 유행했던 "우리가 남이가!"라는 말은 바로 이 모임에서 비롯됐는데, 초원복집 사건은 당시 지역감정을

---

54) 「국회에서의 증언·감정 등에 관한 법률」 제14조1항.

부추겨 김영삼 후보의 당선에 큰 도움이 된 것으로 알려졌다. 하지만 모임을 주도했던 김기춘은 「공직선거법」 위반으로 불구속기소 되자 헌법재판소에 대통령선거법 조항에 대한 위헌심판을 제청, 1994년 위헌결정이 내려짐에 따라 공소 취소라는 면죄부를 받았다. 이는 '법비'만이 할 수 있는 일이다. 결국 김기춘은 지역감정을 부추겨 선거가 왜곡되는 결과를 초래하고도 법비의 행태를 보임으로써 법의 심판을 피할 수 있었던 것이다.

우병우는 청문회 기간 동안 종적을 감춤으로써 법비의 또 다른 면모를 보여줬다. 관련 법에 따르면, 출석요구를 받은 증인이 정당한 이유 없이 불출석하면 최대 징역 3년 또는 벌금 1000만 원에 처할 수 있다.[55] 다만 본인이 직접 출석요구서를 수령해야 이 법이 효력을 발휘한다. 누구보다 법률을 잘 아는 우병우는 이 같은 맹점을 알고 일부러 출석요구서를 수령하지 않고 종적을 감춤으로써 불출석에 따른 법적 요건을 회피했다.

합법적 틀 내에서의 자기 이익 실현

글쓴이가 이 책을 통해 주장하고 싶은 내용은 입법과 관련해 '무지의 소치'나 '법 미꾸라지'와 같은 양극단을 모두 배제한 것이다. 요컨대 비즈니스를 위해 대관업무를 하는 사람이든 혹은 소시민으로 사는 일반인이든 현대를 살아가기 위해서는 '입법마인드'로 무장하고 있어야 한다는 것이다. 동시에 기업이라고 무조건 '경제민주화법안'의 피해자가 돼서도 안 되며, 입법권을 갖고 있다고 해서 국회 또한 기업을 상대로 일방적으로 권한을 행사해서도 안 된다는 것이다.

정상적인 사회라면, 기업은 자신의 이해를 관철하기 위한 법률안을 '제안할 수 있

---

55) 「국회에서의 증언·감정 등에 관한 법률」 제12조1항.

立法을 알아야 기업이 산다

어야 한다. 반대로 일방적 희생을 강요하는 입법에 대해서는 합법적 틀 내에서 정당하게 대응할 수 있어야 한다. 정당한 자기 이익을 실현하기 위한 행동은 민주사회라면 절대 제약될 수 없는 기본적인 가치일 것이기 때문이다. 하지만 여기서 중요한 것은 기업이 이처럼 행동하기 위해서는, 우선 국회에 대한 인식을 새롭게 하는 것과 함께 입법과정을 비롯해 '국회의 작동원리'에 대한 공부가 선행돼야 한다는 것이다. 특히 우리 사회를 규정하는 입법과 정책의 구체적 실현을 뒷받침하는 예산 모두 국회에서 논의되고 결론지어진다는 점에서, '기업이 국회에 대해 어떤 인식을 하고 있는가?' 하는 건 대단히 중요한 의미를 갖는다. 그건 대략 4가지 차원으로 구분한다.

여의도 브런치

2007년 「국가재정법」이 만들어지면서 과거 흔히 쓰던 '예산' 대신 '재정'이라는 표현이 사용됐다. 재정과 예산은 「국가재정법」에 따라 서로 다른 의미가 있다. 일반인들이 생각하는 '나라 살림'이라는 의미는 '국가재정'이 맞다. 하지만 일반인들에게 '재정'이라는 말은 여전히 낯선 데다 개념도 정확히 잡히지 않는 표현이다. 따라서 여기서는 일반인들의 이해를 돕기 위해 예산과 국가재정을 같은 의미로 사용한다. 한편 '재정'이란 '기금'까지를 포함하는 광의의 개념이다. 정부는 2000년대 초까지 기금을 국회에 보고하지 않았다. 기금과 관련한 심사를 받지 않은 것이다. 그래서 예산이라는 용어를 썼다. 그러나 「국가재정법」이 만들어지면서 예산과 기금을 포괄하는 용어로 재정이라는 말이 사용됐다. ☕

02

국회에 대한
4가지 차원의 인식

1) 대관(對官)업무에 대한 전통적 가치관

글쓴이가 지난 25년여 간 보좌관으로 생활하면서 만나 온 기업과 공공기관 대관업무담당자들의 대 국회 업무행태를 구분해 보면, 크게 다음과 같은 4가지로 나뉘어진다.

첫째는 대관업무에 대해 전통적 가치관을 따르고 있는 경우다. 둘째는 국회를 '귀찮은 존재' 정도로 여기는 가치관이다. 셋째는 국회의 현실적 존재를 인정하되 단순한 동향 파악 대상 정도로 인식하는 것이다. 넷째는 국회의 역할에 대한 정확한 인식 아래 자신의 이해 관철을 위한 '파트너'로 생각하는 것이다. 여기서 대관 담당자들의 업무행태를 나누는 기준은 전적으로 국회에 대해 '어떻게 인식하고 있는가' 또는 '어떤 인식 아래 접근하는가?' 하는 것이다. 그럼 하나하나 자세히 살펴보자.

대관업무에 대해 전통적 가치관을 갖고 있는 경우에는, 그 인식 속에 국회가 존재하지 않는다. 단지 이 같은 정통적 인식에는 관(官), 언론, 검경만이 있을 뿐이다. 전통적 가치관은 이 3가지가 한국 사회를 움직이는 가장 중요한 핵심요소이자 비즈니스의 성패를 좌우하는 열쇠로 보고 있다. 또한 기업에게 가해지는 위기도 단지 이 세 가지 차원에서만 비롯된다고 본다. 따라서 관심 대상은 오로지 이 3가지에 국한돼 국회라는 존재가 비집고 들어갈 틈이 없다.

첫째, 관을 중요시하는 건 그것이 갖고 있는 다양한 권한 때문이다. 어떤 사업이든 한국 사회에서 '관', 즉 행정관청을 배제하고 이뤄지는 건 없다. 철저하게 민간만을 대상으로 사업을 한다손 치더라도 그 출발이나 마침표는 행정관청으로 귀결된다. 행정관청은 조직이 크든 작든 '인허가 권한'을 갖고 있다. 소규모 민간건설업자가 친구 부탁을 받고 주택을 한 채 짓더라도 그 시작과 끝에는 지방자치단체가 버티고 있는 것이다. 설혹 자기가 살 집을 짓더라도 이를 뛰어넘을 수는 없다. 애써 공사를 완료했는데 행정관청의 '사용허가'가 떨어지지 않으면 준공을 할 수 없기 때문이다. 조그마한 동네 식당도 보건당국의 위생검열을 통과해야 장사를 할 수 있다. 화재의 위험이 있어 소방검열에 걸리면 주유소든 빌딩이든 시장이든 영업에 어려움을 겪는다. 세금신고를 비롯해 국세청의 세무조사는 어떤 형태의 비즈니스든 혹은 규모의 크고 작고를 떠나 어떤 기업도 피해갈 수 없는 막강한 권력이다.

행정관청은 자체 예산을 갖고 여러 가지 용역사업을 발주하고 건물 신축과 같은 공사를 입찰에 부치기도 한다. 간혹 수의계약이 나오기도 한다. 가령 태풍으로 인해 유실된 도로를 긴급하게 복구해야 할 경우 시급성 때문에 수의계약으로 발주한다. 이 경우 공사의 수주 여부는 대개 누가 발주관청과 더 밀접한 관련을 맺고 있나, 다시 말해 평소 누가 행정관청을 더 잘 관리해왔느냐에 따라 판가름 난다.

2017년 02월 21일

정치外風 우려하는 기업들 … 檢·警·국세청 고위급 '영입'

주요 상장사가 다음달 정기 주주총회를 앞두고 외부 인사 영입에 골몰하고 있다. 대기업을 향한 방대한 수사권과 전방위 수사의 칼을 쥔 사정라인의 매력은 반기업 정서에 따라 시작된 대통령 선거전 국면을 내내 지속될 경영 불확실성에 대비하기 위해서다. 대외 정보력과 정무적 판단능력을 갖춘 검찰·국세청·경찰 등의 고위간부를 선호하는 분위기다. 상법 개정 등 '경제민주화 바람'을 헤쳐나가기 위한 기업들의 발걸음도 그 어느 때보다 빨라지고 있다.

◆누가 어디로 가나

20일 금융감독원 전자공시시스템에 따르면 LS그룹 지주사인 ㈜LS는 다음달 24일 정기 주총에서 권재진 전 법무부 장관을 사외이사로 선임하는 안건을 상정할 예정이다.

"올해 大選 등으로 정치적 불확실성 커져
대외정보·정무 '브레인' 외부 수혈 불가피
기업 구조조정 전문가도 사외이사 등 선임"

회사명	이름	직책	주요 경력
LS	권재진	사외이사	전 법무부 장관
케이에스씨비	임창혁	사외이사	전 대구지방국세청장
JW생명과학	박형철	사외이사	전 서울중앙지검 공공형사수석부장
현대글로비스	임창규	사외이사	전 광주지방국세청장
현대미포조선	공원표	사외이사	전 대구지방국세청장
쌍용정보통신	신재국	사외이사	전 춘천지방국세청장
LF	양재택	감사	현 유원종합법률사무소 대표변호사
AK홀딩스	김무연	사외이사	전 서울 영등포경찰서장
세아홀딩스	장윤재	사외이사	전 서울지방경찰청장
SKC코오롱PI	최만수	감사	전 한국예탁결제원 상근감사
메디톡스	노기선	사외이사	현 이베스트투자증권 IB사업부 상무
제우스	권광수	감사	전 대신증권 금융공학사업부장
코스닥스	이병규	감사	현 LG경영개발원 대표이사
다원시스	고경향	사외이사	현 삼일회계법인 파트너
삼양사업	김용태	부사장	전 삼양그룹 기획실장
미원상사	김선수	사외이사	현 삼정 KPMG컨설팅 대표이사
피씨에이자산운용	류승완	사외이사	전 삼일회계법인 전무
가온미디어	김근호	사외이사	현 한국투자파트너스 투자본부 수석팀장

(주: 기업별 신규 선임·영입 인사 등을 모두 포함)

JW생명과학은 박형철 법률사무소 담당 대표변호사를 다음달 17일 사외이사로 영입한다. 2013년 국가보위 대선개입 의혹 특별수사팀의 부팀장이던 그는 담시 서울고등검찰청 형사부장, 법무연수원 원장을 거쳐고 검찰 내 대표적 '공안통'으로 꼽히기도 했다.

국세청 출신도 대거 포진한다. 현대글로비스는 다음달 17일 주총에서 임창규 전 광주지방국세청장을 사외이사로 선임하는 안건을 처리한다. 현대미포조선은 공원표 전 대구지방국세청장을, 영풍정밀은 신재국 전 춘천지방국세청 조사국장을 사외이사로 영입했다. 패션그룹의 지주사인 AK홀딩스는 경찰 출신을 영입했다. LF는 다음달 24일 김무연 전 서울 영등포경찰서장을 사외이사(상무)로 영입하기로 했다.

신세훈 한국경제연구원 기업법구실장은 "올해는 대선과 새정부 출범, 상법 개정 등 기업경영에 영향을 미치는 민감변수가 급증한다"며 "앞날이 불안한 기업 입장에서는 과거보다 훨씬 더 적극적으로 외부 인사를 들일 수밖에 없다"고 말했다.

◆IB 전문가도 '인기'

기업들이 부실을 털어내고 기초체력을 다지기 위한 투자은행(IB)·구조조정 전문가의 영입도 이어지고 있다. 세아홀딩스는 장윤재 전 법무법인 광장 변호사를 사외이사로 선임할 계획이다. 장 변호사는 기업금융 분야에서 20년 이상 몸담았으며 세계적 롯데쇼핑 CJ 해외채권 발행과 에머슨(EMC)에의 남해화학 리조트 사업 등 자문을 맡았다.

바이오업체인 메디프론은 노기선 전 이베스트증권 IB사업부 상무를 사외이사로 영입했다. LF는 헤리펀드인 엘라임앤 대리샴 삼일 투자법인의 투자운용의 양재택 전 대구지방국세청장을 감사로 영입했다.

김익환 기자 lovepen@hankyung.com

▲ 기업에게 '인허가 권한'을 가진 행정관청은 늘 관리의 첫 번째 대상이다.

상황이 이와 같을 때 정도나 방법의 차이는 있을지 몰라도 기업이 행정관청을 '관리'(?)하는 건 너무나 당연한 일이다. 더욱이 남들이 다한다고 할 때, 나 혼자 안 하는 데 따른 불이익을 피하기 위해서라도 불가피하게 하지 않을 수 없다. 바로 이런 점에서 규모를 떠나 모든 비즈니스의 대관업무는 바로 행정관청의 인허가 권한과 각종 사업 수주에서 출발한다.

한편 시중의 대형 로펌이 임기가 끝난 장·차관과 고위공무원 등 고위관료를 영입하는 것 또한 행정관청이 갖고 있는 인허가 권한과 밀접히 관련돼 있다. 대형 로펌의 주요 고객은 대기업이다. 이들은 행정관청과의 비즈니스 나아가 송사(訟事)가 벌어지면 로펌을 이용한다. 로펌에 몸담고 있는 전직 고위 관료들은 현직 공무원들의 상사였던 사람으로서, 안면은 물론 업무 또한 잘 알고 있어 '로비'와 '소송' 모두에서 큰 도움이 될 수 있기 때문이다. 이런 점에서 기업이 국회 출신 보좌관을 영입하는 것과 로펌이 고위공무원들을 영입하는 양자 간의 논리나 이유에는 차이가 없다.

立法을 알아야 기업이 산다

언론에 대한 관리는 무엇보다 그것이 갖는 '파급력'에 기인한다. 회사 혹은 기업 총수에 대한 부정적인 내용이 보도되면, 그것이 가져올 후과(後果)는 예측하기 힘들다. 설혹 평소 아무리 좋은 일을 많이 하더라도 단 한 차례 부정적인 내용이 보도된다면, 매출이 줄어드는 건 물론 직원들의 자긍심과 회사 이미지 모두 크게 떨어지기 마련이다. 특히 오늘날과 같은 매스미디어(Mass Media, 대중매체) 사회에서 언론이 갖는 힘은 가히 상상을 초월한다. 그래서 기업이라면 너나 할 것 없이 부정적인 내용이 보도되는 것을 막고 반대로 긍정적인 것이 널리 홍보될 수 있도록 언론을 '관리'한다.

이 같은 관리는 대개 언론사에서 퇴직한 기자 출신에 의해 이뤄진다. '초록은 동색'이라고 언론사에서 퇴직한 사람이 홍보실장을 맡아 현직 후배 기자들을 관리하는 것이다. 여의도 주변에는 "의원이 골프 칠 때 기자를 한 명 포함하면 절대 문제 되지 않는다."라는 격언이 있다. 만약 국정감사 기간이나 홍수 또는 태풍과 같이 사회적으로 불행한 사건이 일어났는데 의원이 이를 도외시한 채 골프를 쳤다면, 그 자체가 대서특필 될 내용이다. 하지만 일행 가운데 기자가 한 명 있으면 상황은 크게 달라진다. 설혹 골프 친 사실을 언론에서 알더라도 보도하지 않기 때문이다. 이는 의원과 같이 간 일행에 언론사 기자가 포함돼 있는데 차마 이걸 기사로 쓸 수 없는 것과 관련돼 있다. 한마디로 동료의식 내지는 동일업종 간 서로 보호해 주는 의식이 강해 의원이 잘못한 게 있더라도 언론이 이를 보도하지 않는 것이다.

바로 이 같은 의식에 기반해 기업 총수에 대한 나쁜 여론이나 기업이 생산한 제품과 관련해 부정적 사건이 발생하면, 일차적으로 기자 출신 홍보실장이 언론사 관리에 나선다. 지면에서 관련 기사를 '삭제'할 수 있다면 최선이다. 하지만 삭제까지는 어렵더라도 보도의 수위를 낮추거나 비중을 축소하는 건 얼마든지 가능하다. 당장은 기사를 쓰는 현직 기자라고 하더라도 당사자 또한 은퇴 후에는 기업으로 자리를 옮거야 하니 서로 이처럼 도움을 주고받는 것이다.

　기업은 평소 '광고'를 통해 언론을 관리한다. 기업의 이미지나 제품에 대한 광고를 나눠줌으로써 언론과의 관계를 유지하는 것이다. 그래서 기업광고는 홍보실장의 활동을 뒷받침해 주는 버팀목이 된다. 물론 평소 골프와 식사 접대 그리고 명절 때의 선물 등이 관계를 유지하는 윤활유 역할을 한다. 하지만 언론과의 협상을 위한 결정적 매개체는 역시 '광고'다. 기업의 부탁을 들어주지 않으면 광고를 끊지만, 뭔가 도움을 받으면 광고를 더 주는 것이다. 언론사 입장에서 광고는 곧 수익 창출을 의미한다.

　한편 최근 들어서는 '기성 언론'의 힘이 크게 약화했다. 그동안 언론은 제4의 권력으로 호칭 될 정도로 우리 사회에서 독점적 지위를 누리며 힘을 과시해 왔다. 하지만 IT의 발달로 그 지위와 힘은 점차 약화하고 있다. 여기에는 페이스북이나 트위터와 같은 SNS로 대표되는 소통 기제의 변화가 자리 잡고 있다. 이제는 사건 현장을 SNS가 기성 언론보다 더 신속·정확하게 전달하는 세상이다. 더욱이 SNS는 쌍방향 소통을 가능케 함으로써 언론보다 더 많은 정보 유통을 가능케 하고 있다. 그 결과 언론에 의한 독점구조가 붕괴해 그 힘은 나날이 쇠퇴하고 있다. 지난 2012년 초 맥도날드가 SMCD, 즉 소셜미디어 최고 임원(Social Median Chief Diretor)이라는 새로운 직책을 만든 것[56]도 바로 이 같은 현실과 밀접히 관련돼 있다.

---

56) 맥도날드 같은 고객민감형 비즈니스가 소셜미디어 전임 임원 자리를 만들었다는 것은, 그것이 기업 경영에서 기존 언론 못지않은 중요성을 갖고 있다는 걸 보여주는 사례이다. 페이스북과 트위터 등 소셜미디어를 관리하고 그런 매체를 기업의 경영, 즉 커뮤니케이션 광고 마케팅 PR 등에 접목하는 것이 SMCD의 책임이라고 한다. 「한국경제신문」, 2012. 3. 16.

立法을 알아야 기업이 산다

'보험 차원'에서 검경 관리

　검찰과 경찰은 대표적인 권력기관이다. 검경 수사권 조정이 이뤄지기 전까지, 검찰은 수사권과 기소권을 독점하고 있어 그동안 한국 사회에서 무소불위(無所不爲)의 권력을 휘둘러왔다. 그러다 보니 역대 정권 누구도 검찰에 대해 제대로 된 개혁을 이뤄내지 못했다. 오히려 정권을 잡고 나면 경찰의 정보력과 검찰의 수사권과 기소권에 기대 정권을 유지하는 측면이 강했다.

　기업은 비즈니스 과정에서 불가피하게 소송에 휘말린다. 소송을 당하기도 하지만 소송을 해야 하는 경우도 있다. 자신의 이익을 찾거나 지키기 위한 것이든 혹은 타인에 의한 소송이든 그 일차적 목표는 '이기는 것'이다. 그러기 위해 전자, 즉 자신의 이익과 관련해서는 검찰의 우호적인 수사에 기댈 수 있다. 후자, 즉 타인에 의한 소송은 재판을 피하기 위한 검찰의 독점적인 기소권에 기댈 수 있다. 재판을 회피하는 게 불가능하다면 이 또한 검찰의 우호적인 수사를 필요로 한다.

　이를 위해 기업은 퇴직한 판·검사를 영입한다. 일차적으로 기업의 법무팀은 이들로 꾸려진다. 이것으로 부족한 경우 사외이사제도를 활용한다. 본시 사외이사제도란, 회사의 경영을 직접 담당하는 이사 이외에 외부 전문가들을 이사회 구성원으로 선임하는 것을 말한다. 이는 대주주와 관련 없는 사람들을 참여시킴으로써 대주주의 전횡을 방지하기 위한 데 따른 것이다. 이에 따라 상장회사의 경우 의무적으로 사외이사를 두어야 하며, 주로 기업체 임직원 출신이나 교수 또는 행정부 고위관료 출신 등으로 채워진다.

　그런데 최근 들어서는 대기업 사외이사에 판·검사 출신이 부쩍 늘었다. 사법연수원 기수로 인해 선후배 관계가 확실한 법조계에서 법원장, 검사장, 부장 판·검사 등의 경력은 그 자체만으로도 영향력이 크다고 한다. 한마디로 기업이 검찰 수사 등으로 곤란을 겪을 때마다 이들의 도움을 받을 수 있다는 것이다. 그동안 우리나라 대기업들이 검찰 수사를 받은 건 헤아릴 수 없을 정도로 많다. 탈·불법을 넘나들며 마치 교도소 담장 위를 걷듯 사업을 해왔다. 담장 안쪽으로 떨어지면 죄인이고 다행히 바깥쪽으로 떨어지면 법의 판단을 면할 수 있는 것이다. 그러다 보니 대기업 총수 가운데는 구속이나 수감자 생활을 경험하지 않은 사람을 찾는 게 더 어려울 정도다. 자연 검경을 관리하고 평소 친밀한 관계를 유지하는 건 당연한 이치다. 돈이 있을 경우 무죄로 풀려나지만, 돈이 없을 땐 유죄로 처벌받는다는 '유전무죄 무전유죄(有錢無罪 無錢有罪)'라는 말은 이 같은 상황과 절대 무관치 않을 것이다.

朝鮮日報

2012년 01월 31일 화요일 B03면 경제종합

뉴스 TALK 대기업 사외이사에 판·검사 출신 많아진 이유는?

요즘 대기업 사외이사나 고위직 임원 명단에 전직 검찰총장, 법원장, 부장검사 등 법조인 출신이 들어 있는 경우가 많아졌습니다.

30일 금융감독원 전자공시시스템에 따르면 매출액 100대 상장기업의 사외이사와 고위 임원 중 법조인 출신은 76명으로 집계됐습니다. 이 중 부장 판·검사 이상의 법조계 고위직에 있었던 인사들은 47명에 달합니다.

예컨대 이명재 전 검찰총장은 두산인프라코어의 사외이사를 맡고 있으며 김각영 전 검찰총장은 하나금융지주의 이사회 의장(사외이사), 송광수 전 검찰총장은 두산중공업의 사외이사로 있습니다. 또 조승식 전 대검 형사부장은 호남석유, 김진환 전 서울지검장은 GS, 석호철 서울고법 부장판사는 삼성테크윈의 사외이사를 맡고 있습니다.

사외이사를 겸직하는 법조인도 꽤 있습니다. 주선회 헌법재판소 재판관은 CJ제일제당과 웅진코웨이의 사외이사를, 윤동민 전 법무부 기획관리실장은 삼성전자와 두산엔진의 사외이사를 겸임 중입니다.

그룹별로는 삼성(7명), 현대차·SK·두산(각각 5명) 등의 순서로 부장 판·검사 이상 법조인들이 많이 포진해 있습니다.

법조인을 영입하는 이유에 대해 4대 그룹의 한 관계자는 "준법 경영이라는 시대적 요구를 담당하는 데 법조인 출신만한 인재군이 없다"고 말했습니다. SK그룹은 최근 박철 전 서울중앙지검 부장검사를 SK건설 윤리경영총괄로 영입한 것을 그런 예라고 주장합니다.

일각에서는 판·검사 출신 영입에 다른 이유가 있는 것 아니냐는 의혹의 눈초리를 거두지 않습니다. 선후배 관계가 확실한 법조계에서 검사장, 법원장, 부장 판·검사 등의 경력은 그 자체만으로 영향력이 큽니다. 기업이 검찰 수사 등으로 곤란을 겪을 때마다 도움을 줄 수 있다는 얘기입니다.

이들 법조인 출신이 해당 회사에서 기업비리를 줄이는 성과를 내놓지 않는다면 '감시자'라기보다는 '로비용'이라는 비판이 제기될 수밖에 없을 것입니다.

호경업 기자 hok@chosun.com

▲ 법조계는 선후배 관계가 확실해 존재 자체만으로도 수사에 영향을 미칠 수 있다.

立法을 알아야 기업이 산다

2) 귀찮은 존재, 국회

이처럼 대관업무와 관련한 전통적 가치관 속에는 국회가 아예 존재하지 않는다. 오로지 행정관청과 언론 그리고 검경과 사법부만 존재할 뿐이다. 자연 대관업무도 이 3가지를 대상으로 해서만 이루어진다. 이와 달리 국회의 존재를 인식하고 있지만 어떤 관계도 맺지 않은 채 매번 귀찮게 괴롭히기만 한다는 인식이 존재한다. 이 경우 국회는 단지 관념의 대상으로만 존재할 뿐이다.

이 같은 현상은 기본적으로 국회가 수행하는 고유 역할에서 비롯된다. 국회는 국민의 대표기관으로서 기본적으로 입법, 그리고 나라 살림 및 행정부 감사라는 3가지 중요한 역할을 수행한다. 이는 외형적으로는 정부를 상대로 이뤄지는 것처럼 보인다. 하지만 내면을 들여다보면 사정은 겉으로 드러난 것과 많이 다른 것을 알 수 있다.

우선 '나라 살림'에 대한 국회 감시란, 국민이 낸 세금이 법과 규정에 맞게 적절히 편성·집행돼 불필요하게 낭비된 건 없는지를 살피는 일이다. 하지만 나라 살림이라는 게 순전히 중앙정부와 지방정부에만 국한되지는 않는다. 당장 각종 단체나 협회를 대상으로 한 해 수십조 원에 이르는 예산이 국고보조금 형태로 지원되기 때문이다. 특히 정부가 발주하는 각종 공사와 용역사업의 수행 주체가 민간기업이라는 점에서, 나라 살림에 대한 감시의 끝은 결국 민간에 닿아있다. 예산 규모는 적절했는지부터 입찰 과정에 비리는 없었는지, 공사는 계약대로 잘 마무리됐는지, 이 과정에서 예산이 낭비되거나 특정 개인을 위해 왜곡돼 집행된 것은 없는지 등등을 국회가 들여다보는 것이다. 따라서 정부가 발주하는 관급공사를 많이 수행한 기업일수록 결과적으로 늘 국회의 감시 대상이 될 수밖에 없다.

국회는 매년 가을 어김없이 '국정감사'를 실시한다. 국정감사는 행정부와 그 산하 공공기관들을 대상으로 진행되지만, 이 과정에서 민간기업을 상대로 한 자료요구가 이뤄지기도 한다. 특히 행정부와 연관된 사업을 한 경우에는 이 같은 자료요구가 더 많이 몰릴 수 있다. 그러면 자료제출을 요구받은 기업은 관련한 답변을 국회에 제출해야 한다. 문제는 여기서 그치지 않는다. 더 큰 문제는 재벌 총수나 기업 오너에 대한 국정감사 증인신청이다. 대부분 민간인이 증인으로 채택되기 때문이다. 바로 이 때문에 국정감사 또한 민간, 특히 재계와 밀접한 관련을 맺고 있다.

'입법'이 민간, 특히 경제계와 떼려야 뗄 수 없는 관계라는 건 이미 이 책 1장에서 충분히 확인된 사실이다. '경제민주화법안'들이 사실은 재벌들에 대한 규제라는 것이 이 같은 사실을 뒷받침하고 있다. 그런 만큼 여기서 국회의 입법이 민간과 깊이 관련돼 있다는 것을 재차 언급하는 건 사족에 불과할 것이다.

이처럼 민간기업이라고 할지라도 국회의 3가지 중요한 역할과 밀접한 관련을 맺고 있다. 수시로 규제의 내용을 담고 있는 법률안이 발의되는가 하면, 싫든 좋든 국회의 각종 자료요구에도 응해야 한다. 기업 총수나 오너에 대한 국정감사 증인신청은 정말 피하고 싶지만 이제는 시대가 변해 과거와 같이 해외 출장을 빌미로 출석을 안할 수도 없는 상황이 됐다. 이런 걸 단 한 번이라도 겪으면 기업 입장에서 국회는, 도움은 하나도 안 주면서 감 놔라 배 놔라 하며 사사건건 시비를 거는 '귀찮은 존재'(?) 그 이상도 이하도 아니다. 단지 피하고만 싶은 대상일 뿐이다.

3) 수동적 대응을 위한 동향 파악 대상으로서의 국회

시간이 갈수록 국회를 단순 동향 파악 대상으로 삼는 기업이 늘고 있다. 싫든 좋든 늘 국회가 자신들을 '귀찮게'(?) 만들어 수동적으로라도 대응하지 않으면 안 되기 때문이다. 이들은 국정감사 기간이면 빠지지 않고 자료제출을 요구받고, 또 어김없이 총수나 오너가 국정감사 증인 대상 명단에 오르내리는 기업이다. 국회 관련 업무를 하는 대관업무담당자를 별도로 두고 이들이 수시로 국회를 드나드는 기업들이 그 대상이다. 더 정확하게는 우리가 흔히 재벌이라고 부르는 기업이 이 범주에 속한다.

대개 어쩌다 한 번 자료를 제출하고 증인으로 출석했던 기업은 단지 국회가 귀찮은 존재로 아무런 도움이 안 되니 심한 경우 '없어졌으면' 하는 생각을 가진다고 한다. 그러나 '고정출연'에 가깝게 매번 자료제출과 증인 출석을 요구받으면, 단지 귀찮다며 회피하거나 외면할 수만은 없는 입장에 놓인다.[57) 회피하거나 외면하고 싶어도 국회가 자신들을 가만히 놔두지(?) 않기 때문이다.

그럼 이 경우 할 수 있는 것이라곤 결국 '수동적'으로라도 국회 동향을 파악하는 것밖에 없다. 정보조차 파악하지 않으면 그게 곧 '화살'이 돼 돌아올 것을 잘 알기 때문이다. 한마디로 국회는 수동적 대응을 위한 동향 파악 대상이 되는 것이다. 그럼 결국 다음과 같은 정보 수집을 하지 않을 수 없다. 가령 △어떤 상임위원회 무슨 의원이 자기 회사 총수나 오너를 국정감사 증인으로 부르려고 하는지, 그 의도는 뭐고 어떤 내용으로 신문하려고 하는지 △누가 어떤 내용의 규제 법률안을 준비하고 있고 그것이 자기 기업과 동종업계에는 어떤 영향을 미칠 것인지 △상임위원회나 대정부질문을 통해 자기 기업 또는 총수와 관련해 누가 부정적인 언급을 하려고 준비하고 있는지 등등을 파악해야 한다. 이 밖에도 소소하게는 평소 관심을 기울이고 있는 의원실의 동태나 특이사항, 보좌진의 움직임, 정치권 동향에 이르기까지 체크하고 관련 정보를 모은다. 이것이 이른바 기업에서 국회를 담당하는 대관업무담당자들의 일차적 과제이자 주요 사명이다. 물론 이외에도 여러 가지 해야 하거나 하는 일이 있으나 그건 2장 보론에서 상세히 다루기로 하자.

정보를 파악하고 나면 일차적으로 본사에 대한 보고가 이뤄진다. 세칭 어떻게 대응할 것인가에 대한 '작전'을 짜기 위해서다. 대응전략이 수립되면 행동에 나선다. 일

---

57) 국회에 대한 인식이 귀찮은 것과 동향 파악 대상으로 나뉘는 근간에는 해당 기업에 대해 국회가 갖는 관심의 강도 및 빈도의 차이가 자리 잡고 있다.

차적으로 보좌관을 만나 쟁점이 된 사안과 관련된 자료를 제공하거나 설명을 한다. 임원진에서는 의원과의 접촉을 시도한다. 이 또한 면담을 통한 해명에 방점이 찍혀 있다. 증인신청이든 자료요구든 부정적 언급이든 규제 법률안이든 출발은 모두 다 보좌관 또는 의원과의 면담을 통한 해명자료 제출과 설명에서 이뤄진다. 문제가 본격적으로 불거지기 전에 공론화되는 걸 차단하기 위한 목적이다. 그 결과는 증인신청 명단에서 삭제, 규제 법률안 제출 철회 혹은 내용의 최소화, 비판 강도의 하향조정 및 사전에 질의서 입수 등에 맞춰져 있다.

朝鮮日報

2012년 01월 25일 수요일 A05면 정치

여·야에서 최근 발표하거나 검토하고 있는 대기업 규제책		
	한나라당	민주당
출자총액제한제	"출총제 부활 아니지만 재벌 사익남용 막을 장치 고안해야"	"출자총액제 부활해야"
법인세 증세	"전반적인 세제개편 차원에서 다룰 수도"	"최고세율 현행 22%에서 30%로 올려야"
중소기업 적합업종 지정	"비상대책위 차원에서 검토 중"	"전면 도입해야"
하도급 문제 관련	"하도급제도 전면 혁신 검토"	"중소기업 단체에 하도급 관련 분쟁조정 협의권 줘야"
기타	"연기금 주주권 행사 실질화"	"금융·산업자본 분리"

대기업 임원들, 여의도서 숙식 왜?

與野 '대기업 규제' 추진… 출총제·경영권 승계문제 등 동향 체크에 비상

▲ 제19대 총선을 앞두고 여·야 모두 선거에 승리하기 위해 경쟁적으로 경제민주화를 주장했다.

이처럼 국회를 동향 파악 대상으로 생각하는 가치관에는 누가 어떤 문제를 파고 있거나 이슈화하려고 하는지를 사전에 알아서 그에 대응하는, 말하자면 수동적 대응의 의미를 갖고 있다. 이런 태도는 국회와의 관계를 자연 '불가근불가원(不可近不可遠)' 정도로 설정한다. 매년 국정감사 증인과 관련된 고정출연의 대상인 만큼 국회를 관리하지 않을 수는 없지만, 그렇다고 적극적인 관계 맺기를 원하지는 않는다. 그야 말로 소극적인 관계 맺기를 통해 자신들에게 돌아올 피해를 최소화할 수 있기를 희망하는 것이다.

그런데 문제는 이 같은 가치관에는 분명한 한계가 존재하고 있다는 것이다. 기본적으로 국회를 귀찮은 존재 정도로 보는 가치관과 국회에 대한 인식에서 크게 다르지 않다. 더 큰 문제는 이들에게 국회가 갖는 '긍정성'은 전혀 없다는 것이다. 다시 말해 국회를 통한 자신들의 이해 관철이라는 적극적인 마인드는 어디에서도 찾을 수 없다. 단지 적절한 관계 설정을 통해 예견되는 피해를 최소화하는 것만이 이들의 주된 관심사일 뿐이다. 자신들이 갖는 이해를 관철하는 건 다른 방법을 통해 가능했기 때문이다. 그건 앞에서 언급한 △행정부에 대한 관리 및 퇴직 인사들 채용 △언론사 관리와 은퇴한 기자를 홍보실장으로 채용 △검경 관리와 전관예우가 가능한 판검사 등의 영입을 통한 이해 관철이 그것이다.

그러나 민주화와 함께 우리 사회가 점차 투명해지면서 과거처럼 술과 골프를 접대하고 명절 때 선물 보내며 현직 공무원과 검경·기자들을 관리하던 시대는 지났다. 퇴직한 고위공무원과 판검사를 영입하거나 사외이사에 앉히는 것도 「공직자윤리법」에 따른 '퇴직공직자의 취업제한 및 행위 제한 제도'[58]로 인해 현직을 떠난 지 최소 3년이 지나야 가능한 일이 됐다. 한마디로 과거와 같은 방식으로는 더 이상 기업의 이해를 관철하기가 불가능해진 것이다. 특히 여기에 쐐기를 박는 사건이 있었으니, 2016년 9월부터 시행된 세칭 김영란법(「부정청탁 및 금품수수 등 금지에 관한 법률」)이 그것이다. 기본적으로 김영란법은 행정관청, 언론, 검경에 대한 관리로 인한 뇌물과 유착이 한국 사회 발전을 가로막고 비리를 유발하는 촉매제라는 인식에서 시작됐

---

58) 취업제한(심사)대상자는 퇴직일부터 3년(2015년 3월 31일 이전 퇴직자의 경우 2년)간 퇴직 전 5년 동안 소속됐던 부서 또는 기관의 업무와 밀접한 관련성이 있는 취업 제한기관에 취업하는 것을 제한하고, 본인이 재직 중 직접 처리한 일정 업무도 퇴직 후 취급을 금지한다. 단 관할 공직자윤리위원회의 승인을 받은 경우에는 취업 제한기관에도 취업할 수 있다.

다. 이제 공무원과 언론은 말할 것도 없고 교사와 공공기관에 이르기까지 음주와 골프 접대가 불가능한 건 물론 식사 3만 원, 선물 10만 원, 경조사비 10만 원을 초과하면 그 자체가 법률을 위반하는 것으로 세상이 변했다. 한마디로 이제는 공무원들이 이른바 '업자'를 만나는 것 자체를 꺼리는 것은 물론 어설프게 접근했다가는 현행법 위반으로 처벌받기 딱 좋은 세상이 됐다는 것이다.

그럼 더 이상 과거와 같은 전통적 방식에 의존해 기업의 이익을 관철하는 것이 불가능해졌다면, 어떻게 해야 할까? 패러다임 자체를 바꿔야 한다. 이제 국회를 통한 합법적인 이해 관철만이 유일한 대안이 된 것이다.

立法을 알아야 기업이 산다

03

국회 활용한 기존 이익 보호
및 새로운 이해 관철

국회의 '긍정적 역할'에 주목

국회 활용한 기존 이익 보호 및 새로운 이해 관철은 앞의 3가지 가치관과는 완전히 차원을 달리하고 있다. 대관업무의 인식 속에 국회가 존재하지 않는 첫 번째 유형, 단지 귀찮게만 한다고 여기는 두 번째 유형, 수동적 대응을 통한 정보 수집의 세 번째 유형과는 국회를 보는 인식부터 완전히 다르다는 것이다. 특히 국회 역할에 대한 인식에서도 앞서의 3가지 유형과는 궤를 달리하고 있다. 앞선 3가지 유형이 국회가 자신들에게 끼치는 부정적 역할에 주목하고 있다고 한다면, 국회 활용한 기존 이익 보호 및 새로운 이해 관철이라는 측면은 국회의 긍정적 역할, 즉 순기능에 방점을 찍고 있다.

이런 사고는 기본적으로 행정의 근거인 입법, 그리고 이를 물질적으로 뒷받침하는 예산이 모두 국회에서 결정되는 것에서 출발한다. 그래서 소극적 또는 보험 차원에서의 전통적인 문제 해결 방법이나 수동적 대응을 뛰어넘어 국회에 대한 능동적·

적극적 활용으로 제대로 된 대관업무, 즉 '기업의 기존 이익을 보호하고 새로운 이해를 관철하는 것'을 의미한다.

적극적인 국회 활용에는 여러 가지가 있다. 가령 민간 혹은 하급기관의 입장에서 직접 상급기관에 대놓고 하기 어려운 주장이나 요구사항을 국회를 통해 우회적으로 관철하는 것이다. 조직의 논리상 하급기관은 하고 싶은 게 있어도 말하지 못하고 상급기관의 눈치를 보기 마련이다. 이럴 때 정책 제안이나 신규 사업 혹은 조직적 요구를 국회를 통해 상급기관에 전달하는 것이다. 마치 국회가 문제를 지적하는 것처럼 함으로써 하급기관은 국회 뒤에 숨어 자신의 이해를 관철하는 것이다.

이해를 돕기 위해 구체적인 사례를 들어보자. 과거 한 통신사가 지방의 택지개발지구에 U-CITY사업을 하기로 했다. U-CITY사업이란, 첨단 지능형 도시를 건설하는 걸 의미한다. 이는 IT를 기반으로 한 지능화된 시설을 통해 행정·교통·복지 등 도시의 주요한 기능별 정보를 수집한 뒤 이를 서로 연계하여 제공하는 서비스다. 그런데 택지개발업무를 담당하는 공공기관에 새로 부임한 사장이 경비 절감을 이유로 U-CITY사업을 취소시켜버리면서 문제가 발생했다. 자연 통신사 입장에서는 큰 곤란에 직면하지 않을 수 없었다. 애초 하기로 했던 사업이 취소되면서 수익이 줄어들었기 때문이다. 따라서 어떻게든 U-CITY사업을 해야 했다. 우선 택지개발공사의 담당자와 임원까지 만나 그 필요성을 설명했다. 그러자 너나 할 것 없이 필요성에는 모두 다 공감했다. 택지개발이 끝난 뒤, 다시 말해 도시가 완성된 뒤 U-CITY사업을 하려면 그때는 비용이 당초보다 2배 이상 든다는 것에도 모두 동의했다. 단 그 누구도 사장에게 직언할 수 없는 게 문제였다. 사장이 경비 절감을 이유로 직접 사업 취소를 지시했는데, 이를 무시하고 그 필요성을 역설하기에는 상당한 용기가 필요했기 때문이다. 특히 얘기를 잘못 꺼냈다가 사장으로부터 "자네, 그 통신사와 뭔 관계있어?"라는 말이라도 듣는다면, 회사생활은 사실상 그날로 끝이다. 과연 누가 나서 사장을 설득할 것인가?

立法을 알아야 기업이 산다

지금은 안 되지만, 과거 법인 명의로 의원들에게 후원금을 낼 수 있을 때의 일이다. 당시 글쓴이는 건설교통위원회 소속 의원실에서 보좌관으로 일하고 있었는데, 한 건설업자로부터 다음과 같은 얘기를 들었다. 이 업자는 건설업 단종면허를 갖고 사업을 하는 사람인데, 도로 또는 하천과 관련된 수의계약을 따내기 위해 건설교통위원회 소속 국회의원 5명을 관리한다고 했다. 다시 말해 여당 의원 3명, 야당 의원 2명을 골라 이들에게 매달 법인 이름으로 100만 원씩을 후원한다는 것이다. 이 경우 연간 후원금은 총 6000만 원이지만, 이는 의원별로 3000~5000만 원짜리 수의계약 공사 한두 건씩만 딸 수 있도록 도움받으면, 결국 남는 장사라는 것이다. 특히 여름철 홍수로 인한 긴급복구공사의 경우, 수의계약과 관련한 금액 한도도 없으므로 억대의 공사도 의원의 도움을 받아 수주할 수 있다는 것이다.

비슷한 시기 또 다른 형태로 국회를 통해 사업하는 업자도 만났다. 건설자재를 납품하는 이 사람은 공공기관의 구매담당자를 만나 자신의 자재를 사달라고 부탁하는 대신 평소 자신이 관리하는 의원을 통해 자기 제품이 '시방서'(이는 일본어로 우리말로 하면 '작업지시서'라는 의미인데, 공사 현장에서는 아직도 이렇게 사용한다.)에 명시되도록 도움을 받는다고 한다. 구매담당자를 만나 자신의 건설자재를 구입해달라고 로비하고 확답을 받더라도, 상황에 따라 납품 자체가 없던 일이 되기도 하고 애초 약속한 것과 달리 물량이 줄어드는 일도 많다는 것이다. 그런데 자신의 자재가 사용될 수 있도록 시방서에 명시될 수만 있다면, 그때부터 사업은 땅 짚고 헤엄치기라는 것이다. 자신은 의원을 통해 바로 이런 도움을 받는다는 것이다. 실제로 가령 주택 건설에 사용되는 창틀 하나만 하더라도 수십 가지 종류가 있지만, 시방서에 어떤 회사의 어떤 제품을 쓰도록 명시돼 있으면, 업자에겐 그건 곧 수익 창출로 귀결된다. ☕

결국 애초 U-CITY사업을 담당하기로 한 통신사는 국회를 통해 자신들의 이해를 관철하기로 했다. 택지개발이 예정된 지역의 국회의원을 통해 택지개발공사 사장에게 U-CITY사업에 대한 의견을 질문한 것이다. 감히 사장의 지시를 어길 수 없어 '아래'에서 건의를 못 하니, 택지개발공사에 대한 감사 권한을 갖고 있는 국회를 통해 U-CITY사업의 필요성을 관철한 것이다. 만약 통신사가 계속해서 택지개발공사 사장을 설득하려고 했으면 어떻게 됐을까? 상당한 시간과 노력이 필요한 건 물론 성공을 장담할 수 없었을 것이라는 게, 글쓴이에게 이 얘기를 해준 전직 보좌관의 설명이다.

적극적인 국회 활용(?)

또 다른 예를 들어보자. 건설업자들은 공사(工事)를 수주하기 위해 발주처의 업무 담당자들을 '관리'(?)한다. 꼭 공사가 수의계약으로 발주되지 않더라도 담당 공무원들과 친밀한 관계를 유지하고 있는 것만으로도 건설업자들은 크고 작은 혜택을 누릴 수 있기 때문이다. 따라서 이들에 대한 관리는, 앞서 언급한 인허가 권한을 갖고 있는 행정관청 직원들을 관리하는 것과 같은 방식으로 이루어진다. 하지만 이는 낮은 수준의 전통적인 관리방법에 불과하다.

글쓴이가 예전에 건설업자에게서 들은 얘기 가운데는 다음과 같은 방법으로 공사를 수주하는 사람도 있다고 한다. 방법은 이렇다. 이 건설업자는 강당 건설이 필요한 중고등학교를 찾아가 담당자를 만난 뒤, 건설에 필요한 예산을 자신이 교육청으로부터 따주겠다고 한다. 다시 말해 강당이 필요하지만 행정 당국으로부터 예산을 받지 못해 아직 건설하지 못하고 있는 학교를 대상으로, 그에 필요한 예산을 따준 뒤 자연 공사를 수주하는 것이다. 그리고 예산작업은 국회를 대상으로 진행한다. 이 건설업자는 웬만한 예산 담당자 못지않게 국가재정(財政)에 대한 전문지식을 갖고 있다고 한다.

국회를 통해 관련 예산을 확보해 준 뒤 공사를 수주한다는 것은, 과거 전통적인 관리방식과는 완전히 차원을 달리하는 문제 해결 방법이다. 누구도 쉽게 생각할 수 없고, 또 알아도 말처럼 적용이 간단치 않은 방법이다. 특히 기업 경영을 위해 국회를 활용한 이해 관철이라는 점에서 국회가 갖고 있는 긍정적 측면에 따른 효과적인, 그러면서도 문제 소지를 없앤 사업방식이라고 하겠다.

각 기관의 예산 확보를 위한 노력은 가을 예산 국회에서는 흔히 볼 수 있는 모습이다. 사실 이 같은 노력을 기울이지 않는 기관과 부처는 없다고 해도 과언이 아니다. 그래서 A부처가 예산을 추가로 더 확보하려면 기획재정부를 찾아가는 게 아니라 예산결산위원회에 소속된 의원과 보좌진을 만난다. 심지어 예산 배정 권한을 갖고 있는 기획재정부조차 자신들과 관련한 예산이 국회에서 삭감되는 것을 막기 위해 보좌관과 의원들을 찾아다니며 설명하고 설득하기도 한다. 이 모든 것은 행정부가 예산을 편성하지만, 그 최종적인 숫자는 국회에서 결정되는 데 기인한다. 관급공사를 입찰하고 수주하는 기업의 대관업무담당자들이 '예산마인드'를 가져야 하는 이유도 바로 여기에 있다.

한편 국회 활용은 단지 예산에만 국한되지 않는다. 오히려 '입법을 통한 이해 관철'은 국회를 활용해 얻을 수 있는 최상의 결과라고 할 수 있다. 입법은 한마디로 손쉽게 그러면서도 전일적(全一的)인 문제 해결을 가능케 해주기 때문이다. 이와 관련해서는 △사업의 기득권을 지키거나 새로운 이해 관철로서의 입법 △단체나 협회 등의 숙원사업 해결 △정부의 예산 지원을 위한 입법 등 다양한 사례가 있으나, 여기서는 이해 관철과 관련한 입법 사례 한 가지만 살펴보자. 더 자세한 건 이 책 3장의 입법적 리더십 부분에서 구체적 사례를 들어 설명하겠다.

글쓴이가 생각할 때, 우리나라 최고의 '로비스트'는 바로 행정부 공무원이다. 다시 말해 자신의 기존 이익을 보호하고 나아가 새로운 이해를 관철하기 위해 국회를 제일 잘 활용하는 사람들은 바로 공무원이라는 것이다. 이들은 자신들이 가진 예산권과 인사권은 물론 인허가권과 관리 감독 권한 등을 활용해 의원들의 개인적인 인사 민원부터 지역구와 관련한 예산 확보 등의 문제를 해결해 주며 반대급부로 자신들과 관련된 다양한 이익을 챙긴다. 당장 개별 공무원들은 국회의원을 통해 인사권자인 장·차관에게 청탁 될 수 있도록 함으로써, 자신의 승진문제를 해결하기도 한다. 자신이 속한 기관의 예산을 늘리거나 반대로 삭감되는 것을 막기 위한 노력은, 예산심사 기간이면 전 행정부를 거쳐 예외 없이 이뤄지는 일이다. 이는 흔히 예산에 대한 증액 혹은 삭감 권한을 가진 예산결산위원회에 소속된 의원들의 민원을 해결해 주는 방식으로 진행된다. 그야말로 누이 좋고 매부 좋은, 상호 윈-윈 하는 '거래'가 이뤄지는 것이다. 입법과 관련해서도 똑같은 논리와 방식이 적용된다. 공무원들은 자신들이 원하는 법률안이 통과될 수 있도록 온갖 논리와 방법을 동원해 보좌진과 의원을 설득하는 건 물론 반대로 자기가 속한 기관에 불리한 법률안이 제출되면 이를 막기 위해 의원과 보좌진 그리고 법률안과 관련한 검토보고서 작성 권한을 가진 국회 수석전문위원까지 설득한다. 이 과정에서도 적절한 '거래'가 이뤄지는 건 재론을 요하지 않는다.

해운업계의 이해 관철로서의 입법

2007년 2월 국방부가 병역제도개선안을 발표하자 해운업계는 벌집 쑤신 듯 난리가 났다. 그동안 해운업 분야의 기간산업체에서 일정 기간 근무하면 군 복무를 마친 것으로 간주하던 '산업기능요원제도'를, 국방부가 2012년부터 전면 폐지키로 했기 때문이다. 문제는 이렇게 되면 그렇지 않아도 부족한 해기사(항해사·기관사) 인력난이 더 가중될 수 있다는 것이다. 다시 말해 그동안 모자라는 해기사 인력을 병역특례가 주어지는 산업기능요원으로 충당해 왔는데, 이게 폐지되면 인력 부족으로 해운업계가 큰 타격을 입을 수 있다는 것이다. 이에 한국선주협회와 해양대학교 등 해양 관련 단체들은 승선근무 예비역 병역제도 추진위원회를 구성해 지속적인 해기사 병역특례 적용을 정부에 요구하고 나섰다.

승선근무 예비역 병역제도란, 기존의 병역특례처럼 항해 · 기관사의 면허를 갖고 있을 경우 3년간 승선근무를 하면 군 복무를 마친 것으로 간주하는 것이다. 추진위원회는 이 같은 내용을 담은 건의서를 국방부와 해양수산부, 해군본부 등 관계 당국에 보낸 데 이어 2007년 5월에는 국회에서 「승선근무 예비역 병역제도 도입을 위한 정책 토론회」를 개최했다.

당시 한국선주협회 관계자에 따르면, "국제교역량의 99.7%가 해운에서 이뤄지는 등 해운산업은 국가 경제발전에 크게 기여하고 있다."라면서 "에너지 · 물자 수송 업무 등에 복무하는 해운 전문 인력을 현역 제4군으로 인정하는 승선근무 예비역 병역제도를 도입해 해기사 공급 부족 현상을 해결해야 할 것"이라고 주장했다.[59]

관련한 움직임은 발 빠르게 진행됐다. 선원 직종에 한해 병역특례 제도를 유지하는 방안을 골자로 한 「병역법」 개정안이 2007년 5월 29일 당시 국방위 소속 여당인 열린우리당 의원에 의해 발의됐고, 6월 국방위원회를 거쳐 7월 3일 국회 본회의를 통과했다. 법률안 발의부터 통과에 이르기까지 두 달이 채 걸리지 않았다. 국방부가 병역제도개선안을 발표한 2월을 기준으로 해도 불과 4개월여 만에 모든 것이 속전속결로 처리됐다. 법안 통과와 관련, 뒤에 들리는 얘기로는 국방위원회와 관련한 전현직 보좌관들의 도움이 컸다고 한다.

---

59) 「연합뉴스」, 2007. 5. 4.

개정안이 발의될 때만 해도 "인력난을 겪는 곳이 해양수산업계밖에 없느냐?"며 형평성 문제를 지적하는 움직임이 있었다. 특히 국방위원회 내에서도 이런 반발기류가 있어 당시 한 언론[60]은 상임위원회 통과가 순탄치 않을 것이라고 전망했다. 2007년 7월 「병역법」이 개정되기 전까지만 해도 해기사들에 대한 병역특례는 시행령의 산업기능요원제도에 의해 운영됐다. 하지만 개정안을 계기로 모법(21조의2 승선근무예비역의 편입)에 담기면서 병역 혜택은 오히려 과거보다 더 강한 법적 근거를 갖게 됐다. 결국 해운업계는 입법을 통해 해기사 부족 현상을 항구적으로 해결할 수 있는 길을 마련했다.

한겨레

2007년 06월 20일 수요일 012면 사회

8대 해운국이 "해기사 모자라요"
〈항해사·기관사〉

"정상적 가정생활 힘들어" 젊은이들 기피…10명중 1명 외국인

"현역인정 병역제도 도입을"

벌크선 전문인 창명해운의 김지회 기획실장은 요즘 밤잠을 설친다. 그리스 선박회사로부터 15만~17만t급 대형 벌크선 3척을 인수할 날이 다음달로 다가왔지만, 운항에 필요한 인력 60여명 가운데 항해사와 기관사 등 핵심 인력 20여명을 아직 구하지 못했기 때문이다.

한국이 '세계 8대 해운국'이라지만 내국인들의 승선 기피가 심화되면서, 선장이나 항해사, 기관사들까지 외국 인력으로 바뀌어 가고 있다. 일반 선원의 경우 이미 2004년에 베트남, 필리핀 등 출신의 외국인 선원이 내국인 선원 수를 넘어선 데 이어, 선박 운항의 핵심 인력인 해기사(항해사·기관사)도 내국인 인력난이 심화되고 있는 것이다.

한국선주협회와 한국·목포 해양대 쪽의 말을 종합하면, 해마다 2개 국립 해양대에서 배출되는 해기사 800여명 가운데 승선근무 병역특례 기간인 3년을 넘기고도 배에 남는 인원은 30% 가량에 그치고 있다.

해양 관련 단체들은 해기사 지원자가 줄어드는 주요 원인으로, 승선 근무가 뭍 근무 없는 감옥살이에 비교될 정도로 스트레스가 심한데다, 해운업과 조선 관련 산업 활성화로 육상에서도 전공을 살릴 수 있는 일자리가 크게 는 것을 꼽는다. 임재택 한국해기사협회 상무는 "젊은 사람들이 가정을 가장 소중하게 생각하게 되면서, 한 번에 반년씩 선상 근무를 해야 하는 해기사 취업을 외면하고 있다"고 말했다.

결국 이들이 떠난 자리는 외국인들이 채우고 있다. 해양수산부 집계를 보면, 지난해 말 현재 한국 외항선에 승선하고 있는 해기사는 모두 4970명이며, 이 가운데 387명이 외국인이다. 2005년 말부터 외국인 해기사 고용이 허용된 뒤 1년 만에 해기사 일자리 10개 가운데 1개 가량이 외국인으로 채워진 것이다. 이런 추세는 시간이 갈수록 심해질 것이라는 게 해운업계와 학계의 예상이다.

특히 2012년부터는 해양대 출신을 중심으로 내국인 해기사를 공급해 온 병역특례제도가 폐지될 예정이어서, 해운 관련 노사와 학계는 내국인 해기사 확보를 위한 대책 마련을 정부에 요청하고 있다. 김시화 한국해양대 해사대학장은 "우리 바다와 선박, 전략물자 수송을 외국 선원과 해기사들에게 맡겨서는 안 된다"며 "젊은 승선인력 확보를 위해 이들을 현역 제4군으로 인정하는 새로운 병역제도가 도입돼야 한다"는 의견을 내놓았다.

김정수 기자 jsk21@hani.co.kr

▲ 「병역법」 개정안은 발의된 지 불과 두 달여 만에 속전속결로 국회 본회의를 통과했다.

이 얼마나 슬기로운 해결방법인가? 특히 행정소송에 패소해 뒤늦게 정부와 여당 그리고 로펌의 도움 아래 개정법 통과에 무려 4년 6개월이 소요된 「관광진흥법」 사례와 비교할 때, 국방위원회 보좌관들 도움 아래 불과 2개월여 만에 「병역법」을 통과시킨 '승선근무 예비역 병역제도 추진위원회'의 현명함은 더욱 큰 빛을 발한다. 이제 기업의 이익을 보호하고 나아가 새로운 이해를 관철키 위한 대관업무는 어떻게 수행해야 하는지를 보론을 통해 알아보자. 그리고 제3장에서는 이 책의 핵심 개념인 입법적 리더십과 함께 그 9가지 형태에 대해 살펴보도록 하자.

대관업무, 왜 필요하며 어떻게 해야 하나?

대관업무란?

우리가 흔히 말하는 대관업무란, 자신이나 회사가 수행하는 고유업무와 관련된 사안 또는 그와 관련해 발생하는 문제 등을 원활히 풀기 위한 행위 전체를 가리키는 말이다. 여기에는 기업의 기존 이익을 보호하고 나아가 새로운 이해를 관철하는 것도 포함된다. 요즘에는 대관업무와 함께 '대외협력업무'라고도 표현한다. 대관(對官)이라고 하면 일반적으로 '장소를 빌린다.'라는 의미의 대관(貸館)으로 받아들이기 때문이다.

대관업무는 주로 을(乙)이 갑(甲)에게 하는 것을 의미한다. 한국 사회에서는 대부분 '갑'과 '을'의 관계가 명확해 갑이 을을 상대로 문제를 풀 일은 거의 없다. 설혹 있다 하더라도 대놓고 요구하면 된다. 갑은 을에 대해 주로 예산이나 인사 혹은 관리 감독권, 이 밖에도 평가 또는 감사 등의 권한을 갖고 있다. 이 책에서는 국회에서 국정감사를 받는 산하 공공기관과 증인신청 대상인 기업, 그리고 행정부를 대관업무의 주체로 상정하고 있다.

이 경우 공공기관 입장에서 대관업무 대상은 국회와 본부(예를 들면 수자원공사일 경우 상급기관인 환경부) 그리고 예산권을 갖고 있는 기획재정부와 감사권을 갖고 있는 감사원 등이 될 것이다. 기업 입장에서는 좀 더 범위가 넓어질 수 있다. 우선 고유 업무와 관련된 본부(예컨대 건설사면 국토교통부)와 용역이나 관급공사를 발주하는 각종 발주처, 경제계의 검찰이라는 공정거래위원회, 세금 문제를 담당하는 국세청, 수사와 재판을 위한 검찰 및 경찰, 노사문제의 노동부, 환경 감시의 환경부 등등 이처럼 예산 및 관리 감독 권한을 갖고 있는 행정부 전체가 대관업무 대상이라고 해도 가히 틀린 말은 아닐 것이다. 여기다 의정활동을 위해 자료를 요구하고 증인을 신청하는 국회 또한 결코 간과할 수 없는 중요한 관리 대상이다. 행정부의 경우에는 국회를 상대로 일상적으로 업무를 보고하는 것과 함께 법률안과 예산 등이 모두 국회에서 결정지어진다는 점에서, 국회를 상대로 한 대관업무의 필요성을 갖고 있다.

여기서는 국회 입장에서의 대관업무만 서술하도록 하자. 전직 국회 보좌관 출신인 글쓴이가 자신의 업무영역을 벗어나 산하 공공기관과 기업들이 행정부를 대상으로 한 대관업무까지 언급하는 것에는 무리가 따르기 때문이다.

우선 국회를 상대로 대관업무를 할 경우, 필요한 사항들을 짚어보자. 당장 국회에 대한 전반적 이해가 선행돼야 할 것이다. 이를 위해서는 먼저 국회의 작동원리와 업무 프로세스 및 의원회관과 보좌진의 직업적 특성 등을 파악해야 한다. 국회의 작동원리와 업무 프로세스에 대한 이해는 크게 다음과 같은 세 가지 범주로 나눠진다. △입법과정 및 심의과정 △예산편성 및 심사과정 △국정감사 자료요구와 증인신청 과정 등이 그것이다. 이는 다시 △원하는 입법을 통과시키거나 반대로 통과되길 희망하지 않는 법률안에 대해 대응할 수 있어야 하며 △예산 삭감 막아내기, 예산 증액시키기, 중간에 예산 끼워 넣기, 필요한 예산 확보하기, 국고보조금 지원받기 △자료요구에 대한 효과적인 답변서 작성, 질의서 사전 확보, 국정감사 증인 명단에서 제외하기, 증인 수위 낮추기, 신문 내용 사전에 빼내기 등등을 할 수 있다거나 혹은 해야 한다는 걸 의미한다.[61] 대관업무라는 게 단순히 자료를 전달하고 의원실 분위기를 파악하기 위해 국회를 출입하는 게 전부가 아니라고 한다면, 이상에 관한 공부(?)는 반드시 전제돼야 할 과제이다.

한편 대관업무담당자들은 일상적으로 드나드는 국회 의원회관에 대해서도 잘 파악해야 한다. 이는 크게 의원실의 작동원리와 구조에 대한 이해 그리고 보좌진의 직업적 특성 파악 등을 의미한다. 왜냐하면 대관업무와 관련한 필수 요소인 인맥 형성 및 관리는 이 같은 이해와 파악이 전제될 때 비로소 가능할 수 있기 때문이다. 이 밖에도 보좌진과의 얼굴 트기 같은 인맥 형성 및 지속적인 유대를 위한 대관업무 노하우도 습득해야 한다. 이하에서는 대관업무가 갖는 중요성과 그에 대한 잘못된 인식, 그리고 담당자들의 근무 자세, 이와 관련한 대관업무 노하우 그리고 국회 및 보좌진의 직업적 특성 등에 대해 논하겠다.

대관업무의 중요성과 올바른 인식

대관업무의 중요성은 새삼 거론할 필요가 없을 것이다. 국회의 수감기관인 행정부나 공공기관은 말할 것도 없고 일정 정도 이상의 규모를 갖고 있는 기업에서는 대부분 대관업무담당자들을 두고 있는 것만 봐도 그렇다. 심지어 시중은행이나 각종

---

61) 이 가운데, 글쓴이는 △입법과정 △국정감사 증인신청이라는 2가지 주제만을 대상으로 제4장에서 자세히 논하겠다. 예산은 별도의 단행본이 필요할 만큼 복잡한 건 물론 서술할 내용도 많기 때문이다. 아울러 의원실의 작동원리와 보좌진에 대해서는 글쓴이가 2012년에 출간한 『새로 쓴 국회 보좌진 업무 매뉴얼』에서 상당 부분 다루고 있어 굳이 중복해서 언급할 필요가 없기 때문이다. 또한 국정감사와 자료요구, 그리고 이에 따른 자료제출 등은 2012년에 출간한 『다시 쓰는 국정감사 실무 매뉴얼』을 참고하기 바란다. 다만 여기서는 대관업무를 중심으로 관련된 내용을 제한적으로 서술하겠다.

협회 · 단체 등에서도 상시로 국회를 드나드는 조직을 운영하고 있다. 그런데 문제는 이처럼 담당 직원이 있고 수시로 국회를 드나드는 것과 무관하게 그 역할과 중요성에 대해 잘못 혹은 왜곡된 인식을 갖고 있는 곳이 많다는 것이다.

화투판에서는 '똘똘한 놈 3장으로 3점이 난다.'라는 말이 있듯, 제대로 된 역량을 갖춘 대관업무담당자가 효과적으로 업무를 처리하면 문제 발생 소지를 상당 정도 줄일 수 있다. 어느 정도 하느냐에 따라 내부 직원 여럿이 할 수고를 덜 수도 있다. 반대로 그렇게 하지 못해 '호미로 막을 것을 가래로도 막지 못하는 사태'가 발생할 수도 있다. 이런 차이는 대관업무라는 지위와 역할에 대한 정확한 인식 부재에 기인한다.

한국경제

2013년 02월 05일 화요일 A27면 기획

그래도 가장 좋은점은
일하면 바로바로 성과 나온다는 것

홍보. 대관업무를 하는 직장인들이 겪는 가장 어려운 점은 '갑(甲)'을 상대하는 을 (乙)의 설움'인 것으로 나타났다.

시장조사업체 엠브레인이지서베이가 직장인 527명을 대상으로 1월31일~2월4일 실시한 설문조사 결과 응답자의 32.5%가 이처럼 답했다. 이어 △회사를 위해 개인 소신을 버려야 할 때가 많아 힘들다(30.0%) △개인 시간이 부족하다(22.5%) △술을 많이 마셔야 해서 힘들다(15.0%) 등의 순이었다.

좋은 점을 묻는 질문에는 응답자의 42.5%가 '일을 했을 때 바로바로 성과가 나오는 것'이라고 답했다. 이어 △다른 업무에 비해 자유롭다(37.5%) △회사 경비를 충분히 이용할 수 있다(15.0%) △다른 사람들이 홍보일을 부러워할 때가 많다 (5.0%) 등의 순이었다.

홍보맨들이 옮겨가고 싶은 부서는 '마케팅, 영업부서'가 42.5%로 가장 높게 나타났다. 이어 △지원부서(32.5%) △기자,

홍보, 대관업무를 하면서 가장 좋은점은 (단위:%)
다른 사람들이 홍보일을 부러워해서 으쓱할 때가 많다 5.0
회사 경비를 충분히 이용할 수 있어 좋다 15.0
일을 했을 때 바로바로 성과가 나오는 것이 좋다 42.5
다른 업무에 비해 자유로운 것이 좋다 37.5

대상: 직장인 527명
조사기간: 1월 31일~2월 4일
자료: 엠브레인이지서베이

공무원(17.5%) △홍보만 아니면 다 좋다 (5.0%) 등의 순이었다.

홍보. 대관업무를 해보고 싶어하는 직장인들도 많아 응답자의 66.6%가 해보고 싶다고 답했다. 이유를 묻는 질문에는 '막연히 재밌을 것 같다'고 답한 응답자가 48.8%로 가장 많았다.

강영연 기자 yykang@hankyung.com

▲ 대관업무의 성패는 평소에 얼마나 잘하느냐에 달려있다.

간혹 대관업무와 관련해 '불필요한 내지 마지못해 하는 것' 정도로 인식하는 조직이나 담당자를 만날 수 있다. 한마디로 이들에게 대관업무는 '부차적인 것'이거나 '왔다 갔다 하며 대충 노는 것 아니냐'는 것으로 인식된다. 업무라고는 질의서 수령하고 요구받은 자료나 제출하는 것 정도로 생각하며 이 또한 국정감사 기간에나 필요한 업무라고 치부한다. 특히 '비회기' 때 "일 없는 데 왜 국회 가느냐?"는 지적이야말

로 최악의 사태를 불러올 수 있는 잘못된 인식이다. 이건 한마디로 "지금은 일이 없으니 국정감사나 예산 등 현안이 발생하면 그때 가서 하면 되고 나머지 시간에는 회사 고유의 업무를 처리하라."라는 것이다.

그런데 한번 생각해 보자. 가령 국회의원이 선거를 몇 달 앞두고 찾아와 인사도 나누고 악수도 하자고 하면, 지역주민들 모두 다 왜 그런지 잘 알고 있다. 그동안 이른바 '코빼기'도 보이지 않더니, 선거가 6개월 앞으로 다가오자 '표'를 얻으려는 것으로 생각한다. 하지만 반대로 선거가 모두 끝나 다른 사람들은 얼굴도 내밀지 않는데, 유독 한 사람만 찾아와 주민의 얘기에 귀 기울여준다면 이를 어떻게 받아들일까? 예외 없이 모두 다 '진심'이라고 생각할 것이다. 이번에 당선된 사람이라면 다음에 또 찍어주고 싶을 것이고, 만약 그렇지 않다면 다음엔 꼭 밀어주고 싶은 후보일 것이다.

경우는 다를지 몰라도 사람 마음은 다 똑같다. 국정감사를 며칠 앞두고 찾아와 대관업무담당자라며 인사한다면 대놓고 얘기하지는 않지만, 누구든 "그동안 뭐 하다 이제 나타났느냐?"고 생각할 것이다. 더욱이 국정감사를 코앞에 두고 식사라도 같이 하자고 한다면, 고맙다며 그걸 선뜻 받아들이는 보좌관이 얼마나 되겠는가? 서로 초면이라 익숙하지 않은 건 차치하고라도 국정감사라 밥 먹을 시간도 없어 김밥을 옆에 두며 일하는 와중에 저녁 먹으러 식당 가자니 반가울 리 만무하다. 설혹 김밥 먹을 정도로 눈코 뜰 새 없이 바쁜 건 아니라고 해도 밥 먹자는 제안을 고맙게 받아들이는 사람은 많지 않다. 대개 "평소 뭐하다가 이제 와 밥 먹자는 거야?"라고 생각할 것이고, 그 의도야 묻지 않아도 뻔한 것이기 때문이다.

바로 이런 점에서 다른 건 차치하고라도 대관업무는 현안이 없는 평소에 하는 게 정답이다. 비회기 때 "지나가다 들렀다며 된장찌개나 같이 하자."고 하는 게 비용은 말할 것도 없고 효과 면에서도 최고다. 그 누구도 관심 갖지 않을 때 찾아오는 건 그 자체만으로도 반가운 일이기 때문이다. 김밥 먹으며 일 할만큼 바쁠 때 찾아와 비싼

"회 한 접시 하자."는 건 상대에게 감동을 주기보다는 오히려 일만 방해하는 것에 지나지 않는다. 이런 게 바로 '돈 쓰고 욕먹는 방법'이다.

대관업무를 단순히 국회의 예봉(銳鋒)을 피하기 위한 부차적인 업무라고 받아들여서는 안 되는 이유도 바로 여기에 있다. 수동적 태도로 일관해서도 안 된다. 그렇게 되면 대관업무의 중요성과 효과만 덩달아 반감될 뿐이다. 평소 아무리 잘하더라도 국회에서의 '부정적 보도'나 '규제 법률안' 한 건이면 그동안의 공은 무위로 돌아가는 건 물론 회사 전체가 큰 어려움에 직면할 수 있는 게 현실이다. 따라서 생각을 바꿀 필요가 있다. 이건 곧 국회에 대한 인식 전환과 같은 의미를 갖는다. 마지못해서 하는 게 아닌, '활용'이라는 인식 전환이 요구된다는 것이다. 국회를 통한 이해 관철은 바로 이 같은 인식하에서만 가능할 수 있다. 필요할 때만 하면 되는 것이라는 소극적 자세로는 '이해 관철'은 고사하고 자칫 의원실에 출입도 못 하는 문전 박대를 당할 수 있다.

대관업무담당자의 근무 자세와 업무 노하우

매사가 그렇듯 대관업무 또한 안 할 거면 몰라도 할 거면 제대로 해야 비로소 효과를 볼 수 있다. 그러기 위해서는 다음과 같은 마음가짐과 근무 자세가 필요하다.

우선 성격적으로 겸손하고 싹싹한 인물이 좋다. 인상도 좋으면 금상첨화다. 전통적으로 동양에서 사람을 판단하는 기준은 신언서판(身言書判)[62]이다. 사람의 용모, 언변, 글씨, 판단력이 그 순서이다. 단정한 용모와 풍채는 대관업무담당자의 가장 중요한 기본이다. 혹자는 술과 담배를 대관업무담당자의 기본요소라고 주장하기도 한다. 당구와 골프 등 잡기에도 능해야 보좌진과 쉽게 어울릴 수 있다고 얘기하는 사람

---

62) '신언서판'은 중국 당나라 때 관리를 등용하는 시험에서 인물평가의 기준이 됐다.

도 있다. 그러나 글쓴이처럼 당구와 골프 같은 잡기를 일절 하지 않는 건 물론 술, 특히 담배 냄새를 꺼리는 사람도 있으니 의원실에 출입할 때는 몸에 담배 냄새가 배지 않도록 주의해야 한다. 아직도 술과 담배를 잘해야 비로소 비즈니스가 될 수 있다고 하는 건 시대변화에 뒤처진 생각에 지나지 않는다.

성의 있는 업무태도도 중요하다. 연락하면 만사 제쳐두고 부지런히 달려오는 성의는 말할 것도 없고 부탁한 자료도 잊지 않고 잘 챙겨오는 꼼꼼함을 갖고 있어야 좋은 평판을 얻을 수 있다. 아울러 되든 안 되든 의원실에서 부탁한 민원에 대해서는 최선을 다하는 자세를 보여야 한다. 잘되고 못되고는 나중 문제다. 얼마나 진정성을 갖고 성실히 임하느냐가 더 중요하다.

바쁜 시간을 피해, 예컨대 비회기 중일 때일수록 적절히 국회를 찾아오는 센스(Sense)가 필요하다. 앞서 언급한 것처럼 의도를 갖고 특정 시기가 임박해 방문하는 건 오히려 부정적 결과를 초래할 수 있다. 말 그대로 지나가다 잠시 들른 것처럼 일 없을 때 얼굴 보러 오면 된다. 특히 직접 마주치기 불편하거나 꺼려지지만 찾아가지 않을 수 없는 보좌관이 있다면, 일부러 궂은 날씨에 방문하는 게 좋다. 그러면 평소 까칠한 보좌관이라 해도 비가 억수 같이 쏟아지는 날에 찾아온 사람을 대놓고 문전박대하지는 못한다. 방문했는데, 만나려는 보좌관이 자리를 비웠다고 해서 그냥 되돌아가면 안 된다. 반드시 다녀간 흔적을 남겨야 한다. 여러 번 방문했다는 '성의'(?)를 보이기 위한 것인데, 그건 자신의 명함 한 장 책상 위에 놓고 오는 것으로 족하다.[63] 이게 몇 번 반복되면 나중엔 괜스레 보좌관이 미안해한다. 찾아올 때마다 자리를 비웠다는 생각에서다. 그리고 나면 여러 번 방문 뒤 처음 만났어도 이전에 만난 것처럼 쉽게 가까워질 수도 있다.

---

63) 대관업무담당자들을 만나보면, "지난번에 왔더니 안 계시더군요."와 같은 말을 자주 한다. 하지만 이건 별로 할 필요 없고 도움도 되지 않는 말이다. 내가 자리를 비웠을 때 진짜 다녀갔는지를 확인할 수 없는 것은 물론 오히려 오랜만에 찾아온 것을 가리기 위해 툭 던져보는 말일 수도 있기 때문이다. 사무실을 방문했는데 만나려는 보좌관이 자리에 없다면, '명함'이라는 흔적을 남겨야 관리를 소홀히 했다는 오해를 사지 않을 수 있다. 자리에 없을 때 다녀갔다는 말은 소용없는 것에 지나지 않는다.

立法을 알아야 기업이 산다

시간상으로는 오전보다 오후 방문이 더 좋다. 그것도 오후 4~5시를 전후한 때가 좋은데, 이때 '도넛'이나 '빵'처럼 부피는 크면서도 비싸지 않은 걸 갖고 가는 센스를 발휘해 보자. 점심 먹고 출출하던 차에 군것질할 것 가져오니 절로 고마운 생각이 드는 것이다. 술 한 잔은 물론이거니와 방문 처음부터 밥 먹자고 하는 건 좋지 않다. 서로 부담스러울 수 있기 때문이다. 어느 정도 얼굴을 익힌 뒤 자연스럽게 하는 게 좋다. 접대라고 거창한 식당을 찾을 건 없다. 더욱이 2016년 9월부터는 '김영란법' 때문에라도 그럴 수 없다. 평소처럼 먹으면 된다.

여의도 브런치

시대가 변해 요즘엔 과거만큼 술과 담배를 하지 않는다. 강제로 권하는 사람도 없고, 이걸 안 하거나 못한다고 해서 비즈니스가 안 되는 것도 아니다. 더욱이 과거와 달리 정책업무를 담당하는 여성 보좌진도 많아졌다. 그런데도 한결같이 술은 물론 당구와 골프 그리고 노래 잘하는 남성이 대관업무담당자인 걸 보면, 공공기관이든 일반기업이든 마치 대관업무는 술과 담배 그리고 잡기에 뛰어난 사람만이 해야 하는 업무로 규정하고 있는 것 같다. 하지만 글쓴이의 경험에 의하면 오히려 꼭 그런 것 같지는 않다. 술과 담배, 잡기는 유흥이라는 한 요소만 지나치게 강조되는 결과를 가져올 수 있다. 물론 그 같은 유흥을 통해 인간적 관계를 맺은 뒤 맡겨진 일을 처리할 수도 있겠지만, 보좌진 모두가 유흥을 좋아하는 것도 아닐 것이고 일은 유흥보다 앞선 과제이다. 일은 유흥이 배제된 상황에서도 반드시 진행돼야 할 과제이자 유흥은 일의 결과로 뒤따르는 것에 지나지 않는다. 과거 글쓴이가 건설교통위원회를 담당할 때 산하 공공기관의 대관업무담당자는 결혼한 여성 과장이었다. 정무위원회를 담당할 때 한 유통기업의 대관업무담당자는 둘째를 출산한 지 얼마 되지 않은 여성 차장이었다. 글쓴이는 여성 대관업무담당자를 보면서, 오히려 여성이 대관업무에 더 잘 맞을 수 있다는 생각을 했다. 기본적으로 성별이 다른 데 따라 일정한 거리와 자세를 유지하면서, 군더더기 없이 업무와 관련해서만 논의할 수 있어 효과적인 건 물론 시간도 절약할 수 있기 때문이다. ☕

가깝게 지내고 싶거나 도움을 받을 일이 있으면, 모든 게 다 끝난 뒤에 하는 게 좋다. 가령 국정감사를 앞두고 밥 먹자고 해봐야 그건 오히려 '민폐'(?)라는 건 앞서 설명한 것과 같다. 설혹 국정감사 전에 함께 먹었다고 해도 그건 잘 기억하지도 못한다. 너나 할 것 없이 대관업무담당자들이 밥을 사기 때문이다. 그런데 국정감사가 모두 끝난 뒤 밥을 사면 그건 '감사의 표시'라 여겨 기억에 남는다. 만약 이게 어려우면 일이 끝난 뒤 '도와줘서' 혹은 "덕분에 잘 마칠 수 있었다."라는 인사말과 함께 피자 한 판 들고 의원실을 찾아가는 것도 한 방법이다. 대개는 일이 끝나면 나 몰라라 하게 마련이다. 그런데 누군가 상황이 다 끝난 뒤 도와줘 고맙다며 찾아온다면, 그런 사람을 홀대하거나 잊을 보좌진은 없다. 이렇게 되면 보좌진에게 당장에는 큰 도움을 받지 못했다고 하더라도 이듬해에는 손쉽게 도움을 받을 수 있을 것이다. 사실 이런 방식이 진정한 인맥 형성이자 관리방식이다. 글쓴이는 눈앞에 주어진 당장에 과제를 해결하거나 이익을 위해서만 찾아오는 대관업무 담당자들은 크게 환영하지 않았다. 그런데 이처럼 계산을 내세우지 않고 먼저 인간적인 관계를 맺자고 다가오는 대관업무 담당자들에게는 최선을 다해 도움과 편의를 제공했다.

명절보다는 오히려 화이트데이나 빼빼로데이처럼 요즘 젊은 친구들이 기념하는 날에 초콜릿이든 빼빼로든 몇 개 들고 의원실을 방문하는 것도 괜찮은 방법이다. 요즘에는 김영란법 때문에 명절 선물 하는 것도 여의치 않은 게 사실이다. 하지만 빼빼로 한두 통 사 가는 거야 누가 뭐라고 하겠는가? 비용이 저렴할 뿐 아니라 무엇보다 다른 사람들이 잘 하지 않는 것이니 더 기억에 남기 마련이다. 본시 거창한 것보다는 소소한 걸 잘 챙기는 게 더 큰 효과를 발휘한다. 평범한 것을 빈번하게 하는 것, 그게 곧 대관업무 성공의 지름길이다.

국회를 상대로 한 대관업무담당자라면 꼭 빠뜨리지 않고 챙겨야 할 정보가 하나 더 있는데, 그건 바로 여의도 주변 식당 관련 정보다. 자주 의원실을 출입하다 보면 누가 먼저랄 것도 없이 자연 함께 밥 먹을 기회가 주어진다. 이럴 때를 위해 한식·중식·일식과 같은 메뉴별 식당 정보를 갖고 있어야 한다. 그런데 식당 관련 정보는 비단 보좌진과 밥 먹기 위한 용도로만 소비되지 않는다. 의원과 자기 회사 임원 간 식사 약속을 잡으려고 할 때, 식당 정보는 더 중요한 의미가 있다. 임원이 만나려고 하는 의원이 평소 무얼 즐겨 먹고 자주 가는 식당이 어디인지에 대한 정보를 파악하는 건 기본이고, 조용히 얘기를 나누기에 알맞은 방 구조를 갖춘 식당들이 어딘지도 메뉴별로 갖고 있어야 한다. 식당 정보는 여의도뿐만 아니라 인근 지역 것도 갖춰져야 한다. 의원과 임원 간의 만남이 남의 눈을 의식해야 하는 것이라면, 아무래도 여의도 이외의 지역이 더 좋을 것이기 때문이다. ☕

실무에 밝은 고참 보좌관

기억을 더듬어보면 가장 잊히지 않는 건 총선 때 지역구로 찾아와 뜨뜻한 국밥 한 그릇 사주고 간 사람이다. 국회의원 선거는 4월에 치러지지만, 실제 선거운동은 한겨울인 1~2월에 이뤄진다. 추위에 떨며 지하철역 앞에서 출퇴근 인사를 하고 있는데, 다들 나 몰라라 할 시기에 누군가 찾아와 고생 많다며 뜨끈한 국밥이나 한 그릇 하자면, 이보다 더 반가운 것도 많지 않다. 우선 남들 안 올 때 찾아오니 고마운 건 물론이다. 그런데 더 중요한 건 '타인의 이목'이다. 선거운동 기간에 대관업무담당자들이 지역구까지 찾아와 보좌관에게 밥을 산다는 건, 자연 "평소 보좌관이 사람들과 참 관계를 잘 맺었구나."라는 타인의 평가를 낳기 때문이다. 상식적으로 앞으로 보좌관 자리가 어찌 될지 모르는 총선 상황에서 인간적으로 웬만큼 가깝지 않고서야 누가 번거롭게 지역구까지 찾아와 밥을 사겠는가? 이건 보좌관의 체면을 최고로 세워주는 것이지만, 동시에 대관업무담당자 입장에서는 최소의 비용으로 최대의 효과를 낼 방법이라는 의미도 갖고 있다. 특히 평소 사이가 좋지 않았던 관계라면 국밥 한 그릇이 '구원(舊怨)'을 싹 씻어주는 것은 물론 보좌관이 국회로 다시 살아온다면 향후 많은 도움을 받을 수 있을 것이다.

대관업무담당자의 관리 대상은 특정 보좌관 한두 명에 국한되지 않는다. 당장 특정 상임위원회 의원실 보좌진과 두루 좋은 관계를 유지해야 한다. 이 가운데 위원장실과 여야 간사실은 특히 더 신경 써야 한다. 증인 채택은 여야 간사 합의만으로 이루어질 수 있기 때문이다. 상임위원회에 상정될 법률안도 여야 간사 간 합의로 이뤄지며 위원장은 이를 추인한다. 한편 위원장은 상임위원회 전체 의사를 결정할 수 있는 만큼 중요한 의미를 갖고 있어 주요 관리 대상이다.

회사나 본사가 위치한 지역구 의원실과 기타 우군이 될 만한 의원실도 확보해 둬야 한다. 특히 회사가 위치한 지역구 의원실은 경우에 따라서는 회사와 이해를 같이하는 경우도 있으므로 평소 잘 관리하는 게 필요하다. 가령 앞서 언급한 U-CITY사업이 대표적인 예라 할 수 있다. 또 포스코에 소속된 대관업무담당자라면 포항이나 광양 지역구 의원실과는 불가분의 관계를 맺고 있어야 한다. 현대차그룹 대관업무담당자라면, 현대제철이 있는 당진 지역구 의원실을 잘 관리해야 한다. 이 밖에도 대관업무담당자와 학연이나 지연으로 얽힐 수 있는 보좌관들은 별도로 관리하는 게 좋다. 이들을 통해 다른 의원실 보좌관을 소개받거나 도움을 얻을 수 있기 때문이다. 특히 국회 경력이 많고 동시에 오랜 시간 실무를 담당해 어떤 경우에든 대안 제시나 컨설팅을 해줄 수 있는 '고참 보좌관'을 확보하는 게 필요하다. 실무는 물론 인맥 또한 풍부해 혼자서도 보좌관 여러 명의 몫을 할 수 있기 때문이다.

상임위원회를 담당하는 국회사무처의 수석전문위원과 회의 진행을 담당하는 행정실 또한 빠질 수 없는 관리 대상이다. 수석전문위원은 상정된 법률안에 대한 '검토보고서' 작성[64]을 주도한다. 의원들은 이를 통해 법률안에 대한 기본적인 입장을 세우곤 한다. 따라서 수석전문위원이 법률안에 대해 어떻게 생각하고 서술하느냐에 따라 법률안 통과 여부가 달라질 수 있다. 상임위원회 행정실은 의사일정 관리 및 국정감사 증인 명단 취합 등의 역할을 한다. 일정과 명단을 파악하기 위해서는 이 또한 관리하지 않을 수 없다.

여의도 브런치

여건이 된다면 대관업무담당자들은 '정당(政黨)'을 구분해 출입하는 게 좋다. 가령 민주당 의원실을 출입하던 대관업무담당자들은 선거를 통해 여야가 바뀌더라도 줄곧 민주당 의원실만 출입하는 게 좋다. 담당 대상을 당이 아닌 여야로 구분하거나 인력이 부족하다고 한 사람이 여야 의원실 모두를 출입하면 자신이 한 얘기가 상대 당으로 넘어갈 수 있다는 생각에서 여야 의원실 모두 꺼린다. 굳이 이게 아니라도 보좌진 자신과 정서적 동질성을 가졌다고 판단돼야 친밀감을 느끼고 '외부인이라는 장벽'을 넘을 수 있다는 점에서 여야를 구분하지 않고 의원실을 출입하는 것은 삼가야 한다. 예를 들어 경상도 사투리 쓰는 친박 성향의 대관 직원이 민주당 소속 의원실을 담당한다고 가정해 보자. 결과는 굳이 묻지 않아도 알 것이다. 취재를 위해 각 정당에 출입하는 정치부 기자들도 안면과 전문성, 그리고 정치적 성향 등등의 이유로 한 정당에만 계속 출입하는 경우가 많다. 참고로 보좌진은 예·결산 혹은 상임위원회와 관련된 행정부 주최 업무설명회나 현장 방문 같은 행사조차 여야 각각 따로 진행한다. 그런데 이 같은 특성을 무시한 채 기업에서 국회를 출입하는 대관 직원 누군가가 여야 의원실을 교차로 출입한다고 가정 해 보자. 그러면 어느 당에서도 결코 환영받지 못할 것이다. 누구도 자기와 같은 동질의 사

---

64) 실제로는 각 상임위원회 행정실에 소속된 조사관들이 주로 작성하지만 대외적으로는 전문위원 혹은 수석전문위원 이름으로 발표된다.

람이라고 여기지 않아 정보든 소식이든 알려주길 꺼릴 것이기 때문이다. 특히 정치권이 진영논리에 빠지면서 이 같은 경향은 한층 공고해졌다. ☕

국회의 작동원리와 구조적 특성 파악

누구나 그렇듯 자신의 경험이나 지식에 근거해 상황이나 상대를 판단하기 마련이다. 우리 속담에는 "내 속 짚어 남의 말 한다."라는 게 있다. 누구나 자기 생각이나 경험 또는 지식에 근거해 상황이나 타인의 말과 행동을 미루어 판단하기 마련이다. 하지만 적어도 국회에서는 그렇게 하면 안 된다. 의원실은 저마다의 독특한 구조를 이루고 있고 작동원리 또한 국회 밖 조직들과 여러 가지 면에서 많이 다르기 때문이다. 그래서 무엇보다 '예단'하지 말아야 한다.

이와 관련, 우선 의원실과 국회사무처를 구분해야 한다. 그리고 사무처를 상대할 때는 자신의 조직 경험과 노하우, 즉 지금까지의 사회생활에 근거해 판단하고 대응해도 된다. 1400여 명이 근무하는 국회사무처[65]는 장관급인 국회 사무총장을 중심으로 체계와 시스템에 따라 작동하는 조직이다. 반면 300개가 모여 있는 의원회관은 그렇지 않다. 흔히 보좌진은 국회를 두고 "국회에는 300개 구멍가게가 있다."라고 말한다. 자조적 표현이긴 하지만, 이는 국회가 가진 구조적 특성을 잘 표현하고 있다.

국회에 대해 잘 모르는 사람은 국회의장을 중심으로 300명 국회의원과 그 밑에 인턴 포함 2700명 보좌진이 조직적 체계를 갖춰 근무하는 것으로 이해한다. 한마디로 인턴 포함 2700명 보좌진은 국회의장을 정점으로 조직과 체계를 갖춰 국회사무처에 소속돼 있는 것으로 알고 있다는 것이다. 하지만 국회의장도 일개 국회의원일 뿐이

---

65) 여기서 사무처는 300명 넘게 근무하는 국회도서관, 140여명이 근무하는 국회예산정책처, 120여 명이 근무하는 입법조사처는 제외한 수치다.

立法을 알아야 기업이 산다

고, 보좌진은 300개 의원실별로 9명씩 소속돼 있다. 9명에 대한 임면권(任免權)은 전적으로 자신을 채용한 의원에게 있어 바로 옆 사무실 의원은 이들 9명과는 아무 상관이 없다. 단지 9명 중 누구라도 의원실을 옮기려고 할 때에야, 혹 채용을 해줄 수도 있다는 점에서 비로소 옆 사무실 의원이 의미를 갖는다. 이게 바로 '국회에는 구멍가게가 300개'인 이유다.

한편 300개라고 하는 건 좋게 보면 다양성이지만, 국회에서는 오히려 동질성이 결여돼 있다는 의미로 더 많이 사용된다. 우선 의원실 오너인 국회의원부터 서로 다른 사회적 경험을 갖고 있다. 의원실의 가장 중요한 작동원리로 작용하는 국회의원의 전직(前職)부터 의원이 처한 상황은 모두 다르다. 똑같이 선거를 통해 국회의원이 됐지만 누구는 지역을 관리해야 하는 지역구의원인 데 반해 누구는 관리할 지역구가 없는 비례대표다. 또 같은 지역구 의원 간에도 누구는 FTA 같은 농산물 개방을 반대하는 지방인 데 반해 누구는 적극적인 개방을 통해 수출 확대로 기업의 성장을 꾀해야 하는 수도권이다. 똑같은 지방이라고 해도 행정수도가 있는 세종시와 인구가 줄어드는 경북 의성이 같은 입장일 수 없다. 21대 국회에 첫발을 내디딘 초선과 벌써 10년 이상 의원을 한 중진 간에도 큰 차이가 존재한다. 같은 초선이라고 해도 집권 여당에 소속된 의원과 야당 의원이 같을 수 없으며, 야당이라고 해도 제1야당 소속 의원과 교섭단체에도 속하지 못하는 군소정당이나 무소속 의원이 같을 수 없다.

근무하는 보좌진 숫자도 의원실마다 차이가 있다. 의원실별로 4급부터 9급까지 법정 인원 8명[66]에 인턴 1명이 배정돼 있지만, 당장 근무하는 인원은 제각각이다. 지역구 의원실의 경우 총 9명 중 최소 1명에서 많게는 3명 정도가 지역구에서 근무하기도 한다. 또 같은 인원수, 가령 6명이 근무하는 지역구 의원실이라고 해도 보좌관 2명이 함께 근무하는 의원실이 있는가 하면 보좌관이 1명만 있는 의원실도 있다. 정원이

---

66) 법정 인원은 4급 보좌관 2명에 5급 비서관 2명, 6급 비서 1명, 7급 비서 1명, 8급 비서 1명, 9급 비서 1명을 가리킨다.

2명인 비서관도 마찬가지다. 경우에 따라서는 비서관 두 자리를 모두 지역구에 배정한 의원실도 있다. 인턴을 두고 있는 의원실도 있지만 이를 지역에 할애한 곳도 있다. 간혹 인턴이 행정비서의 역할을 맡는 의원실도 있다. 한편 지역이 없는 비례대표 의원실에는 보편적으로 9명 모두 근무한다. 하지만 비례대표임에도 불구하고 다음 선거에 대비해 일찌감치 지역구를 차지한 경우에는, 지역구 의원실과 같은 형태로 인력을 운용하기도 한다. 이처럼 당장 운용하는 인력의 숫자가 다르고 또 설혹 숫자가 같다고 하더라도 근무하는 사람의 직급이 다른 데 따라 각자 담당해야 할 업무 내용과 범위에는 큰 차이가 존재한다.

여의도 브런치

똑같은 목적지에 동시간 대 비행기를 타도 300석이 넘는 항공요금은 승객마다 제각각이라고 한다. 그래서 승객별 요금은 항공사 직원도 모른다는 우스갯소리가 있다. 이는 좌석 등급에 따른 차이는 말할 것도 없고 여행사를 통했느냐, 아니면 직접 구입했느냐, 언제 구입했느냐, 마일리지를 적용했느냐 등에 의해 따른 것이다. 의원실 또한 마찬가지다. 의원의 전직이 무엇이냐, 보좌진은 어떻게 구성됐고, 몇 명이 근무하고 개개인이 어떤 경력을 갖고 있느냐, 비례냐 지역구냐, 수도권이냐 지방이냐, 보좌진 개개인이 각자 어떤 역할을 담당하고 있느냐 등에 의해 의원실별로 많은 차이가 발생한다.

의원실은 4년마다 헐고 새로 짓는 구조

의원실은 무엇보다 4년마다 헐고 새로 짓는 구조라는 특성을 갖고 있다. 매번 선거를 치러보면 통상적으로 여야 모두 300명 중 절반에 가까운 숫자가 초선, 즉 처음

당선된 의원들로 채워진다. 이 경우 업무 인수인계나 앞선 성과의 조직적 축적은 기대난망이다. 오히려 무에서 유를 창조해야 한다. 이처럼 국회는 조직의 지속성이 제한적인 데 따라 성과물과 노하우의 축적 및 이를 구성원 간 학습을 통해 공유하고 나아가 조직적 자산으로 치환하는 게 애초부터 불가능한 구조를 갖고 있다.

단지 국회를 앞서 경험한 경력 많은 보좌진만 존재할 뿐이다. 그래서 오로지 어떤 사람들로 새롭게 보좌진이 꾸려지느냐에 따라 의원실의 업무역량이 좌우된다. 초선이지만 최소 국회 경력 10년 이상인 사람들로 보좌진을 구성한 의원실과 국회 경력은 전혀 없는 채 단지 선거를 도운 총선 캠프 출신들로만 보좌진을 꾸린 의원실 간 업무역량과 경쟁력이 서로 같을 수 없는 건 재론을 요하지 않는다.

물론 재선을 통해 4년 더 수명을 연장하는 의원실도 있다. 3선이 되면 수명은 12년으로 늘어난다. 하지만 이 경우 보좌진이 바뀌는 문제가 발생한다. 여당 쪽 보좌진에서는 주로 청와대나 공공기관 혹은 기업 대관업무담당자로의 이동이 나타난다. 이렇게 발생한 빈자리를 채우기 위한 승진도 이루어진다. 간혹 재선됐지만 선거 때 함께 했던 보좌진을 바꾸는 의원도 있다. 대개 '명분'은 상임위원회를 바꾸려고 해 관련한 경험자를 새로 뽑겠다는 것이다. 다시 말해 초선 때 정무위원회를 했으나 재선이 되면 국토교통위원회에서 활동할 것이니, 이에 대한 경험자로 새롭게 보좌진을 구성하겠다는 것이다. 한편 선택권은 의원만 갖고 있는 게 아니다. 보좌진 또한 그동안 함께 했던 의원이 마음에 들지 않아서 혹은 승진을 위해 재선이 됐음에도 불구하고 의원실을 옮기기도 한다. 이래저래 이동이 많이 일어날 수밖에 없다.

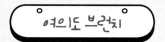

여의도 브런치

보좌관이라고 다 똑같은 업무를 담당하는 게 아니다. 이건 비서관이나 비서도 마찬가지다. 물론 보좌관이면 대강 어떤 어떤 업무를 담당해야 한다는 암묵적 합의가 존재한다.

하지만 의원실별로 접근해 보면 이 같은 합의가 꼭 관철되는 것도 아니다. 정무와 관련한 업무를 비서관이 챙기는 곳이 있는가 하면 지역구 출신의 비서가 챙기는 곳도 있다. 보좌관은 대개 구체적인 실무를 챙기지 않는 것으로 알고 있다. 흔히 정책과 관련한 구체적인 업무는 비서관이 담당하는 것으로 알려졌기 때문이다. 하지만 글쓴이처럼 국정감사와 관련한 자료요구부터 질의서 작성 그리고 보도자료 배포에 이르기까지 정책과 관련한 실무를 직접 챙기는 보좌관도 있다. 한편 담당업무뿐만 아니라 의원실 내에서의 역할이나 위치와 관련해서도 비서 같은 보좌관도 있고 보좌관 같은 비서도 있다. 의원의 사회적 위치가 변할 때마다 의원을 따라 자신의 위치 또한 바꾼 경력 많은 여성 보좌진은, 경우에 따라 국회의원이 된 뒤 선발된 보좌관보다 의원실에서 더 큰 영향력을 발휘하기도 한다. 국회의원이 된 뒤 뽑은 보좌관은 '전문경영인'과 같은 입장인 데 반해, 의원이 되기 전부터 의원을 모시며 함께 일한 보좌진은 '가신'이나 다름없기 때문이다. 글쓴이가 계속해서 몇몇 의원실을 상대로 해서 얻어진 경험을 일반화하는 오류를 범하면 안 된다고 강조하는 것도 이같은 국회의 다양성 때문이다. ☕

그래서 이런저런 이유로 의원실은 영속성과는 거리가 먼, 단지 보좌진 개개인의 업무역량에 따라 모든 것이 좌우되는 곳이다. 보좌진에 대한 교육과 관련한 매뉴얼이나 업무지침서 부재는, 개개인의 업무역량 편차를 더 확장하는 건 물론 개인적인 경험과 노하우에 근거한, 한마디로 조직적이거나 체계적인 것과는 거리가 먼 작업방식을 더 강화하는 요소로 작용하고 있다. 이는 동시에 보좌진 개개인이 가진 경험과 노하우, 그 총합인 업무역량이 매우 중요하다는 걸 의미한다. 개인이 갖고 있는 기본적인 업무역량부터 보좌진이 되기 전까지의 사회경험, 보좌진으로 얼마 동안 근무했는지를 기초로 그 기간 동안 누구와 어떤 일을 했는지, 그래서 어떤 부분에 대한 경험과 업무 노하우를 갖고 있는, 한마디로 '보좌진의 개인기'가 의원실의 성과를 좌우하는 가장 중요한 요소인 것이다. 물론 그러다 보니 간혹 개인기가 과대대표 되는 문제

立法을 알아야 기업이 산다

점도 발생한다.

일반적으로 회사는 그 회사가 갖고 있는 전통과 가치관이나 분위기, 그리고 이를 체화한 선배나 상사들로부터 영향을 받아 만들어지는 그 회사만의 독특한 무언가를 갖고 있기 마련이다. 그러나 국회는 앞서 설명한 여러 가지 요인으로 인해 애초부터 이런 게 불가능하다. 대신 의원의 전직(前職)이 그 같은 역할을 일부 수행한다. 의원의 전직과 개인적인 특성에 의해 기본적으로 의원실 작동원리가 만들어지는 것이다. 가령 어느 의원실은 근무 시간 중에도 보좌진이 고단하면 소파에 누워 잠을 자도 무방하지만, 어디는 반드시 검정색 계열의 양복만 입어야 하고 슬리퍼도 신으면 안 되는 의원실도 있다. 전자는 노조 출신 의원실이고 후자는 정통관료 출신 의원실 모습이다. 따라서 이처럼 의원실마다 각각 차별성이 있기에, A의원실에서 통용됐던 방법이 오히려 B의원실에서는 부작용을 초래할 수도 있는 만큼 무엇보다 대관업무담당자들은 그때그때 뛰어난 순발력과 임기응변 능력을 발휘해야 한다.

의원실에는 출장복명서, 출퇴근부, 문서수발대장 등등 일반적인 조직에서 갖고 있는 이 같은 서류가 전무(全無)하며, 서명이나 직인을 찍는 것과 같은 결재 행위도 없다. 휴가도 정해진 게 없어 의원이 해외 출장 가면 서로 돌아가면서 쉬는 게 휴가다. 그렇다고 연말에 주어지는 연가보상에 차이가 있는 것도 아니다. 휴가가 별도로 집계되지 않는 데 따라 대개 개인이 받을 수 있는 연가보상액의 최대치를 받는다. 국회가 얼마나 비조직적이고 비체계적인지를 보여주는 단적인 예라 할 수 있다.

보좌진의 직업적 특성

어떤 직업이든 그 직업이 갖는 특성이 있기 마련이다. 가령 기자라는 직업은 우리 사회 누구나 인정하는 그 나름의 특성을 갖고 있다. IT 개발자들 또한 마찬가지다. 이렇듯 국회 보좌진 또한 그만의 독특한 특성을 갖고 있으니, 대관업무담당자라면 그 특성 역시 잘 파악하고 있어야 한다. 업무를 수행하며 일차적으로 맞닥뜨리고 상대해야 할 보좌진이 누구인지 또 어떤 특성을 갖고 있는지 알지 못한다는 건, 대관업무담당자로서의 기본도 제대로 갖추지 않은 게 되기 때문이다.

보좌진의 직업적 특성과 관련한 가장 큰 특징 중 하나는 보좌진 개개인의 경험과 노하우, 이의 총합인 업무역량이 '균질하지 않다는 것'이다. 보좌진 가운데는 인생 첫 직장이 국회인 사람이 있지만, 여러 회사를 전전하다 40세가 넘어 뒤늦게 보좌진이 된 사람도 있다. 일반회사처럼 20대 후반의 나이에 시험과 같은 공채를 통해 선발돼 훈련되고 성장한, 한마디로 일반회사 과장이면 서로 비슷한 근무 기간과 비슷한 수준의 업무처리 능력을 보유하고 있는 데 반해 국회는 그렇지 않다는 것이다. 오늘 채용된 보좌관이 있는가 하면, 벌써 20년째 근무하고 있는 보좌관도 있어 같은 급수 같은 직급이라고 해도 개인 간 업무역량에 커다란 차이가 존재하는 곳이 바로 국회다. 그래서 여의도 격언 중에 "보좌관이라고 다 같은 보좌관이 아니다."라는 말이 있다.

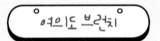

여의도 브런치

법률안을 만들고 행정부와 나라 살림을 감시하는 국회의원을 돕는 보좌진은, 그 업무의 중요성에도 불구하고 선발부터 교육과 근무 그리고 퇴직에 이르기까지 철저하게 비체계적인 방식에 의해 운용된다. 이 가운데 다른 것은 차치하고 교육 한 가지만 보더라도, 관련한 교육 및 도서는 거의 전무하다. 업무와 관련된 체계적인 교육이나 수습과정 없이 곧바로 실전에 투입된다. 국회 차원에서 만들어진 업무 관련한 교재나 매뉴얼, 참고도서도 없다. 단지 글쓴이와 같은 경험자들이 개인적으로 출판한 도서 몇 권이 있을 뿐이다. 따라서 대개 업무 기술은 선배 보좌진 어깨너머로 배운다. 먼저 경험한 선배에게서 '도

立法을 알아야 기업이 산다

제형식'으로 배우다가 전임자가 퇴사하면 노하우는 그대로 사장된다. 바로 이런 점에서 보좌진 개개인 업무역량은 선발 과정에서 가장 중요한 요소로 평가한다. 아울러 이처럼 경력자 중심으로 보좌진이 선발되는 데 따라 초보자에 의한 외부진입이 쉽지 않고, 이 때문에 보좌진 선발 과정은 일찍부터 우리 사회에 흔치 않던 '경력 중심의 채용시장'이라는 특징을 갖고 있다.

보좌진의 잦은 변동과 직업적 안정성 부족도 일반 조직에서는 흔히 볼 수 없는 중요한 특성이다. 보좌진은 공무원임에도 불구하고 별정직이라는 특성으로 인해 직업적 안정성이 전혀 보장되지 않는다. 오로지 임면권자인 의원의 판단에 따라 오늘 채용되기도 하고, 반대로 오늘 면직되기도 한다. 9명의 보좌진 가운데 결원이 생기면 의원실별로 그에 맞춰 충원된다. 그래서 엄밀한 의미에서 공채도 없고 입사 동기나 기수도 없다. 면직과 관련한 인사위원회도 없으며 소명 절차도 없다. 의원의 도장이 찍힌 면직요청서 한 장이면 오늘 당장 그만둬야 한다. 가끔은 승진 혹은 의원실 내 갈등을 해결하는 방법으로 면직 또는 의원실을 옮기기도 한다. 간혹 보좌관으로 10년 이상 근무한 사람을 만날 수 있지만, 이 가운데 한 의원실에 소속돼 꼬박 10년을 근무한 사람을 찾는 건 쉽지 않은 일이다. 의원의 낙선, 보좌진 개인의 승진, 의원 혹은 보좌진 사이에서 발생한 갈등 해소의 한 수단으로서의 의원실 변동이 이를 어렵게 만들기 때문이다.

직업적 불안정성으로 보좌진은 자신을 스스로 '하루살이 인생'이라고 부른다. 그런데 국회를 잘 아는 한 대관업무담당자는 보좌진을 "가장 힘 센 비정규직"이라고 평가한다. 직업적 안정성은 전혀 없는 데 반해 행하는 업무나 행사할 힘은 아주 크고 중요하기 때문에 이런 명칭을 붙였을 것이다. 보좌진 평균 재직 기간은 4년 7개월에 지나지 않는다. 바로 이런 점에서 20년 이상 근무해 공무원연금 대상이 된다는 건 흔치 않은 일이고, 그 때문에 20년 이상 근무한 사람은 업무능력이나 성실성 등 모든 면에서 이미 평가를 통과한 사람이라고 봐도 무방하다. 앞에서 실무에 밝은 고참 보좌관을 한두 명 꼭 알고 있어야 한다고 강조한 것도 이 때문이다.

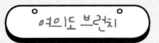

여의도 브런치

총선이 끝나면 새로 당선된 의원 가운데 초선이 절반 정도를 차지하듯, 동시에 보좌진 세계에도 초보 보좌진이 대거 국회에 들어온다. 그런데 이들은 대부분 총선에 처음 출마해 당선된 초선 의원의 선거캠프 출신 혹은 개인적으로 의원과 이런저런 인연을 맺고 있는 특징을 갖고 있다. 보좌진이라는 직업은 앞서 언급했던 것처럼 일찍부터 경력자 중심으로 운용되는 특성을 가졌다. 따라서 국회 경력이 없다면, 인사권자인 의원과 특별한 인연이 있지 않고는 초보자에 대한 높은 진입장벽을 통과하는 게 쉽지 않다. 간혹 캠프나 의원과의 특별한 인연과 무관하게 새롭게 보좌진이 되는 사람들이 일부 존재하는데, 그들은 대개 변호사시험을 통과한 변호사거나 공인회계사와 같은 자격증 소유자, 박사나 해외 유학파 출신, 군이나 과거 공무원 경력 소유자들이다. 이런 가운데 선거에 승리한 쪽 보좌진은 직업적 안정성이나 더 나은 연봉을 위해 청와대나 기업 등으로 자리를 옮기고 일부는 선출직으로 출마한다. 반면 선거에 패한 쪽 보좌진은 캠프 출신 등 새로 진입한 보좌진으로 인해 결국 일자리를 구하지 못해 자의 반, 타의 반으로 국회를 떠난다. 물론 이 가운데 일부는 한동안 실업자 신세로 지내다가 업무 미숙으로 국회를 떠난 초보 보좌진의 빈자리를 메우며 다시 일자리를 찾기도 한다. 인턴을 제외한 2400여 명에 달하는 보좌진의 평균 재직 기간이 19대 국회 기준 4년 7개월에 불과한 데는 직업적 불안정성에 기인한 이 같은 복잡한 사정이 자리 잡고 있다. 그러나 17대 국회(2004년 5월~2008년 5월) 보좌진 평균 재직 기간이 3년이었던 걸 감안하면, 이는 1년 7개월이나 길어진 것이다. 이건 국회 밖 경제 사정이 점차 어려워지면서 보좌진이 외부로 이동할 수 있는 자리가 줄어든 데 따른 것이다. 따라서 보좌진 평균 재직 기간은

立法을 알아야 기업이 산다

시간의 흐름에 따라 차츰 길어지는 추세를 보인다. 글쓴이가 첫발을 내디딘 14대 국회 (1992년 5월~1996년 5월) 때만 해도 선배들 말에 의하면, 보좌진 평균 재직 기간은 2년 정도였다고 한다. ☕

개별 의원실의 특성을 살펴라

이상에서 논의한 걸 간략하게 정리해 보면 다음과 같다. 국회는 저마다 서로 다른 의원실, 즉 각각의 특색을 가진 300개의 작은 구멍가게로 이뤄진 집합체이다. 특히 보좌진의 잦은 교체에 더해 4년마다 새롭게 허물고 다시 짓는 태생적 특성으로 인해 의원실마다 전통과 역사가 거의 없는 가운데 조직적인 체계나 관리보다는 새롭게 당 선된 의원의 전직에 의거해, 또 구성원 중 가장 경력 많은 보좌진이 배우고 익힌 업무 처리 방식에 기대, 그리고 균질적이지 않은 구성원 개개인 저마다의 판단과 감정에 따라 작동하는 곳이 바로 국회다. 그런 만큼 대관업무담당자들은 이 같은 국회의 일 반적인 특성을 충분히 이해하고 있어야 한다. 이런 가운데 놓치지 않아야 할 게 또 있 으니, 그건 바로 자신이 담당하는 의원실의 개별적인 특성 파악을 소홀히 해서는 안 된다는 것이다.

앞서 국회에서는 자신의 경험을 일반화하는 오류를 범하면 안 된다고 지적했다. 300개 의원실이 저마다 상이하기 때문이다. 이런 점에서 우선 담당하는 의원실의 의 원 및 보좌진에 대한 파악은 가장 기본적인 사항이다. 보좌진 개개인의 학력을 비롯 해 전직이 무엇이었는지, 또 국회에서는 주로 어떤 역할을 담당했고 경력은 어느 정 도 됐는지를 파악해야 한다. 그럴 때만이 일반 조직과 구성에서부터 운영의 측면에 이르기까지 여러 가지 차이를 안고 있는 보좌진을 상대로 한 원만한 업무처리가 가 능할 수 있다.

보좌진과 의원이 어떤 관계를 유지하고 있는지도 잘 살펴야 한다. 여기서 '어떤 관계'란, 의원과 보좌관이 단순한 계약관계인지 혹은 대학 다닐 때부터 서로 잘 알고 지내던 선후배나 친구 관계인지, 지역에서 오랜 시간 함께 활동해 동지 내지 파트너 관계인지 아니면 전통적 개념에서의 주군과 가신 같은 관계인지 등을 파악해야 한다는 것을 의미한다. 지금은 많이 사라졌지만 개중에는 의원과 보좌관이 먼 친·인적이거나 사돈에 팔촌인 경우도 있으니 의원과 보좌관이 어떤 관계인지에 따라, 접근방식부터 문제 해결까지 모두 다 달라진다.

계약관계, 즉 단순 고용 관계의 의원과 보좌관 사이에서는 내밀한 돈 문제부터 청탁성 민원 같은 것들은 얘기를 꺼내기조차 조심스럽다. 가령 계약관계의 보좌관이 특정 회사의 증인 출석문제와 관련해 대관업무담당자의 설명을 듣고 순수한 마음으로 의원에게 대상자의 지위를 낮추거나 혹은 빼달라는 얘기를 전했는데, "자네 그 회사와 친한가 봐?"라고 의원이 한마디 던지면, 더 이상의 문제 해결은 난망한 것이 되고 만다. 이런 점에서 보좌관이 의원과 어떤 관계냐에 따라서 문제를 해결할 수 있는 것인지 아닌지가 판가름 날 수 있다. 이건 보좌관의 개인적인 업무역량과는 별개의 문제이다.

의원실 특성 파악과 관련해 대관업무담당자들이 절대 놓치지 말아야 할 것이 한 가지 더 있는데, 보좌진 간 갈등이 그것이다. 의원실의 내밀한 알력이나 갈등은 겉으로 잘 드러나지 않는다. 보좌진이 의원실을 옮기는 데는 승진만큼이나 내부적 갈등, 즉 의원과의 갈등 혹은 보좌진 간 갈등이 중요한 요소로 작용한다. 가령 한 의원실에 보좌관 2명이 함께 근무하고 있거나 혹은 비서관이 보좌관보다 경력은 짧지만 나이가 많은 경우, 양자의 관계가 어떤지를 잘 살펴야 한다. 간혹 피감기관이 실수하는 것 가운데 하나가 바로 이 같은 의원실의 특성을 미처 살피지 못한 데 따라 보좌진을 곤란하게 만드는 것이다. 사례를 들어 자세히 설명해 보자.[67]

---

67) 졸저, 『다시 쓰는 국정감사 실무 매뉴얼』 심인, 2012, 140~141쪽 참조.

立法을 알아야 기업이 산다

한 공공기관의 대관업무담당자는 어떤 의원실에서는 질의서를 꼭 두 번 받는다. 그렇다고 질의서가 서로 다른 것은 아니다. 단지 질의서를 제공하는 사람이 다를 뿐이다. 무슨 말인가 하면, 이는 한 사무실에서 질의서를 쓰는 사람과 이를 피감기관에 넘겨주는 사람이 서로 다르기 때문에 발생한다. 즉 국정감사를 실질적으로 담당하는 사람(보좌관 혹은 비서관)은 자신이 질의서를 작성했기에 먼저 피감기관에 질의서를 넘겨주고, 같은 사무실에 있는 또 다른 보좌관은 자신이 직접 작성하지는 않았지만, 사무실 운영을 '총괄'하는 자신의 체면을 세우기 위해 질의서를 받아 대관업무담당자에게 넘겨주는 것이다.

이 경우 만약 대관업무담당자가 뒤에 질의서를 넘겨주는 보좌관에게 "아까 받았는데요."라는 말을 했다고 가정해 보자. 그럼 대번에 보좌진 사이에서 문제가 발생할 것이다. 사무실 업무를 총괄하는 보좌관(흔히 이를 수석보좌관이라 한다)은 질의서를 작성한 비서관에게 "왜 내 허락도 없이 질의서를 줬냐."고 할 것이고, 질의서를 쓴 당사자는 "내가 쓴 것이니까 내가 줬는데 뭐가 문제냐?"고 싸움이 날 것은 뻔한 일이다. 이 같은 일은 정도의 차이만 있을 뿐 각 의원실에 다양한 형태와 모습으로 존재하고 있다. 본시 작은 조직일수록 노정 된 문제가 시스템이나 조직관리 차원보다는 개인적 감정에 의해 처리되기 마련이다.

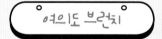

여의도 브런치

국회 보좌관은 '별정직'으로, 처음에 입사하면 누구나 다 4급 21호봉을 받는다. 여기에는 군필(軍必)에 따른 차이도 없으며, 합산 경력이 21년을 넘지 않는 한 과거 공무원이나 교사 경력도 의미를 갖지 못한다. '21호봉'이라는 건 이미 21년째 근무하고 있다고 간주하는 것으로, 현재 근무 중인 보좌관이든 혹은 과거 교사나 공무원으로 근무하다 보좌관이 됐든 무조건 총재직 기간이 21년이 넘어야 비로소 22호봉이 될 수 있다는 뜻이다. 만약 군이든 공무원이든 여타 경력이 전혀 없는 여성과 남성 2명이 오늘부터 보좌관으로 근무를 시작한다면, 이 둘은 향후 21년 동안 계속해서 21호봉에 해당하는 똑같은 월급을 받는다. 따라서 머릿수를 기준으로 지급하는 가족수당 그리고 자녀학비보조수당을 제외하고는 개인 간 월급 차는 없다. 다만 근속연수에 따라 지급액이 상이한 정근수당 및 정근수당 가산금에서만 이전 경력들을 포함해 1년 근무한 보좌관과 20년 근무한 보좌관 사이에 약간의 차이가 발생한다. 오늘 보좌관으로 등록됐음에도 불구하고 세금을 제한 이번 달 실수령액이 500만 원을 넘는 것도 바로 21호봉이라는 높은 호봉 때문이다.

참고로 별정직이란 '정년'과 '승진'이 없는 걸 의미한다. 간혹 60세가 넘는 보좌관을 만날 수 있는 건 정년이 없는 데 따른 것이다. 혹자는 "9급에서 4급까지 승진하지 않느냐?"고 할 수도 있을 것인데, 이건 승진이 아니라 먼저 직전 급수에서 면직이 이뤄진 뒤 새로운 급수에 등록되는 것이다. 또 의원의 재선을 통해 연속해서 근무하더라도 보좌진은 일단 국회의원 임기에 맞춰 일괄 면직된 후 새롭게 등록을 통해 근무하는 것으로 처리된다.

Ⅲ

국회와

입법적 리더십

Legislative Leadership

01

왜 입법적 리더십

(Legislative Leadership)인가?

'입법마인드'와 '비즈니스'는 불가분의 관계

국회의 권능이 점차 강화되면서 이제 국회는 '경제민주화'라는 이름 아래 기업의 경제활동에 지대한 영향을 미치는 법률을 만들어내고 있다. 이 가운데는 기업 입장에서 볼 때, 경영에 치명적인 영향을 미치는 규제도 있다. 이는 곧 국회에 대한 적극적인 대응을 요구한다. 규제 입법이 회사 경영이나 업역(業域)에 미칠 영향에 대한 적극적인 설명이나 하소연이 그것이다. 때론 대응 입법을 추진할 수도 있다. 하지만 단순히 여기서 그쳐서는 안 된다. '수동적 대응'에 불과하기 때문이다. 예견된 문제점에 단순 대응하기보다 이제는 스스로 기존 이익을 보호하고 나아가 새로운 이해를 관철할 수 있는 입법적 역량이 필요하다. '입법마인드'와 '비즈니스'가 불가분의 관계를 맺고 있는 것도 이런 차원에서 이해할 수 있다. 한마디로 수동적 대응에서 벗어나 '입법을 통한 적극적인 이해 관철'을 이뤄낼 수 있을 때, 기업은 글로벌 차원의 치열한 경쟁과 규제 속에서 살아남는 것은 물론 더 많은 수익도 창출할 수 있을 것이다.

상황이 이와 같을 때, '입법'을 모르고 사업을 한다는 것은 총도 들지 않고 전쟁터에 나가는 것과 하등 다를 것이 없다. 여기서 글쓴이는 입법의 효능과 활용, 즉 입법을 통한 기업의 적극적인 이해 관철 또는 이와 관련한 능동적 대응을 '입법적 리더십(Legislative Leadership)'이라고 통칭하겠다.

입법적 리더십이라는 표현은 글쓴이가 만든 단어는 아니다. 이는 『성공하는 기업의 8가지 습관』이라는 베스트셀러로 유명한 미국의 경영학자 짐 콜린스가 만든 용어이다. 콜린스는 한 논문에서 "2년 6개월 동안 경찰서 학교 걸스카우트 교회 오케스트라 등 비영리단체 대표들을 연구한 결과 이들에게 가장 필요한 리더십은 정치인들이 법률을 제정하도록 유도함으로써 유리한 경영환경을 만들어내는 입법적 리더십이었다."라며 "이는 일반기업 CEO에게도 반드시 필요한 자질"이라고 강조했다. 특히 논문은 "은행과 제약 등 정부 규제가 많은 산업에 종사하는 경영자일수록 입법적 리더십이 요구된다. 주주 소비자 종업원 등 이해 당사자들의 이해관계를 조율하고 경영목표를 달성하는 데는 무엇보다 법적 환경이 중요한 역할을 하기 때문"[68]이라고 강조하고 있다.

"CEO의 최고 자질은 입법적 리더십"

짐 콜린스가 말하는 입법적 리더십은 글쓴이가 앞서 언급했던 '입법마인드'와 표현은 다를지라도 의미하는 바는 비슷하다. '유리한 경영환경 조성'과 '법적 환경'이라는 건 규제 중심의 입법을 막아내고 반대로 입법을 통한 기업의 전일적인 이해관철이라는 주장과 그 맥을 같이하고 있기 때문이다.

---

68) 『한국경제신문』, 2015. 11. 23.

立法을 알아야 기업이 산다

사실 '입법'이 아니면 다른 어떤 수단으로 유리한 경영환경과 경영 목표를 달성하는 데 도움을 주는 '법적 환경'을 만들 수 있단 말인가? 인허가 권한을 가진 행정관청, 우리 사회에 커다란 파급효과를 미칠 수 있는 언론 보도, 보험 차원에서 관리하는 검경에 이르기까지 우리 사회 '파워엘리트(Power Elite, 핵심 권력자)'에 대한 관리라는 전통적인 방식으로는, 기업의 이해를 대변하는 건 고사하고 기존의 이익도 지키기 어렵다는 건 이미 2장에서 확인한 바 있다. 또한 국회를 단지 귀찮은 존재로 치부해서도 안 되며, 국회를 단순한 동향 파악을 위한 대상 정도로 인식하는 것은 시대에 뒤떨어진 사고라는 것도 확인했다.

오로지 행정의 근거인 법과 제도, 그리고 이를 실제로 뒷받침하는 물적 토대인 예산 모두 국회의 결정에 좌우되는 현실에 비추어 볼 때, 국회에 대한 인식을 바꾸고 국회의 긍정적 역할을 활용하는 게 성공적인 비즈니스를 위한 기초라는 것 또한 확인했다.

입법은 기존에 없던 시장(市場)을 만들어주기도 하고 수요변동에 따른 매출 신장에 기여하기도 한다. 바로 이런 점에서 이제 기업은 입법의 효능과 적절한 활용에 대해 정확히 인식해야 한다.

한국경제

2005년 11월 23일 수요일
a37 people

"CEO 최고자질은 입법적 리더십"

'8가지 습관' 저자 짐 콜린스 주장

'성공하는 기업들의 8가지 습관(Built to Last)' 등의 베스트셀러 작가로 널리 알려진 미국의 경영학자 짐 콜린스(사진)가 최고경영자(CEO)가 갖춰야할 덕목으로 '입법적(legislative) 리더십'을 주장해 화제를 모으고 있다.

콜린스는 최근 발간한 논문에서 "약 2년6개월 동안 경찰서 학교 걸스카우트 교회 오케스트라 등 비영리단체 대표들을 연구한 결과 이들에게 가장 필요한 리더십은 정치인들이 법률을 제정하도록 유도함으로써 유리한 경영환경을 만들어내는 입법적 리더십이었다"며 "이는 일반 기업 CEO에게도 반드시 필요한 자질"이라고 주장했다.

논문에 따르면 은행 제약 등 정부 규제가 많은 산업에 종사하는 경영자일수록 입법적 리더십이 특히 요구된다. 주주 소비자 종업원 등 이해 당사자들의 이해관계를 조율하고 경영 목표를 달성하는데는 무엇보다 법적 환경이 중요한 역할을 하기 때문이다.

콜린스는 예전 논문에서는 먼 훗날 공동체의 번영을 위해 현재의 자신을 희생할 수 있는 '주춧돌형 리더십'을 강조했었다. 회사를 위대한 기업으로 키우기 위해서는 자신의 형제까지도 해고할 수 있는 과단성이 필요하다는 주장이었다.

스탠퍼드 경영대학원 교수 출신으로 명강사로 이름을 날리고 있는 그는 하루 강의료로 5만달러 이상을 받는다.　유영석 기자 yooys@hankyung.com

▲정부 규제가 많은 산업에 종사하는 경영자일수록 입법적 리더십이 요구된다.

그것이 곧 성공적인 비즈니스를 위한 첩경이기 때문이다. 이하에서는 입법적 리더십과 관련한 사례들을 중심으로 9가지 형태를 살펴보자.

立法을 알아야 기업이 산다

02

입법적 리더십의
9가지 형태

제 · 개정안에 대한 9가지 유형별 분류

입법적 리더십은 크게 9가지 형태로 구분된다. '9가지 형태'는 글쓴이가 나눈 기준에 따른 것이다. '입법적 리더십'이라는 용어는 짐 콜린스의 것을 빌려왔지만, 콜린스는 이를 형태별로 구분 짓지는 않았다. 이는 글쓴이가 오랜 시간 국회에서 일하며 제출된 제 · 개정안의 특징을 분석 후 유형별로 나눈 데 따른 것이다. 관련한 사례와 그에 대한 분석 또한 개인적인 작업에 따른 결과물이다.

입법적 리더십의 9가지 형태를 나열해 보면 △입법을 통한 새로운 시장 창출 △입법을 통한 기존시장 보호 내지 강화 △입법을 통한 타인 시장 뺏기 △입법을 통한 살아남기 △입법을 통한 뺏긴 것 되찾기 △입법을 통한 국가 예산 확보 △입법을 통한 숙원사업 해결 △입법을 통한 규제 완화 또는 제도개선 △우회적인 입법적 리더십 등이다.

9가지 형태가 각각 어떤 의미를 갖고 작동하는지 좀 더 자세히 살펴보자. 첫째, 입법을 통한 새로운 시장(市場) 창출이란, 입법을 통해 기존에 없던 시장을 새롭게 만들어내는 걸 의미한다. 이런 사례는 생각보다 많다. 법률이 만들어짐으로써 없던 판로가 열리고 새로운 시장이 등장하는 것이다. 기업 입장에서 볼 때 말 그대로 '대박'이 아닐 수가 없다. 따라서 입법적 리더십의 9가지 형태 중 기업이 가장 좋아하는 사례이다.

둘째, 입법을 통한 기존시장 보호란, 법적 미비(未備)로 자신의 기존 이익을 제대로 지키지 못하던 것을 입법을 통해 확실히 '지켜 내거나 혹은 자신의 이익을 더 공고히 하는 걸' 의미한다. 여기서 지켜 내거나 공고히 하는 건 시장을 보호하는 것일 수도 있고 이익이나 영업권 또는 기득권을 더 강화하는 것일 수도 있어 그 대상은 다양하다.

셋째, 입법을 통한 타인 시장 뺏기란, 입법을 통해 남들이 갖고 있던 시장이나 기득권 또는 이익을 자신의 것으로 만드는 걸 의미한다. 이는 내 입장에서는 뺏어오는 것이지만, 상대의 입장에서는 자기 것을 뺏기는 것을 뜻한다. 여기에는 상대의 움직임에 대한 간과(看過), 즉 입법동향을 파악하는 데 소홀히 한 것과 함께 적절한 대응방법을 몰라 효과적으로 응수하지 못한 것이라는 두 가지 이유가 숨어있다. 한편 이는 두 번째인 입법을 통한 기존시장 보호라는 사전적 조치를 취하지 않은 데 따른 결과라고도 할 수 있다. 만약 사전에 법적 뒷받침을 공고히 했더라면 그것이 무엇이든 결코 상대에게 뺏기는 일은 없었을 것이기 때문이다.

넷째, 입법을 통한 살아남기란, 앞선 뺏기의 대응 개념이다. 이는 누군가가 자신의 이익이나 시장 또는 권한이나 기득권을 뺏으려고 할 때, 입법을 통해 그 같은 시도를 무산 내지 무력화시키는 걸 의미한다. 다시 말해 사전적으로 입법을 통해 기존시장을 보호하지는 못했다고 하더라도, 입법을 통해 뒤늦게나마 타인의 공격을 막아내는 의미가 있다. 한편 얼핏 '살아남기'가 앞서 '기존시장 보호'와 같아 보일 수도 있겠으나 여기에는 다음과 같은 차이가 존재한다. 기존시장 보호란, 처음부터 다른 사람이 뺏을 수 없도록 기존에 누리던 무엇인가를 더 강화하거나 보호하는 것으로 능동

立法을 알아야 기업이 산다

적 · 사전적 의미가 있다. 반면 살아남기란, 지금 내가 갖고 있는 것을 누군가가 뺏으려고 달려들자 비로소 뺏기지 않고 지키려고 하는 수동적 · 사후적 대응의 의미를 갖고 있다.

다섯째, 입법을 통한 뺏긴 것 되찾기란, 앞서 입법 통한 타인 시장 뺏기의 반대 개념이다. 어떤 이유로든 타인이나 다른 조직에게 뺏긴 내 권한이나 기존의 이익을 뒤늦게나마 입법을 통해 되찾아오는 걸 의미한다. 살다 보면 분명 내 것인데 내 것이 아닐 때도 있다. 과거에는 내 것이었는데 지금은 내 게 아닌 게 돼버린 일도 있다. 어느새 나도 모르게 다른 사람이나 조직이 내 것을 뺏어갔기 때문이다. 의도치 않게 혹은 방심하다 어이없이 뺏긴 경우도 있을 것이다. 살다 보면 내 것인지 모르고 있다가 뒤늦게 그 같은 사실을 인지해 되찾아 와야 하는 것과 같은 일도 생긴다. 그럼 이럴 땐 어떻게 해야 할까? 내 것이니 그냥 돌려달라고 해야 할까? 그러면 상대는 순순히 돌려줄까? 입법을 통해 되찾아오는 것만이 가장 좋은 해결책이다. 또 그럴 때만이 확실히 되찾을 수 있는 건 물론 또다시 뺏기는 것을 막을 수 있는 최고의 방법이다.

여섯째, 입법을 통한 국가 예산 확보란, 국가의 재정인 국고보조금을 지원받을 수 있도록 법적 근거를 마련하는 의미이다. 국고보조금은 기본적으로 「보조금의 예산 및 관리에 관한 법률」에 근거해 관리된다. 또 특정 사업이 정부로부터 국고보조금을 지원받기 위해서는 통상 개별 법령에 "보조할 수 있다."라는 지급 근거를 마련해 둬야 한다. 따라서 원활한 사업 수행을 위해 정부로부터 국고보조금을 받으려면, 이는 곧 입법을 통해 해결해야 한다.

일곱째, 입법을 통한 규제 완화 또는 제도개선이란, 정부가 수립한 원칙이나 행하는 일 처리 방식에 대해 다른 목소리를 내려는 방편으로 입법 혹은 국회를 활용하는 것을 의미한다. 특히 이는 시장(市場)의 목소리를 청와대와 여당에 전달하고자 할 때 활용되는 방법이다.

여덟째, 입법을 통한 숙원사업 해결이란, 특정 단체가 갖고 있는 숙원사업을 입법을 통해 해결하는 것을 말한다. 현재 우리나라에는 수많은 협회와 각종 이익단체가 존재한다. 이들은 모두 각자의 존립 혹은 더 나은 발전이나 더 많은 수익을 창출하기 위해 아니면 기득권을 공고히 하기 위해 제각각 해결해야 할 조직 차원의 숙원사업을 하나 이상씩 갖고 있다. 대개 새롭게 당선되는 협회나 단체 회장은 이 같은 숙원사업 해결을 공약으로 내세우며 당선된다. 회장으로 취임 후에는 줄곧 국회를 찾아와 이 같은 숙원사업을 해결하기 위해 노력한다. 숙원사업을 해결하기 위한 가장 효과적이고 손쉬운 방법이 바로 입법을 통한 것이기 때문이다.

아홉째, 우회적인 입법적 리더십이란, 국회를 통해 행정부의 정책 기조를 바꾸는 걸 의미한다. 과거에는 가능하지 않던 걸 될 수 있도록 바꾸거나 아예 새로운 정책 시행으로 기업에게 혜택이 돌아갈 수 있도록 국회라는 매개체를 통해 행정부로 우회하는 것을 가리킨다. 이 또한 첫 번째의 새로운 시장 창출과 비슷한 의미를 갖는데, 다만 우회적인 입법적 리더십은 그 대상이 국회가 아닌 행정부라는 점에서 약간의 차이를 갖고 있다고 하겠다.

입법적 리더십의 9가지 형태는 기본적으로 입법을 통한 문제 해결이나 기업의 이해 관철이 어떤 형태로 이루어지는지를 잘 보여주고 있다. 따라서 입법적 리더십의 9가지 형태를 익힌다면, 누구든 혹은 어떤 비즈니스든 상관없이 입법을 통한 기존 이익 보호와 함께 나아가 새로운 이해 관철이라는 전일적인 문제 해결을 실현할 수 있을 것이다.

立法을 알아야 기업이 산다

1) 입법 통한 새로운 시장 창출

'투척용 소화기'와 「소방시설법」

입법을 통해 기존에 없던 시장을 새롭게 만들어 낸 대표적 사례로는 '투척용 소화기'를 들 수 있다. 투척용 소화기는 아직도 많은 사람에게 생소한 대상이다. 투척용 소화기는 말 그대로 '던져서 불을 끄는 도구'이다. 이런 설명을 듣고도 투척용 소화기를 한 번도 보거나 들어본 적 없는 사람들에게는 여전히 낯선 물건이다.

기존의 소화기에 대해 모르는 사람은 없다. 호수를 화기(火氣)에 대고 손잡이를 움켜쥐면 하얀색의 거품 소화액이 나와 불을 끌 수 있는 게 소화기에 대한 일반인들의 인식이다. 혹자는 과거 국회가 법률안 날치기와 이를 막으려는 여야 간 몸싸움 와중에 소화기가 동원됐던 것을 기억하고 있을지도 모르겠다. 아무튼 기존의 소화기는 무겁고 조작이 쉽지 않으며 불에 가까이 대고 사용해야 하는 불편함이 있다. 특히 화재 발생 시 안전핀을 뽑고 힘을 줘 밸브를 눌러 불을 꺼야 하기 때문에 사용에 익숙하지 않은 사람이 쉽게 다루기에는 한계가 있다.

이에 반해 투척용 소화기는 유리 혹은 플라스틱 재질로 된 보온병 모양으로 불이 난 곳에 던지면 충격으로 깨지면서 안에 들어 있는 요소 또는 중탄산암모늄(Ammonium bicarbonate) 성분이 불길을 잡아준다. 혹시 집에 어린아이가 있어 유치원이나 어린이집에 가끔 가야 할 일이 생긴다면, 방문 시 내부를 유심히 살펴보기 바란다. 그러면 1m 50cm 정도 높이 벽면에 보온병 같은 게 여러 개 부착된 걸 볼 수 있을 것이다. 노인복지시설, 예컨대 경로당이나 요양원과 같은 곳을 방문하더라도 똑같은 모양의 투척용 소화기가 비치된 걸 발견할 수 있다.

이는 정부가 2006년 12월 「소방시설설치유지 및 안전관리에 관한 법률」(이하 소방시설법) 시행령을 개정해 노유자시설(老幼者施設)에 투척용 소화기 비치를 '의무화'

한 데 따른 것이다. 소방시설법 개정안에 따르면, 면적에 따라 산정된 소화기 수량의 1/2 이상을 투척용 소화기로 설치해야 한다. 정부의 이 같은 규정에는 기존 소화기 작동법에 익숙하지 못하거나 힘이 약해 소화기를 작동할 수 없는 노약자와 어린이들도 투척용 소화기를 이용하면 쉽게 불을 끌 수 있다는 논리가 깔려 있다.[69]

정부의 이 같은 조치는 많은 논란을 가져왔다. 당장 어린이로 하여금 투척용 소화기를 화기에 던져 불을 끄라고 하는 건 난센스(Nonsense)다라는 주장이다. 불이 나면 어린이들은 불을 끄는 게 아니라 피하는 게 우선이기 때문이다. 유리병 재질로 된 투척용 소화기는 쉽게 파손돼 어린이들 손이 닿는 곳에 두면 다른 피해를 유발할 가능성이 크다는 지적도 있다. 의무 설치되기 전까지 투척용 소화기에 대한 공식적인 검정(檢定)이 이뤄진 적이 없다는 시행상의 문제점도 제기됐다. 이를 설치해야 할 대상과의 협의도 없었고, 투척용 소화기가 어린이나 노인들에게 사용이 적절한지에 대한 시험도 이뤄지지 않았다.

▲ 정부는 「소방시설법」 시행령 개정을 통해 노유자시설에 대한 투척용 소화기 비치를 의무화했다.

무엇보다 가격이 비싸고 의무비치가 기존 노유자시설까지 모두 적용된다는 점에서 투척용 소화기를 의무 설치해야 하는 기관들의 불만이 높았다. 사실 현재 보유하고 있는 일반 소화기와 소화시설로도 화재 발생 시 충분히 대응할 수 있는데, 멀쩡한

---

69) 아동복지시설, 노인복지시설, 장애인시설, 사회복지시설 등 노유자시설에 투척용 소화기를 의무적으로 비치하도록 한 관련 시행령 개정에는, 2002년 12월 충남 서천의 금매복지원 화재로 인한 장애 노인 9명의 희생이 배경으로 자리 잡고 있다.

立法을 알아야 기업이 산다

소화기를 수십 배 비싼 투척용 소화기로 바꾸라는 것은 '강압적 행정'이라고 해도 과언이 아니기 때문이다. 그나마 신규로 설치하는 소화 장비에 한해 1/2 이상 투척용 소화기의 의무비치를 강제한다면, 상당 부분 불만 소지가 줄었을 것이다. 하지만 멀쩡한 소화기를 치우고 그 절반을 투척용 소화기로 채워야 하니 당장 자원 낭비는 물론 경제적 부담 또한 적지 않은 것이다. 특히 경제적 부담은 노유자시설 입장에서 가장 큰 불만으로 대두했다. 가령 60여 평을 기준으로 소화기 2대를 설치할 경우 드는 비용은 4만 원 정도이다. 하지만 소화기 1대를 투척용 소화기로 교체하기 위해서는 적게는 15만 원에서 많게는 35만 원이 든다.[70] 일반용 소화기 1대의 진화능력을 발휘하기 위해서는 투척용 소화기 4개들이 한 세트를 한꺼번에 사용해야 하고, 실제 화재가 발생했을 때 완벽히 진화하기 위해서는 이보다 더 많은 양이 필요하기 때문이다. 그러다 보니 200평 규모의 유치원을 운영할 경우 투척용 소화기를 사는 데 최소 60만 원에서 최대 140여만 원의 예산이 소요된다.

문제는 바로 여기에 있다. 노유자시설이 법을 위반하지 않기 위해서는 당장 최소 수십만 원을 들여 투척용 소화기를 사야 한다. 만약 사지 않으면 1차 적발 시 200만 원 이하의 과태료가 부과되며, 2차 적발 시에는 3년 이하의 징역 또는 1500만 원 이하의 벌금에 처한다. '울며 겨자 먹기'로 사지 않을 수 없는 것이다. 정부 또한 바로 이 때문에 시행 시기를 2007년 6월에서 2008년 3월로 한 차례 유예했다.

하지만 입법적 리더십 관점에서 우리가 주목할 건 바로 전국에 산재한 수만 곳의 노유자시설에서 비싼 투척용 소화기를 '의무적으로 구매'해야 한다는 것이다. 의무 구매란 기업 입장에서 볼 때 '땅 짚고 헤엄치기식' 영업을 의미하는 건 물론 이로 인해 기존에 없던 시장이 새롭게 만들어져 매출이 급신장한다는 것을 뜻한다. 특히 개정안이 시행된 2008년 3월 투척용 소화기 판매업체가 국내에 단 2곳에 불과했다는 점[71]

70) 「노컷뉴스」, 2007. 2. 12.
71) 「MBC 시사매거진 2580」, '이해 못할 소방행정', 2007. 6. 24.

에서, 법률 개정은 그렇지 않아도 독과점의 지위를 누리고 있던 판매업체에 '날개'를 달아주는 것과 같은 의미로 작용했다. 자연 투척용 소화기는 턱없이 비싼 가격에 판매됐다. 일본 제품을 수입해 판매하거나 일본에서 원료를 수입해서 만든 국산제품이 전부이다 보니 공급 부족과 비싼 가격은 당연한 일이 된 것이다. 특정 업체를 위한 법률 개정[72]이라는 말이 나온 것도 이런 배경 때문이다.

투척용 소화기는 4개 한 세트 가격이 부품 수입 후 국내조립은 15만 원 정도 하고, 일본 수입품은 35만 원 정도 한다. 의무설치 대상은 아동복지시설, 노인복지시설, 장애인시설, 사회복지시설 등인데, 통계에 따르면 법이 시행되던 2008년 6월 30일 기준 전국의 보육 시설은 3만 2149개소[73]로 나타났다. 15만 원과 35만 원의 중간값인 25만 원을 기준으로 3만여 개의 보육 시설에 단 1세트씩의 투척용 소화기만을 설치했다고 계산해도 그 돈은 무려 80억 원이 넘는다. 하지만 보육 시설의 규모 때문에 최소 2세트 이상은 구매해야 한다. 여기에 전국의 노인복지시설과 장애인시설, 사회복지시설까지 합치면, 의무설치를 규정하는 법 조항 때문에 투척용 소화기 구매에 아무리 못해도 200억 원 이상이 소요됐다고 추산할 수 있다.[74]

이 말은 곧 '의무비치'라는 달랑 한 줄의 법률 개정으로 인해 국내 단 2곳의 회사가 단시간에 최소 200억 원 이상의 매출을 올렸다는 것을 의미하다. 이 건 한마디로 애초 존재하지도 않던 시장을 모법(母法)도 아닌 시행령[75] 한 부분의 단어 몇 개를 고침으로써 기존에 없던 시장을 만들어내는, 마치 '마술'(?) 같은 일이 벌어진 것이다. 놀

---

72) 「노컷뉴스」, 2007. 2. 12.

73) 키워드 검색, '어린이집', 『한국민족문화대백과』, 한국학중앙연구원.

74) 일본에서 제조된 투척용 소화기의 국내 유통을 담당하는 코오롱아이넷 관계자는 "국내 투척용 소화기 시장은 지난해 관련 법 시행 이후 수요가 늘면서 급성장하고 있다."라고 언급한 바 있다. 「머니투데이」 2007. 11. 27.

75) 우리나라 법은 법-시행령-시행규칙의 순서로 이뤄져 있다. 법은 모법이라고도 하는데, 이에 대한 제정 및 개정 권한은 국회가 갖고 있다. 시행령은 법의 하위 개념으로 대통령령으로도 불린다. 여기에는 법의 구체적 시행과 관련한 자세한 내용이 담긴다. 시행령은 장관들이 참석하는 국무회의에 상정돼 통과되기 때문에 국회와는 무관하다. 규칙은 행정부의 관련 담당 부(部)에서 논의된다. 가령 국토해양부 장관이 규칙을 제·개정한다. 그래서 부령이라고도 한다. 여기에는 시행령보다 더 세세한 내용이 담긴다.

立法을 알아야 기업이 산다

라운 일이 아닐 수 없다. 하지만 이게 '법이 갖는 현실적 힘'이다. 투척용 소화기를 "설치하여야 한다."라는 강제규정을 시행령 〈별표 4〉에 규정해뒀기 때문에 전국의 수만 개 노유자시설이 법을 위반하지 않기 위해 가격과 상관없이 무조건 투척용 소화기를 구매해 비치하지 않으면 안 됐다.

°여의도 브런치

투척용 소화기는 애초 일본에서 선박용으로 개발됐다. 하지만 투척용 소화기를 개발한 일본은 물론 전 세계 어디에서도 노유자시설에서의 의무비치를 규정하고 있지 않다. 유일하게 우리나라에서만 법률로 강제하고 있다. 바로 이런 이유 때문이었을까? 많은 논란을 불러일으켰던 의무비치 규정은 2008년 3월 시행 후 2년이 채 되지 않은 2010년 2월 "설치할 수 있다."라는 임의조항으로 바뀌었다. 하지만 중요한 건 '설치해야 한다.'라는 강제규정 2년여 동안 단 2곳의 회사가 수백억 원의 수익을 올릴 수 있었다는 것이다. 법률은 이처럼 어떻게 개정하느냐에 따라 기업 입장에서는 커다란 수익을 창출할 수 있는 기제(機制)로 작용한다. ☕

자동제세동기와 「응급의료에 관한 법률」

요즘에는 소방서가 학생들을 대상으로 심폐소생술 교육을 했다는 뉴스를 어렵지 않게 접할 수 있다. 이 같은 교육에는 인공호흡과 함께 자동제세동기(AED) 사용법을 비롯해 실습용 마네킹으로 배운 내용을 직접 체험해 보는 것도 포함돼 있다. 관련한 교육이 보편화되면서 이제는 학교에서 배운 심폐소생술로 재능기부를 하는 사례도 찾을 수 있다. 또한 공공기관이나 저축은행 같은 곳에서는 자동제세동기를 지역사회에 기증했다는 소식도 있다. 특히 자동제세동기의 경우, 최근 들어서는 지진 등 자연재난에 대한 대비에 관심이 증가하면서 신문이나 TV 등에도 많이 등장한다.

일반인들에게는 아직 낯선 이름인 자동제세동기란, 의학적으로는 "체표 또는 심장에 강한 잔류를 순간적으로 흘려 부정맥을 제거하고 규칙적인 리듬으로 되돌리는 장치"라는 의미를 갖고 있다. 일반인들에게는 의학 관련 드라마에서 심장 움직임이 멈춘 환자를 대상으로 의료진이 가슴에 충격을 가하는 장면으로 익숙하다. 그래서 일부에서는 '심장충격기'라고 부르기도 한다.

2015년 5월 북한산국립공원 관리사무소 직원들이 의식을 잃고 쓰러진 등산객을 신속하게 구조할 수 있었던 것은 평소 훈련한 심폐소생술과 함께 의무적으로 비치해 둔 자동제세동기 때문인 것으로 알려졌다. 북한산 안전관리팀은 등산객이 쓰러졌다는 신고를 받자마자 현장에 출동해 심폐소생술과 자동제세동기를 활용해 소중한 생명을 살려냈다고 한다. 그런데 이같이 신속히 대응할 수 있었던 것은 북한산관리사무소가 2014년부터 거점 근무자에게 자동제세동기를 상시 휴대토록 하는 것과 함께 일상적으로 실습하도록 유도해 왔기 때문이라고 한다.[76]

북한산국립공원 관리사무소가 자동제세동기를 보유하고 있었던 건 2007년 12월에 개정된 「응급의료에 관한 법률」에 기인한다. 개정안에 따르면, 심장병 환자는 물론 노인 인구와 만성질환자의 증가로 응급의료상황이 자주 발생하는 데 반해 응급의료시스템은 열악한 실정이라며 철도, 항공기, 선박, 다중이용시설 등에 자동제세동기 등 심폐소생술을 행할 수 있는 응급 장비 비치를 강제하고 있다. 이에 따라 철도와 버스 및 선박의 대합실, 카지노, 경마장, 교도소와 구치소 및 소년원, 야구장 등의 종합운동장, 공공청사 등에는 자동제세동기가 의무적으로 비치됐다. 과거 글쓴이가 근무했던 국회 의원회관을 방문하는 사람이라면, 2층 면회실 전면 벽에 자동제세동기

---

76) 「경기일보」, 2015. 5. 2.

立法을 알아야 기업이 산다

가 설치돼 있는 모습을 볼 수 있을 것이다. 이 또한 법률 개정에 따른 결과이다.

미국에서는 공공시설은 물론 가정에서도 자동제세동기를 구비하는 것으로 알려졌다. 하지만 의무비치가 이루어지기 전까지 우리나라에서 자동제세동기 주 소비처는 병원과 소방서에 불과했다. 그러나 법률 개정으로 분위기가 달라졌다. 당장 매출이 크게 늘어난 것이다. 이는 주가 변동으로 반영됐다. 국내 최초로 자동제세동기를 개발한 씨유메디칼의 경우, 2011년 12월 상장 첫날 상한가를 기록했다. 이와 관련, 한 금융기관 연구원은 "자동제세동기 원천기술 확보업체가 씨유메디칼을 포함해 6개에 불과하다는 점에서 앞으로 성장이 기대된다."[77]고 평가했다. 보안전문업체인 에스원은 2010년 7월 신고가를 기록했는데, 여기에는 헬스케어 관련 자동제세동기 매출 발생이 한 원인인 것으로 지적됐다.[78]

朝鮮日報   2008년 06월 20일 금요일
B01면 경제종합

선한 당신을 위해 법이 바뀝니다

길에서 갑자기 쓰러진 환자를 도왔는데 행여 사망이라도 하면 어떻게 될까.

선진국에선 민·형사상 책임을 면해주지만 우리나라에선 책임을 져야 한다. 자신과 상관없는 사람을 도운 성경의 '선한 사마리아인'이 나오기 힘든 상황이었다. 최근 이 같은 문제를 해결한 이른바 '선한 사마리아인법'이 국회를 통과하면서 누구나 응급환자를 도울 수 있게 됐다.

국회는 지난달 23일 일반인이 응급처치를 하다가 환자가 사망하더라도 민사 책임은 묻지 않고, 형사 책임도 감면해주는 내용의 '응급 의료에 관한 법률 개정안'을 통과시켰다.

또 개정안에 따라 철도·여객·항만 대합실 등 사람의 왕래가 많은 곳에 자동제세동기가 의무적으로 설치된다. 자동제세동기는 환자의 가슴에 전기 패드를 부착시키고 전기 충격을 가해 심장 박동을 되살리는 응급 처치 장비다.

이 법 덕분에 빈사 상태에 있던 의료기 제조사들도 숨통이 트이게 됐다. 미국에선 공공시설은 물론이고 가정에까지 자동제세동기 구비가 일상화돼 올해 시장 규모가 약 3억5400만달러(약 3630억원)나 된다. 반면 국내에서는 씨유메디칼과 네델란드 필립스헬스케어, 미국 메드트로닉스가 자동제세동기를 판매하고 있지만 그동안 소방서 외엔 수요가 없었다. 필립스헬스케어는 19일 한림대 강동성심병원에 대한심폐소생협회에 교육용 자동제세동기 148대를 기증했다. 사람도 살리고 잠재 수요자도 늘리는 일석이조(一石二鳥)의 마케팅인 셈이다.

이영완 기자 ywlee@chosun.com

▲ 자동제세동기 또한 투척용 소화기와 마찬가지로 의무비치를 통해 새롭게 시장을 창출할 수 있었다.

---

77) 「한국경제TV」, 2011. 12. 15. 인터넷판.
78) 「머니투데이」, 2010. 7. 27.

Ⅲ. 국회와 입법적 리더십   185

법률 개정은 개인에게도 새로운 사업 아이템 제공

입법을 통한 새로운 비즈니스, 즉 이전에 없던 새로운 시장 창출은 비단 기업에게만 해당하는 얘기는 아니다. 입법으로 개인에게도 새로운 시장이 만들어지기 때문이다. 여기서는 입법을 계기로 직장에서 조기 은퇴한 뒤 실버창업에 뛰어든 사례를 살펴보자.

국회는 2007년 4월 「노인장기요양보호법」을 제정했다. 이는 우리 사회가 고령화로 급속하게 진전함에 따라 요양 보호가 필요한 노인의 생활 자립을 지원함으로써 가족의 부담을 줄여주고 늘어나는 노인 요양비와 의료비 문제에 적절하게 대처하기 위해 도입됐다. 실제로 노인 인구는 급격하게 늘어나는 것과 함께 비용도 많이 증가하는 데 반해 핵가족화와 여성의 사회참여 증가로 이들을 과거와 같이 가정 내에서 요양 보호하는 데는 한계가 많았다.

2008년 7월부터 시행된 '노인장기요양보호제도'는 신체적 · 정신적 기능장애를 기준으로 수발 비용을 지급하는 것으로, 장기요양급여는 △재가급여 △시설급여 △특별현금급여 등 세 가지로 구분된다. 여기서 재가급여에는 방문요양, 방문목욕, 방문간호, 주 · 야간 보호 등의 요양보호가 제공되며, 이와 관련한 본인 부담금은 15%이다. 시설급여는 '노인 의료 복지시설'에 입소하여 신체활동 지원, 심신 기능의 유지 · 향상을 위한 교육과 훈련 등을 말하는데, 장기요양급여비용의 20%가 자비 부담이다. 특히 재가급여의 경우 집에서 치료받는 노인성 질환자들의 간병 비용은 물론 의료기구 구매 비용과 관련해 85%가 지원된다. 한마디로 장기요양 대상자[79]가 환자용 침대, 휠체어, 당뇨 측정기 등의 각종 의료용품을 구매할 때, 비용의 85%가 노인장기요양보험에서 지급되는 것이다.

---

79) 치매 중풍 등으로 거동이 불편한 65세 이상 노인 또는 65세 미만이나 노인성 질환을 앓는 사람들을 대상으로 심신 상태를 조사, 1~5등급으로 판정한다.

바로 여기서 새로운 비즈니스가 출발한다. 과거 10만 원 주고 사던 물건을 1만 5000원에 살 수 있다고 가정해 보자. 싼 가격에 소비가 늘어날 것은 세 살 먹은 어린 아이도 알 수 있는 사실이다. 그동안 비싼 가격 때문에 소비를 망설였는데, 절반도 아니고 과거보다 85%가 싸졌으니 누군들 구매를 주저하겠는가? 오히려 이참에 너나없이 사려고 할 것이다. 노인들을 위한 복지 용구와 의료기기 전문 매장 운영은, 바로 이처럼 「노인장기요양보호법」 시행을 계기로 실버창업의 새로운 비즈니스로 떠올랐다. 법률 개정이 개인들에게 새로운 창업 아이템을 제공한 것이다.

2) 입법 통한 기존시장 보호 · 강화

항공기 조종사 파업과 「노동조합 및 노동관계조정법」

2017년 3월 신문의 한 귀퉁이에는 "대한항공 조종사 노조, 2차 파업 계획 철회"라는 제목의 기사가 실렸다. 당시는 정국이 어수선한 상황이라, 이 기사는 세인들의 관심을 끌지 못했다. 각 정당은 5월로 예정된 대통령선거를 위해 내부 경선을 진행하고 있었다. 3년여 만에 세월호가 인양돼 이 또한 연일 지면을 장식했다. 탄핵을 당한 박근혜 전 대통령에 대한 구속 관련 기사도 연일 보도돼, 파업이든 혹은 파업 철회든 기사로서의 중요도가 낮을 수밖에 없었다. 대한항공 조종사 노조는 이에 앞서 2016년 12월에 약 1주일간 파업을 진행했다. 이 또한 언론의 주목을 받지 못했다. 당시는 대통령에 대한 탄핵이 이뤄진 지 얼마 되지 않았고, 새누리당이 분당 되는지를 두고 내부 갈등이 심각한 터라 노조 파업이 지면을 장식할 상황이 아니었다. 하지만 이 같은 정치적 상황보다 더 중요한 건, 애초부터 법적 한계로 인해 조종사들의 파업이 '파업'다운 영향력(?)을 보여줄 수 없었다는 점이다.

파업은 일차적으로 조합원의 참여도가 높을 때 성공(?)할 수 있다. 많은 조합원이 파업에 참여함으로써 일상적 업무가 마비돼 그에 따른 물적·정신적 피해가 커야 '사용자 측(社側, 이하 사측)'에서 노조 주장을 받아들일 가능성이 크기 때문이다. 그런데 애초부터 조합원 참여에 제한이 많은, 그것도 법적으로 한계가 정해져 있다고 한다면, 이 같은 파업이 가져올 결과는 어떠할까? 이건 물어볼 것도 없이 이미 결론이 난 사안이다.

이에 앞서 글쓴이는 대한항공 조종사 노조가 파업을 제대로 하지 못할 거라는 걸 잘 알고 있었다. 파업하기에는 조종사 노조가 처한 법적·현실적 한계가 너무 많기 때문이었다. 그런데도 대한항공 조종사 노조는 11년 만에 일단 1주일 정도 파업을 추진했다. 곧이어 2017년 3월에 2차 파업을 하려다가 취소했다. 그럼 조종사 노조가 파업과 관련해 갖고 있는 법적 한계는 무엇이고, 11년 만의 파업은 또 무슨 의미인지 자세히 살펴보자.

시간을 12년 전으로 되돌려보자. 평소 신문을 꼼꼼히 읽는 사람이라면 2005년 8월에 한 달여에 걸쳐 진행된 아시아나항공 조종사 파업을 기억할 것이다. 당시 파업은 7월 17일부터 8월 10일까지 사상 최장기간 이어졌는데, 정부가 '긴급조정권'을 발동함에 따라 25일간 이어져 온 파업은 일단락됐다. 정부가 발동한 긴급조정권이란, 쟁의행위가 공익사업에 관한 것이거나 그 규모나 성질이 현저히 국민경제를 해치는 것 또는 국민의 일상생활을 위태롭게 할 위험이 있을 때 노동부 장관이 노조의 단체행동권을 제한하는 조치이다. 일단 긴급조정권이 발동되면 노조는 즉각 파업을 중단하고 업무에 복귀해야 하며 30일 동안 쟁의를 할 수 없다. 그 사이 15일 동안 노사자율 교섭이 이뤄지고 여기서도 합의가 되지 않으면 정부가 마련한 중재안이 강제로 효력을 발휘한다.

1963년에 도입된 '긴급조정권'은 1969년 대한조선공사(현 한진중공업)와 1993년 현대자동차 파업 때 발동됐을 정도로 그동안 거의 사용되지 않았다. 그런데 정부가 아시아나 조종사 파업을 계기로 사상 세 번째인 긴급조정권을 발동한 것이다. 이건 정부가 그만큼 다급했다는 것을 방증하는 것이다. 그도 그럴 것이 여름 휴가철과 맞물려 조종사들 파업이 미치는 영향력이 절대 작지 않았던 데다 손실 또한 눈덩이처럼 켜졌기 때문이다.

당시 언론은 파업에 따른 최장기 항공대란으로 4241억 원의 손실이 발생한 것으로 보도했다.[80] 파업 기간 중 아시아나 국내선 총 4281편 중 50%인 2126편, 국제선 2816편 중 5%인 142편, 화물 노선 185편 중 89%인 164편이 각각 결항했다. 이로 인하여 항공사가 입은 직접 피해액은 2400억 원(여객 1386억, 화물 1014억)에 달한다. 여행업계와 화물업계 등 관련 업계의 피해액은 1841억 원(여객부문 1027억, 화물부문 814억)이다. 항공사 측이 자체 집계한 피해 여객 수와 화물은 각각 54만여 명에 4만4000t이다.

아시아나 조종사들의 파업이 갖는 영향력은 실로 대단했다. '최장기 항공대란'이라는 말이 무색하지 않을 정도였다. 곧이어 사측과 정치권의 대응이 이어졌다. 그건 곧 「노동조합 및 노동관계조정법」을 개정하는 것이었다. 이유는 이렇다. 우리나라의 경우 "수출액의 33%를 항공부문이 담당하고 있고, 국적항공사의 항공운송 점유율이 여객 63%, 화물 67.3% 이상을 차지하고 있어 항공사 파업 시 이를 외국항공으로 대체하기가 어려운 실정"이며 "항공기를 대체할 마땅한 교통수단이 없는 제주도의 경우 지역경제와 주민들의 삶에 절대적인 악영향을 가져온다."[81]는 것이다.

이를 근거로 제주도 출신의 열린우리당 의원이 앞장서 '항공운송사업을 필수공익사업에 포함'하는 내용의 「노동조합 및 노동관계조정법」 개정안을 발의했다. 필수공익사업이란 의료나 수도공급, 전기공급, 항공관제처럼 업무의 정지 또는 폐지가 공중(公衆)의 일상생활을 위태롭게 하거나 국민경제에 큰 영향을 미쳐 대체 불가능한

---

80) 「세계일보」, 2005. 8. 11.
81) 「노동조합 및 노동관계조정법」 개정안 제안이유.

사실 항공을 필수공익사업에 포함한 건 논란의 소지가 있다. 국제노동기구(ILO)에 따를 경우, 항공운송은 공무원이 종사하는 공공분야도 아니고, 운송 중단이 국민의 생명 또는 신체적 안전이나 건강을 위태롭게 하는 것도 아니다. 특히 국적기(國籍機)가 파업하면 외국항공을 이용해 얼마든지 여객이나 화물을 운송할 수 있는 만큼 필수공익사업의 대상이 되는 데는 무리가 있다. 바로 이런 사정 때문에 여당 의원이 제출한 「노동조합 및 노동관계조정법」 개정안과 관련, 국회 환경노동위원회 전문위원은 검토보고서를 통해 "항공운수사업을 필수공익사업에 포함하는 법률 개정을 신중히 검토할 필요가 있다."라는 의견을 제시했다. 하지만 결국 개정안은 통과됐고, 그로 인해 조종사들은 많은 제약조건 속에서 파업해야 하는 입장에 놓였다. 만약 조종사들이 앞으로 이 같은 상황에서 벗어나려면, "항공운송을 필수공익사업에서 삭제한다."라는 내용으로 다시 법률을 개정하는 것밖에 없다.

'면허'와 진입장벽 쌓기

자신의 이익을 강화하거나 더 공고화하기 위한 방법으로는 입법 외에 진입장벽 쌓는 것을 감안할 수 있다. 외부 진입이 어렵게 장벽을 쌓으면, 이미 진입해 있는 사람들은 자신이 갖고 있는 이익을 뺏기거나 줄어드는 위험을 없앨 수 있다. 이를 위해서는 종종 '시험'과 '면허'라는 제도가 활용된다.

대리운전이나 택배가 큰 자본 없이 손쉽게 할 수 있는 좋은 사업 아이템임에도 불구하고 큰돈을 벌지 못하는 것은, 바로 그것이 갖는 장점 때문이라고 할 수 있다. 큰 자본 없이 손쉽게 할 수 있다는 건 진입장벽이 없다는 걸 의미한다. 누구나 할 수 있다는 것으로, 결국 '경쟁이 치열하다는 뜻이다. 이른바 '레드오션'이다. 하지만 여기에 '시험'이라는 조건을 하나 달면 상황은 많이 달라질 것이다. 예컨대 국가에서 주관

立法을 알아야 기업이 산다

하는 시험에 통과한 사람만이 대리운전이나 택배 사업을 할 수 있다고 가정해 보자. 당장 사업을 할 수 있는 사람이 크게 줄어들 것이다. 여기에 특정한 면허까지 있어야 한다고 해보자. 그러면 실제 사업에 뛰어들 수 있는 사람은 더 소수가 될 것이다.

2016년 8월부터 여신금융협회가 주관하는 시험을 통과해야 카드모집인으로 활동할 수 있다. 과거 카드모집인은 누구나 할 수 있는 일이었다. 특정한 자격이나 면허를 요구하지 않기 때문에 가정주부 누구나 할 수 있는 아르바이트 같은 것이었다. 하지만 '시험'을 통과해야 할 수 있도록 제도가 바뀌었다. 불법적인 카드 모집을 근절하기 위한 것이라고 하나 분명 진입장벽이 높아진 건 사실이다. 이제 가정주부 누구나 할 수 있는 일이 아닌 게 돼버렸다. 자연 카드 모집에 대한 경쟁은 낮아질 것이고 기득권이 갖고 있는 가치는 높아질 것이다.

진입장벽을 높게 쌓는 것과 관련해 우리 애기는 아니지만, 미국의 사례를 잠시 살펴보자. 미국의 루이지애나주에서는 화초를 재배하기 위해서는 꽃 이름과 보색 공부를 해 면허를 따야 한다. 오클라호마주에서는 자물쇠장수가 되기 위해서는 50문항짜리 시험에 통과해야 한다. 텍사스에서는 목 구조학을 공부해야 미용실에서 머리를 감길 수 있다. 미시간주에서는 500시간의 교육을 받아야 마사지 면허를 딸 수 있다.

2008년 기준 미국 일자리 중 23%가 주 정부가 교부한 면허가 있어야 일을 할 수 있다. 1950년대 5%에 머물던 이 비중은 계속 증가해왔다. 현재 일부 주(州)에서는 실내장식 디자이너, 컨베이어벨트 운영자, 냉동식품 소매업자들도 면허가 없으면 관련된 일을 할 수 없다. 가히 '면허공화국'이라고 해도 틀린 말은 아닐 것이다. 이처럼 면허를 도입하는 이유는 분명하다. 기존 종사자들이 장벽을 높여 외부인의 진입을 막기 위한 것이다. 기득권의 보호다. 면허가 있는 주의 해당 업종 종사자들이 면허가 필요 없는 주의 종사자들보다 15%가량 소득이 더 높다는 것은, 이 같은 사실을 뒷받침해 주고 있다.

美는 '면허 공화국'··냉동식품 팔 때도 자격증 필요

일자리 23%가 라이선스 필수
머리 감기려면 '목 구조' 공부해야

미국 미시간주에서 마사지 면허를 따려면 500시간 교육을 받아야 한다. 루이지애나주에선 꽃이름과 보색 공부를 별도로 해야 화초재배자 면허를 딸 수 있다.

미국은 '면허 공화국'이다. 시간이 흐를수록 면허를 따야 일할 수 있는 분야가 늘고 있다. 7일 월스트리트저널이 규제연합회 통계를 인용해 보도한 데 따르면 2008년 미국 일자리 중 23%가 주정부가 교부한 면허가 있어야 하는 것으로 나타났다. 1950년대 5%에 머물던 이 비중

과 교수는 "1980년대 중반만 해도 800여 개의 직종이 적어도 한 주에서 면허를 받아야 했지만 현재는 1100가지 업종으로 면허 교부 대상이 확대됐다"고 말했다. 면허 교부 대상이 늘어나면서 일부 주에

소매업자들도 면허를 딴 뒤 일하도록 법으로 규정하고 있다.

오클라호마주에서는 자물쇠 장수가 되려면 전과가 없어야 하고 50문항짜리 시험을 통과한 뒤 1년에 350달러의 수수료를 내야 한다. 고양이 미용사들도 조직을 구성해 오하이오주 등에 면허법을 통과시키도록 로비를 할 예정이다. 텍사스에서는 미용실 샴푸 스페셜리스트는 목 구조학을 따로 공부해야 한다.

면허 도입 배경은 복합적이다. 고객에게 안전하고 양질의 서비스를 제공하기 위한 취지도 있지만 기존 종사자들이 진입 장벽을 높이려는 의도도 깔려 있다. 상당수에서는 면허를 처음 도입할 때가

로 이어진다는 점에서 좀 더 신중해야 한다는 지적도 많다. 전미경제조사국 조사에 따르면 면허가 있는 주의 해당 업종 종사자들이 면허가 필요 없는 주의 종사자보다 15%가량 소득을 더 올리는 것으로 나타났다. 이는 미국에서 연간 1160억달러의 서비스 비용 증가 요인으로 작용한다. 또 면허 도입을 통한 규제가 일자리 창출을 가로막는다는 불만의 소리도 커진다. 면허 교부가 이뤄지는 업종은 주로 서비스업으로 전체 일자리의 75%가량을 차지한다.

이에 따라 일부 의원들은 주정부가 새로운 면허 관련 법규를 도입하려면 반드시 비용 대비 유용성을 엄밀히 따지도록

▲ 입법 외에 자신의 이익을 더 공고화하려는 방법으로 종종 시험과 면허제도가 이용된다.

3) 입법 통한 타인 시장 뺏기

「학교보건법」과 감염성 폐기물 그리고 「폐기물관리법」

'타인 시장 뺏기'란 입법을 통해 남들이 갖고 있는 이익이나 기득권 또는 시장을 내 것으로 만드는 걸 의미한다. 한마디로 법을 통해 합법적으로 상대의 것을 뺏는 걸 말한다. 이는 성공하기만 하면 그동안 없던 수익이나 새로운 시장을 만들어낼 수 있다는 점에서 누구에게나 큰 매력으로 다가간다. 하지만 상대 또한 그렇게 쉽게 당하지는 않는다는 점에서, 아니 한발 더 나아가 자신의 것을 지키기 위해 맞서거나 때로는 선제적으로 공격한다는 점에서, 이는 통상 밥그릇을 놓고 싸우는 지루한 '입법 전쟁'의 형태를 띤다. '뺏기'는 상대편에서 보면 '지키기' 실패를 의미한다. 따라서 뺏기지 않으려고 똑같이 법을 내세워 자신의 것을 지키거나 더 강화하려고 하는 것이다.

의료폐기물을 둘러싼 폐기물업계와 병원 간의 '밥그릇 싸움'은 입법을 통한 타인 시장 뺏기의 전형이라 할 수 있다. 싸움은 10년 넘게 이어지고 있다. 그 구체적인 모습은 매번 병원이나 폐기물업계 중 어느 한쪽의 입장을 지지하는 의원이 상대의 것을 뺏기 위한 개정안 제출 형태로 나타났다.

의료폐기물이란 △인체에서 적출되거나 절단된 물체 또는 피·고름 △분비물이나 소독약이 묻은 탈지면·붕대·거즈 △일회용 주사기나 수액 세트 등 병원에서 발생하는 것들을 의미한다. 이는 '감염성 폐기물'로 지정돼 전문 폐기물업자가 처리하게 돼 있다. 다시 말해 현행법[82]에는 병원에서 발생하는 의료폐기물은 병원이 자체적으로 처리할 수 없다. 의료폐기물 시장은 연간 1000억 원을 넘는 것으로 알려졌다. 그 대상 병원 또한 전국적으로 6만 곳이 넘는다. 문제는 바로 여기서 출발한다. 1000억 원 규모의 시장을 놓고 의료폐기물 업계와 병원 간에 서로 자신이 폐기물을 처리해야 한다고 싸움이 붙은 것이다. 의료폐기물을 병원 내 멸균분쇄기를 통해 처리해도 기술적으로 아무 문제가 없으며 비용도 절반으로 줄어든다는 게 병원 쪽 주장이다. 반면 업자 쪽은 폐기물 배출자와 처리자를 분리하는 게 가장 안전하다고 주장하고 있다.

의료기관의 적출물처리시설은 과거 의료기관의 부대시설로 인정돼 설치·운영돼 왔다. 그러나 1999년 12월 「폐기물관리법」이 개정(시행은 법 개정 8개월 뒤인 2000년 8월 9일부터)되면서 상황은 돌변했다. 그동안 병원에서 자체적으로 처리하던 것들이 '감염성 폐기물'로 분류돼 다른 폐기물과 분리하여 별도로 수집·운반·처리해야 하는 것으로 규정된 것이다. 그 결과 도심 내 주요병원들은 더 이상 자체적으로 의료폐

---

82) 애초 이를 규정하는 내용은 「학교보건법」에 담겨 있었다. 제5조1항에 따르면, 학교환경위생정화구역은 학교 경계선이나 학교설립예정지 경계선으로부터 200m를 넘을 수 없도록 돼 있다. 또 제6조제1항7호에 따르면, 폐기물처리시설·폐수종말처리시설 등을 학교환경위생정화구역에서의 금지행위로 규정하고 있다. 따라서 제5조와 제6조에 의해 학교 200m 내에는 폐기물처리시설을 설치할 수 없는 것이다. 그런데 2016년 2월 「교육환경 보호에 관한 법률」이 새롭게 제정되면서 과거 「학교보건법」 제5조와 6조에서 규율하고 있던 내용이 삭제되고 「교육환경 보호에 관한 법률」 제8조와 제9조로 이동했다.

기물을 처리하지 못하고 막대한 비용을 들여 관련 업체에 맡겨야 했다. 병원은 갑자기 처리 비용도 늘어나고 절차도 복잡해졌다. 반대로 폐기물업체들은 「학교보건법」과는 직접 관련 없는 「폐기물관리법」의 조항을 조금 바꿈으로써 1000억 원이 넘는 새로운 수익원을 창출하고 나아가 안정적으로 배타적인 영업권도 확보했다. 그야말로 입법을 통해 그동안 타인이 갖고 있던 시장을 통째로 뺏어온 것이다.

한편 타인 시장 뺏기는 상대편 입장에서 보면 자기 것을 뺏긴 것이자 지키기에 실패한 걸 의미한다. 한마디로 아무 탈 없이 멀쩡하게 의료폐기물을 잘 처리하고 있던 병원들이 어느 날 갑자기 「폐기물관리법」 개정으로 인해 비용을 들여 폐기물업계에 위탁해야 하는 상황이 전개된 것이다. 이런 점에서 의료폐기물시장은, 출발선에서 볼 때는 앞서 다뤘던 '입법을 통한 새로운 시장 창출'이라는 의미를 갖고 있다. 폐기물업계가 「폐기물관리법」 개정을 통해 기존에 없던 '의료폐기물' 시장을 새롭게 창출했기 때문이다. 하지만 이것이 앞선 '입법을 통한 새로운 시장 창출'과 다른 점은 '경쟁상대'가 있다는 점이다. 다시 말해 기존에 누군가가 이미 하고 있었던 일이라는 점에서 상대의 반발을 불러올 수 있다는 것이다. 「폐기물관리법」이 개정되기 전까지 의료폐기물은 병원에서 자체적으로 처리하던 일이다. 반면 투척용 소화기나 자동제세동기는 이미 누군가가 하고 있던 영역이나 시장이 아니다. 그래서 후자는 입법을 통해 새롭게 만들어진 시장인 데 반해 전자는 얼핏 볼 때 외형적으로는 입법을 통해 새롭게 시장을 만든 것으로 볼 수 있지만, 애초 남이 하고 있던 것을 뺏은 것이라는 성격은 변하지 않는다.

그럼 이처럼 자기 시장을 뺏기면 어떤 반응을 보일까? 당연히 되찾으려고 노력할 것이다. 그럼 이처럼 병원들이 뺏긴 것을 되찾기 위해 노력하면 어렵게 남의 시장을 뺏어온 폐기물업체들은 어떻게 할까? 이 또한 당연히 뺏기지 않으려고 노력할 것이다. 결과적으로 양측에 의해 물고 물리는 지루한 '밥그릇 싸움'이 전개되는 것이다. 단지 이는 물리력을 동원한 힘이 아닌 입법의 형태로 국회 내에서 각자 자신의 입장을 지지해주는 의원들에 의해 대리전 양상으로 이루어진다는 점에서, 일반적인 싸움과 그 형태가 조금 다를 뿐이다. 「폐기물관리법」 개정 이후 「학교보건법」을 둘러싼 병원과 폐기물업체 간의 밥그릇 싸움은 그렇게 10년 넘게 치열하게 계속돼 왔다.

▲ 의료물 폐기를 둘러싼 병원과 폐기물업계 간 '입법전쟁'은 10년 넘게 이어지고 있다.

물고 물리는 '밥그릇 싸움'

자기 것을 뺏긴 병원들이 먼저 공격(?)에 나섰다. 16대 국회인 2002년 2월 야당인 한나라당 황우여 의원은 "폐기물업자에게 위탁 처리함에 따라 감염성 폐기물의 이동 처리 중 2차 감염의 우려가 제기되니 의료기관에서도 '감염성 폐기물처리시설'을 설치할 수 있도록 하자."는 것을 주요 내용으로 하는 「학교보건법」 개정안을 발의했다. 이는 위원회 대안[83]으로 수정돼 "감염성 폐기물의 이동 처리 중 2차 감염 예방과 기

---

83) 위원회 대안이란, 여러 의원이 제출한 동일한 법명(法名)의 법률안에서 각각의 내용을 취사 선택해 상임위원회 차원에서 하나의 개정안으로 만드는 것을 의미한다.

존에 설치된 시설에 대한 한시적인 경과조치가 필요하여 2004년 12월 31일까지 학교 환경위생정화구역 안에 감염성 폐기물 처리시설의 운영을 허용"하는 것을 주 내용으로 해 2002년 7월 국회 본회의를 통과했다.

이에 따라 병원들은 병원폐기물을 자체 처리할 수 있게 됐다. 비로소 뺏긴 것을 되찾은 것이다. 하지만 문제는 뺏긴 시장을 일시적으로 되찾은 것에 지나지 않는다는 것이다. 병원 입장에서는 완전히 되찾아오는 게 필요했다. 관련된 조치는 17대 국회가 시작되고 3개월도 채 되지 않은 2004년 8월에 취해졌다. 이는 한시적인 경과조치가 일몰(日沒)되기 4개월 전이다. 당시 야당인 한나라당 허천 의원은 멸균분쇄시설을 정화구역 안에서도 설치 · 운영하도록 허용하자는 것을 주 내용으로 하는 「학교보건법」 개정안을 발의했다. 한마디로 과거와 같이 병원에서 자체적으로 의료폐기물을 처리할 수 있도록 하자는 것이었다. 그러나 이는 2005년 2월에 개의된 교육위원회 법안심사소위원회에서 본회의에 부의하지 않는 것으로 결론지어져 결국 해당 상임위원회 벽을 넘지 못했다.

6개월 뒤인 2005년 8월에 또 다른 조치가 취해졌다. 이번에는 여당인 열린우리당 정봉주 의원이 의료기관 안에 설치 · 운영하는 폐기물처리시설을 금지행위 및 시설에서 제외하는 것을 골자로 하는 「학교보건법」 개정안을 발의했다. 요컨대 감염성 폐기물을 발생 현장에서 처리하는 게 학교 보건위생을 위해 더 바람직하니 정화구역 안에서도 폐기물처리시설을 설치할 수 있도록 하자는 것이다. 또다시 병원의 입장을 지지하는 개정안이 나온 것이다. 하지만 이 또한 의원들의 상반된 입장으로 교육위원회 법안심사소위원회의 벽을 넘지 못한 채 2008년 5월 17대 국회 임기 만료와 함께 자동 폐기됐다.[84]

18대 국회 들어서는 2009년에 여당인 한나라당 이경재 의원에 의해 「학교보건법」

---

84) 국회에 제출된 모든 법률안은 4년이라는 해당 국회의 임기 내에 본회를 통과하지 못하면 임기 만료와 함께 자동 폐기된다.

立法을 알아야 기업이 산다

개정안이 발의됐다. 제안 이유나 개정안의 주요 내용은 정봉주 의원의 그것과 다르지 않았다. 다만 이번에는 개정안 발의자가 한나라당으로 바뀌었다. 그러나 이 또한 17대 국회에서와 같이 법안심사소위원회의 난상토론 끝에 의원들 간 합의를 이루지 못해 2012년 5월 18대 국회 임기 만료와 함께 자동 폐기됐다.

19대 국회 들어서는 이전과 달리 폐기물업계가 먼저 공격에 나섰다. 그동안 폐기물업계는 병원 측의 입장을 지원하는 개정안이 계속 발의돼도 '입법'을 통한 대응을 하지 않았다. 하지만 새로운 국회가 시작될 때마다 비용을 절감하려는 병원들의 이해를 대변하는 「학교보건법」 개정안이 계속 발의되자 마침내 19대 국회 들어서는 그동안 침묵하던 것과 달리 먼저 공격에 나선 것이다.

'공격이 최선의 방어'라는 말이 있다. 2012년 11월 2일 교육과학기술위원회 소속 민주통합당 우원식 의원이 11명의 의원과 함께 추진한 「학교보건법」 개정안이 그랬다. 개정안은 감염병원·감염병격리병사·격리소, 멸균분쇄기 등 의료폐기물 처리 시설과 같이 감염 위험이 있는 시설과 관련해서는 200m를 초과하여 '학교환경 위해 (危害)' 정화구역을 설정할 수 있도록 하자는 것이다. 한마디로 의료폐기물을 자체적으로 처리할 수 없는 제한구역을 학교 주변 200m에서 300m까지로 더 확대하자는 것이다.

우리나라 종합병원은 대부분 대학 내에 자리 잡고 있다. 설혹 대학병원이 아닌 일반병원 혹은 동네 작은 의원(醫院)이라고 해도 도심에서는 초등학교나 중·고등학교와 이웃할 수밖에 없는 게 현실이다. 따라서 거리 제한을 없애지 않는 한 200m라는 기준을 300m로 늘이든 혹은 100m로 줄이든 큰 의미는 없다. 특히 300m로 늘인다고 해서 폐기물업자들의 수입이 더 늘어나는 것도 아니다. 거의 모든 병원이 이미 200m라는 제한 범위에서 벗어날 수 없기 때문이다. 그럼 폐기물업체 쪽에서 거리 제한 범위 확대를 골자로 한 개정안을 낸 이유는 무엇일까? 선공(先攻)을 통해 자신의 이익을 확고히 지키겠다는 의지를 분명히 보여주기 위해서다. 병원 측이 지속해서 입법을 통해 폐기물업계의 밥그릇을 뺏으려고 하니 그동안 지켜보던 것에서 벗어나 능동적인 대응으로 기득권을 지키겠다는 의지를 명확히 밝힌 것이다.[85]

공격은 대응을 낳기 마련이다. 계속된 개정안 제출에도 불구하고 이렇다 할 성과를 얻지 못한 가운데, 폐기물업계가 공격에 나서자 병원 측도 곧바로 반응을 보였다. 2013년 3월 26일 교육문화체육관광위원회[86] 소속 민주통합당 유기홍 의원은 11명의 동료의원과 함께 학교로부터 200m 떨어지지 않더라도 병원에서 자체적으로 의료폐기물을 처리할 수 있게 하자는 개정안을 제출했다. 의료폐기물을 외부 폐기물처리시설로 옮겨 처리할 경우 수집·운반·보관 등의 과정에서 2차 감염 우려가 크고, 위탁 소각처리에 문제가 생기면 즉각적인 대처가 불가능하다는 게 그 이유였다.

병원 측 입장을 대변한 유기홍 의원은 교육문화체육관광위원회 통합민주당측 간사다. 반면 폐기물업자 입장을 대변한 우원식 의원 또한 통합민주당의 교육과학기술위원회 위원이다. 상반된 법률안을 대표 발의한 의원들이 같은 당 소속에 같은 상임위원회[87]에서 활동하고 있는 것이다. 더 주목할 것은 우원식 의원과 유기홍 의원이 발의한 법률안에 서명한 의원들 상당수가 같은 상임위원회 소속이라는 것과 함께 이 가운데는 두 법률안이 상반된 것임에도 불구하고 양쪽 다 서명한 의원도 있다는 것이다. 우선 우원식 의원이 발의한 법률안에 동참한 11명 중 박홍근, 유성엽, 유은혜,

---

85) 300m로 늘린다고 한들 폐기물업체 쪽에 별다른 효과를 안겨주지 않을 것이라는 점에서, 기본적으로 개정안 제출은 '통과를 목적'으로 하고 있지 않다. 일반인들에게는 좀 이상하게 들릴 수도 있을 텐데, 국회의원이 법률안을 제출하는 데는 다양한 이유가 존재한다. 물론 통과를 목표로 하는 것도 있지만, 개중에는 지역 민원 때문에 혹은 재선에 도움, 실적 쌓기 또는 보여주기식, 청탁에 의한 대리 입법, 행정부 압박용 등의 목적으로 법률안을 제출하기도 한다. 바로 이런 점에서 우원식 의원의 법률안 제출은 폐기물업체 쪽의 '선공'인 것 같지만 실은 기득권을 지키기 위한 '능동적 대응'이라는 의미를 갖고 있다.

86) 2013년 2월 박근혜 정부 출범에 따라 3월 23일 「국회법」이 개정돼 기존의 교육과학기술위원회는 교육문화체육관광위원회로 명칭이 변경됐다. 아울러 상임위원회 위원 수도 24인에서 30인으로 조정됐다.

87) 교육과학기술위원회가 교육문화체육관광위원회로 변경됨에 따라 유기홍 우원식 두 의원은 한 상임위원회 위원이 됐다. 한편 우리나라의 법률안 심사는 해당 위원회별로 이루어진다. 다시 말해 「학교보건법」 개정안에 대한 심사는 담당 상임위원회인 교육문화체육관광위원회에서 진행된다. 따라서 법률안 서명에 해당 상임위원회 위원들이 동참했다는 건 개정안 통과에 유리하다는 걸 의미한다. 자신이 서명한 법률안을 통과시키지 않으려고 하는 의원은 없을 것이기 때문이다.

立法을 알아야 기업이 산다

정진후 의원 등은 교육과학기술위원회에서 활동했다. 반면 유기홍 의원이 발의한 법률안에 동참한 11명 중 김세연, 김태년, 박홍근, 유성엽, 유은혜, 서상기 의원 등은 교육문화체육관광위원회 위원이다. 특히 이 가운데 3명은 서로 상반된 내용을 담고 있는 두 법률안에 모두 서명했다. 바로 이런 상황 때문일까? 두 법률안은 법안심사소위원회에서 논의조차 되지 못한 채 2016년 5월 자동폐기 됐다. 실제로 서로 상반된 두 법률안에 대해 같은 당 소속 의원이 대표 발의하고 또 동의 서명한 의원 중 상당수가 같은 상임위원회에서 활동하고 있으니, 논의인들 제대로 될 수 없었을 것이다.

'변호사 시장' 넘보는 전문 자격사들의 입법 전쟁

우리 사회에서 변호사는 한때 가장 촉망받는 직업이었다. 굳이 '열쇠 3개'를 거론하지 않더라도 높은 사회적 지위는 물론 많은 수입을 올릴 수 있는 점에서 세인들의 부러움을 샀다. 여기에 사법시험에 합격하면 세무사[88]와 변리사 등의 자격이 자동 부여됐다. 한마디로 변호사가 되면 굳이 시험을 치르지 않더라도 세무사와 변리사 자격을 자동으로 취득할 수 있었다. 다른 어떤 자격시험이 이처럼 하나의 시험에 합격하면 다른 자격까지 자동으로 부여하는 게 있단 말인가? 이런 점에서 그동안 변호사는 가히 최고의 자격증인 것만은 틀림없었다.

그런데 이처럼 최고의 지위를 누리던 변호사 시장에도 최근 들어 변화의 바람이 불기 시작했다. 변호사와 이웃한 법조 유사직역 전문가들, 예컨대 변리사, 행정사, 공인노무사 등이 그동안 변호사가 독점적으로 누리던 시장을 뺏기 위해 법 개정에 나선 것이다. 그 출발은 변리사 계에서 시작됐다.

---

88) 그동안 사법시험 합격과 동시에 주어졌던 세무사 자격은 2017년 12월 자동취득 조항 폐지를 주 내용으로 하는 「세무사법」 개정에 따라 2018년 이후 합격자에게는 해당 사항이 없다.

20대 국회가 시작한 지 한 달도 안 된 2016년 6월 "특허 침해소송에서 소송당사자가 원하는 경우 변호사와 변리사가 공동 대리를 할 수 있도록 허용하자."라는 「변리사법」 개정안이 국회에 접수됐다. 또 이보다 두 달 뒤인 8월에는 "변리사는 특허 등의 침해소송에서 변호사와 공동으로 소송대리인이 될 수 있도록 하자."는 「변리사법」 개정안도 국회에 제출됐다.

여의도 브런치

한 의원이 상반된 내용을 담고 있는 두 법률안 모두에 서명했다는 것이, 일반인들은 쉽게 납득가지 않는 일일 것이다. 그러나 국회 차원에서 보면 그렇게 특이한 일만도 아니다. 때때로 법률안에 대한 본회의 표결에서 자기가 동의 서명한 법률안에 대해 반대표를 던지는 경우도 발생하기 때문이다. 일반인들에게는 분명 '자기 부정'으로 보일 수 있는 이 같은 일이 발생하는 건, 기본적으로 법률안 서명이 일종의 '품앗이' 성격을 갖고 있는 데 기인한다. 내가 동의 서명 9개를 받아 법률안을 발의하기 위해서는 평소 다른 의원 법률안에 그만큼 서명을 해줘야 한다. 동의 서명은 일종의 '주고받기'의 의미를 갖기 때문이다. 혹자는 이를 두고 "법률안 발의 안 하면 될 것 아니냐?"와 같은 얘기를 할 수도 있을 것이다. 하지만 몇 개의 법률안을 발의했는지가 의정활동 나아가 공천을 가르는 잣대가 되는 현실에서, 법률안은 남의 것을 베껴서라도 내야만 하는 '숙제'와 같은 성질을 갖고 있다. 법률안 발의가 간혹 '실적 쌓기'나 '보여주기식'이 되는 이유도 바로 여기에 있다. 한편 폐기물업체의 입장을 대변한 우원식 의원이 대표 발의 한 「학교보건법」에 서명한 강창일, 이인영 의원은 이에 앞서 17대 국회에서는 병원 측 입장을 대변한 정봉주 의원이 대표 발의 한 「학교보건법」에도 서명했다. ☕

立法을 알아야 기업이 산다

두 법률안은 표현에서 약간의 차이는 있지만, 특허 등의 권리침해소송에 변리사가 변호사와 함께 공동 소송대리인이 될 수 있도록 하자는 것을 주 내용으로 삼고 있다. 사실 이 같은 취지의 개정안은 17대부터 19대까지도 발의됐으나 법제사법위원회 문턱을 넘지 못하고 임기 말 자동 폐기됐다.

여의도 브런치

「변리사법」 개정안이 국회를 통과하기 위해서는 해당 상임위원회인 산업통상자원위원회와 함께 다음 단계인 법제사법위원회 그리고 본회의를 거쳐야 한다. 그런데 개정안은 매번 법제사법위원회의 문턱을 넘지 못해 국회의원의 임기종료와 함께 자동 폐기됐다. 이는 법제사법위원회에 소속된 의원들이 대부분 율사(律師) 출신들이다 보니 변호사의 시장을 뺏으려는 법률안을 통과시켜주지 않았던 데 따른 것이다. ☕

변리사업계에 따르면, 국제적으로도 우리 기업의 특허분쟁이 급증하고 있다고 한다. 특히 '특허괴물'이라고 불리는 외국의 특허관리전문회사에 의한 소송은 큰 문제를 낳고 있다는 것이다. 하지만 특허 등의 권리 침해소송에서는 기술적인 전문성이 요구되는 부분이 많은 데 반해 소송을 담당하는 변호사는 기술개발 내용을 잘 알지 못해 효과적인 권리구제가 이뤄지지 않고 있다고 한다.

이에 따라 기술적인 전문성이 요구되는 부분에 대해서는 변리사의 소송대리를 허용하자는 것이다. 다만 변리사의 소송능력 부족으로 인한 당사자의 피해를 우려해 변호사와 함께 재판기일에 출석하는 것으로 보완장치를 마련했다. 한마디로 그동안 변호사들이 독점하고 있던 특허 소송과 관련한 시장을 기술에 대한 전문성을 무기로 입법을 통해 변리사들이 함께 '공유'하자고 나선 것이다.

그런데 이 같은 변리사들의 주장에 대해 변호사 업계는 순수한 법률적 판단이 필요한 영역이라고 주장하고 있다. 다시 말해 "변리사는 소송절차에 관한 지식과 경험이 없고, 지식재산권·세무·의학 등 다양한 분야의 전문가로 변호사를 양성하고자 하는 로스쿨의 도입 취지와 배치된다."면서 개정안에 반대했다. 특히 변호사들의 이익을 대변하는 대한변호사협회는 2017년 4월 「변리사 공동소송 대리 저지를 위한 토론회」를 여는 등 맞불을 놓으며, '절대 자신들의 시장을 뺏기지 않겠다'라는 의지를 다졌다.

한편 변호사의 소송대리권을 갖겠다는 직역은 변리사와 행정사에 그치지 않고 있다. 세무사는 조세소송대리권을, 법무사는 민사소액사건 소송대리권을, 공인노무사는 노동행정 소송대리권을 갖겠다고 지금 변호사 업계와 치열한 '입법전쟁'을 치르고 있다.

한국경제

2017년 05월 27일 토요일 A27면 사회

"부동산 중개업 넘보지마" "상표출원 업무는 우리 영역"

변호사·변리사·행정사 '영역 싸움' 점입가경

변호사와 변리사, 행정사 등 다른 전문직 종사자 간 업무 영역 갈등이 격화되고 있다. 고유 업무 영역에 침범당하거나 그럴 가능성이 커질 때마다 법원은 소송도 마다하지 않고 강경 대응하고 있다. 권리범위가 모호한 데 따른 오래된 다툼이지만, 로스쿨 시대를 맞아 변호사가 쏟아진 점이 충돌을 더 확산시키는 모양새다. 문제의 정부도 특별한 공약이나 대책이 없어 갈등은 악화될 로로치달을 전망이다.

◆변호사와 변리사 갈등 커져

변호사업계와 변리사업계 간 다툼이 가장 두드러진다. 행정법원은 지난달 27일 변리사 자격을 갖춘 변호사가 소속법무법인(로펌) 명의로 낸 상표등록 출원을 거절한 특허청의 처분을 취소하라는 판결을 내렸다. 그동안 특허청은 로펌에 소속된 변호사가 변리사 자격이 있어도 로펌 명의로 해당 업무를 할 수 없다며 관련 업무를 거부해 왔다. 변리사법상 로펌에 해당 권리가 없다는 이유였다.

하지만 행정법원은 "변호사의 상표출원 대리 업무는 변리사법이 아니라 변호사법에 따라 판단해야 한다"며 허정 특허청의 관련 처분을 내놓았다. 김현 대한변호사협회 회장은 "이

로스쿨 시대 – 변호사 쏟아져
업무영역 '월경 다툼' 확산
새 정부도 대책없어 '악화일로'

상표출원·소송대리권 등
변호사·변리사 '신경전' 치열
행정사·공인중개사와도 갈등

번 판결로 국민들은 상표등록특허권 등을 포함한 지식재산권 관련 업무 전반을 로펌에서 원스톱 서비스로 받을

수 있게 됐다"고 설명했다. 하지만 특허청은 행정법원 판결에 불복해 바로 항소했다. 대한변리사협회 관계자는 "변호사법이 아니라 해당 업무를 다루는 변리사법으로 따져야 한다"고 주장을 굽히지 않고 있다.

소송대리권을 두고도 변호사와 변리사업계는 다투고 있다. 변리사에 는 특허, 실용신안, 디자인이 될 수도 있다고 규정돼 있다. 하지만 2012년 헌법재판소 결정으로 변리사가 대리할 수 있는 소송 범위가 '특허법원 대리'로 한정됐다. 특허침해에 따른 관련 민사나 소송은 변호사만 소송대리를 할 수 있다.

양측의 대립은 점점 달아올라 정치

권으로도 확산되고 있다. 지식재산권 관련 침해소송에 변리사가 변호사와 공동으로 소송대리를 할 수 있도록 하는 내용의 변리사법 개정안이 국회에 계류 중이다. 이에 변협은 지난달 28일 '변리사 공동소송 대리 저지를 위한 토론회'를 여는 맞불을 놓고 있다.

◆행정사, 공인중개사와도 영역 싸움

변호사와 행정사 간 영역 갈등도 심화되고 있다. 행정사는 다른 사람의 위임을 받아 행정기관에 내는 인허가서 등 특수권 문서를 대신 작성·제출하는 공인자격사다. 해당 자격증을 쉽게 딸수 있는 공무원이 대부분이다. 지난해 9월 행정자치부가 행정사도 행정심판을 대리할 수 있도록 하는 내용의 행정사법 개정안을 입법예고하자 변호사

업계는 크게 반발했다. 변협은 "전관예우로 관료 출신들을 불리려는 짓"이라고 주장했다. 이에 대해 공인행정사협회는 "공무원에 대한 명예훼손"이라며 "국민의 행정심판을 누구에게 맡길지 선택권이 있다"고 맞섰다.

변호사업계의 업무 영역 확대도 전문직 간 다툼을 키우고 있다. 공승배 변호사가 설립하고 '공인중개 로펌'으로 알려진 트러스트부동산이 2015년 12월 공인중개사 고객에게 부동산 거래 업무를 시작했다. 공인중개사협회는 "부동산 중개는 공인중개사 고유의 영역"이라며 공 변호사를 경찰에 고발했고 검찰은 지난 7월 공 변호사의 혐의가 인정된다며 재판에 넘겼다. 지난해 11월 16일에서 무죄 선고가 나자 검찰은 곧바로 항소했다.

변호사는 그 밖에 세무사(조세 소송), 공인노무사(노동행정 소송), 법무사(소액 민사 소송) 등과도 경쟁 중이다. 한 로펌 관계자는 "유사 직역 간 갈등은 로스쿨 제도 도입 후 변호사가 급증해지면서 법률시장은 그만큼 성장하지 못한 탓이 크다"며 "새 정부서에도 마땅한 대책이 없어 갈등이 더커질 것"이라고 우려했다.

김우현 기자 kiwan@hankyung.com

▲ 그동안 변호사들이 독점적으로 누리던 시장을 둘러싸고 이웃한 법조 유사직역의 입법전쟁이 치열하다.

立法을 알아야 기업이 산다

4) 입법 통한 살아남기

입법을 통한 타인 시장 뺏기처럼, 살다 보면 누군가가 내 것을 뺏으려고 달려드는 일도 생긴다. 그건 기득권일 수도 있고 내가 갖고 있는 권한이나 시장일 수도 있다. 이때 내 것을 뺏기지 않으려면, 평소 경쟁자의 움직임을 잘 관찰해야 한다. 그리고 그에 걸맞은 효과적인 대응책을 강구할 수 있어야 한다. 만약 상대의 움직임에 앞서 선제 방안을 능동적으로 마련한다면, 그건 바로 입법적 리더십의 9가지 형태 중 두 번째인 '입법 통한 기존 시장 보호'가 될 것이다. 하지만 경쟁자의 공격 혹은 예상외의 제3자로부터 공격을 받고 사후적·수동적으로 대응하면 '입법 통한 살아남기'가 되는 것이다. 따라서 입법 통한 기존 시장 보호와 입법 통한 살아남기는 '동전의 양면'과도 같은 의미를 갖고 있다.

앞서 '입법 통한 타인 시장 뺏기'에서 언급한 폐기물업계의 선공, 즉 매번 병원 측의 개정안 제출을 지켜보다가 급기야 의료폐기물을 자체적으로 처리할 수 없는 제한구역을 학교 주변 200m에서 300m까지 확대하는 것을 주 내용으로 하는 「학교보건법」 개정안을 제출한 것도, 사실은 입법 통한 살아남기의 한 형태라고 할 수 있다. 그러나 이는 진정한 의미의 입법 통한 살아남기와는 거리가 있는 '변형된 형태'의 한 사례라고 보는 게 더 옳다. 왜냐하면 법 개정을 '공격'의 한 방법으로 사용했다는 점에서 '생존'의 한 방법으로서의 의미가 있는 입법을 통한 살아남기와는 거리가 있기 때문이다. 이런 점에서 「소프트웨어산업진흥법」 개정안 및 이에 대한 한전KDN의 대응은 누군가가 자신의 것을 뺏으려고 하는 것에 대응한 '입법 통한 살아남기'의 정수를 보여준다.

18대 국회의원의 임기가 며칠 남지 않은 2012년 5월 2일 국회는 본회의를 열어 국가기관 등이 발주하는 정보시스템 구축사업에 삼성SDS와 LG C&S, SK C&C 등과 같은 대기업 및 상호출자제한기업집단[89]에 포함된 IT서비스 업체들이 참여할 수 없도록 하는 것을 주 내용으로 하는 「소프트웨어산업진흥법」 개정안을 통과시켰다. 당시는 유럽발 경제위기에 따른 전반적인 경기침체 속에서 '경제민주화' 바람이 불어닥쳐 대기업 계열사의 공공부문 입찰을 제한하려는 움직임이 강할 때였다. 특히 중앙행정기관과 지방정부 등 이른바 국가기관 등에서 발주하는 정보화 예산이 3조 원을 넘는 가운데 이 중 70% 이상을 삼성SDS, LG C&S, SK C&C 등 이른바 'IT서비스 빅3'가 수주하고 있어 중·소 IT업체는 큰 불만을 갖고 있었다. 소위 다단계로 진행되는 하도급 문제로 소규모 소프트웨어업체는 대기업의 '갑질'에 치이며 저가 수주에 허덕였다.

IT 대기업의 참여 제한은 세계 어디에서도 그 유래를 찾아보기 어려운 제도이다. 그런데 이 같은 극단적인 조치가 취해진 것은 역설적으로 소프트웨어 산업의 생태계가 그만큼 건전하게 작동하고 있지 못한 데 따른 결과라고 할 수 있다. 국회를 통과한 「소프트웨어산업진흥법」 개정안은 2012년 5월 23일 공포(公布)돼 그로부터 6개월 뒤인 11월 24일부터 시행됐다. 개정안 시행은 당장 삼성SDS 등 대기업에게 큰 영향을 미쳤지만, 이는 단순히 사기업에만 그치지 않았다. 공기업인 한전KDN도 개정안에 따른 직접적 피해를 보았다.[90] 한전KDN 또한 입찰참여를 제한한 대기업과 같은 회사로 분류됐기 때문이다.[91]

---

89) 상호출자제한기업집단이란, 한국 기업 집단 중 계열사 자산을 다 합쳐서 10조 원이 넘는 기업집단을 의미한다. 직전 사업연도 결합재무제표를 보고 공정위원회가 매년 4월 1일에 결정한다. 지정되면 계열사 간 상호출자 및 채무보증이 금지되며, 비상장 계열사의 공시 의무가 발생하는 등 여러 가지 제약이 가해진다. 우리가 알고 있는 삼성, 현대, SK, LG, 롯데 등의 대기업 그룹이 이에 속한다.

90) 2012년 5월 개정된 「소프트웨어산업진흥법」에 따라 2013년 1월 1일부터 한국수자원공사, 한국전력기술(주), 한전KDN, 코레일네트웍스, 코레일테크 등 5개 공공기관은 공공부문이 발주하는 소프트웨어사업에 참여할 수 없게 됐다.

91) 한전KDN은 모기업인 한전이 대기업 기준인 상호출자제한기업집단에 해당돼 대기업으로 분

立法을 알아야 기업이 산다

한전KDN은 발전에서부터 급전, 송·변전, 배전, 판매에 이르는 전력계통 전 과정에서 전력ICT기술을 적용해 전력계통 감시, 진단 및 제어, 전력사업 정보관리 등의 서비스를 제공하는 에너지 공기업이다. 한편 한전KDN은 이름에서도 알 수 있는 것처럼 한전의 자(子)회사이다. 아울러 전력의 송·변전 및 판매는 그 성격상 모(母)기업인 한전을 비롯해 남동·중부·남부·서부·동서발전 등 5개 화력발전소와 한국수력원자력 그리고 전력거래소 등을 통해 이뤄진다. 따라서 전력ICT 회사인 한전KDN의 매출 역시 자연 이들 기업과 밀접한 관련을 맺고 있다. 2013년 경우 한전KDN의 고객별 매출 현황을 살펴보면 한전 68.7%, 한국수력원자력과 5개 발전사 및 전력거래소 24.4%, 기타 6.9%로 공공분야의 매출이 전체의 90% 이상일 정도로 절대적 비중을 차지하고 있다. 한데 만약 이 같은 상황에서 한전KDN이 민간 대기업들과 똑같이 국가기관 등이 발주하는 정보시스템 구축사업에 참여할 수 없도록 한다면 어떻게 될까? 그건 한전KDN에 회사 문을 닫으라고 하는 것과 하등 다를 것이 없을 것이다.

「소프트웨어산업진흥법」 개정안 시행으로 한전KDN은 이처럼 조만간 회사 문을 닫아야 할 입장에 놓였다.[92] 그렇다고 여야 간 합의에 따라 시행되는 법 개정을 일개 공공기관이 나서서 막거나 거부하는 것 또한 쉽지 않은 일이다. 한전KDN 입장에서는 진퇴양난이 아닐 수 없다. 국회의 법 개정을 손 놓고 가만히 지켜보면 회사 존립이 위태롭고, 반대로 국회가 하는 일에 어깃장을 놓을 수도 없기 때문이다. 결국 한전KDN은 '입법을 통한 살아남기'에서 탈출구를 찾았다. 요컨대 특수한 공적 서비스를 제공하기 위해 설립된 공기업에 한해서는 대기업 및 상호출자제한기업집단에 속하는 회사라고 하더라도 사업에 참여할 수 있게 한다는, 즉 예외조항을 두기로 한 것이다.

류된다.

92) 2012년 5월 법 개정에도 불구하고 소프트웨어사업자 자신이 구축한 소프트웨어사업의 유지 및 보수와 관련해서는 2014년 12월 31일까지 계약을 체결할 수 있었다. 개정된 법 시행에도 불구하고 한전KDN의 2013년 매출(3728억)이 2012년(3388억)보다 더 많은 건 바로 이 때문이다.

2013년 2월 14일 당시 지식경제위원회 소속이던 전순옥 의원은 동료의원 9명의 서명을 받아 「소프트웨어산업진흥법」 개정안을 제출했다. 개정안의 내용은 간단했다. 대기업 참여를 제한하는 「소프트웨어산업진흥법」 24조의2 제2항 및 제3항에서 "공공기관의 운영에 관한 법률 제4조에 따른 공공기관은 제외한다."라는 예외조건을 단 것이다. 전순옥 의원이 발의한 개정안은 애초 지식경제위원회에 회부(回附)됐으나, 2013년 2월 25일 박근혜 정권 출범과 함께 3월 29일 미래창조과학방송통신위원회로 이첩됐다. 6월 26일 미래창조과학방송통신위원회에서 수정가결 된 개정안은 법제사법위원회를 거쳐 12월 19일 국회 본회를 통과함으로써, 이듬해인 2014년 3월 31일부터 시행에 들어갔다.

이처럼 개정안은 특별한 걸림돌 없이 해당 상임위원회와 법제사법위원회를 거쳐 국회 본회의를 통과했다. 여기에는 다음과 같은 몇 가지 논리가 수반됐다. 첫째, 전력 분야 등 특정 공공서비스는 민간시장의 기술과 경험의 한계, 수익성 부족 등으로 인해 그동안 해당 사업 수행을 목적으로 설립된 공공기관이 도맡아왔던 업무이다. 둘째, 이런 상황에서 해당 공공기관이 대기업으로 분류돼 더 이상 사업을 할 수 없게 되면 설립 목적을 상실하게 될 뿐만 아니라 공적 서비스의 전문성과 안정성 훼손으로 국민 후생이 저하된다. 셋째, 대규모 공공시스템통합과 같은 사업에는 민간 중·소 소프트웨어 사업자의 참여가 쉽지 않아 오히려 외국계 대기업들이 수주하게 되는 등 중소기업의 참여를 확대하려는 법 취지에 어긋나는 역효과를 낳을 수 있다.[93]

공공기관은 예외로 한다는 개정안 통과로 한전KDN은 다시 예전과 같이 한전을 비롯한 국가기관 등에서 안정적으로 사업을 수주, 회사를 운영할 수 있었다. 이런 가

---

93) 미래창조과학방송통신위원회 수석전문위원, 「소프트웨어산업 진흥법 일부 개정법률안 검토보고서」, 6~7쪽, 2013. 6.

운데 2014년 11월 들어 경찰은 한전KDN이 '입법로비'를 했다며 국회의원 4명을 수사하고 있다고 밝혔다. 관련 보도에 따르면, 한전KDN이 자사에 불리한 법 개정을 막으려고 새정치민주연합 전순옥 의원 등 국회의원 4명에게 불법 후원금을 제공하며 입법로비를 벌였다는 것이다. 이에 따라 경찰청 특수수사과는 여야 의원 4명에게 후원금 5405만 원을 기부하고 법 개정을 요청한 혐의로 한전KDN 임원 2명에 대한 구속영장을 신청했다고 한다. 전순옥 의원이 2012년 11월 15일 「소프트웨어산업진흥법」 개정안을 대표 발의한 직후 한전KDN이 '대응팀'을 만들고 입법로비를 계획했다는 것이다. 한마디로 개정안이 시행되면 한전KDN은 한전과 발전회사 등에서 사업을 수주할 수 없어 매출이 절반 이하로 감소할 상황이었다며, 공공기관 예외규정을 개정안에 넣어달라고 요청했다는 것이다.[94]

한국경제

2014년 11월 19일 수요일 A33면 사회

"法 개정안 막아라"… 직원 568명에 후원금 기부 지시

한전KDN, 與野의원에 조직적 '입법 로비'

"법안이 통과되면 회사에 큰 손해다. 입법로비를 막아라."

2012년 11월 국회에서 소프트웨어산업진흥법 개정안이 발의되자 김모 전 한전KDN 사장(58)은 바빠졌다. 소프트웨어사업에 상호출자제한기업의 참여를 제한하는 내용이 담긴 이 법안이 봄과되면 매출을 한전에 의존하는 한전KDN 측엔 큰 타격이 될 수 있기 때문이다.

김 전 사장은 즉각 긴급회의를 소집해 '소프트웨어사업 대처팀'을 발족시켰다. 이 팀의 역할은 '입법 로비'였다. 대처팀 직원들은 수시로 국회의원실을 찾았다. 개정 법안에 '제한 기업 중 공공기관은 제외한다'는 조문을 삽입해 달라는 로비를 벌이기 위해서였다.

의원들의 환심을 사기 위해 '성의'도 보였다. 김 전 사장은 한전KDN 직원들에게 법안 발의에 참여한 국회의원에게 10만원씩 후원금을 낼 것을 지시했다. 김 전 사장 지시로 후원금을 낸 회사 직

팀 꾸려 의원실 수시로 방문
매출 큰 타격 입는 개정법안
'공공기관 제외' 내용 담아 통과
전순옥 의원 "로비 없었다"

원이 568명에 달했다. 법안을 발의한 전순옥 새정치민주연합 의원(비례대표)에게 가장 많은 1816만원이 갔다. 함께 발의에 참여한 국회의원 1명, 여당 의원 2명에게도 적게는 995만원, 많게는 1430만원의 후원금이 전달됐다.

법 개정은 한전KDN 측이 원하는 쪽으로 흘러가기 시작했다. 전 의원은 2013년 2월 사업 참여 제한 대상에서 공공기관을 제외하는 내용의 수정안을 다시 의뢰했다.

한전KDN 측의 '정성'은 여기서 끝나지 않았다. 이 회사는 이후 6월에 열린 전

한전KDN 입법로비 흐름도

새누리당 A의원
2012년 12월
1430만원 후원

새정치 민주연합
전순옥 의원
2012년 12월
2013년 6월
1816만원 후원

한전KDN

새누리당 B의원
2012년 12월
995만원 후원

새정치 민주연합
C 의원
2012년 12월
1164만원 후원

의원의 출판기념회에서 책 300권(900만원 상당)을 구입했다. 해당 법률은 지난해 말 국회 본회의를 통과해 올해 3월 말 시행에 들어갔다.

경찰청 특수수사과는 자사 직원들을 시켜 이 같은 후원금 기부를 요구한 혐의(정치자금법 위반) 등으로 김 전 사장을 입건했다고 18일 밝혔다. 또 전 의원 등 4명의 의원 보좌진에 대해서도 관련 혐의

와의 연관성을 조사하기 위해 곧 소환 조사를 벌일 예정이다.

한전KDN 직원들은 출장비도 착복한 것으로 나타났다. 이 회사 직원 358명은 출장을 가지도 않고 4160회에 걸친 허위 보고로 출장비 11억2000만원을 착복했다. 경찰은 출장비 1000만원 이상을 챙긴 김모씨(41) 등 17명과 허위 출장을 승인한 문모씨(53) 등 21명도 사기 혐의로 입건했다.

경찰 관계자는 "김 전 사장 등에 대해서는 구속영장을 신청할 방침"이라며 "의원실에 후원금을 받은 대가로 법 개정 활동에 실질적으로 관여했는지에 대해 수사를 계속할 예정"이라고 말했다.

전 의원은 "공공기관이 공공부문 발주 사업에 참여하지 못해 외국계 대기업이 수주하는 등의 상황을 막아보자는 취지"라며 "법 발의 과정에서 한전KDN으로부터 어떤 로비도 받은 바가 없다"고 해명했다.

김태호 기자 highkick@hankyung.com

▲ 경찰은 한전KDN이 회사에 불리한 법률안을 막으려고 조직적으로 '입법로비'를 했다고 밝혔다.

94) 「국민일보」, 2014. 11. 19.

경찰 발표를 종합해보면, 2013년 2월 14일 공공기관 예외조항을 주내용으로 해 전순옥 의원이 발의한 「소프트웨어산업진흥법」 개정안이 한전KDN의 로비로 인해 추진됐다는 얘기다. 그런데 한국경제신문 기사에 언급된 '전순옥 의원이 2012년 11월 15일 「소프트웨어산업진흥법」 개정안을 대표 발의했다'라는 것은 무슨 말인가? 사실 전순옥 의원은 2013년 2월 14일에 앞서 2012년 11월 15일에도 동료의원 14명의 서명을 받아 또 다른 「소프트웨어산업진흥법」 개정안을 제출했다. 그런데 이 법률안의 경우 국가기관 등이 발주하는 정보시스템 구축사업과 관련해 대기업의 참여를 더 어렵게 제한하는 것을 주 내용으로 삼고 있다. 다시 말해 2013년 2월 법률안은 참여 제한과 관련해 공공기관을 예외로 규정하고 있는 데 반해 2012년 11월 법률안은 대기업의 참여를 더 엄격하게 제한하고 있는 것이다.

전순옥 의원이 대표 발의한 「소프트웨어산업진흥법」 개정안 주요 내용

2012년 11월 법률안은 크게 3가지 내용을 담고 있다. 첫째, 2014년 말까지 예외적으로 대기업의 참여를 허용한 유지·보수 업무와 관련해 '대기업이 구축한'을 '대기업이 전부 구축한'으로 바꿨다. 이는 대기업이 입찰을 통해 사업권을 획득하더라도 하도급을 통해 공사를 마무리 짓는 현실을 감안해 대기업이 처음부터 끝까지 모두 시공한 사업에 대해서만 유지·보수 계약을 할 수 있도록 그 범위를 축소한 것이다.

둘째, 상호출자제한기업집단에 속하는 회사의 소프트웨어 구축사업 참여와 관련해 지식경제부 장관이 '제한할 수 있다.'라는 임의조항을 '제한해야 한다.'라는 강제조항으로 바꾼 것이다. 한마디로 참여 여부를 장관이 판단할 수 있는 것에서 '상호출자제한기업집단'이라면 무조건 참여할 수 없도록 못 박은 것이다.

立法을 알아야 기업이 산다

셋째, '국가기관 등'의 범위를 더 확대했다. 이전에 대기업 등이 참여할 수 없는 국가기관이란 △국가·지방자치단체 △공공기관 △정부가 출자하는 기관·단체 △정부출연 연구기관 △정부 출연금을 받는 기관·단체 △지방자치단체가 출자하는 지방공사·지방공단 등이었다. 그러나 개정안은 여기에 정부가 재출자 또는 간접출자한 기관 또는 단체까지를 포함함으로써 입찰참여 제한 대상을 더 확대한 것이다.

2012년 11월 15일 개정안	2013년 2월 14일 개정안
'대기업이 구축 한'을 '대기업이 **전부 구축한**' 소프트웨어사업의 유지·보수(제24조의2 제2항 제1호 및 제3호)로 개정	'대기업'을 '대기업(**공공기관의 운영에 관한 법률」 제4조에 따른 공공기관은 제외한**)'으로 개정(제24조의2 제2항)
상호출자제한기업집단의 소프트웨어 구축사업 참여 제한을 '할 수 있다'에서 '**해야 한다**'로 의무화(제24조의2 제3항)	'회사'를 '**회사(공공기관의 운영에 관한 법률」 제4조에 따른 공공기관은 제외한**)'로 개정(제24조의2 제3항)
국가기관 등의 범위를 **정부가 재출자 또는 간접출자 한 기관 또는 단체**를 포함하도록 확대(제24조의2 제5항 신설)	

▲ 누가 봐도 왼쪽은 '엄격한 규제'를, 반대로 오른쪽은 '예외적인 허용'의 내용을 담고 있다.

한편 이렇게 볼 때, 전순옥 의원이 발의한 2012년 11월 법률안이 2013년 2월 개정안보다 더 엄격한 규제를 담고 있다는 것은 재론을 요하지 않는다. 2012년 11월 개정안은 한마디로 상호출자제한기업집단에 속한 경우 향후 일체의 입찰에 참여할 수 없으며, 자신이 이전에 시행한 공사와 관련된 유지·보수 업무라 하더라도 하도급 없이 모든 것을 직접 한 공사에 한해서만 참여할 수 있는 것이다. 특히 이 같은 조건은 2013년 당시 295개 공공기관[95]에 동일하게 적용된다.

---

95) 공공기관이란 「공공기관의 운영에 관한 법률」에 따라 지정 요건을 갖춘 기관 중 기획재정부장관이 지정하는 기관이다. 여기에는 △한국가스공사, 인천국제공항공사와 같은 14개 시장형 공기업 △한국마사회, 한국토지주택공사와 같은 16개 준시장형 공기업 △공무원연금공단, 국민연금공단과 같은 17개의 기금관리형 준정부기관 △한국교통공단, 한국장학재단과 같은 70개 위탁집행형 준정부기관 △한국국제협력단, 한전KDN과 같은 178개 기타공공기관이 모두 포함된다.

'입법로비'라는 문제는 바로 여기서 출발한다. 2012년 11월에는 공공부문과 관련해 대기업 참여를 엄격하게 규제하는 내용으로 법률안을 발의했는데, 불과 3개월 뒤에는 참여 제한 범주에서 공공기관을 제외했으니, 이는 바로 이해당사자인 한전KDN의 로비 때문이라는 것이 경찰의 시각이다. 더욱이 한전KDN 직원 491명이 조직적으로 의원들을 후원한 것은 물론 2013년 6월에는 전순옥 의원 저서 300권 구매, 이 밖에도 개정안이 미래창조과학방송통신위원회 소위원회를 통과한 뒤인 2013년 8월에 한전KDN 직원 77명이 전 의원에게 536만 원을 추가로 후원한 점 등이 입법로비를 뒷받침하는 증거로 거론됐다.

그런데 경찰 수사는 딱 여기까지였다. 한전KDN이 전순옥 의원을 상대로 입법로비를 했다는 2014년 11월 단 한 차례의 언론 보도 이후 지금까지, 사건은 검찰로 송치된 것도 아니고 그렇다고 입법로비의 대상으로 거론됐던 4명의 의원이 구속되거나 재판을 받지도 않았다. 4명의 의원 가운데 당시 야당의 한 여성 의원은 문재인 정부 들어 국토교통부 장관으로 활동하며 역대 최장수 기록을 세웠다. 또 개정안을 대표 발의한 전순옥 전 의원은 더불어민주당 소상공인특별위원회 위원장으로 활동했다. 다만 후원금 기부 등 입법로비를 지시한 한전KDN의 김모 전 사장만 2019년 6월에 벌금 600만 원에 처했다.

이렇게 볼 때 경찰의 발표는 그야말로 '태산명동에 서일필(泰山鳴動鼠一匹)'격이 아닐 수 없다. 입법로비라는 소리만 요란했을 뿐 결과물은 거의 없었던 것이다. 혹자는 과연 경찰 발표가 사실이었을까 내지는 정치적 의도가 있는 건 아니었을까 하는 의문을 가질 수도 있을 것이다. 특히 입법로비의 대상이었던 여야의원 4명은 아무런 처벌을 받지 않은 데 반해 한전KDN의 김모 전 사장만 후원금 기부를 지시했다는 이유로 벌금 600만 원에 처했다는 점에서, 의문은 더욱 크게 남는다.

입법로비라는 경찰 발표 때문에 후원금을 낸 한전KDN 직원들은 줄줄이 경찰에 불려가 조사받는 곤욕(?)을 치렀을 것이다. 하지만 결과적으로 언론 보도만 요란했을 뿐 개정안은 이미 통과돼 실시되고 있던 터라, 한전KDN은 조직 보호를 위한 '입법 통한 살아남기'를 충실히 이뤄냈다고 하겠다.

5) 입법 통한 뺏긴 것 되찾기

의사와 간호사

앞선 한전KDN의 사례는 누군가가 입법을 동원해 자신의 것을 뺏으려고 하면 이에 맞서 입법을 통해 뺏기지 않은 전형적 사례라 할 수 있다. 이는 결국 '지켜내기'에 성공한 걸 의미한다. 그런데 과거에는 분명 내 것이었는데, 어느 순간 다른 사람의 것인 경우도 적지 않다. 입법이라는 강제력을 동원해 내 것을 뺏어간 건 아니지만 어떻게 하다 보니 지금은 상대가 갖고 있는 일을, 살다 보면 어렵지 않게 만날 수 있다. 물론 폐기물처리업체들이 「폐기물관리법」을 통해 의료폐기물 처리 권한을 병원에서 뺏은 것처럼 입법을 통해 내 것을 뺏어가는 경우도 있다. 아무튼 법을 동원하든 그렇지 않든 예전에는 내 것이었으나 지금은 타인의 것이 돼 버린 일은 우리 주변에서 자주 발생한다.

이와 관련, 글쓴이가 경험한 일화를 먼저 소개해 보자. 예전에 한 간호단체를 대상으로 입법적 리더십에 대해 강의했을 때의 일이다. 강의를 마치고 주섬주섬 가방을 챙기는데, 나이 많은 간호사 한 분이 내게 다가와 이렇게 말했다. 자신이 소속된 단체에서 입법에 대한 강의를 들으라고 해서, 처음엔 "간호사와 입법이 무슨 관계란 말인가라는 생각을 했다."라고 한다. 괜스레 시간 낭비 같고 자신에게는 필요 없는 주제라는 생각이 들었다는 것이다. 그런데 강의를 다 듣고 나니, "입법에 대한 이해는 비단 비즈니스를 하는 기업만이 아닌 자신처럼 평범한 소시민들에게도 꼭 필요한 것이라는 걸 알게 됐다."라며 정말 유익한 강의였다고 했다. 그러면서 간호사 세계에 관한 얘기를 이어갔는데, "과거 병원에는 의사와 간호사밖에 없었다. 그래서 의사가 하지 않는 일은 간호사가 했고, 또 간호사가 하지 않는 일은 의사가 했다."라고 한다. 그런데 어느 순간 물리치료사, 작업치료사, 운동처방사, 재활치료사, 심지어 영양사와 조리사 같은 자격증 제도가 생기더니 간호사의 역할이 지금과 같이 주사 놓고 혈압 재는 것으로 쪼그라들었다는 것이다. 동시에 이제 자신이 과거에 했던 간호사 역할을 하기 위해서는 치료사 같은 각종 자격증을 따지 않으면 안 된다는 것이다.

물론 예전에는 "의사가 하지 않는 일은 간호사가, 또 간호사가 하지 않는 일은 의사가 했다."라는 말은 조금 과장된 표현일 수 있다. 하지만 이 표현은 과거 간호사의 역할이 그만큼 다양했고, 그에 따른 힘과 권한도 주어졌다는 의미를 담고 있을 것이다. 한편 이 같은 현상이 기술발달에 따른 분업화·세분화의 자연적인 결과일 수도 있다. 그러나 예전에는 의사가 하지 않는 일은 몽땅 간호사가 했으나 언젠가부터 그것이 다른 사람의 일이 되고, 그에 따른 간호사의 지위와 역할 또한 줄어든 것은 사실일 것이다.

상대가 뺏어간 과거의 내 것을 되찾고 나아가 다시는 뺏어갈 수 없도록 하려면 어떻게 해야 할까? 이 또한 법을 통해 해결하는 것이 최선이다. 네트워크병원을 둘러싼 의료계의 싸움은 법을 통해 뺏긴 것을 되찾는 건 물론 네트워크병원의 대표사례라 할 수 있는 유디치과가 되살아날 수 없게 만들었다는 점에서, '입법 통한 뺏긴 것 되찾기'의 가장 좋은 사례라 할 수 있다.

기존 치과 의사들 시장 뺏은 '네트워크병원'

한때 우리 사회는 네트워크병원으로 몸살을 앓았다. 기억력이 좋은 독자라면

立法을 알아야 기업이 산다

2011년에 있었던 '유디치과' 사건을 잊지 않고 있을 것이다. 네트워크병원[96]이란, 2개 이상의 의원급 또는 소규모 병원이 브랜드를 공유하면서 주요 진료기술과 마케팅, 직원에 대한 교육 등을 공유하는 것을 통칭한다. 한 사람이 첨단장비나 재료 등을 대량으로 구매할 수 있기 때문에 '비용'을 낮출 수 있는 게 특징이다. 1992년 공동개원 형식으로 출범한 강남 예치과가 그 모태다. 그러나 네트워크병원 하면 유디치과를 거론하는 건 가입점포 수가 2011년 당시 126개로 가장 많았기 때문이다. 이 밖에도 함소아과의원(가입점포 수 60개)을 비롯해 오라클피부과(35개) 등이 있는데, '대한네트워크병의원협회'에 따르면 2011년 7월 당시 총 56개 네트워크가 형성, 소속 병·의원 수는 약 1000여 개로 추정됐다.[97]

네트워크병원이 사회적으로 문제가 된 건 저렴한 가격으로 많은 고객을 진료하는 박리다매(薄利多賣)식 영업으로 다른 병원들이 피해를 본 데 따른 것이다. "유디치과 하나 들어오면 동네 병원 다 망한다."라는 말이 회자 될 정도로 네트워크병원이 갖는 영향력은 컸다. 이는 당시 대부분의 치과가 임플란트 시술비로 200만 원 정도 받는 데 반해 유디치과는 그 절반인 100만 원 정도 받고 무료 스케일링 등의 서비스를 제공하였기 때문이다.[98] 이에 따라 네트워크병원에 대한 동네 일반병원들의 비판은 아주 거셌다. 특히 가장 많은 점포를 가진 유디치과는 '공공의 적'(?)이나 다름없었다. 치과의사협회는 유디치과와 관련해 △위임진료 △과잉진료 △자체 기공소에서 불법적 재료 사용 등에 대한 의구심을 지속해서 제기했다. 지적 내용을 좀 더 자세히 살펴보도록 하자.

먼저 위임진료의 문제이다. 당시 「의료법」 상 환자의 진료와 치료계획, 치료는 의

---

96) 보건복지부에 따르면, 네트워크 형태의 의료기관들은 경영의 효율화를 위해 진료 부분을 제외한 행정 부분을 외부전문기관에 위탁하거나 별도의 관리회사를 설립하는 형태로 운영된다. 한편 그 운영방식에 따라 지점마다 원장이 독립적으로 운영하는 프랜차이즈형, 여러 원장이 여러 지점을 공동으로 운영하는 조합형, 대표 원장이 수십 개 병원 지점을 소유하면서 치료비 결정과 장비 구매 등 경영을 도맡고, 지점에 있는 의사는 진료만 하는 오너형으로 구분된다.

97) 보건복지위원회 수석전문위원, 「의료법」 일부개정 법률안 검토보고서, 22쪽, 2011. 11.

98) 「헤럴드경제」, 2011. 8. 17.

사의 책임으로 개인병원의 경우 의사 1~2명이 도맡아 했다. 그런데 유디치과의 경우 의사, 실장, 위생사, 간호조무사 등으로 책임과 역할이 구분돼 심한 경우 실장이 환자의 진료와 치료계획을 맡는 위임진료를 한다는 게 치과의사협회의 주장이다.

둘째, 과잉진료의 문제이다. 치과의사협회에 따르면, 유디치과는 의사와 실장 등의 실적에 따라 인센티브를 제공해 과잉진료를 부추기고 있다고 한다. 실제로 유디치과는 의사와 실장 등에게 매출의 20%를 성과급으로 지급했다. 하지만 치과의사협회의 이 같은 주장에 대해 유디치과는 오히려 개인병원이야말로 과잉진료의 유혹을 받기 쉬운 구조라고 비판했다. 우선 유디치과에 고용된 의사는 병원 개업비가 한 푼도 들지 않지만, 개원 치과의사는 초기 투자비로 5~6억 원 이상 들어가다 보니 오히려 이를 회수하기 위해 더 과잉진료를 한다는 것이다. 아울러 유디치과가 의사에게 기본급과 매출의 20%를 인센티브로 제공하지만, 개업의는 사실상 매출 전액이 급여이기 때문에 과잉진료 유혹에 더 빠지기 쉽다는 게 유디치과의 주장이다. 이 밖에도 치과 의사 혼자 경영과 행정, 진료까지 모두 책임지는 시스템은 비효율적이며 자신들처럼 분업화된 시스템이 선진 경영이라는 것이다.[99]

「의료법」 개정으로 하루아침에 '불법'이 된 네트워크병원

결국 문제는 하나로 모인다. 네트워크병원은 국민 건강보다 영리를 추구할 가능성이 크다는 게 기존 동네 병원의 주장이다. 반면 오히려 환자들에게 저렴한 가격에 수준 높은 의료서비스를 제공한다는 게 네트워크병원 측의 주장이다. 그러나 이건 어디까지나 겉으로 내세운 명분일 뿐, 결국 '시장'을 놓고 기존 동네 병원들과 네트워크병원 간 '밥그릇 싸움'을 하는 게 실제 모습이라 할 수 있다.

---

99) 「헤럴드경제」 2011. 8. 17.

立法을 알아야 기업이 산다

네트워크병원이 등장하던 당시 「의료법」에는 "의료인은 하나의 의료기관만 개설할 수 있다."라고 돼 있었다. '경영'에 대해서는 별도로 규정된 게 없었다. 네트워크병원 출현은 바로 여기서 기인한다. 그러자 기존 병원들은 이를 차단하는 것으로, 네트워크병원 확산을 막고자 했다. 이는 2011년 10월 17일 양승조 의원을 대표로 한 「의료법」 개정안으로 구체화했다. 개정안의 내용은 크게 두 가지다. 첫째, 의료인은 의료기관 개설과 경영을 위해 의료인이 아닌 자나 다른 의료인에게 면허를 대여할 수 없다. 둘째, 의료인은 둘 이상의 의료기관을 개설·운영할 수 없도록 한다.

애초 「의료법」이 하나의 의료기관만 개설하도록 규정한 것은 의사가 아닌 사람에 의해 의료기관이 개설되는 것, 즉 이른바 '사무장병원'을 막으려는 조처이다. 사무장병원이란 「의료법」 상 의료기관을 개설할 수 없는 자가 의료기관을 개설하여 의사를 고용해 운영하는 것 또는 의사가 또 다른 의사를 고용해 운영하는 병원을 의미한다. 따라서 네트워크 형태의 의료기관은 그 자체로 「의료법」 위반 사항은 아니다. 더욱이 대법원은 2003년 '1인 1 개설 원칙'과 관련, "의료기관을 개설하고 있는 의사가 다른 의사의 명의로 또 다른 의료기관을 개설하여 그 경영에 직접 관여한 점만으로는 다른 의사의 면허증을 대여받아 실질적으로 별도의 의료기관을 개설한 것으로 볼 수 없다."라고 판시했다. 요컨대 대법원 판례에 따르면, 의료인이 둘 이상의 의료기관을 오가며 의료행위를 하지 않는 한 '복수 의료기관의 경영에 관여하는 것'은 「의료법」 상 1인 1 개설 원칙에 위반되지 않는 것이라고 규정한 것이다.[100]

그런데 '경영'을 위해 면허를 대여하거나 둘 이상의 의료기관을 운영할 수 없도록 규정한 양승조 의원의 개정안에 따를 경우, 네트워크병원은 그 자체로 불법이 되고 만다. 양승조 의원의 개정안과 관련해 보건복지부는 의료인이 다른 의료인으로부터

---

100) '1인 1 개설 원칙'의 일차적인 취지는 하나의 의료기관에서만 의료행위에 전념하도록 하기 위한 장소적 한계를 설정한 것이다. 따라서 다른 의료기관의 경영에 직접 관여하여 복수의 의료기관을 개설했다고 해도 의료행위 자체는 본인 명의로 개설된 의료기관에서만 행해진다면 「의료법」 취지에 반하는 것은 아니다. 보건복지위원회 수석전문위원, 「의료법」 일부개정 법률안 검토보고서, 25쪽 참조, 2011. 11.

자본을 투자받는 것까지 규제하는 것은 어려움이 있으며, 다른 의료기관에 대한 경영 참여를 통해 공동구매·공동마케팅 및 경영정보 공유 등 의료기관 경쟁력 강화에 기여하는 측면이 있으므로 신중한 검토가 필요하다는 의견을 제시했다. 공정거래위원회와 법제처 또한 의료인의 다른 의료기관에 대한 투자·경영까지 금지하는 것은 국민 건강을 보호·증진하는 「의료법」의 목적을 벗어난 과잉규제라는 의견을 갖고 있었다. 다만 한의사협회와 치과의사협회에서는 의료인이 복수의 의료기관 경영에 관여하는 것은 「의료법」상 1인 1개설 원칙을 사문화하는 결과를 초래할 수 있다면서 개정안에 대한 동의 입장을 밝혔다.[101]

양승조 의원이 대표 발의 한 「의료법」 개정안은 2011년 12월 29일 위원회 대안으로 국회 본회의를 통과했다. 개정안에 대해 의료기관이 경영방식을 다양화하고 경쟁력을 제고 하려는 노력이 원천적으로 차단되는 부작용도 예상할 수 있다는 소수의견은 한의사협회와 치과의사협회라는 다수의 목소리에 묻혀 힘을 발휘하지 못했다. 2012년 2월 1일 공포된 개정안은 공포 후 6개월 뒤 시행된다는 부칙(附則)에 따라 2012년 8월부터 시행에 들어갔다.

이로써 네트워크병원들은 한순간에 '불법'이 됐다. 상대 입장에서 보면 입법을 통한 승리이지만 반대로 네트워크병원 입장에서 보면 지키기에 실패했다는 것을 의미한다. 이 같은 결과는 두말할 것도 없이, 기존의 동네 병원 의사들이 단합해 네트워크병원을 죽이기 위해 「의료법」을 개정한 데 따른 것이다. 반면 네트워크병원은 이 같은 입법 움직임을 몰랐거나 혹은 알았더라도 효과적으로 대응하는 방법을 몰랐기에 결국 스스로가 '불법'으로 전락하는 결과를 맞았을 것이다.

---

101) 보건복지위원회 수석전문위원, 「의료법」 일부개정 법률안 검토보고서, 24쪽 참조, 2011. 11.

제1장에서 언급한 헤이딜러 사건과 마찬가지로, 네트워크병원 사건 또한 결국 뺏긴 시장을 되찾기 위해 입법이 활용됐다. 이는 입법을 통한 시장 뺏기가 결코 남의 일이 아니라는 것과 함께 개인과 기업 할 것 없이 '입법마인드', 즉 '입법적 리더십'에 대한 이해와 공부가 필요하다는 것을 증명하는 것이라고 할 수 있다. 더욱이 4차 산업혁명 시대에 접어든 지금, 우리의 생각과 무관하게 앞으로 이 같은 일은 더 많이 그리고 더 다양한 형태로 일어날 것이다. 이런 사실은 당장 Uber와 '타다' 같은 모빌리티(Mobility) 업계와 기존의 전통적인 운송수단인 택시업계 간 대립, 헤이딜러와 중고자동차매매상 간 갈등, 에어비앤비와 기존 호텔업계 간 대립 등에서 확인할 수 있다.

6) 입법 통한 국가 예산 확보

'교육삼락회'

2002년 11월 「한국교육삼락회법안」이라는 제명(題名)도 생소한 제정안이 국회에 제출됐다. 법 제명만으로는 언뜻 무엇을 위한 것인지 알 수 없는 이 법률안은, 16대 국회 상반기(2000년 5월~2002년 5월)에 교육위원회 위원장을 지냈고 하반기(2002년 5월~2004년 5월)에도 교육위원회 위원으로 활동[102]한 이규택 의원에 의해 발의됐다.

「한국교육삼락회법안」 제정안은 2003년 6월 20일 해당 상임위원회 심사를 마친 뒤

---

102) 어떤 상임위원회에서 활동했던 것과 무관하게 상임위원회 위원장을 역임한 경우 2년의 임기가 끝나면 다른 상임위원회로 옮기는 게 국회 관례다. 일반 위원들과 달리 상임위원회 운영과 관련된 많은 권한을 갖고 있던 전임 위원장이 계속해서 동일 위원회 위원으로 있는 게 본인은 물론 새롭게 구성된 위원회 위원들에게도 알게 모르게 불편을 초래할 수 있기 때문이다. 이는 부서장이었던 사람이 나와 지위를 바꿔 함께 근무한다고 가정할 때 서로 불편한 것과 마찬가지다.

6월 27일 법제사법위원회 및 국회 본회의를 통과해 7월 29일 공포와 동시에 시행에 들어갔다. 그런데 「한국교육삼락회법안」 제정안은 상임위원회 심사과정에서 「한국교육삼락회법안」이라는 법 제명으로는 일반인들이 법 전체를 개관하는 데 어려움이 있다는 지적에 따라 법안의 목적과 내용을 함축하는 「퇴직 교원 평생교육 활동 지원법」으로 수정됐다.

새롭게 제정된 「퇴직 교원 평생교육 활동 지원법」은 제1조부터 제17조까지 총 법 조문이 17조에 지나지 않는 아주 간단한 법률이다. 우선 목적과 관련하여 제1조는 "이 법은 퇴직 교원 단체인 한국교육삼락회를 설립하여 청소년 선도, 학부모 교육, 학교 교육 지원 등 평생교육 봉사 활동을 지원함으로써 국가발전과 사회 공익의 증진에 기여함을 목적으로 한다."라고 규정돼 있다. 또한 사업과 관련된 제6조는 △평생교육 활동 △학생 교육 활동 지원과 지도 △인성교육과 상담 활동 △교육정책 모니터 활동 △각급 교육기관에 대한 협조 △모범교육자 표창 및 교육유공자 발굴 격려 △시민문화 향상을 위한 봉사 활동 △기타 삼락회의 목적사업에 필요한 사업 등 8가지를 열거하고 있다.

여기서 우리가 눈여겨봐야 할 것은 재정과 관련한 제16조②항이다. 우선 ①항은 "삼락회의 재정은 회원의 회비, 그 밖의 수입으로 충당한다."라고 규정돼 있다. 그런데 ②항은 "국가 및 지방자치단체는 삼락회의 운영을 위하여 필요하다고 인정할 경우에는 예산의 범위 안에서 보조금을 교부할 수 있다."라고 규정, 정부로부터 예산을 지원받을 수 있음을 명시하고 있다. 한마디로 입법을 통해 '한국교육삼락회'가 정부로부터 국가보조금을 지원받을 수 있는 길을 열어놓은 것이다.

이에 따라 한국교육삼락회는 당장 2003년에 정부로부터 10억 원의 국고보조금을 지원받은 것을 시작으로 2004년부터 2007년까지는 매년 1억 원, 2008년부터 2010년까지는 매년 2억 3000만 원, 그리고 20011년부터 2014년까지는 1~2억 원 사이에서 국가보조금을 지원받았다. 그러다 2015년에 국민권익위원회에서 퇴직 공직자 단체 등의 보조금 집행 투명성 조사가 있었고 △간이영수증 등 증빙서류 미비 △용도 외 사용 등 보조사업 집행 적정성의 문제 등을 지적받음에 따라 2015년 8300만 원, 2016년 3150만 원의 지원을 끝으로 더 이상 국고보조금을 받지 못하고 있다.

국고보조금은 특정 민간단체가 수행하는 사업들이 국가가 행할 필요성이 있는 사업들이거나 사회적 공익성이 강한 데 반해 스스로 활동하기에는 재정적 한계가 있을 때 비로소 지원될 수 있다. 노총과 민노총 같은 단체들이 그 대표적 사례라 할 수 있다. 한편 특정 단체가 정부로부터 국고보조금을 지원받기 위해서는 통상 개별 법령에 "보조할 수 있다."라는 지급 근거를 마련해둬야 한다. 「퇴직 교원 평생교육 활동 지원법」이 제16조②항에 "국가 및 지방자치단체는 삼락회의 운영을 위하여 필요하다고 인정할 경우에는 예산의 범위 안에서 보조금을 교부할 수 있다."라고 규정한 것도 바로 이런 이유 때문이다. 이로써 한국교육삼락회라는 민간단체는 정부로부터 매년 예산을 지원받아 안정적으로 조직을 운영하는 것과 함께 한자 교실·마을 학숙같은 사업을 할 수 있었던 것이다.

삼락회(三樂會)라는 건 공자의 인생삼락을 차용(借用)한 것으로 가르치는 즐거움, 배우는 즐거움, 봉사하는 즐거움을 의미한다. 한국교육삼락회는 1969년에 만든 퇴직 교장(교감)들과 교육감들의 친목 단체에서 출발했다. 「퇴직 교원 평생교육 활동 지원법」이 만들어질 당시인 2003년 4월 기준 삼락회 회원은 2만여 명이고, 이 가운데 교사 또는 교수 출신은 고작 700여 명에 불과해 교장(교감)과 교육감이 삼락회 회원의 97%를 차지하고 있었다. 2003년 당시 전국 교원은 35만 정도이고 이 가운데 교장은 1만여 명에 지나지 않았다. 당연히 퇴직자 비율도 교장은 1/35에 지나지 않는다. 바로 이런 점에서 퇴직 교원을 지원한다는 명분으로 특정 퇴직 교장 단체만을 지원하는 건 형평성에 어긋난다는 지적이 많았지만, 「퇴직 교원 평생교육 활동 지원법」은 국회 본회의를 통과한 건 물론 곧바로 정부로부터 보조금을 받기 시작했다.

교육 분야 뒤이어 소방과 교정, 지방공무원들을 위한 법률안 통과

「퇴직 교원 평생교육 활동 지원법」처럼 특정 영역에서 활동한 퇴직 공무원단체 중 군인과 경찰의 경우, 「대한민국재향군인회법」과 「대한민국재향경우회법」에 따라 재향군인회와 경우회를 각각 설립·운영하고 있다. 두 단체 또한 정부로부터 운영에 필요한 국고보조금을 교부받을 수 있는 법적 근거를 가진 건 물론 매년 보조금을 수령하고 있다.

군과 경찰, 교육에 뒤이어 소방(消防)과 교정(矯正) 분야 퇴직공무원들도 교육과 마찬가지로 관련 법률을 제정해 정부로부터 국고보조금을 받고 있다. 소방 분야의 경우, 1988년에 설립된 한국소방동우회를 근간으로 2011년 10월 전체 조문 16조의 「대한민국 재향소방동우회법안」이 제출돼 이듬해 2월에 국회 본회의를 통과했다. 교정 분야 경우에는 2013년 2월 전체 조문 16조의 「대한민국 재향교정동우회법안」이 제출돼 6월에 국회 본회의 문턱을 넘었다.

여기서 끝이 아니었다. 2018년 9월에는 한 야당 의원 대표 발의로 「지방행정동우회법안」이 국회에 제출됐다. 이 법률안의 제안이유를 살펴보면, "현재 퇴직 군인, 경찰, 교육, 소방, 교정 공무원 관련 동우회는 각 법률에 근거하여 운영되고 지원을 받고 있으나 지방행정동우회는 관련 법이 없어 지원을 받지 못하고 있다. 이에 지방행정 동우회 설립 및 운영에 관한 근거 법률을 제정함으로써 전직 지방공무원들이 공직을 통해 쌓은 전문성을 이용해 국가와 지역사회 발전을 위해 봉사할 수 있도록 제도적 틀을 마련해 주고 지방행정동우회의 원활한 운영을 도모하려 한다."는 것이다.

전체 조문이 15조에 불과한 「지방행정동우회법안」은 2020년 3월 국회를 통과해 곧바로 시행에 들어갔다. 앞선 다른 직역 퇴직공무원들과 관련된 법률처럼 14조 재정에는 "국가 및 지방자치단체는 동우회의 운영과 사업에 필요하다고 인정하는 경우에는 보조금을 지급할 수 있다."라고 규정돼 있다.

立法을 알아야 기업이 산다

이와 관련, 2021년 대구 · 경북지역 자치단체 12곳에서는 적게는 300만 원에서 많게는 3천만 원까지 다 합치면 1억1000만 원이 넘는 보조금 지원계획을 세운 것으로 알려졌다. 이에 대해 2021년 2월 한 언론은 각 행정동우회가 자치단체에 제출한 사업계획서를 분석해봤더니 산불 예방, 환경정화, 축제홍보 등 사업 효과가 불분명하거나 일반 봉사단체 활동과 겹치는 게 대부분으로 전직 지방공무원의 전문성을 지역사회에 환원한다는 입법 취지와 동떨어졌다고 보도했다.[103]

「지방행정동우회법」 제6조를 보면, 사업으로 △지방자치단체 간 협력 증진을 위한 사업 △지방행정 발전을 위하여 필요한 사업 △주민을 위한 공익 봉사 활동 △회원 간 친목 도모를 위한 사업 △회원의 복지 증진을 위한 사업 △그 밖에 동우회의 목적 달성을 위하여 필요한 사업 등 6가지를 할 수 있게 돼 있다. 이에 따를 경우, 사업 대상이 추상적이라 얼마든지 이현령비현령(耳懸鈴鼻懸鈴: 귀에 걸면 귀걸이 코에 걸면 코걸이)이 가능하다. 언론의 지적처럼 산불 예방이나 환경정화 활동이 여타 봉사 활동과 중복될 수 있지만, '주민을 위한 공익 봉사 활동'이라는 사업에 포함될 수 있기 때문이다. 이는 활동보다 각 단체를 보고 법률안을 추진한 데 따른 당연한 결과일 것이다. 앞선 직역별 퇴직공무원 단체 또한 이 같은 비판에서 결코 자유로울 수 없을 것이다. 법안이 통과한 2003년부터 매년 최소 1~2억 정도의 보조금이 한국교육삼락회에 지원되다가 2016년을 끝으로 더 이상의 지원이 이뤄지지 않는 건 이런 사실을 뒷받침하는 것이라 할 수 있다. 아울러 나머지 단체 또한 한국교육삼락회에 대한 보조금 지원을 중단한 이유에서 결코 자유롭지 못할 것이다. 하지만 이 책의 주제인 입법적 리더십에서 볼 때, 중요한 건 입법을 통해 얼마든지 정부 예산을 확보할 수 있다는 것이다.

---

103) KBS 뉴스, 2021. 2. 15.

7) 입법 통한 규제완화 또는 제도개선

대통령 공약과 4대강 사업

이명박 전 대통령 당시 4대강 사업은 환경 관련 분야에서 많은 논란을 낳았지만, 건설 분야에서는 큰 이익을 얻을 수 있는 정책이었다. 짧은 시간 안에 22조 원에 달하는 공사 물량이 시장에 풀리니 관련한 건설업계는 큰 기대를 걸었다. 반면 '최저가낙찰제 확대'라는 공약은 건설업계 입장에서는 커다란 시련이었다. 당장 업체 간 과당경쟁과 초저가 수주를 양산해 수익에 커다란 영향을 미칠 수 있었기 때문이다.

여기서는 대선 공약 중 하나인 '최저가낙찰제 확대 시행'을 건설업계가 어떻게 대응하고 막아냈는지를, 이 과정에서 국회가 어떻게 활용됐는지를 살펴보자. 요컨대 건설업계에 커다란 규제로 작용할 수 있는 '최저가낙찰제 확대 시행'이라는 대선 공약과 관련, 입법과는 결이 다른 '국회 결의안'을 통해 건설업계가 자신의 이익을 보호하고 관철하는 일련의 과정을 살펴보도록 하자.

이명박 전 대통령은 2007년 12월 대선 공약 중 하나로 최저가낙찰제 확대를 내세웠다. 현행 300억 원 이상 공사에만 적용하던 최저가낙찰제를 100억 원 이상 공사에도 적용하겠다는 것이다. 이명박 전 대통령은 2007년 후보 시절 최저가낙찰제 확대를 통해 연간 5조 원의 예산을 절감하겠다고 약속했다. 당선 뒤 꾸려진 인수위원회에서도 이를 재확인했다. 2008년 총선을 앞두고는 한나라당과 민주당 모두 약속이나 한 듯 최저가낙찰제 확대를 공약했다. 거품을 걷어내 낮은 가격에 공사를 맡기면 그만큼 국민 세금을 아낄 수 있다는 공감대가 형성됐기 때문이다.

최저가낙찰제는 건설공사나 물품납품 입찰에서 가장 낮은 가격을 써낸 응찰자를 낙찰자로 선정하는 제도다. 이렇게 되면 정부는 예산을 절약할 수 있다. 다만 적정공사비 부족에 따른 부실공사를 유발할 수 있다는 단점이 있다. 한 통계에 따르면 산재

다발 사업장 10곳 중 9곳이 최저가낙찰제로 발주된 현장이다.[104] 최저가낙찰제가 시행되면 고정비 성격의 경상경비 때문에 손해를 감내하면서도 출혈경쟁을 하지 않을 수 없는 게 건설사들의 속성이다. 당장 손해인 줄 알지만, 인건비와 건설기계 구매 혹은 임차에 따른 비용이라도 벌지 않으면 회사를 유지하는 게 어렵기 때문이다. 이런 가운데 건설업 특성상 낙찰받은 공사를 혼자 다 수행할 수 없어 하도급이 불가피한데, 최저가로 공사를 수주한 경우 자연 그 여파는 하도급업체에까지 미친다. 이렇게 되면 하도급과 재하도급을 통한 저가 입찰, 이런 와중에 값싼 자재를 사용해서라도 이문을 남겨야 하는 하도급업체들의 이해가 맞물려 결국에는 부실공사가 이뤄진다는 게 최저가낙찰제와 관련한 건설업계의 공통된 지적이다.

이와 관련, 입찰제도를 담당하는 기획재정부는 과당경쟁의 경우 '입찰참가 자격 사전심사(PQ)'를 강화하고 부실시공은 감리를 강화하며 수주 양극화는 중소업체 우대방안을 포함하면 해소할 수 있다며, 대통령의 대선 공약인 만큼 2012년 1월부터 최저가낙찰제를 확대 시행하겠다는 입장을 갖고 있었다.[105]

최저가낙찰제의 확대 시행 6개월여를 앞둔 2011년 6월 드디어 건설업계가 움직였다. 이는 국회 본회의를 통한 '최저가낙찰제 확대 철회 촉구 결의안'으로 표출됐다. 애초 최저가낙찰제 확대 시행은 「국가를 당사자로 하는 계약에 관한 법률」(이하 「국가계약법」)의 시행령을 바꾸면 되는 사안이라 '입법'을 통해서는 접근할 수 없는 문제였다. 시행령 개정은 국무회의 의결사항이기 때문이다.

문제는 최저가낙찰제 확대 시행이 대선 공약에 따른 국정과제이다 보니 기획재정부로서는 애초 하고 말고 할 자율성이 없다는 것이다. 그렇다고 이미 국정과제로 선정된 것을 기획재정부가 나서서 대통령에게 하지 말자고 제안한다는 건 상상할 수도 없는 일이다. 특히 이명박 전 대통령이 건설사 CEO 출신임에도 불구하고 최저가낙

---

104) 「머니투데이」, 2011. 7. 15.
105) 「머니투데이」, 2011. 7. 15.

찰제 확대 시행을 대선 공약으로 내세웠다는 점에서, 그 실현 의지는 누구보다 더 강했다고 할 수 있다. 한마디로 건설업계가 어떤 주장을 하든 혹은 시장에서 어떤 목소리를 내든 대통령 스스로 공약을 취소하지 않는 한 국정과제 담당 부서인 기획재정부는 최저가낙찰제 확대 시행을 수행해야만 했던 것이다.

여야는 6월 임시국회 마지막 날인 30일 열린 국회 본회의에서 "건설업체 간 과당경쟁과 초저가 수주를 야기해 중소 건설업계 경영난을 가중하고, 특히 지역경제를 어렵게 만드는 최저가낙찰제 확대 시행 계획에 대해 이를 철회하거나 건설 경기가 회복될 때까지 그 시행을 연기할 것을 촉구한다."라는 결의안을 통과시켰다.

여의도 브런치

최저가낙찰제는 시장경쟁 원리에 기반해 투명하게 입찰을 결정할 수 있고 특히 예산 절감이 가능하다는 장점으로, 건설은 물론 산업계 전반에서 활용되고 있다. 다만 제일 중요한 시공능력보다는 입찰가격을 중시해 낙찰자가 결정돼 부실시공 가능성이 크다는 게 문제였다. 1994년 성수대교 붕괴사고가 최저가낙찰제 부작용의 대표사례다. 동아건설이 발주처로부터 예정가격인 116억 원의 66.5%인 77억2000만 원에 공사를 낙찰받아 성수대교를 지었지만, 부실공사로 개통 15년 만에 무너졌다. 2013년에 발생한 부산 남북항대교 연결도로 붕괴사고도 비슷하다. 1공구를 수주한 SK건설의 낙찰금액은 예정가격 대비 67.35%인 716억 원으로 사고 당시 부실공사 논란이 일었다. ☕

최저가낙찰제 확대 시행 2년 유예

당시 국회는 결의안을 통해 "지역 중소 건설업체가 주로 참여하는 공사인 100억

~300억 원 규모 공사는 전체 공공공사 물량 중 약 10%인 7조8000억 원 수준"이라며 "해당 공사에까지 최저가낙찰 제도가 확대되면 상대적으로 경쟁력이 취약한 지역 중소 건설업체는 수주 감소가 불가피하고, 지역 내 하도급, 자재 · 장비업 등 연관 산업 생존권까지 위협하여 기업 도산에 따른 지역경제 붕괴가 염려된다."라는 의견을 밝혔다. 이와 함께 △최저가낙찰제를 가격 외에 기술능력을 종합적으로 평가하는 최고가치 낙찰제(Best Value)로 전환할 것 △공사 유형 등에 따라 발주자가 다양한 입 · 낙찰 방식을 선택할 방안을 검토할 것 등을 촉구했다.[106]

국회 결의안에 뒤이어 대한건설협회 등 건설 관련 15개 단체는 2011년 7월 12일 건설현장 근로자 등 총 12만1707명의 서명을 받아 최저가낙찰제 확대 철회를 요청하는 탄원서를 청와대, 국무총리실, 기획재정부 등 9개 기관에 제출했다. 이들은 탄원서에서 "수주물량 감소와 부동산 경기침체로 건설 경기가 악화된 상황에서 최저가낙찰제가 확대된다면 건설업계 경영난이 심화할 것"이라고 주장했다.

곧이어 대한건설협회는 2011년 7월 15일 박재완 기획재정부장관 초청 간담회를 가졌다. 간담회에는 대한건설협회 회장을 비롯해 건설사 대표 등 20여 명이 참석해 건설 경기 진작과 내수활성화를 위한 업계의 애로사항 등을 건의했다. 그러나 박재완 장관을 상대로 이들이 무엇보다 강조한 건 최저가낙찰제 확대 시행을 중단 내지 연기해달라는 것이었다. 한편 2011년 11월 9일 대한건설단체총연합회 · 대한건설협회 · 대한전문건설협회 등 전국 24개 건설 관련 단체는 정부가 추진 중인 최저가낙찰제 확대 방안을 철회하라고 요구하는 내용의 성명을 발표했다. 이들은 성명서에서 "최저가낙찰제 확대는 근로자의 일터를 빼앗고 지역 경제와 서민 가계의 생존 기반을 붕괴시킬 것"이라고 주장했다.

건설업계의 이 같은 노력 덕분이었을까? 2011년 12월 국토해양부는 주택시장 정상화 및 서민 주거안정 지원방안을 발표하면서 이와 상관없는 최저가낙찰제 확대 시

---

106) 「매일경제」, 2011. 7. 1.

행을 2년 유예하겠다고 발표했다. 민의를 대표하는 여야 국회의원 202명이 찬성해 결의안이 채택된 만큼 정부도 이 같은 분위기를 무시하긴 어려웠을 것이다. 그러나 2008년 총선을 앞두고 한나라당과 민주당이 마치 입을 맞춘 듯 최저가낙찰제 확대를 똑같이 공약으로 내세웠던 걸 감안하면, 국회가 '최저가낙찰제 확대 철회 촉구 결의 안'을 채택한 것은 격세지감이 아닐 수 없다.

그런데 정부는 2013년 11월 8일 「국가계약법」 시행령을 조용히 입법 예고했다. 여 기에는 최저가낙찰제 확대 시행 시기를 2016년 1월로 2년 더 유예하는 내용이 담겼 다. 이와 관련, 정부는 최저가낙찰제 확대 시행을 유예시킨 시행령 개정 이유에 대 해 "대규모 공사에서 가격과 공사능력을 종합적으로 감안해 낙찰자를 선정하는 가칭 '종합심사낙찰제'의 시범사업을 공기업 등에서 추진할 계획"이라고 밝혔다.

이렇게 볼 때 건설업계는 대통령 공약사업임에도 불구하고 국회를 통한 확대 시 행 반대 결의문 채택을 통해 최저가낙찰제 확대 시행을 철저하게 막았다는 것을 알 수 있다.

8) 입법 통한 숙원사업 해결

'청목회 사건'과 입법로비

각종 협회나 단체는 오래전부터 해결해야 할 숙원사업 한두 가지 정도를 갖고 있 다. 대부분 협회장 선거를 할 때면 이 같은 숙원사업은 후보자의 첫 번째 공약이 된 다. 그 협회나 단체가 안고 있는 숙원사업을 회장이 되면 반드시 해결하겠다는 것이 다. 더욱이 이런 게 입법을 통한 사안이면 오래전부터 숙원사업이 돼 벌써 이전 회장 들도 이의 해결을 내걸고 협회장이나 단체장에 당선되곤 했지만 다른 단체와의 이해

立法을 알아야 기업이 산다

관계 혹은 입법의 어려움 등으로 인해 성공하지 못한 채 공약으로 반복돼온 역사를 갖고 있다.

이와 관련, 특정 단체가 국회를 통해 자신들의 이해를 관철한 사례를 살펴보자. 2010년 10월 말 국회는 '청목회 사건'으로 여야 할 것 없이 큰 어려움에 직면했다. 청목회 사건은 '전국청원경찰 친목협의회' 간부들이 청원경찰 처우 개선 입법을 목적으로 여야 국회의원 38명에게 3억여 원의 후원금을 건넨 걸 가리킨다.

당시 청원경찰 사이에서는 경찰과 같이 승급제를 도입하고 정년을 60세까지로 연장하는 내용으로 「청원경찰법」 개정안을 통과시키는 게 숙원사업이었다. 이를 위해 청목회 임원들은 회원들로부터 모금 활동을 펼쳐 총 6억5000만 원을 걷었다. 이후 「청원경찰법」 개정안을 논의할 행정안전위원회 소속 의원들을 만나 개정안 발의와 통과를 부탁하며 특별회비에서 후원금 명목으로 의원들 통장에 입금했다.

「청원경찰법」 개정안은 당시 여당 의원에 의해 2009년 4월 발의됐고, 9월 상임위원회에 상정돼 12월 말 국회 본회의를 통과했다. 상정에서 본회의 통과까지 불과 3개월밖에 걸리지 않았다. 개정안은 이듬해인 2010년 7월 시행됨으로써, 법 개정이라는 청목회의 노력은 마침내 결실을 맺었다. 하지만 청목회의 기쁨은 그리 오래가지 못했다. 개정안이 시행된 지 불과 3개월 만에 청목회 간부들이 검찰 수사 선상에 올라 구속됐기 때문이다. 특히 사건은 여기서 멈추지 않고 수억 원의 자금이 후원금 형태로 정치권으로 흘러간 정황이 드러나면서 여야 국회의원 6명과 '입법로비'를 주도한 청목회 간부 3명 모두 재판에 넘겨졌다.

재판은 2013년 10월 대법원이 청목회 간부 3명에게 집행유예 2년의 유죄 판결을 내리고, 이에 앞서 국회의원 6명에 대해서도 벌금형과 선고 유예 등의 판결이 내려지면서 일단락됐다.

청목회 사건은 개정안 통과를 위해 후원금을 통한 의원들에 대한 입법로비가 있었다는 점만 제외하면, 선주협회가 주도해 「병역법」을 개정한 것과 절차나 방법에서 크게 다르지 않다. 개정안의 국회 통과를 매개로 자신들의 이해를 관철하려고 했다는 점에서는 양자가 하등 다를 것이 없기 때문이다. 다만 한쪽은 명분과 논리를 앞세웠다는 것이고, 다른 한쪽은 같은 내용의 개정안과 청원안이 이미 17대 국회에서 해당 상임위원회조차 통과되지 못한 것을 거울삼아 18대 들어서는 조직적으로 후원금을 통한 개정안 통과를 추진했다는 차이만 있을 뿐이다.

그런데 '후원금 납부'라는 똑같은 입법로비에도 불구하고 청목회 사건과 관련해서는 이를 주도한 단체의 임원은 물론 관련된 여야 의원 또한 처벌받은 데 반해 '입법 통한 살아남기'에서 사례로 거론한 한전KDN의 경우, 여야 의원 4명은 어떤 처벌도 받지 않았고 단지 후원금을 지시한 한전KDN의 김모 전 사장만 600만 원의 벌금형에 처했다. 특히 한전KDN의 경우, 후원금은 물론 법률안 개정을 주도한 의원의 출판기념회를 계기로 도서 또한 대량 구매했다. 이처럼 똑같은 사건에도 불구하고 수사 결과에 차이가 있는 건 무엇 때문일까? 후원금의 규모에 차이가 있었기 때문일까? 아니면 하나는 검찰이 수사한 데 반해 다른 하나는 경찰이 했다는 수사 주체의 차이 때문일까?

대법원 판례는 후원금 영수증이 정상적으로 처리됐다 해도 그 과정에서 대가가 있거나 로비 목적이 있으면 뇌물수수 혐의를 인정하고 있다. 따라서 누구나 이 점을 명심해야 할 것이다. 동시에 한국선주협회의 「병역법」과 청목회의 「청원경찰법」 그리고 한전KDN의 「소프트웨어산업진흥법」 등은 입법이 갖는 의미를 다시 한번 확인시켜주고 있다. 이는 곧 자신의 이익을 보호하고 나아가 새로운 이해를 관철하기 위한 입법마인드, 즉 비즈니스를 위한 입법적 리더십의 중요성과 필요성을 잘 보여주고 있다.

2021년 3월 여야 의원들은 간호사와 관련한 3건의 법률안을 동시에 발의했다. 김민석 의원이 발의 한 「간호법」, 최연숙 의원이 발의 한 「간호 · 조산법안」, 서정숙 의원이 발의 한 「간호법」이 그것이다. 그런데 공교롭게 3개 법안 접수 날짜가 모두 3월 25일이다. 게다가 3명 모두 현재 보건복지위원회에서 활동하고 있는 가운데, 민주당 소속 김민석 의원은 2021년 8월 현재 보건복지위원장을 맡고 있다. 국민의당 소속 최연숙 의원은 간호사 출신이다. 국민의힘 소속 서정숙 의원은 약사 출신이다. 3개 법안 모두 간호사의 역할과 업무 범위, 양성 계획과 권익보장까지 종합적으로 다루고 있다. 이 밖에도 간호사와 관련된 3개의 법률안에는 중복을 제외하고 국회의원 정수의 1/3에 가까운 93명의 여야 의원들이 공동발의자로 참여했다.

간호사와 관련한 법률안은 17대 국회 중인 2005년 4월 당시 약사 출신인 여당의 김선미 의원에 의해 처음 발의됐다. 이 밖에도 20대 국회 들어 약사 출신인 김상희 의원에 의해 「간호 · 조산법안」 등이 발의됐지만, 모두 다 보건복지위원회의 문턱도 넘지 못하고 임기만료와 함께 자동 폐기됐다. 하지만 이 과정에서 간호사 관련 단체가 숙원사업인 법률안 통과를 위해 얼마나 오랫동안 노력했는지를 알 수 있다.

한편 2020년 10월 대한간호협회 제38대 회장으로 선출된 신경림 교수는 핵심공약으로 간호 관련 법제도 제정을 꼽았다. 간호법 제정은 간호계의 오랜 숙원사업 중 하나로 대한간호협회는 2020년 5월 총선을 앞두고도 주요 정당 관계자들을 만나 법 제정을 요청했다. 이를 위해 여야 각 정당의 선거대책위원회에 정책제안서를 제출했고 정책간담회도 개최했다.

언론 보도에 따르면, 과거와 달리 21대 국회에서는 간호사와 관련한 법안의 국회 통과 가능성이 크다고 한다. "2020년부터 코로나 방역 활동에 간호사들이 중요한 역할을 수행한 데다, 양질의 간호 인력을 양성하고 관리하기 위한 법률이 필요하다는 것에 대한 공감대가 높아졌다."라는 것이다.[107] 하지만 글쓴이가 볼 때 다른 무엇보다 「간호법」을 논의할 해당 상임위원회 위원장이 제정안을 대표 발의했다는 점에서, 이번만은 기존과 다른 결과를 얻을 수 있을 것으로 보인다. 자신이 대표 발의한 법률안의 통과를 위해 노력하지 않는 의원은 없기 때문이다. 2021년 5월 보건복지부 내에 간호정책과가 신설된 것도 같은 맥락에서 읽을 수 있다. 보건복지부 내 간호전담부서 설치는 1975년 간호담당관이 폐지된 지 46년 만의 일이다.

<간호사 관련 법률안 발의 현황>

대수	대표 발의자 및 서명 의원 수	법 명	접수일시	처리 결과
17	김선미 등 33인	간호사 법안	2005. 4. 27.	임기만료 자동폐기
	박찬숙 등 10인	간호법안	2005. 8. 24.	임기만료 자동폐기
20	김승희 등 11인	간호 인력의 양성 및 처우 개선에 관한 법률	2018. 1. 11.	임기만료 자동폐기
	김상희 등 32인	간호·조산법안	2019. 4. 5.	임기만료 자동폐기
	김세연 등 34인	간호법안	2019. 4. 5.	임기만료 자동폐기
21	최연숙 등 33인	간호·조산법안	2021. 3. 25.	계류 중
	김민석 등 49인	간호법안	2021. 3. 25.	계류 중
	서정숙 등 33인	간호법안	2021. 3. 25.	계류 중

107) 「조선일보」, 2021. 3. 30.

立法을 알아야 기업이 산다

9) 우회적인 입법적 리더십

불법이었던 아파트 발코니 확장공사

　우회적인 입법적 리더십은 그 대상이 국회가 아닌 행정부라는 점 그리고 그 수단이 입법이 아니라는 점에서 앞서 거론했던 8가지 입법적 리더십과는 다른 차별성을 갖고 있다. 다시 말해 우회적인 입법적 리더십은 행정부의 정책이 그 대상이다. 그리고 그것이 갖는 궁극적인 목표는, 과거 행정부가 반대하던 것을 시행되도록 하거나 시장 혹은 기업이 원하는 정책이 관철되도록 만드는 것이다. 이와 관련해서는 발코니 확장 합법화와 자동차 구매 시 세금 감면 등 두 가지 사례를 거론할 수 있다. 순서대로 살펴보자.

　먼저 발코니 확장 합법화 문제이다. 과거 집을 넓게 쓰기 위한 아파트 발코니 확장 공사는 공공연히 이루어졌다. 새로 분양된 아파트에 입주하기 전 발코니 공사를 하는 세대도 어렵지 않게 볼 수 있었다. 하지만 그동안 정부는 '안전'을 이유로 이를 단속했다. 1992년 6월 이전에 건축 허가를 받은 건물은 발코니 하중 기준이 평방미터(㎡)당 180kg에 불과해 발코니를 확장해 사용하면 붕괴와 같은 안전문제가 발생할 수 있다는 것이었다.

　이에 따라 발코니 불법 확장으로 적발되면 적게는 수백만 원, 많게는 1000만 원까지 벌금을 물어야 했다. 확장공사로 인한 소음·안전 논란으로 이웃과 마찰을 빚었던 사람들도 한둘이 아니었다. 건설교통부에 따르면 발코니 확장 등 불법 구조 변경으로 인한 적발 건수는 2004년에만 전국적으로 3128건이나 됐다.[108]

　그런데 2005년 10월 13일 건설교통부는 느닷없이 "내년부터 아파트 발코니의 구조 변경을 통해 거실이나 침실 등으로 사용하는 것을 합법화하겠다."라는 정책을 발표

---

108) 「조선일보」, 2005. 10. 14.

했다. 정책 발표 당시 건축 중인 건물은 물론 이미 건축허가가 난 건물의 발코니 구조 변경도 허용했다. 여기에는 이미 입주해 사는 아파트에서 관련 규정을 준수해 확장 하는 것도 포함됐다. 특히 정부는 발코니 확장 합법화 이유로, 1992년 6월 이후 건축 허가를 받은 건물과 관련해서는 발코니 하중 기준을 평방미터(㎡)당 300kg으로 강화 했기 때문에 안전에 문제가 없다고 했다.

여의도 브런치

우리가 흔히 말하는 '베란다(veranda)'는 법적으로는 '발코니(balcony)'를 의미한다. 베란다와 발코니는 엄연히 다른 건축구조이며, 발코니 확장은 허용되지만 베란다 확장은 불법이다.

발코니는 가구별 면적이 똑같은 아파트 등에서 집마다 똑같이 건물 외벽으로부터 1.5m 정도씩 튀어나오게 만든 곳이다.

반면 베란다는 공동주택 등에서 단순히 층(層)간 건축 면적 차이로 생기는 공간으로, 위층이 아래층보다 면적이 작아 아래층 지붕(위층 바닥) 위에 생긴 공간을 의미한다. ☕

하지만 이는 뜬금없는 주장이 아닐 수 없다. 정부 말대로라면 진작 발코니 확장을 합법화했어도 별문제가 없었을 것이다. 이와 관련, 건설교통부는 "그동안은 1992년 이전에 지어진 건물이 많았기 때문"이라고 해명했지만, 궁색한 변명이 아닐 수 없다.

立法을 알아야 기업이 산다

불법 확장이 적발돼 벌금을 내거나 그동안 법을 열심히 지킨 사람만 억울하게 됐다.

그럼 정부는 왜 갑자기 더 이상 시민들이 불법건축물 소유자가 되는 것을 막는다며 발코니 확장을 합법화한 것일까? 여기에는 부동산경기 침체라는 배경이 자리 잡고 있다. 먼저 당시 주택시장에 관해 보도한 기사[109] 일부분을 옮겨보자.

주택산업이 사상 유례없는 위기상황을 맞고 있다. "외환위기보다 지독하다."라는 게 현재 주택시장에 감도는 분위기다. 실제 신규 분양시장은 미분양 물량이 넘쳐나고 있고 기존 주택시장도 거래가 끊겨 동맥경화 현상을 빚고 있다. 주택업계 역시 갑작스러운 경기침체를 버티지 못해 자금난은 물론 흑자도산의 위기까지 내몰리고 있다. 이를 인식한 정부가 최근 부동산 등록세 인하, 투기과열지구 부분해제 등의 규제 완화책을 내놓았지만 침체한 주택시장을 회복시키기에는 역부족이라는 평가다.

2003년 10·29 조치 이후 본격화되기 시작한 부동산시장 냉기는 2004년 내내 지속했다. 2005년 부동산시장 역시 침체가 계속될 것이라는 데 이견을 다는 전문가들은 거의 없었다. 거래세를 중심으로 한 과도한 부동산세나 주택거래신고제와 같은 거래규제가 주택 거래 자체를 실종시켰다. 이에 건설업계는 줄곧 정부를 상대로 주택시장 활성화를 촉구했고, 그 일환으로 나온 게 바로 발코니 확장 합법화이다.

당시 현대건설이 김포 고촌 현대아파트 입주자모집공고에서 공개한 발코니 확장 비용은 가구당 1300만~1900만 원 선인 것으로 나타났다.[110] 이는 아파트 분양 때 입주예정자들로부터 신청을 받아 건설회사가 시공 단계에서 발코니 확장공사를 해주는 방식으로 이뤄졌다. 이와 함께 이미 입주한 기존 아파트는 중소 규모의 리모델링 업

---

109) 「머니투데이」, 2005. 1. 25.
110) 「조선일보」, 2005. 12. 24.

체를 통한 발코니 확장공사가 진행됐다. 당시 건설교통부 한 고위공무원에 따르면, 발코니 확장 합법화에 따른 시장규모는 대략 2조 원 정도로 추산된다고 했다.

발코니 확장을 전면 허용한다는 것이 발표된 다음 날인 2005년 10월 14일 코스닥 시장에서는 리모델링과 인테리어업체 주가가 가격제한폭까지 상승했다. 특히 이런 현상은 그 뒤로도 계속 이어져 한 달도 안 돼 주가가 160% 상승한 기업도 있었다. 그런데 재미있는 것은 글꼴 디자인 회사인 윤디자인은 회사 이름 때문에 인테리어업체로 착각을 불러일으켜, 2005년 10월 14일 하루에만 주가가 12%가량 상승했다.[111]

노후 자동차 교체에 따른 세금 감면

좀 오래된 얘기지만 실제 혜택을 본 독자라면 2007년 미국의 금융위기로 인해 우리 사회 전체가 어려움을 겪고 있을 때, 노후 차를 교체해 새 차를 구매하면 세금을 깎아줬던 일을 기억할 것이다.

2009년 3월 정부는 자동차 산업의 내수활성화를 위한 지원정책으로 노후 차량 교체를 지원해 신차에 대한 수요를 늘리기로 했다. 2000년 1월 1일 이전 등록된 노후 차 교체 시 한시적으로 개별소비세와 취·등록세를 70%씩 감면하겠다고 발표한 것이다. 이 정책은 국산 차와 수입차 모두에 적용되며 국세 150만 원, 지방세 100만 원까지 감면받을 수 있다. 비싼 차량을 살수록 세금 감면 금액은 커진다. 그랜저급 이상 차량은 250만 원 전부를 감면받을 수 있다. 단, 새 차를 구매한 뒤 2개월 이내에 기존 차량을 처분해야 한다.

이 같은 정부 정책이 대통령이 참석하는 비상경제대책회의에서 발표된 것에서 알 수 있듯, 당시는 2007년 말에 발생한 미국의 금융위기로 인해 우리 경제가 어려움을

---

111) 「한국경제」, 2005. 10. 14.

立法을 알아야 기업이 산다

겪고 있던 때다. 정부는 160만 명의 직간접 고용 규모를 갖고 있는 자동차 산업을 지원하기 위해 이 같은 정책을 시행한다고 밝혔다.

2008년 12월 기준으로 국내 자동차 총 등록 대수는 1679만대로 이 중 2000년 1월 1일 이전에 등록된 차량은 548만대로 전체의 32.6%를 차지하고 있었다. 당시 이윤호 지식경제부 장관은 이와 관련 "550만대 가량의 노후 차량 중 5%만 교체돼도 자동차 및 부품업체들에는 큰 도움이 된다."라고 밝혔다.[112]

그럼 7개월간 실제 얼마의 자동차가 교체됐을까? 당시 지식경제부 장관은 노후 차량 548만대의 5% 즉 27만4000여 대만 교체돼도 자동차 및 부품업체에는 큰 도움이 될 것이라고 기대했다. 그런데 한국자동차공업협회에 따르면, 실제 이보다 훨씬 많은 39만5000여 대가 팔렸다고 한다.

\<2009년 5월~12월 세금 감면으로 교체 판매된 차량 현황\>

업체명	판매대수	가장 많이 팔린 모델	비고
현대자동차	230,131	소나타(51,533)	
기아자동차	78,428	소렌토(15,414)	
르노삼성자동차	55,228	SM5(22,952)	
GM대우	25,526	라세티(14,509)	모기업 부도
쌍용자동차	5,875	카이런(910)	파업
계	395,188		

차량 1대당 가격을 중형차인 2000만 원으로 가정해 39만5188대 × 2000만 원이면, 정부 정책으로 5개 완성차업체가 7개월간 올린 수익은 대략 7조9037억 원 정도이다. 놀라운 수치가 아닐 수 없다. 여기서 문제는 정부가 왜 느닷없이 이 같은 정책을 시행했느냐 하는 것이다. 또한 하고 많은 산업 중 왜 그 대상이 꼭 자동차 산업이었냐 하

---

112) 「뉴시스」, 2009. 3. 26.

는 것이다. 물론 이를 위해 자동차업체들이 어떤 노력을 기울였는지는 알 수 없다. 그러나 내수 진작을 위한 자동차업계의 노력 없이 세금을 감면해 주는 정부 정책이 시행됐다고 보는 건 너무 순진한 생각일 것이다.

이런 사실은 7년 뒤 완성차 업체의 정책 제안으로 노후 차 교체에 따른 세제 지원이 또다시 시행된 것에서도 알 수 있다. 2016년 12월 정부는 10년이 넘은 경유차를 교체하면 개별소비세 인하 등을 통해 최대 143만 원을 할인받는 '노후 경유차 폐차 지원 제도'를 실시한다고 발표했다. 이에 앞서 현대자동차 등 국내 완성차업체 5개사와 한국자동차산업협회는 2016년 6월 정부에 노후 자동차 교체 시 세제 지원을 해달라고 건의한 것으로 알려졌다. 6월 말 자동차 개별소비세 인하(5%→3.5%)가 끝나면 하반기 '내수 판매절벽'에 부닥칠 수 있다는 것이다.[113]

노후 경유차 폐차 지원 제도는 2006년 12월 31일 이전에 신규 등록한 경유차를 폐차하고 두 달 안에 새 차를 사면 개별소비세를 대당 100만 원 한도 내에서 70%(개별소비세율 5.0%→1.5%)까지 깎아주는 제도다. 개별소비세와 연계된 교육세(30만 원), 부가세(13만 원)를 감안하면 최대 143만 원까지 새 차량을 싸게 살 수 있다. 대상자는 2016년 6월 30일 기준 노후 경유차를 보유한 사람으로 정부는 약 318만 명으로 추산하고 있다. 이 제도는 2016년 12월부터 이듬해 6월까지 7개월간 시행됐다. 그런데 보도에 따르면, 연식 변경을 앞두고 완성차업체의 연말 대대적인 할인까지 더해지면서, 노후 차 폐차 고객이 12월에 제도를 잘 활용해서 차를 사면 최대 400만 원까지 할인을 받을 수 있다고 했다. 2009년에 이어 7년 만에 또다시 노후 차 교체에 따른 세금 지원 정책이 시행되면서, 국내 5개 완성차업체는 정부를 상대로 한 우회적인 입법적 리더십을 통해 큰 수익을 창출했다.

한편 정부는 노후 경유차 폐차 지원 제도 시행에 앞서 2016년 7월부터 9월까지 3개월간 에너지 1등급 가전제품을 구매하면 20만 원까지 돌려주는 정책을 시행했다.

---

113) 「한국경제신문」, 2016. 6. 2.

2016년 6월 28일 산업통상자원부는 하반기 경제정책 방향 발표를 통해 가전제품을 파는 전 매장에서 에너지소비효율 1등급인 40인치 이하 TV, 에어컨, 일반 · 김치 냉장고, 공기청정기 등을 구매하면 온라인 환급시스템을 통해 최대 20만 원까지 돌려준다고 밝혔다. 친환경 소비를 촉진하기 위해 에너지소비효율 1등급 제품을 구매할 경우 인센티브를 주는 것이 이 정책의 목표라고 언급했지만, 이 또한 가전업체들이 정부 정책이라는 우회적인 입법적 리더십을 통해 수익을 창출하기 위한 것이었음을 부인할 수 없을 것이다.

03

입법적 리더십이
기업경영에 주는 교훈

: 성공적인 비즈니스를 위한 국회 활용

'입법마인드'로 무장할 때 기업경영 가능

지금까지 사례별로 아홉 가지 입법적 리더십을 살펴봤다. 이를 다시 한번 정리하면, 첫 번째로 가장 중요한 것은 입법을 통해 기존에 없던 시장을 새롭게 만들어내는 것이다. 의무비치라는 법적 근거를 통해 '투척용 소화기'라는 세상에 없던 시장을 만들어냈다. 물론 법 개정 전에도 국내에서 일부 팔리기는 했겠지만 법 개정 이후와 비교할 때 그건 사실상 큰 비중을 차지하지 못한다. 짧은 순간 단 2곳의 회사가 최소 200억 원 이상의 매출을 올릴 수 있는 건 법 개정 말고는 달리 그 이유를 설명할 수 없기 때문이다. 자동제세동기는 수요가 한정돼 별 볼 일 없던 것을 '의무비치'라는 강제력을 동원해 안정적 수요를 만들어 낸 것이다. 이처럼 입법을 통해 '할 수 있다.'라는 선택조항을 '하여야 한다.'라는 강제조항으로 바꾸기만 해도, 한순간에 없던 시장을 만들어낼 수 있고 반대로 기존에 있던 시장을 없앨 수 있다.

타인이 갖고 있는 것을 뺏거나 반대로 상대 공격에 대응해 내 것을 지키거나 혹은 살아남는 것, 경쟁상대에게 뺏긴 것을 다시 찾아오는 것, 내가 갖고 있는 기득권이나 시장에 대한 진입장벽을 공고히 해 남들이 더는 넘보지 못하게 하는 것 등등 이 모든 것을 위한 가장 확실하고 안전한 방법은 바로 입법이다.

제1장에서 언급했던 '헤이 딜러'에서 알 수 있듯, 법은 경쟁자인 상대를 한순간에 망하게 할 수 있는 가장 강력한 힘을 갖고 있다. 문재인 정부 들어 규제 관련 입법이 그 어느 때보다 넘쳐나는 현실에서, 기업이 살아남기 위해 '입법마인드'로 무장해야 하는 이유도 바로 여기에 있다. 그런데 여기서 말하는 입법마인드란, 다음과 같은 3가지가 모두 갖춰질 때 비로소 의미를 갖는다.

첫째, 기업 스스로 변화한 환경에 대응해 '정치 리스크'를 정확히 인식하고 있어야 한다. 그러기 위해서는 먼저 기업과 경영에 대해 규제를 만들어내는 국회의 입법과정을 잘 알고 있어야 한다. 하지만 잘 알고 있는 것만으로는 부족하다. 왜냐하면 둘째, 입법과정에서 규제 입법과 관련해 단계별로 어떻게 대응해야 하는지를 알고 있을 때 비로소 입법과정에 대해 이해하고 있는 것이 의미를 갖기 때문이다. 한마디로 개별 회사 혹은 업역(業域)이 갖고 있는 기존 이익을 보호하고 나아가 새로운 이해를 관철하기 위한 절차와 방법을 잘 알고 있어야 하는 것이다. 셋째, 개별 회사 차원에서 앞서 열거한 첫째 및 둘째와 관련한 능력을 모두 갖춰 필요할 때 바로 업무를 수행할 수 있는 전문 인력도 확보하고 있어야 한다.

글쓴이는 이상과 같은 3가지 조건을 통칭해 '입법적 리더십'이라고 규정했다. 그래서 입법적 리더십이란, 좁게는 입법과 관련하여 넓게는 국정감사 자료요구와 관련한 증인신청에 대한 기업의 효과적인 대응까지를 의미한다. 한마디로 기업이 기존 이익을 지키기 위해서는 국회의 작동원리 전체에 대한 이해는 물론 그에 대한 대응 전략을 수립하고 실전에서 활용할 수 있는 경험과 노하우를 갖고 있어야 한다는 것이다.

한편 법을 통하면 없던 예산도 만들어 지원받을 수 있다. 국회를 통해 각종 협회나 이익단체가 가진 숙원사업도 해결할 수 있다. 특정 직업군의 일자리도 입법을 통해 새롭게 만들어낼 수 있다. 가령 변호사단체는 2012년 4월 기업의 윤리 · 준법 경영

정착을 명분으로 수백 개에 달하는 '준법지원인'이라는, 기존에 없던 자리를 새롭게 만들어냈다. 이는「상법」개정을 통해 자산규모 3000억 원 이상의 상장기업으로 하여금 법률전문가 출신을 '준법지원인'으로 채용토록 의무화한 것으로 구체화했다. 2012년 당시는 등록변호사 2만 명을 눈앞에 둔 시대로, 법률시장이 변호사 과포화 상황으로 치달으면서 경쟁이 치열하던 때다. 이에 앞서 대기업에서는 이미 사내 변호사를 선발할 때 대리 3년 차 정도의 대우로 선발했다. 2008년 이전만 해도 연수원 출신 변호사를 과장급으로 채용했지만, 수요보다 공급이 많아 대리급으로 뽑아도 경쟁률이 떨어지지 않았다는 것이다. 이처럼 입법적 리더십을 통하면 특정 직업군만을 위한 새로운 일자리도 얼마든지 만들어낼 수 있다.

기업이 꺼리는 규제 완화 또는 제도개선도 국회를 활용하거나 입법을 통해 이뤄낼 수 있다. 우회적인 입법적 리더십을 통하면 행정부의 정책 변화를 끌어내 더 많은 수익을 창출할 수 있다. 한마디로 기존 이익을 지키는 방법도 입법에 있지만, 없던 시장을 만들고 새로운 이해를 관철하는 방법 또한 결국 입법을 통해야 한다는 것이다.

문제 많은 중고자동차 해외수출

그러면 여기서는 어떻게 하면 입법적 리더십을 통해 새로운 비즈니스를 만들어낼 수 있는지, 글쓴이가 그동안 국회에서 일하며 생각했던 아이디어 한 가지를 통해 구체적으로 살펴보자. 이는 중고자동차 수출과 관련돼 있다.

한 해에 많은 경우 중고자동차 100만여 대가 해외로 수출된다고 한다. 그러다 보니 해외에 나가면 여전히 한글 안내판이 붙어 있는 중고차를 어렵지 않게 만날 수 있다. 현재 중고자동차 수출은 무역업을 등록한 업체가 개인들을 상대로 중고자동차를 매집한 뒤 해외 바이어들을 통해 개발도상국인 아프리카 혹은 중동이나 동남아시아 등에 판매하는 방식으로 이뤄진다. 이 과정에서 중고자동차의 품질보증과 관련, 행정기관이 관여하거나 이를 담보할 수 있는 특별한 관련 규제는 없는 실정이다. 현재는 중고자동차 매입부터 품질확인과 보증 그리고 수출에 이르기까지, 모든 것이 사적 차원에서 이뤄질 뿐이다.

공적 영영이나 절차는 전혀 없다. 그러다 보니 하자(瑕疵) 있는 차량, 다시 말해 폐차를 해도 무리가 없을 정도로 품질이 나쁜 차량 또는 불법 도난 차량 등이 중고자동차라는 이름 아래 해외로 수출되는 일이 종종 벌어진다. 가끔은 벤츠나 BMW 등 고가브랜드 차량을 마치 도난당한 것처럼 신고해 보험금을 받고는 정작 중고자동차로 해외에 수출하는 사건도 발생한다.

조금 오래된 일이기는 하나 2006년 4월에 방영된 SBS 시사 보도프로그램 「뉴스추적」에 따르면, 몽골 현지 취재를 통해 거리에서 운행되는 차량의 상당수가 한국에서 도난당한 차량임이 확인됐다고 한다. 뉴스추적 취재진이 몽골에서 길가에 세워둔 5대의 한국 RV 차량에 대한 차적 조회 결과, 5대 모두 도난당한 차량이었다는 것이다. 심지어 당시 몽골주재 한국 총영사가 타던 렉스톤 차량 역시 2005년 1월 26일 일산에 사는 한 대학교수가 산 지 4개월 만에 자신의 아파트 주차장에서 도난당한 차량이었다고 한다. 뉴스추적은 "차종과 색깔만 얘기하면 바로 훔친 차량을 갖다준다."라고 할 정도로, 몽골에서의 한국 도난 차량 판매는 흔한 일이라고 보도했다. 아울러 이처럼 반값에 팔리는 도난 차량 때문에 한국 자동차 딜러들이 차를 팔수 없어 애를 태우고 있는 현실도 고발했다.[114]

2015년 8월에 상영된 영화 「베테랑」의 도입 부분을 보면, 경찰인 서도철과 미스봉이 커플로 위장해 차량 절도조직에 접근하는 장면이 나온다. 영화 속 경찰은, 차량을 훔쳐 정비소로 가져가 번호판을 바꾸고 도색(塗色)을 하는 절도조직은 물론 차량 절도조직에게서 도난 차량을 구매 후 러시아로 밀수출하는 해외 바이어까지 일망타진

---

114) 「노컷뉴스」, 2006. 4. 26.

한다.

그런데 이런 게 단순히 영화 속 얘기만은 아니었다. 2016년 2월 보도에 따르면, 관세청과 경찰 등은 정상적으로 수출할 수 없는 도난 또는 압류 차량 등 419대, 시가 119억 원 상당을 불법 수출한 3개 조직을 적발했다고 밝혔다. 특히 이 가운데는 도난당했다고 허위 신고 후 보험금을 타낸 차량 소유주도 있는 것으로 알려졌다. 한 통계에 따르면, 도난 차량 신고 중 14%가 보험금을 노린 허위 신고라고 한다.[115] 2018년 3월에는 수출할 수 없는 리스·대포 차량 45대, 시가 29억 원 상당을 서류상 폐차 직전의 차로 바꿔치기해 해외로 밀수출한 일당이 경찰에 붙잡혔다.

이처럼 중고자동차 수출과 관련해 많은 문제가 발생하는 건, 일차적으로 국내 중고자동차 매매업이 중소기업 적합업종으로 지정돼 영세하게 운영되고 있는데 기인한다. 관련한 조직과 시스템을 갖춘 대기업이 진출할 수 없어 영세성을 면치 못하다 보니 중고자동차의 품질을 보장할 수 없는 건 물론 도난 차량이 불법으로 유통되는 것이다. 여기에 추가로 중고자동차의 품질과 안정성을 담보할 수 있는 행정적인 공인인증이나 절차가 없는 것도 문제를 키우는 요소로 작용하고 있다. 다시 말해 중고자동차 유통과정에서 안정성과 품질을 담보할 수 있는 행정적인 조치가 수반된다면, 현재 중고자동차 수출과 관련해 발생하는 여러 문제점을 해결할 수 있을 것이다.

입법적 리더십을 통한 새로운 비즈니스 창출

입법적 리더십을 통한 새로운 비즈니스 창출은 바로 여기서부터 출발한다. 중고자동차 수출과 관련한 문제점은 품질에 하자가 있는 차량 혹은 도난 차량이 해외로

---

115) 「경향신문」, 2005. 11. 24.

立法을 알아야 기업이 산다

수출된다는 것이다. 그 원인은 중소기업 적합업종에 따른 영세성[116]과 함께 차량 품질과 안정성을 담보할 수 있는 관련 규정 또는 행정적 절차가 수반되지 않는데 기인한다. 그렇다면 해외로 수출되는 중고자동차가 가진 문제점을 해결하기 위한 방법을 문제의 원인에서 찾되, 다만 이를 입법적 리더십 차원에서 고민한다면 기존에 없던 새로운 시장을 만들어 낼 수 있다. 다시 말해 해외로 수출되는 중고자동차와 관련, 수출 전에 반드시 품질을 보증받는 것과 동시에 대포·도난 차량과 같이 수출할 수 없는 것이 아니라는 것을 확인받도록 하는 '인증절차'를 거치도록 입법화하는 것이다.

현재 운행 중인 차량 소유주는 「자동차관리법」에 근거해 2년마다 자동차 정기검사를 받아야 한다. 여기서 자동차 정기검사란, 운행 중인 자동차의 안전도 적합 여부 및 배출가스 허용기준 준수 등을 확인해 교통사고와 환경오염을 줄이기 위해 이뤄지는 사업을 말한다. 중고자동차 수출도 이와 같은 제도를 응용하면 된다. 수출되는 자동차의 품질을 담보하고 동시에 도난 차량이 밀수출되는 것을 막기 위해 해외로 수출되는 모든 차량은 수출 전에 반드시 검사절차를 거쳐 '인증서'를 취득하도록 관련한 법을 만드는 것이다. 동시에 인증업무를 특정 단체나 협회가 담당하도록 규정한다면, 이를 수행하는 기관은 '인증서 발급'에 따른 수익을 매년 독점할 수 있을 것이다. 예컨대 연간 100만대의 중고자동차가 해외로 수출되고 차량 1대당 인증절차를 거치는 데 따른 비용을 1만 원씩 받는다고 가정하면, 인증서 발급 업무를 수행하는 기관이 얻는 수익은 대략 100억 원이 된다. 차량 1대당 인증 비용을 2만 원으로 올리면 연간 수익은 200억 원으로 늘어난다.

해외로 수출되는 중고자동차의 품질을 담보하는 것과 함께 도난 차량의 밀수출을 방지하기 위한 '인증제도' 도입은, '기존에 없던 새로운 시장'이기에 경쟁자가 없다.

---

116) 영세성을 근거로 대기업 진출을 문제 해결 방안으로 생각해 볼 수 있다. 그렇게 되면 대기업과 중소기업 간 경쟁체제를 구축함으로써 중고자동차의 품질을 담보하는 것과 함께 관련한 서비스 개선도 이뤄낼 수 있을 것이기 때문이다. 하지만 이에 앞서 수출업자들이 대기업 진출을 극렬히 반대할 것이 뻔하고, 더욱이 이는 입법을 통해 해결할 문제도 아니라는 점에서, 결국 입법적 리더십 차원에서 말하는 새로운 시장 창출과도 거리가 먼 얘기다. 단지 영세한 수출업자들이 갖고 있던 중고자동차 시장을 대기업이 일부 공유하는 것에 지나지 않을 뿐이다.

따라서 입법을 반대하거나 문제점이 있다고 나설 사람도 없다. 다만 중고자동차 수출업자는 인증서 발급에 따른 비용 부담을 이유로 반대 내지 문제점을 지적할 수도 있다.[117] 하지만 무엇보다 입법을 위한 '명분', 즉 입법의 배경과 문제의식이 현재 중고자동차 수출 시장이 안고 있는 고질적인 문제점들을 해결하는 것이기에 수출업자 또한 대놓고 반대할 수만은 없을 것이다.

인증제도 도입과 함께 또 하나 감안할 수 있는 게 중고자동차에 대한 'IT 추적 시스템' 도입이다. 우리나라는 누가 뭐래도 IT 강국이다. 따라서 이를 중고자동차 수출에 적용하는 것이다. 가령 자동차마다 IT 추적 시스템을 설치할 수 있도록 입법화하는 것이다. 그리고 IT 추적 시스템을 개발한 업체로 하여금 자동차에 대한 시스템 설치 및 추적ㆍ관리 업무를 맡는 것이다. 이렇게 되면 어떤 중고차량이 어떤 과정을 거쳐 누구에게로 팔려가는지를 손금 보듯 자세히 알 수 있다. 자연 하자 있는 차량 혹은 도난 차량의 수출을 막을 수 있다. 동시에 중고차 이력 시스템을 운영하는 업체는 독점적으로 수익을 창출할 수 있을 것이다. 입법적 리더십은 이처럼 강한 힘을 갖고 있다. 누구나 이를 알고 실천할 수 있다면 자신의 분야에서 이전에 없던 새로운 비즈니스로 많은 수익을 창출할 수 있다.

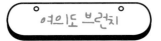

글쓴이 경험에 따르면, 입법과정에서 가장 중요한 건 입법의 필요성, 즉 당위성 및 관련한 논리가 반드시 수반돼야 한다는 것이다. 가령 투척용 소화기를 노유자시설에 의무 비치하도록 한데는, 이에 앞서 충남복지원에서 발생한 화재로 9명이 희생된 사건이 배경으로 자리 잡고 있다. 이처럼 규제를 주 내용으로 하는 입법이지만 그와 관련한 필요성

---

117) 인증서 발급 비용 1만 원과 관련, 중고자동차 수출업자들은 결국 이를 차량을 판매하는 개인들에게 떠넘길 것이라는 점에서 '비용 부담'은 입법 가능성을 낮추는 장애물로 작용하지는 않을 것이다.

이 수반된다면, 손쉽게 행정부나 국회를 설득할 수 있다. 설혹 입법을 반대하는 목소리가 있더라도, 그 또한 자연 수그러들기 마련이다. 또 하나 현재 시장에서 경쟁자가 존재하지 않는다면 입법 가능성은 더 커진다. 예를 들어 자동제세동기를 공공장소에 의무 비치한다고 해서 손해 보는 경쟁자는 없다. 그런데 만약 경쟁자가 존재하는 시장에서 내 것만을 의무비치 혹은 의무사용으로 규정한다면, 경쟁자는 분명 반대하고 나설 것이다. 이 경우에는 입법과정이 지난(至難)해질 수 있다. 특정인에게만 혜택을 준다는 비난을 벗어날 수 없다. 하지만 경쟁상대가 없는 가운데, 더 중요한 건 긴급하게 '생명'을 살린다는 명분과 필요성이 수반되니, 결국 자동제세동기 의무비치라는 입법은 누구의 반대도 없이 수월하게 국회 문턱을 넘을 수 있었다. ☕

기득권 장벽 높이기로 협·단체의 수익 창출

앞서 미국에서는 목 구조학을 공부해야 미용실에서 머리를 감길 수 있다는 것을 설명한 바 있다. 또 미시간주에서는 500시간의 교육을 받아야 마사지 면허를 딸 수 있다는 사례도 살펴봤다. 글쓴이는 이를 외부인에 대한 진입장벽을 높여 기존 이익을 공고히 하는 것으로 또 다른 측면에서의 입법적 리더십이라고 기술했다.

그런데 만약 이걸 우리 현실에 적용해 보면 어떨까? 가령 때밀이와 관련해 피부학을 공부해야 목욕탕에서 일할 수 있다고 한다면 어떻게 될까? 인체 근육과 관련해 500시간의 교육을 받고 관련한 시험도 통과해야 마사지업을 개업할 수 있다고 한다면 어떻게 될까? 택배나 대리운전이 무자본으로 사업에 나설 수 있는 좋은 비즈니스 모델임에도 불구하고 큰돈을 벌지 못하는 것은 누구나 손쉽게 뛰어들 수 있기 때문이다. 그런데 만약 택배나 대리운전을 하기 위해서는 반드시 안전교육을 이수하는 것과 함께 자격증을 취득해야 한다고 하면 어떻게 될까?

물론 하나같이 기득권자의 이익이나 시장을 보호 내지 강화하는 조처가 될 것이다. 뒤에 시장에 진입하려는 사람들에게 장애가 될 것이 분명하다. 하지만 반대로 이미 시장에 진입해서 일하는 사람들에게는 경쟁률을 낮추는 것과 함께 지금 자신이 얻는 이익을 뺏기지 않고 확보 내지 유지할 수 있는 방법이 될 것이다.

이처럼 일정액의 비용을 내고 관련한 실무교육을 반드시 이수해야 한다는 조건 하나만으로도 진입장벽은 높아질 것이고, 반대로 교육을 주관하는 기관이나 단체는 안정적으로 수익을 창출할 수 있을 것이다. 글쓴이가 하는 행정사가 바로 이런 구조로 운영되고 있다. 행정사는 공무원 몇 년 이상이면 누구에게나 1, 2차 시험이 면제돼 조건을 갖춘 사람이라면 신청만 하면 자격증을 딸 수 있다. 그러나 실제 행정사 업무를 하려면 2주가량의 교육을 반드시 이수한 교육 필증이 있어야 한다. 교육은 행정사협회 주관으로 이뤄진다. 1인당 30만 원씩이다. 연간 1000명만 교육을 이수해도 총 수익은 3억 원이나 된다. 협회가 부담하는 비용이라야 강사료와 교재 제작비 정도다. 요즘처럼 코로나 시국에는 줌(zoom)을 통해 비대면으로 강의하는 데 따라 커피 한 잔 제공하는 것과 같은 추가비용도 발생하지 않는다. 따라서 이런 식의 비즈니스 모델을 만들 수 있다면, 각종 협·단체는 안정적으로 수익을 창출할 수 있다. 만약 개업할 때의 실무교육 외에도 정기적인 보수교육 수강을 의무화하면 각종 협회나 단체가 얻을 수 있는 수익은 더 많아질 것이다. 이게 바로 입법적 리더십이 갖고 있는 힘이다.

그럼 이제 제4장에서는 입법적 리더십을 가능케 하는 국회의 두 가지 작동원리, 즉 입법과정과 증인신청 프로세스 그리고 관련한 대응전략에 대해 살펴보자.

IV

국회의 작동원리와

그 이해(理解)

01

입법과정에 대한 이해와 대응

1) 국회의 입법과정

입법과정(Legislation Progress)은 국민의 대표기관인 국회가 법률을 제정하는 일련의 절차를 의미한다. 다시 말해 특정한 정책적 목적을 갖고 입안된 법률안이 국회에 제출된 후 정해진 절차에 따라 심사와 심의를 마치고 정부 이송 및 대통령 공포를 거쳐 법률로서의 효력이 발생하기까지의 전 과정을 가리킨다. 입법과정을 단계적으로 살펴보면 법률안 입안 → 법률안의 국회 제출 및 회부 → 국회 심의 · 의결 → 법률안의 정부 이송 및 공포 등 크게 4단계로 구분할 수 있다. 이를 순서대로 살펴보자.

가. 법률안 제안권자

법률안 입안(立案)과 관련, 우리 헌법은 그 주체 즉 '제안권자'가 누구인지를 규정하고 있다. 헌법 제40조는 "입법권은 국회에 속한다."라고 해 국회 입법 원칙을 명문화하고 있다. 또한 헌법 제52조에 따르면, "국회의원과 정부는 법률안을 제출할 수 있다."라고 해 국회의원과 함께 정부에도 법률안 제출권을 부여하고 있다. 이와 관련,

국회의원의 법률안 발의[118]를 통상 '의원입법'으로, 정부의 법률안 제출에 대해서는 '정부입법'으로 부르고 있다. 한편 「국회법」 제51조는 "국회의 위원회도 그 소관에 속하는 사항에 대하여 법률안을 입안하여 위원장 명의로 제출할 수 있다."라고 규정, 이를 의원입법의 범주에 포함하고 있다. 이에 따라 법률안 제안권자는 크게 △국회의원 △정부 △위원회 등 3자로 구분된다.

나. 법률안 입안

법률안 입안과정은 제안 주체에 따라 차이가 있어 이를 구분해 살펴보도록 하자. 먼저 국회의원에 의한 의원 발의 법률안 입안과정이다.

① 의원 발의 법률안 입안과정

의원 발의 법률안은 국회의원 개인이 입안한 법안을 의미하는데, 이는 다시 그 성격에 따라 △의원(보좌진)이 직접 입안해 발의하는 경우 △연구원이나 특정 단체 혹은 제3자가 입안한 법률안을 발의하는 경우 △정부가 제공한 법률안을 대신 발의하는 경우 △의원이 소속된 정당의 정책부서에서 입안한 법률안을 발의하는 경우 등 4가지로 구분된다. 이를 빈도수로 구분하면 직접 입안 〉 정부 제공 안 혹은 제3자 안 〉 소속 정당 안 순이다.

의원 발의 법률안은 대개 특정 분야에 대한 개인적 관심에서 시작된다. 평소 의원이나 보좌진이 관심 갖고 있던 주제나 분야와 관련해 입법적 미비나 보완해야 할 내용 혹은 시대적 변화에 맞춰 새롭게 보태야 할 내용 등을 중심으로 입법이 추진된다. 물론 자신이 소속된 상임위원회와 관련, 위원회 활동 중이나 국정감사를 치르는 과

---

118) 발의(發議)는 국회의원이 의안(議案)을 내는 것을 의미한다. 제출(提出)은 정부가 의안을 내는 것을, 제안(提案)은 국회 상임위원회가 의안을 내는 것을 뜻한다. 일반적으로 발의, 제출, 제의를 통칭해 제안이라고도 한다. 법률안을 입안할 수 있는 대상, 즉 의원·정부·위원회를 묶어서 '법률안 제안권자'라고 하는 것도 이에 따른 것이다. 한편 「국회법」은 제안과 제의(提議)도 구분하는데, 제의는 국회의장이 의안을 내는 걸 의미한다.

정에서 부각된 문제와 관련해서도 법률안을 준비한다. 일상생활 속에서 접하거나 직면하는 문제점과 불편함은 의원입법의 가장 기초적인 소재가 된다. 언론 보도 또한 중요한 참고자료가 된다.

사실 언론에서 지적하는 법적 미비 사항이나 현실과 부합하지 않는 현장의 문제점 등은 많은 의원에게 중요한 입법과제로 다가선다. 가령 술에 취한 승객이 운전하는 기사를 폭행해 안전운행을 방해하는데 이에 대한 처벌 규정이 마련돼 있지 않거나 미비하다는 내용이 보도되면, 다음날 의원실은 너나 할 것 없이 관련된 개정안을 발의한다. 어린이집에서 발생한 아동 폭행이나 부모에 의한 자녀 학대가 언론을 통해 사회문제화되면 곧바로 처벌을 강화하는 법률안이 발의되는 것도 같은 현상이다. 특정 시점에 다수 의원실에 의해 서로 비슷비슷한 내용의 같은 법명(法名)을 가진 개정안이 무더기로 제출되는 건 바로 이에 연유한다. 2021년 3월 LH 직원들에 의한 3기 신도시 부동산 투기가 보도되자 「이해충돌방지법」, 「공직자윤리법」, 「공공주택 특별법」 등과 관련한 각 의원실 개정안이 물밀 듯이 쏟아진 것도 이런 사실을 반증한다. 특히 이렇게 입안된 의원입법은 통상 법조문 한두 줄을 고치는 정도로 간단히 끝난다. 심한 경우 단어 한두 개 수정하거나 처벌조항과 관련한 숫자만 바꾸는 사례도 있다.

의원은 정부 혹은 제3자가 제공하는 법률안을 대신 발의하기도 한다. 한마디로 법률 제·개정을 원하는 쪽에서 문안을 입안해 넘겨줌으로써, 의원실로 하여금 발의토록 하는 것이다. 따라서 이처럼 특정 단체나 기관이 입법을 희망하는 법률안은 대부분 자신의 이익을 대변하는 내용으로 구성돼 있다. 의원이 정부를 대신해서 발의하는 법률안에는 정부의 필요 때문에 만들어진 제·개정안의 내용이 담겨 있다. 또 특정 단체나 협회에 의해 입안된 법률안은 자신들의 이익을 법률적으로 보호 내지 더 강화하는 내용으로 이루어져 있다. 이 경우 법률안은 모든 문안이 완성된 상태로 전달되기 때문에 입안과 관련해 의원실에서 특별히 할 일은 거의 없다. 단지 조문을 한두 번 훑어보는 것과 함께 동료의원들로부터 최소 9개의 찬성 도장만 받으면 된다.

그런데 여기서 눈치 빠른 사람이라면 고개를 갸우뚱할 수도 있을 것이다. 권한이 없다면 모를까, 정부 스스로 법률안 제출권자인데도 불구하고 국회의원이 정부를 대신해 법률안을 발의하는 것이 쉽게 이해되지 않을 것이기 때문이다. 여기에는 다음과 같은 이유가 존재한다. 우선 정부입법은 의원입법과 달리 절차가 훨씬 복잡하다. 정부입법은 관계기관 협의도 해야 하고 입법 예고도 거쳐야 한다. 규제개혁위원회와 법제처 심사도 받아야 하며 국무회의 심의를 마친 뒤 대통령 재가를 얻어야 비로소 국회에 제출될 수 있다. 이러다 보니 법률안 하나 제출하는 데 적지 않은 시간이 소요된다. 여기에 제출하려는 법률안에 대한 타 부처의 의견 수렴 또한 많은 시간이 소요되는 요소로 작용한다. 행정부 내 의견이 합의되지 않는 한 법률안을 제출할 수 없기 때문이다. 그 결과 짧게는 몇 달에서 길게는 1~2년 걸리기도 한다. 이는 법안 한 줄 혹은 심한 경우 단어 하나 바꾼 뒤 동료의원들로부터 찬성 도장 9개를 더 받으면 단 하루 만에도 법률안을 발의할 수 있는 의원입법과는 비교할 수조차 없는 일이다. 따라서 정부가 정부입법 대신 의원입법을 통하면 복잡한 절차를 생략할 수 있는 건 물론 시간 또한 절약할 수 있는 장점이 있다.

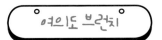

여의도 브런치

언론이나 각 정당에서 의원들의 의정활동을 평가하기 위해 법률안 발의 건수를 중요한 판단 요소 중 하나로 삼는 건 참으로 우스운 일이다. 과거 글쓴이가 보좌관으로 일할 때의 일이다. 한 의원실 보좌관이 보건복지위원회와 관련한 법률 개정안 10여 건을 갖고 와 서명을 부탁했다. 10건 모두 법명은 달랐지만, 개정안의 내용은 동일했다. '노인'이라는 표현이 어르신들에 대한 비하(卑下)의 의미를 담고 있으니 '실버'로 바꾸자는 게 개정

立法을 알아야 기업이 산다

안 10건의 내용이었다. 그래서 글쓴이가 물었다. "'노인'이라는 표현이 담긴 법률이 한두 개가 아닐 텐데 이걸 모두 고치면 수백 건도 더 되겠다."라고 하자, "그래서 당장 상징적인 법률 10건만 먼저 챙겨왔다"라는 답변을 들었다. 그러면서 "이게 통과되면 나머지도 모두 바꿀 생각이다."라는 것이다. 다행히 개정안은 임기만료로 모두 폐기됐지만, 만약 이게 통과됐다면 노인을 실버로 바꾸자는 개정안을 추진한 의원은 수백 건의 법률안을 발의한 것과 함께 의정활동 최우수의원이 됐을 것이다. 이 얼마나 코미디 같은 일인가? 제19대 국회 당선인들로부터 가장 닮고 싶은 정치인으로 뽑혔던 조순형 전 의원은 11대부터 18대까지 7번(13대 국회만 낙선)이나 국회의원으로 활동하면서 딱 1건의 법률안만 발의했다. 조순형 전 의원은 '미스터 쓴소리'로 불리며 율사 출신이 아님에도 불구하고 오랫동안 법제사법위원회 위원으로 의정활동을 수행한 것으로 유명하다. 하지만 그런 그가 법률안 발의는 단 1건에 그쳤다는 건 의미하는 바가 크다. 이에 대해 조순형 전 의원은 "가급적 입법을 자제하기 때문"이라며, "의원들이 특정 이익집단이나 지역의 이해를 대변하는 법안을 신중하지 못하게 발의하는 것은 입법 실적을 내겠다는 한건주의에 불과하다"[119]고 비판했다. ☕

반면 의원 입장에서 정부입법을 대신 발의하면 그건 곧 '실적' 하나 올리는 것을 의미한다. 이를 두고 혹자는 할당량을 채우기 위해 막무가내로 '딱지'를 떼는 교통경찰과 다를 것이 하나도 없다고 비판한다. 하지만 여기에는 다음과 같은 이유가 있다. 우리 언론은 법률안 내용은 도외시한 채 단지 발의 건수의 많고 적음만을 근거로 종종 의원의 의정활동을 평가하곤 한다. 일반인들은 설마 하고 잘 믿으려 하지 않겠지만, 법률안 발의 건수가 많으면 의정활동을 잘 한 것이 된다.[120] 국회의원 선거철이 되

---

119) 「한국경제신문」, 2010. 7. 9.

120) 자연 의원들은 숫자의 함정에 매몰되기에 십상이다. "남이 흘린 걸 줍거나 베끼든지 안 되면 뺏어서라도 발의 건수를 늘려라!"와 같은 의원들의 주문은, 바로 이 같은 현실에 기인한다. 상호 법률안 베끼기, 폐기된 법률안 재활용, 무분별한 공동발의 등은 의원들이 건수에 집착하면서 나타나는 부정적 현상이다.

면 중앙당 또한 공천 잣대의 하나로 질은 도외시한 채 얼마나 많은 법률안을 발의했는지를 평가한다. 법률안이 공장에서 찍어내는 공산품도 아닐 텐데, 더욱이 모든 국민의 삶을 규제하거나 영향을 미친다는 점에서 질(質)을 도외시한 정량(定量)평가가 갖는 문제점은 한둘이 아니다. 하지만 지금 이 순간에도 정당이나 언론은 오로지 법률안을 많이 발의하면 의정활동을 아주 잘한 것으로 평가하고 있다. 따라서 정부입법이 의원입법으로 둔갑(?)하는 것은 바로 이 같은 양자의 이해, 즉 정부 입장에서는 시간을 절약해 신속하게 법률안을 제출할 수 있는 데 반해 의원은 건수 하나 늘릴 수 있는 이해가 맞아떨어지면서 벌어지는 한국 정치만의 특이한 현상이다. 혹자는 이에 대해 '청부입법' 또는 '차명입법'으로 규정, 단지 양적 결과에 불과한 건수 늘리기에 연연하는 의원들의 법률안 발의 행태를 꼬집고 있다.

한편 여야를 막론하고 각 정당은 정책을 심의·결정하는 조직으로 '정책위원회'를 두고 있다. 정책위원회는 평소 당의 정체성과 관련된 정책을 개발하고 이를 대통령선거 혹은 총선 공약으로 발표한다. 아울러 이런 가운데 정책 및 공약을 실현하기 위해 입법이 필요하면, 이를 당론으로 만들어 소속 의원들로 하여금 대신 법률안을 발의토록 한다. 당론으로 만들어진 법률안의 경우, 법안 소관 해당 상임위원회 의원 1인이 대표발의자가 되고, 나머지 소속 의원들은 모두 다 법률안 발의에 동참한다는 의미에서 공동발의자로 서명한다. 이상에서 의원 발의 법률안의 입안과정을 크게 3가지 차원으로 나눠 살펴봤는데, 이를 표로 그리면 〈도표-1〉과 같다.

② 정부 제출 법률안 입안과정

정부가 입법을 추진하는 이유는 크게 두 가지로 구분할 수 있다. 우선 국내외 여건변화, 즉 시대적 변화에 따라 현실과 부합하지 않거나 아예 새로운 현실 출현으로 관련한 법률이 존재하지 않는 데 따른 보완 입법의 필요성이 그 하나이다. 또 모든 정당은 대통령선거 및 국회의원 총선거와 관련해 수많은 정책을 공약으로 발표하는데,

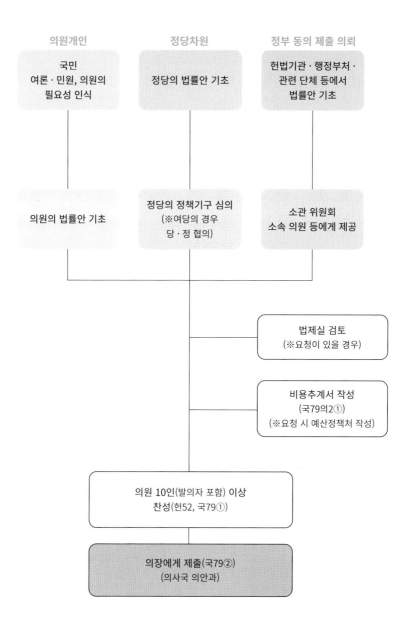

<도표-1> 의원 발의 법률안 입안과정도

이 경우 대통령선거에서 승리한 정당이 집권 여당이 되면서 관련한 대선 및 총선거에서의 공약을 실천하기 위한 입법과제가 주어진다. 특히 선거에서 승리한 쪽의 대통령선거와 관련한 공약은 '국정과제'라는 이름으로 중앙행정기관별로 소관 사항과 관련한 법률안 입안이 추진되는데, 이게 정부가 입법을 추진하는 또 다른 이유이다. 예를 들어보자.

수도의 지방 이전은 노무현 대통령의 핵심공약 중 하나였다. 물론 헌법재판소의 위헌 판정으로 지방 이전은 중단됐지만, 대신 세종시를 행정중심복합도시로 건설하는 방안이 추진됐다. 이를 위해 당시 정부는 「지방분권특별법」, 「국가균형발전특별법」, 「행정중심복합도시 건설을 위한 특별법」 등을 제정했다. 주 최대 52시간 노동이라는 근로시간 단축은 문재인 대통령의 노동 부문 핵심공약이었고, 이는 자연 「근로기준법」 개정이라는 과제를 낳았다.

정부는 각 중앙행정기관별로 자신의 업무와 관련한 입법을 추진한다. 예컨대 주택정책과 관련한 입법은 국토교통부가, 국민의 보건 및 의료와 관련해서는 보건복지부가 입법을 추진하는 식이다. 국회에 제출될 법률안 작업은 대개 소관 부처의 담당 부서 주관으로 이뤄진다. 가령 주택공급과 관련한 법률안은 국토교통부의 주택정책과에 의해 만들어진다. 하지만 법률안 입안이 고도의 전문성 혹은 기술성을 요하는 경우에는 관련 연구기관이나 단체에 용역을 주거나 전문가들로 임시 조직을 구성해 추진하기도 한다. 정부 제출 법률안이 예산 또는 기금 상의 조치를 필요로 하는 경우, 법률안 시행에 수반될 것으로 예상하는 비용에 대한 추계서와 함께 재원조달방안과 관련한 자료를 첨부해야 한다.

중앙행정기관별로 법률안이 입안되면 제일 먼저 관련한 다른 중앙행정기관과의 협의를 거친다. 예컨대 새롭게 입안된 법률안에 예산과 관련된 사항이 포함돼 있으면 기획재정부가, 벌칙과 관련된 사항이 있으면 법무부가, 정부 조직 변경과 관련된 사항이 있으면 행정안전부가, 정부 회계와 관련된 사항이 있으면 감사원이, 기타 중

立法을 알아야 기업이 산다

앙행정기관의 고유업무와 관련된 사항이 있으면 바로 그 행정기관이 협의 대상이 되는 것이다.

중앙행정기관이 법률안 입안과 관련해 관계기관과의 협의를 제일 먼저 시작하는 데는 그만한 이유가 있다. 행정기관별로 입안한 법률안은 차관회의와 국무회의(장관급 참여) 심의를 거쳐야 비로소 국회에 제출될 수 있다. 그런데 차관 및 국무회의는 지금껏 관행상 만장일치로 운영돼 어느 한 부처라도 이의를 제기하면 법률안 입안은 더 이상 진도를 나갈 수 없다. 따라서 중앙행정기관별로 입안한 법률안이 무사히 국회에 제출되려면 일차적으로 관계기관과 협의를 잘 마쳐야 하는 건 물론, 바로 이런 점에서 '협의'는 사실상 '합의'의 의미를 갖는다. 더불어 이처럼 각 기관의 이해를 상호 조정해야 하므로 협의에는 많은 시간이 소요되는데, 바로 이것이 '청부입법'의 빌미가 되기도 한다.

관계기관과 협의를 마친 법률안은 뒤이어 당·정 협의를 거친다. 여기서 '당'이란 집권 여당을 의미한다. 즉 행정부가 집권 여당의 정책업무 담당자들을 비롯해 관련한 해당 상임위원들과 협의를 거치는 것이다. 가령 국토교통부가 주택정책과 관련한 법률안을 입안했다면, 여당의 정책위원회 의장과 부의장 그리고 여당의 국토교통위원회 소속 의원들과 입안한 법률안을 협의하는 것이다. 당·정 협의는 입안된 정부 법률안이 여당의 당론에 부합하거나 혹 문제는 없는지, 국민의 이해는 잘 반영됐는지 등을 살피는 의미를 갖고 있다. 여당 의원들 동의가 있어야만 이후 과정을 추진할 수 있다는 점에서 당·정 협의 또한 사실상 합의의 의미를 갖고 있다.

당·정 협의를 마친 법률안은 뒤이어 입법 예고 과정을 거친다. 「행정절차법」에 따르면, 국민의 권리나 의무 또는 일상생활과 관련된 법령 등을 정부가 제·개정 또는 폐지하려고 하면 입법에 앞서 입법안의 취지, 주요 내용 또는 전문을 관보나 공보 또는 인터넷·신문·방송 등의 방법으로 널리 공고하도록 규정돼 있다. 입법 예고 기간은 예고할 때 정하되, 특별한 사정이 없으면 40일 이상으로 한다. 예고된 법률안에 대해 의견이 있으면 누구나 소관 중앙행정기관에 의견을 제출할 수 있다. 특히 「행정절차법」은 입법 예고 결과, 중요한 의견 제출과 관련해서는 소관 중앙행정기관의 장으로 하여금 그 처리 결과를 국무회의 상정안에 첨부토록 규정하고 있다.

입법 예고를 마친 정부 법률안이 규제를 신설 또는 강화하는 내용을 담고 있으면, 소관 중앙행정기관의 장은 규제영향분석서 등을 첨부해 규제개혁위원회의 규제심사를 받아야 한다. 이는 새롭게 입안된 정부 법률안이 시장의 자율성을 규제함으로써 민간의 효율성을 감소 또는 축소하는 것을 방지하기 위한 것과 관련돼 있다. 이 밖에도 정부입법은 부패영향 평가 및 정책통계기반평가를 받는다.

중앙행정기관이 작성한 법률안 초안은 이처럼 여러 단계를 거치면서 수정·보완돼 비로소 완성된 형태의 법률안으로 재탄생한다. 그렇다고 정부입법의 입안과정이 모두 끝난 것은 아니다. 완성된 형태를 갖춘 법률안은 뒤이어 법제처 심사를 받는다. 법률안에 대한 심사 의뢰가 들어오면, 법제처는 법률안의 자구·형식·체계뿐만 아니라 내용의 타당성 등 실질적인 사항들을 심사하여 최종적인 정부 법률안으로 완성한다.

법제처 심사를 마친 법률안은 차관회의와 국무회의 심의를 거친다. 다만 긴급한 경우에는 차관회의를 생략하고 바로 국무회의에 상정해 심의할 수 있다. 심의를 마친 법률안에는 대통령이 서명하고 국무총리 및 관계 국무위원이 부서(符書)한다. 아울러 법률안 제출공문에 대통령의 서명과 국무총리 및 관계 국무위원의 부서가 이뤄지면, 법제처는 공문과 법률안을 국회에 제출하는데, 이로써 정부 제출 법률안 입안과정은 모두 마무리된다. 정부 제출 법률안 입안과정을 표로 그려보면 〈도표-2〉와 같다.

한편 정부의 법률안 제출이 특정 시기, 예컨대 국정감사와 예산심사 등 할 일 많은 정기회(定期會)에 집중되지 않게 하려고, 「국회법」은 정부의 입법계획 수립을 규정하고 있다. 한마디로 중앙행정기관별로 이뤄지는 법률안 제출을 정부 스스로 계획을

立法을 알아야 기업이 산다

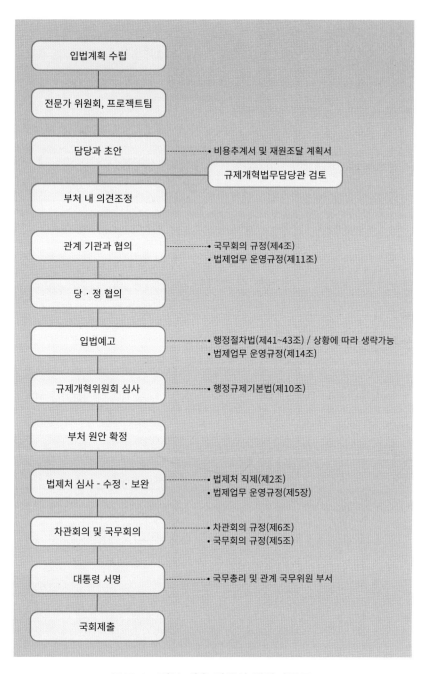

```
입법계획 수립

전문가 위원회, 프로젝트팀

담당과 초안 ┄┄┄┄┄┄● 비용추계서 및 재원조달 계획서

        ┌─ 규제개혁법무담당관 검토

부처 내 의견조정

관계 기관과 협의 ┄┄┄┄┄┄● 국무회의 규정(제4조)
                        • 법제업무 운영규정(제11조)

당 · 정 협의

입법예고 ┄┄┄┄┄┄● 행정절차법(제41~43조) / 상황에 따라 생략가능
                • 법제업무 운영규정(제14조)

규제개혁위원회 심사 ┄┄┄┄┄┄● 행정규제기본법(제10조)

부처 원안 확정

법제처 심사 - 수정 · 보완 ┄┄┄┄┄┄● 법제처 직제(제2조)
                              • 법제업무 운영규정(제5장)

차관회의 및 국무회의 ┄┄┄┄┄┄● 차관회의 규정(제6조)
                            • 국무회의 규정(제5조)

대통령 서명 ┄┄┄┄┄┄● 국무총리 및 관계 국무위원 부서

국회제출
```

<도표-2> 정부 제출 법률안 입안과정도

세워 관리하도록 주문하고 있는 것이다. 이에 따라 정부는 법률안 제출계획을 매년 1월 31일까지 국회에 통지해야 한다. 만약 계획을 변경하면 분기별로 변경된 주요사항을 통지해야 한다. 따라서 '법률안 국회 제출계획'[121]을 살펴보면, 정부가 언제 어떤 법률안을 제·개정하려는 지를 손쉽게 알 수 있다.

③ 위원회제안 법률안 입안과정

「국회법」은 상임위원회가 그 소관에 속하는 사항과 관련해 법률안이나 그 밖의 의안을 제출할 수 있다고 규정하고 있다. 이 경우 제출자는 상임위원회 위원장이다. 이밖에도 특정 사항에 대한 법률안의 입안 및 심사를 위해 본회의 의결로 특별위원회를 구성하는 경우, 그 범위 안에서 특별위원회도 법률안을 입안해 제출[122] 할 수 있다. 이와 관련, 21대 국회는 국가균형발전특별위원회, 재정분권특별위원회 등을 특별위원회로 운영하고 있다.

위원회가 제안하는 의안은 편의상 '위원회 대안'과 '위원회안'으로 구분된다. 먼저 전자는 원안의 취지를 변경하지 않는 범위에서 그 내용을 대폭 수정하거나 체계를 다르게 해 원안을 대신한 안을 만드는 것을 뜻한다. 다시 말해 의원 또는 정부가 제출한 법률안을 폐기하고 그 취지를 담은 새로운 법률안을 만드는 것이다. 후자는 위원회가 그 소관에 속하는 사항과 관련해 독자적으로 의안을 입안하는 것을 의미한다.

먼저 후자와 관련해 살펴보자. 2021년 2월 19일 교육위원회는 「법률용어 정비를 위한 교육위원회 소관 34개 법률 일부개정을 위한 법률안」을 위원회안으로 제안했

---

121) 정부의 법률안 국회 제출계획은 국회 홈페이지에서 확인할 수 있다. 한편 「법제 업무 운영규정」에 따라 중앙행정기관의 장은 법률안 국회 제출계획을 전년도 11월 말까지 법제처에 제출해야 한다. 따라서 매년 11월 말이면 법제처를 통해 이듬해 각 중앙행정기관의 법 제·개정 현황을 알 수 있다. 그런데 정부입법이 많아지면서 오히려 주요법안들은 의원을 통해 발의되는 데 따라, 법률안 국회 제출계획은 점차 그 의미를 상실하고 있다.

122) 2019년 4월 29일 패스트트랙으로 지정된 4개의 법률안인 선거제 개혁안(공직선거법 개정안), 2개의 공수처 설치법안, 형사소송법·검찰청법 개정안(검경 수사권 조정안) 등은 당시 사법개혁특별위원회와 정치개혁특별위원회가 입안한 법률안이다.

다. 이는 당시 교육위원회가 법안심사소위원장으로부터 국회 사무총장이 송부한 「법률용어 정비를 위한 교육위원회 소관 34개 법률 일부개정을 위한 법률안」에 대한 보고를 받고 상정해 심사한 데 따른 것이다. 이에 앞서 국회 사무총장은, 2020년 10월 8일 국회사무처 법제실 · 법제처 및 국립국어원이 협력하여 어려운 한자어나 일본식 표현 등을 알기 쉬운 표현으로 순화하여 제시한 법률용어 정비 시안을 교육위원회에 송부했다. 결국 국회 사무총장이 교육위원회에 송부한 「법률용어 정비를 위한 교육위원회 소관 34개 법률 일부개정을 위한 법률안」을 교육위원회 법안심사소위원회가 전체회의에 보고하자 위원회는 이를 심사 후 위원회안으로 제안한 것이다.

앞서 조금 복잡하게 설명된 '위원회 대안'은 위원회의 효과적인 법률안 심사와 관련된 측면이 강하다. 300명의 국회의원은 매일매일 새로운 법률안을 발의한다. 그러다 보면 서로 비슷한 내용의 법률안을 발의하거나 혹은 동일한 법명(法名), 즉 같은 법률과 관련한 내용의 개정안을 발의한다. 가령 「국회법」과 관련해 누구는 제1조에 대한 개정안을 또 누구는 제2조와 관련한 개정안을, 반면 누구는 제1조와 관련해 '아'를 '어'로 바꾸는 개정안을 또 누구는 '아'를 '이'로 바꾸자고 개정안을 준비하는 것이다. 이렇게 되면 4명의 의원이 발의했지만, 그 대상이 되는 법률은 「국회법」 하나에 불과하다. 이 경우 위원회는 의원 발의 4건을 함께 '병합심사' 후 이를 묶어 하나의 새로운 법률안으로 만드는데, 이것이 바로 위원회 대안이다. 한편 애초 위원회 대안의 기초가 됐던 4건의 법률안은 대안으로 반영된 데 따라 자동 폐기된다. '대안반영 폐기'는 바로 이를 가리킨다.

바로 이런 점에서 위원회 대안은 반드시 원안의 존재를 전제로 해서 이뤄진다. 반면 위원회안은 원안의 존재 여부와 관계없이 이뤄진다는 점에서 양자 간에 차이가 있다. 또한 위원회제안 법률안 가운데 위원회안은 그리 많지 않고 대부분은 위원회 대안이다. 위원회제안 법률안이 예산 또는 기금 상의 재정(財政)을 수반하면 비용추계서를 첨부해야 한다. 위원회에서 제안된 법률안은 이미 해당 위원회에서 충분히

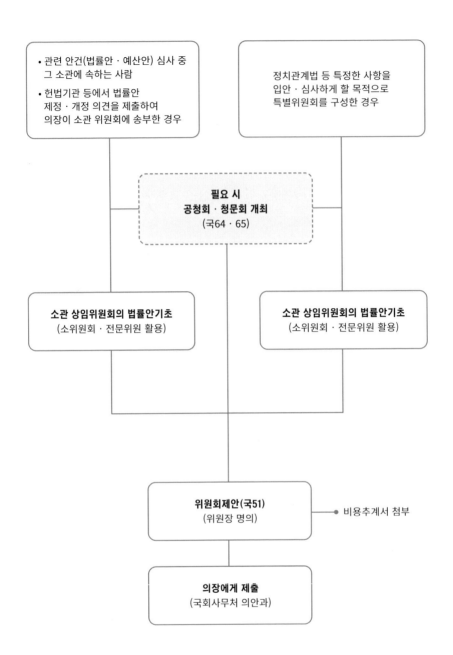

- 관련 안건(법률안·예산안) 심사 중 그 소관에 속하는 사람
- 헌법기관 등에서 법률안 제정·개정 의견을 제출하여 의장이 소관 위원회에 송부한 경우

정치관계법 등 특정한 사항을 입안·심사하게 할 목적으로 특별위원회를 구성한 경우

필요 시 공청회·청문회 개최 (국64·65)

소관 상임위원회의 법률안기초 (소위원회·전문위원 활용)

소관 상임위원회의 법률안기초 (소위원회·전문위원 활용)

위원회제안(국51) (위원장 명의)

비용추계서 첨부

의장에게 제출 (국회사무처 의안과)

<도표-3> 위원회제안 법률안 입안과정도

심사를 거쳐 만들어졌다는 점에서, 다시 그 위원회로 회부되지 않는다. 위원회제안 법률안의 입안과정을 표로 설명하면 〈도표-3〉과 같다.

2) 법률안의 국회 제출 및 위원회 회부

의원입법은 10인 이상 찬성 필요

법률안 입안과정이 모두 끝나면 국회 제출이 뒤따른다. 단 정부 제출 및 위원회제 안과 달리 의원 발의는 국회 제출에 앞서 거쳐야 할 과정이 남아 있다. 국회의원 개개 인이 모두 다 '헌법기관'이라고 해도 법률안 입안을 마쳤다고 곧바로 국회에 제출할 수 있는 건 아니다. 이를 위해서는 법률안 발의자를 제외한 동료의원 9명의 찬성[123] 이 있어야 하는데, 이를 '발의 요건'이라고 한다. 의원입법과 관련해 일정 수 이상의 찬성과 같은 발의 요건을 둔 것은 의안 발의 남발을 방지하기 위한 것과 관련돼 있다.

법률안 발의를 위한 9개의 찬성 도장은 '품앗이' 개념으로 이뤄진다. 내가 의원 발 의를 하기 위해서는 9개의 도장이 필요하니, 다른 의원실 법률안에 도장을 찍어주고 대신 내 것에도 도장을 받는 식이다. 품앗이는 일차적으로 친소관계가 있는 보좌진 차원에서 이뤄진다. 평소 사이좋게 지내는 보좌진끼리 서로 '도장 품앗이'를 하는 것 이다. 만약 여기서 9명을 다 채우지 못하면 곧바로 의원 차원으로 넘어간다. 국회 본 회의장에서는 회의 시작에 앞서 한 의원이 정부 마크가 선명하게 찍힌 하늘색 종이

---

123) 법률안 발의 요건은, 제헌국회부터 제8대 국회(1971~1972) 및 비상 국무회의(1972~1973) 때까지 '의원 10인 이상'의 찬성으로 의안을 발의할 수 있었다. 그러나 10월 유신과 함께 시작 된 제9대 국회(1973~1979)부터 16대 국회(2000~2004년) 중인 2003년 2월 3일까지는 '의 원 20인 이상의 찬성'으로 규정이 강화됐다. 2003년 2월 4일 「국회법」 개정이 이뤄짐에 따라 다시 10인 이상 찬성으로 의안을 발의할 수 있도록 규정이 완화됐다. 16대 국회 4년간 의원 발의 건수는 1912건이었으나 규정이 완화된 17대 들어서는 4년간 6387건이 발의됐다. 한편 법률안 발의를 위한 '의원 10인 이상'은 발의 의원 1명(대표발의자)과 찬성의원 9명(공동발의 자)으로 구분된다.

파일에 발의할 법률안과 서명부를 담아 평소 친하게 지내는 의원에게 서명을 부탁하는 모습을 어렵지 않게 볼 수 있다. 이는 '안면'을 무기(?)로 자신이 발의할 법률안에 대한 찬성 서명을 받기 위한 것이다. 때로는 본회의장 대신 소속 의원이 모두 모여 회의하는 의원총회장이 활용되기도 한다. 간혹 상임위원회 회의장에서도 이 같은 모습을 목도 할 수 있다. 이 밖에도 급한 경우 의원들끼리 만든 '단체 카카오대화방'[124]에도 법률안과 함께 그 이유를 설명한 자료를 올려 서명을 받기도 한다. 어떤 방식이든 의원이 나서는 경우 서명 작업은 일사천리로 진행된다. 의원 모두 다 '건수'를 늘려야 하는 똑같은 마음이기 때문이다.

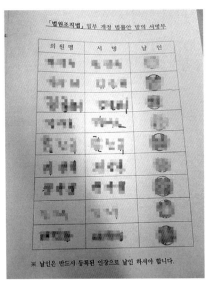

▲ 법률안 공동발의가 제대로 된 검토 없이 품앗이처럼 이뤄지면서 법의 안정성을 해친다는 비난을 받고 있다

본회의나 의원총회를 마친 다음 날이면 의원실별로 본회의에서 받은 서명부를 근거로 서명해 준 의원실로 찾아가 도장을 받기에 바쁘다. 법률안 발의 서명부는 의원명, 서명, 날인 등 3개의 칸으로 구성돼 있다. 법률안 발의에 찬성하는 의원은 서명부에 자신의 이름을 쓰고 서명한 뒤 국회사무처에 등록된 도장을 이용해 찬성을 표시해야 한다. 그런데 대개 등록 도장을 의원실에 두고 쓰기 때문에 본회의장에서는 찬성한다고 서명하면, 법률안 발의 의

원실은 이 서명부를 들고 해당 의원실을 찾아다니며 도장을 받는 것이다.

---

124) 준비한 법률안을 복사해 300개 의원실 우편함에 넣거나 혹은 팩스로 모든 의원실에 일괄적으로 보내는 것과 같은 방법은 9개의 찬성 서명을 받기 위한 가장 고전적인 방법이다. 그러나 두 가지 다 시간과 비용이 많이 드는 데다, '진영논리'가 강화되고 또 의원들 간의 친소관계를 중심으로 단체 카카오대화방이 만들어지면서, 이제는 단톡방을 통한 찬성 서명이 더 중요한 수단으로 활용되고 있다.

立法을 알아야 기업이 산다

과거와 달리 법률안 찬성은 주로 같은 당 소속 의원실을 중심으로 이뤄진다. 글쓴이가 국회에 첫발을 내디딘 1995년만 하더라도 여야 대립은 지금처럼 첨예하지 않았다. 물론 간혹 의견 차이로 다투기는 했지만 지금처럼 죽기살기식(?)의 '적대적 관계'는 아니었다. 그래서 상대 당 의원이 발의한 법률안이라고 해도 정치적으로 예민한 것이 아니면 서로 도장을 찍어주곤 했다. 그러나 2004년 3월 노무현 대통령에 대한 탄핵을 계기로 여야 대립이 격화되기 시작해 대수(代數)가 바뀔수록 그 강도는 높아져만 갔다. 그 결과 최근 들어서는 상대 당의 법률안에 도장을 찍어주는 건 '특이한 일'이 돼버렸다. 법률안 서명에 앞서 어떤 법률을 어떻게 바꾸는지보다는 어느 당 소속의 어떤 의원이 발의한 것인지가 날인(捺印)을 판단하는 일차적 잣대가 된 것이다. 이른바 우리 편은 무조건 옳다는 '진영논리'가 의정활동의 기준이 돼 버린 것이다.

이에 따라 같은 당에서 공동발의자를 찾는 게 일상화됐고, 여기에 같은 당내에서도 눈에 보이지 않는 계파나 정치색이 작용, 이제 법률안 공동발의는 의원들 간의 친소관계를 나타내는 '바로미터(Barometer)'가 됐다. 실제로 의원들 간 친소관계를 알아보는 가장 쉬운 방법은 공동발의자 이름을 보는 것이다. 이런 가운데 공동발의를 해주는 의원실은 어느 정도 정해져 있어 유독 날인에 인색(?)한 의원실이 있는가 하면 반대로 도장 인심이 후한 의원실도 있다.

법률안 제출과 위원회 회부

법률안은 국회의 활동 기간인 회기(會期)와 관계없이 폐회 중에도 제출할 수 있다. 다만 「국회법」의 일사부재의(一事不再議)의 원칙에 따라 국회에서 부결된 법률안은 같은 회기 중에 다시 제출할 수 없다. 국회사무처 의사국의 의안과(議案課)가 법률안을 접수하면 법률안 제출은 마무리된다. 이에 앞서 의안과는 법률안의 형식이 제대로 됐는지와 함께 제출된 법률안과 동일하거나 혹 비슷한 법률안이 기존에 있는지, 서명날인 부가 등록인장(印章)과 일치하는지 등을 확인하고 이상이 없으면 법률안을 접수한다.

의안과에 접수된 법률안은 일차적으로 국회 홈페이지를 통해 확인할 수 있다. 홈페이지에 있는 의안정보를 클릭하면 '최근접수의안'을 볼 수 있는데, 이를 통해 매일매일 의원들이 발의한 법률안의 제안이유 및 주요 내용 그리고 공동발의 의원들이 누구인지를 알 수 있다. 법률안이 발의 또는 제출되면 의장은 이를 인쇄 후 의원에게 배부한 다음 본회의에 보고해야 한다. 다만 폐회 또는 휴회 등으로 본회의에 보고할 수 없을 때는 이를 생략하고 먼저 위원회에 회부할 수 있다. 이 경우 다음 회 본회의에서 위원회 회부사항을 보고해야 한다.

의안과에 접수된 법률안은 곧이어 상임위원회로 회부된다. 여기서 '회부'란 발의 또는 제출된 법률안을 심사할 권한이 있는 소관 상임위원회로 송부(送付)하는 것을 말한다. 21대 국회에는 기획재정위원회, 행정안전위원회, 국방위원회, 외교통일위원회, 교육위원회, 농림축산식품해양수산위원회 등 18개의 상임위원회가 있으며, 교육과 관련된 법률안은 교육위원회로, 부동산과 관련된 법률안은 국토교통위원회로 회부된다.

여의도 브런치

얼핏 보면 '심사'와 '심의'는 같은 뜻을 가진 것처럼 보이나 국회는 이를 구분해 사용하고 있다. 법률안과 관련한 본회의 심사보고에서 제일 마지막에 꼭 빠지지 않고 첨부되는 말이 있는데, 그건 바로 "본 위원회에서 심사한 대로 심의·의결해 주십시오."라는 것이다. 이에서 알 수 있듯 심사란 위원회에서 안건을 논의하는 것을, 심의란 본회의에서 논의하

立法을 알아야 기업이 산다

는 것을 의미한다. 그런데 언론은 물론 국회의원들조차 양자의 차이를 정확히 알지 못해 혼동해 사용한다. ☕

3) 법률안의 심의 · 의결과 단계별 대응전략

국회의장에 의해 회부된 법률안의 상임위원회 심사는 법률안을 입법 예고하는 것에서부터 시작된다. 「국회법」은 위원회로 회부된 법률안과 관련, '입법 예고'를 규정하고 있다. 이에 따라 상임위원회 위원장은 회부된 법률안의 입법 취지와 주요 내용 그리고 '법률안 원문' 등을 국회공보 또는 국회 인터넷 등에 게재해야 한다. 이는 의안정보시스템의 '국회 입법 예고'에서 확인할 수 있다. 법률안은 의안과에 접수되면 1~2일 후 상임위원회로 회부되고, 회부 2~3일 뒤에는 곧바로 입법 예고된다. 이에 따라 국회 입법 예고를 통해 누가 어떤 내용으로 법률안 제 · 개정을 추진하고 있는지를 모두 확인할 수 있다.

입법 예고는 특별한 사정이 없는 한 일부개정법률안[125]의 경우 10일 이상, 제정법률안 및 전부개정법률안의 경우 15일 이상 이루어진다. 입법 예고된 법률안과 관련, 의견이 있는 국민은 누구나 입법 예고 기간 동안 자신의 의견을 개진할 수 있다. 이는 입법 예고 중인 법률안 사이트의 아랫부분에 있는 '의견등록'을 통해서 할 수 있다. 「국회 입법 예고에 관한 규칙」에 따라, 제출된 의견 중 법률안의 체계나 적용 범위, 형평성 침해 등의 중요한 사항은 소관 상임위원회 전문위원이 위원회 또는 법안심사소위원회(이하 법안소위)에 보고하게 돼 있다. 하지만 국회 입법 예고를 살펴보면, 의견이 달린 법률안이 많지 않을뿐더러, 그나마 등록 의견 또한 법률안의 체계나 내용과

---

125) 법률안은 기존에 존재하지 않던 내용으로 새롭게 만들어진 제정법률안과 기존의 법률안을 일부 수정한 개정법률안으로 구분된다. 개정법률안은 다시 기존의 법률안 내용을 대거 수정한 전부개정법률안과 기존 법률안 조항 중 일부만 수정한 일부개정법률안으로 나뉜다.

관련한 전문적이거나 학술적인 것은 거의 없고 단지 이해관계에 따라 '찬성한다.'거나 '반대한다.'라는 단순 의견 표명이 대부분이다.

가. 위원회의 법률안 심사 과정

상임위원회 차원의 법률안 심사는 소관 위원회의 심사, 예컨대 부동산 관련 법률안의 경우 국토교통위원회의 심사와 뒤이은 법제사법위원회의 심사로 구분된다. 여기서 위원회 심사는 회부된 법률안을 심사하고 그 결과를 본회의에 보고해 본회의의 판단자료를 제공하는 데 그 목적이 있다. 법률안에 대한 위원회의 의결은 본회의의 의결을 기속(羈束)하지 않는다. 한편 소관 상임위원회 심사는 상정 → 제안자의 취지 설명 → 전문위원 검토보고 → 대체토론 → 공청회 · 청문회 → 소위원회 심사 및 보고 → 축조심사 → 찬반 토론 → 표결의 과정을 순차적으로 거친다. 이하에서는 이를 자세히 살펴보자.

① 상정

법률안이 위원회로 회부되면, 위원장은 간사(幹事)[126]와 협의해 의사일정(議事日程)을 정한다. 여기서 의사일정이란, 어떤 안건을 언제 상정해 위원회에서 논의하겠다는, 다시 말해 회의와 관련한 일정을 의미한다. 다만 「국회법」은 의안이 위원회로 회부된 날로부터 일정 시간이 지난 후 의사일정으로 상정할 수 있도록 규정하고 있는데, 일부개정법률안의 경우 15일, 제정법률안 및 전부개정법률안의 경우 20일이다. 여기서 15~20일은 법률안 회부 후 소관 상임위원회 위원들로 하여금 심사에 앞서 사전에 법률안을 살펴볼 수 있는 시간을 주는 것과 같은, 일종의 숙려기간으로서의 의

---

126) 국회의 모든 상임위원회는 1인의 위원장과 함께 여야 의원 그리고 교섭단체별 각 당 소속 의원들을 대표한 1인의 간사 체제로 구성된다. 여기서 교섭단체란, 소속 의원이 20명 이상인 정당을 가리킨다. 21대 국회의 경우 간사는 민주당과 국민의힘 각각 1인씩이다. 나머지 소수정당은 소속 의원이 20명 이하라 상임위원회 간사를 둘 수 없다.

미를 갖는다. 다만 「국회법」은 적지 않은 조항과 관련해 예외규정을 두고 있는데, 법률안 상정과 관련해서도 긴급하고 불가피한 사유로 위원회가 의결하는 경우 15~20일의 규정을 지키지 않아도 되는 예외를 인정하고 있다.

② 제안자의 취지 설명

의사일정에 따라 법률안이 상정되면 제일 먼저 제안자의 취지 설명이 뒤따른다. 국회는 이를 통상 '제안설명'이라고 하는데, 이는 법률안을 제안한 당사자가 법률안의 제안이유, 즉 그 필요성과 주요 내용에 관해 설명하는 것을 말한다. 정부 제출 법률안이면 국무위원 또는 정부위원이 설명한다. 의원 발의 법률안은 발의한 의원이 설명한다. 만약 법률안 대표발의자가 사정이 있어 설명할 수 없을 때는 다른 발의자나 찬성의원이 대리 설명할 수 있다. 의원 발의 법률안의 제안설명은 대부분 서면으로 갈음된다.

③ 전문위원 검토보고

제안설명이 끝나면 전문위원 검토보고[127]가 이어진다. 이에 앞서 의사일정에 상정된 법률안과 관련, 전문위원은 검토보고서를 작성한다. 현행 「국회법」은 "위원회는 안건을 심사함에 있어서 먼저 그 취지의 설명과 전문위원의 검토보고를 듣고" 대체토론과 축조심사 및 찬반 토론을 하도록 함으로써, 전문위원 검토보고를 안건심사 절차 중 하나로 의무화하고 있다. 하지만 전 세계 어느 의회에서도 국회의원과 정부가 제출한 법률안에 대해 입법부 공무원에 지나지 않는 전문위원의 검토보고를 의무화한 곳은 없다. 전문위원 검토보고란 단지 우리나라에만 있는 독특한 제도이다.[128]

---

127) 전문위원 검토보고는 대개 각 상임위원회에서 실무를 담당하는 조사관들이 작성한 자료를 근거로 차관보급인 '수석전문위원'과 2급인 '전문위원'이 작성한다.
128) 소준섭, 국회의원은 당연히 입법의 전 과정을 검토부터 직접 수행해야 한다, 프레시안, 2020. 10. 3.

특히 이는 1948년 우리 국회가 최초로 개원(開院)하면서부터 도입한 제도도 아니다. 전두환 정부 이전 「국회법」에 따르면, "위원회는 회부안건을 심사하면서 먼저 그 취지의 설명을 듣고"라고만 규정하고 있다.

그런데 전두환 군사정권은 1981년 1월 '국가보위입법회의(국보위)'[129] 를 통해 관련 조항을 "위원회는 회부안건을 심사하면서 먼저 그 취지의 설명과 전문위원의 검토보고를 듣고"로 개정, 전문위원에게 검토보고 작성 권한을 부여하는 것과 함께 전문위원 보고를 명문화했다. 이는 두말할 것도 없이 입법과정에서 의원들의 영향력 감소와 동시에 전문위원의 영향력 강화를 수반했다. 개개인이 헌법기관인 국회의원 10명 이상이 발의한 법률안에 대해 입법부 공무원 1인에게 검토를 맡겨 반드시 그 의견을 듣도록 하고 나아가 그것이 법안 심사에 심대한 영향을 미치도록 제도화했으니, 과거보다 전문위원의 영향력이 커진 건 당연한 결과일 것이다. 제출된 법률안은 상임위원회 전체회의에 상정된 후 법안소위로 넘겨져 심사되는데, 일반적으로 법안소위의 심사보고서 역시 전문위원의 검토보고를 토대로 작성된다는 점에서, 전문위원 검토보고는 법률안 통과에 적지 않은 영향력을 행사한다.

여의도 브런치

전두환 정권이 이처럼 「국회법」을 개정한 것은 '국회 무력화' 나아가 '국회 길들이기' 때문이었을 것이다. 특히 당시 전문위원은 대부분 행정부 출신이거나 행정부에서 파견 나온 공무원들이었고, 이들에 대한 임명권은 여당이 임명한 국회 사무총장이 갖고 있어 정

---

129) 국보위는 쿠데타를 통해 권력을 장악한 신군부가 권력 장악의 정당성을 부여하는 제반 법과 제도적 장치를 정비하기 위해 발족시킨 과도입법 기구다. 국보위는 1980년 10월 27일부터 11대 국회가 출범한 1981년 4월 11일까지 약 6개월 동안 활동하며 제5공화국의 법적·제도적 근거들을 대부분 만들었다. 국보위에서 활동한 입법 의원 81명은 1980년 10월 28일 당시 전두환 대통령에 의해 '임명'됐다.

立法을 알아야 기업이 산다

권 의도대로 국회를 통제하는 건 어려운 일이 아니었다. 1972년까지만 해도 전문위원은 "당해 상임위원회의 제청으로 의장이 임명한다."라고 규정돼 있었다. 그러나 유신정권은 1973년 2월 「국회법」 개정을 통해 "전문위원은 사무총장의 제청으로 의장이 임명한다."라고 바꿔버렸다. 요컨대 상임위원회 위원들이 갖고 있던 전문위원 제청권을 뺏어서 정부 여당이 임명하는 사무총장에게 줘버린 것이다. 그런데 당시만 하더라도 5.16 군사 쿠데타 세력의 주축인 공화당이 여당으로서, 의장은 물론 국회의 모든 상임위원장을 독식하고 있어 자신들 뜻에 맞는 사람을 전문위원에 앉히는 건 별로 어려운 일이 아니었다. 결국 박정희 정권은 일차적으로 전문위원 제청권을 정부 여당에 부여해 자신들 입맛에 맞는 사람들을 전문위원으로 임명할 수 있는 길을 마련했다. 여기에 전두환 정권은 이차적으로 법률안 심사와 관련해 자신들이 임명한 전문위원에 의한 검토보고를 의무화함으로써, 마침내 입법에 대한 국회의원들의 영향력을 줄이는 것과 함께 자신들 뜻대로 입법이 이뤄질 수 있도록 국회를 통제하는 제도적 장치를 완비했다. 그런데 이런 관행은 문민정부와 참여정부를 거치면서도 일부 살아남았다. 가령 법제사법위원회의 경우, 2명의 전문위원 중 1명을 법원에서 파견받아 전문위원으로 임명했는데, 이는 2019년 2월에서야 비로소 폐지됐다. 또 검찰에서 부장검사 1명을 파견받아 전문위원으로 임명하던 것도 2019년 9월에서야 폐지됐다. 그런데 통상 파견된 부장검사는 임기를 마치고 검찰로 복귀해 차장검사로 승진한다. 법원에서 파견된 판사 또한 마찬가지다. 한편 전문위원은 법률안뿐만 아니라 예결산과 관련한 검토보고서도 작성한다. 그런데 곧 복귀해야 할 전문위원이 과연 '친정'인 검찰이나 법원의 예산에 대해 그리고 검찰 또는 법원과 관련된 법률안에 대해, 과연 친정 눈치를 보지 않고 소신껏 비판적 의견을 낼 수 있을지 의문이다. 과거 행정부에서 파견된 전문위원 또한 이런 의문에서 결코 자유롭지 못할 것이다. ☕

국회는 전문위원 검토보고서가 안건에 대한 상임위원회 소속 위원(통상 의원들이 상임위원회에 소속됐다고 해서 국회는 '의원' 대신 '위원'이라고 부른다)들의 전반적인 이해를 돕는 한편 능률적인 심사를 위해 작성된다고 설명하고 있다.[130] 검토 보고서는 심사할 안건에 대한 제안이유나 추진배경, 문제점, 이해관계자들의 의견, 유사 사례, 예산집행실적, 신규사업의 여건이나 법정절차 이행 등에 관한 정보, 기타 필요한 사항 등을 조사·분석해 작성된다. 특별한 사정이 있지 않는 한 검토보고서는 해당 법률안의 위원회 상정 48시간 전까지 소속 위원에게 배부되고, 위원회 회의에서 구두(口頭)로 보고된다.

여의도 브런치

2020년 8월 한 언론은 국회 수석전문위원이 피감기관 간부들로부터 '황금열쇠'라는 금품과 함께 향응을 받는 현장을 보도해 파문을 일으켰다. 이는 소위 '김영란법' 위반이었지만, 당사자가 의원면직 되는 것으로 사건은 마무리됐다. 과거 2009년 9월에는 정무위원회 수석전문위원이 유상증자를 시도하던 한 코스닥 기업의 대표로부터 금융감독원에 유상증자 승인을 받도록 해달라는 부탁과 함께 3000만 원을 받은 혐의로 구속되는 일도 있었다. 이 밖에도 전문위원과 관련한 비위나 볼썽사나운 일들은 잊을 만하면 방송을 탔다.

그런데 '힘센'(?) 국회의원도 아닌, 입법부 공무원에 불과한 수석전문위원이 금품 또는 향응 제공의 대상이 되고 나아가 이들이 피감기관 인사나 이권 등에 개입할 수 있는 이

---

130) 이와 관련, 정재룡 전 수석전문위원은 "국회의원은 숫자가 아무리 많더라도 모두 최종결정권자이지 국회의원이 수직적 분업을 통해 실무까지를 다 할 수는 없다. 특히 국회의원은 소속 정당에 따라 노선과 입장이 다르기 때문에 객관적이고 중립적인 입장에 있는 인력이 필요하다. 또한 합의제 조직의 의사결정은 책임감 분산이라는 한계가 있다. 우리 국회는 상임위원회 중심주의로서 실질적인 안건심사가 대부분 상임위원회에서 이뤄지는데, 전문위원 제도는 상임위원회 운영의 구조적 한계를 보완하여 안건심사에 대한 책임감을 제고하는 의의가 있다. 국회의원은 지역 또는 직능을 대표한다는 점에서, 그리고 특정 정당 내지 정파에 소속된다는 점에서 일정한 한계를 갖는다. 이는 오늘날 대의제 민주주의나 정당민주주의의 근본적인 한계이기도 하다. 또한 시간 및 정보 부족으로 정책에 대한 심층적이고 전문적인 검토가 어려울 수있고, 법체계나 행정시스템에 익숙하지 않아 안건심사에서 법적, 행정적 실현 가능성에 대한 고려가 부족할 수 있다. 전문위원은 이러한 국회의원의 한계를 보완함으로써 안건심사의 효율성을 제고하는 역할을 한다."라고 주장하고 있다.

유는 무엇일까? 그건 두말할 것도 없이 '전문위원 검토보고'에 있다. 앞선 황금열쇠 사건과 관련, 당시 참여연대 의정감시센터는 "피감기관이 전문위원에게 향응과 금품을 제공하는 건 전문위원 검토보고서가 법안 심사의 '게이트 키퍼' 역할을 해왔기 때문"이라며, 전문위원 검토보고 제도 폐지를 주장했다.

국회의원들은 검토보고서를 토대로 대체토론도 하고 큰 무리가 없을 경우 그 의견대로 법률안을 통과시키기도 한다. 바로 이런 점에서 대다수 입법부 공무원들은 검토보고서의 영향력이 크다는 것을 잘 알고 있다. 2010년 12월 검토보고 작성을 실질적으로 담당하는 상임위원회 입법조사관 121명을 대상으로 한 조사 결과, 조사대상의 90.8%가 "검토보고서가 중요한 참고자료가 돼 위원회 심사과정에 영향을 끼친다."라고 답했다.

한편 글쓴이는 국회의원이 입법의 전 과정을 검토부터 직접 수행해야 한다고 주장하는 건 아니다. 한국의 정치 상황에서 이건 가능하지도 또 현실적이지도 않기 때문이다. 그렇다고 전문위원에 의한 검토보고서가 갖고 있는 문제점을 그냥 두고 보자는 것도 아니다. 이와 관련, 전문가 등 이해당사자들의 참여 속에 충분한 의견 청취를 통해 법률안의 필요성과 타당성, 문제점 등을 짚어 완성도 높은 법률안을 만들어내는 미국식의 '입법청문회제도'를 대안으로 제시할 수 있다. 미국의 위원회 법률안 심사가 존중받는 것은, 의원들이 입법 청문회를 통해 해당 사안에 대해 면밀히 조사·검토해 그 결과를 공식 기록으로 남기기 때문이다.

④ 대체토론

전문위원 검토보고를 듣고 나면 의원들 간 대체토론(大體討論)이 이어진다. 대체토론이란, 안건과 관련한 전반적인 문제점을 제기하거나 법률안의 옳고 그름에 대한 의견을 표명하는 것으로, 일반원칙토론이라고도 한다. 이 밖에도 「국회법」은 법률안이 갖고 있는 문제점에 대한 단순 문제 제기를 넘어 질의를 통해 답변을 듣고 수정 방향이나 대안 등을 제시하는 것까지를 대체토론으로 규정하고 있다. 그런데 의원입법이 폭발적으로 증가하는 데 따라 심사할 법률안이 많아지자, 위원회 차원에서의 대체토론은 점차 형식화되면서 법안소위로 떠넘겨지는 경향이 강해지고 있다.

여기서 '질의'란 법률안을 제출한 의원(의원입법)이나 국무위원(정부입법)을 대상으로, 제·개정안과 관련한 의문 사항을 묻는 것을 뜻한다. 아울러 의원 발의 법률안과 관련해서는 그 소관 국무위원이나 정부위원을 대상으로 제·개정안의 실현 가능성 또는 타당성이나 현실에 적용할 때 발생할 수 있는 문제점 등에 관해 묻는 것을 의미한다. 상임위원회는 반드시 대체토론을 거쳐야 제출된 법률안을 소위원회로 회부할 수 있다.

여의도 브런치

'질의'라는 표현과 관련, 일반인들은 '질문'이라는 익숙한 단어 대신 "왜 굳이 '질의'라고 할까?" 하고 의아해할 수 있을 것이다. 「국회법」은 질의와 질문을 구분해 사용하고 있다. 일단 질의는 의제가 된 안건과 관련해 제안자나 보고자에게 궁금한 점을 물어 밝히는 것을 뜻한다. 요컨대 '의제'를 벗어나지 않고 '안건에 국한'해서만 물어야 한다. 반면 질문은 국정 전반 또는 일부와 관련해 총리나 국무위원 등을 대상으로 폭넓게 의견을 묻거나 설명을 요구하는 것을 말한다. 아울러 대면 외 서면을 통해 정부의 견해를 묻거나 설명을 요구하는 것 또한 질문에 포함된다. 질의로는 상임위원회 정책질의, 법률안 심사와 관련한 대체토론, 예산 및 결산 심사와 관련한 종합정책질의가 있다. 질문으로는 대정부질문, 긴급현안질문, 서면 질문이 있다. 혹자는 질의와 질문을 심사와 심의처럼 이해해 질의는 상임위원회, 질문은 본회의에서 사용하는 것으로 구분하는데, 잘못된 것이다. 왜냐하면 본회의와 무관하게 '서면 질문'을 할 수 있기 때문이다. 단 이때의 서면 질문은 상임위원회에서 질의 후 질의 꼭지가 남아 서면으로 묻는 것과는 다른 것으로, 「국회법」 제122조에 근거한 것을 말한다. 또한 상임위원회에서 그랬던 것처럼 의원들은 본

立法을 알아야 기업이 산다

회의 법률안 심의과정에서도 제안자에게 질의할 수 있는데, 이때는 질문이라고 하지 않는다. 그런데 과거 20대 국회에서 민주당에 소속된 한 중진의원은 새로 등원한 초선 의원들에게 서신을 보내면서 "질의는 위원회, 질문은 본회의에서 하는 것"이라는 잘못된 내용을 알려주었다. ☕

⑤ 공청회 · 청문회

「국회법」은 중요 안건 또는 전문적인 지식을 요하는 안건심사와 관련, 위원회의 의결 또는 재적 위원 1/3 이상의 요구로 공청회를 열 수 있도록 규정하고 있다. 이 밖에도 필요한 경우 위원회 의결로 청문회를 열어 증인과 감정인, 참고인으로부터 증언 및 진술을 청취할 수 있다. 2021년 2월 환경노동위원회가 포스코 회장을 포함해 쿠팡, CJ대한통운, 현대건설, 현대중공업, LG디스플레이 등 9개 기업의 사장 또는 회장 등을 증인으로 불러 산업재해 관련 청문회를 열 수 있었던 것도 바로 이에 근거한 것이다. 이 밖에도 「국회법」은 법률안 심사와 관련, 제정법률안이나 전부개정법률안과 관련해서는 공청회 또는 청문회 개최를 의무화하고 있다. 그러나 늘 예외규정을 두는 게 「국회법」의 특징이듯, 이와 관련해서도 위원회 의결로 생략할 수 있다. 일부개정법률안은 공청회나 청문회 개최의 의무대상이 아니다. 공청회나 청문회 개최 시기와 관련한 특별한 규정은 없다. 그러나 통상 대체토론을 마치고 법률안을 법안소위로 회부하기 전이나 혹은 소위원회 심사 중에 개최한다.

⑥ 법안심사소위원회 심사 및 보고

위원회는 대체토론이 끝나면 법률안을 법안소위에 회부하여 심사·보고토록 해야 한다. 이에 앞서 「국회법」은 안건심사를 위해 소위원회를 둘 수 있다고 규정하고 있다. 위원회는 국정감사 및 국정조사를 비롯해 법률안과 예·결산 및 청원 등을 심사한다. 그런데 이 모든 걸 상임위원회 전체회의, 즉 위원회별로 소속된 20~30명의 위원 전원이 참석해 논의할 경우 시간이 오래 걸리는 건 물론 효율적인 업무처리도 어려우므로 소수의 인원만 참석하는 법안, 예·결산, 청원 등의 소위원회를 두는 것이다. 이 밖에도 위원회는 윤리심사소위원회, 특정안건심사소위원회 등을 둘 수 있는데, 소위원회 설치는 위원회의 성격과 활동에 따라 상이하다. 가령 현재 법제사법위원회와 정무위원회는 제1법안소위와 제2법안소위 체제로 나눠 운영하고 있다. 또 기획재정위원회의 경우, 다른 위원회에는 없는 조세소위원회와 경제재정소위원회를 두고 있다. 위원회별 소위원회 구성 및 소위원회 소속 위원 현황은 국회 홈페이지에서 확인할 수 있다.

소위원회는 비회기 중에도 활동한다. 특히 21대 국회 들어 여야는 「국회법」을 개정, 법안소위를 과거 매월 2회 이상에서 3회 이상 개회하도록 횟수를 늘렸다. 법안 심사를 활성화하고 법안의 소위원회 계류 기간이 장기화하지 않도록 하려는 취지다.

법안소위에는 소위 위원, 보좌진, 수석전문위원, 사무처 조사관, 속기사 그리고 법률안 소관 중앙행정기관의 차관 등이 참석한다. 차관은 정부입법에 대한 설명 혹은 의원입법에 대한 행정부의 입장을 설명하거나 의원들의 질의에 답한다. 법안소위는 운영과 관련, 대개 소위 위원들 간 만장일치를 오랜 관행으로 하고 있다. 여야 협의를 통해 국회를 운영하자는 뜻에서 만들어진 것이다. 여야를 떠나 소위 위원 중 교섭단체에 소속된 의원 한 명이 반대하면 그 법률안은 소위를 통과할 수 없었다.[131]

예를 들어보자. 20대 국회 임기가 막바지에 이른 2019년 11월 25일 정무위원회 법안소위는 빅데이터 산업 육성을 주 내용으로 한 「신용정보법」 개정안을 논의했다. 특히 당시 논의된 「신용정보법」은 여야 지도부가 합의 처리키로 이미 약속한 것이었으나, 바른미래당 소속 한 의원의 반대로 소위를 통과하지 못했다. 정무위원회는 "법안소위에서 만장일치는 관행"이라는 이유로, 「신용정보법」 개정안을 아예 표결에 부치

---

131) 물론 위원회에 따라서는 법안소위에서 '표결'을 하기도 한다. 경우에 따라서는 추가로 법안소위를 열어 반대 의원에게 양해를 구하고 통과시키기도 한다. 특히 다수당이 관심을 두는 쟁점 법안과 관련해서는 표결로 결정하곤 했다.

지 않았다.[132)]

바로 이런 점에서 법안소위는 법안 통과의 '1차 관문'이라는 의미를 갖는다. 어떤 법률안이든 국회 의안과에 접수되면, 이후 회부와 상정 및 대체토론 등을 거쳐 법안소위까지 다다를 수 있다. 하지만 법안소위를 통과하지 못하면 해당 법률안은 대부분 거기서 법률안으로서의 인생을 끝맺는다. 국회의원 4년 임기가 끝나면 국회는 그동안 국회 본회의를 통과하지 못한 법률안을 일괄적으로 폐기하는데, 이 중 상당수는 상임위원회 법안소위의 문턱을 넘지 못한 것들이다. 그래서 보좌진은 이를 두고 "법안소위에서 법률안이 자고 있다."라고 표현한다. 따라서 법안소위는 상임위원회 차원의 법률안 심사과정에서 핵심이자 가장 중요한 의미를 갖는다.

그런데 이처럼 만장일치의 아름다운 관행이 21대 국회 들어 깨졌다. 개헌 말고는 무엇이든 할 수 있는 180석이라는 거대 여당이 탄생하면서, 30년 넘게 이어져 온 합의 정신이 일거에 무시된 것이다. 이와 관련, 민주당의 한 최고위원은 "여야가 같은 의견이 되는 걸 합의로 보는데 의견이 달라도 다수에 의해 국회 전체 의견이 결정되면 합의가 된 것"[133)]이라고 주장하고 있다. 민주당이 국회 절대다수를 차지하고 있는 상황에서 '민주당의 뜻이 곧 국회 차원의 합의'라는 것이다.

민주당은 2021년 2월 외교통일위원회 법안소위에서 국제노동기구(ILO) 핵심 협약 비준 동의안 2건을 표결로 처리했다. 이에 앞서 국가정보원의 대공수사권 폐지를 주요 내용으로 하는 「국정원법」 개정안은 2020년 11월 정보위원회 법안소위에서 민주당 의원만의 참여로 표결 처리됐다. 대북 전단 살포 금지로 표현의 자유 침해 논란을 일으킨 「남북관계발전법」 개정안은 2020년 12월 야당의 반대에도 불구하고 외교통일위원회 법안소위에서 민주당 주도로 통과됐다. 만장일치 관행에 대한 무시는 법제사법위원회에서도 똑같이 나타났다. 고위공직자범죄수사처장 추천위원회에서 야당의

---

132) 「한국경제신문」, 2019. 11. 26.
133) 「문화일보」, 2021. 2. 23.

'비토권'을 없애는 「고위공직자범죄수사처 설치 및 운영에 관한 법률」 개정안, 기업인들의 반대에도 불구하고 '3% 룰' 도입을 담은 「상법」 개정안은 2020년 12월 법안소위에서 여당 단독으로 처리됐다.

법안소위 진행은 공개가 원칙이나 소위 의결로 공개하지 않을 수 있다. 상임위원회는 위원장의 허가를 받으면 참관할 수 있으나, 법안소위는 참관도 허락되지 않는다. TV로도 중계되지 않아 오로지 속기록을 통해서만 내용을 파악할 수 있다.

「국회법」은 법안소위에서 심사 중인 법률안과 직접 관련된 새로운 법률안이 위원회로 회부되는 경우, 위원장이 간사와 협의해 필요하다고 인정하면 이를 위원회에 상정하지 않고 곧바로 법안소위에 회부해 함께 심사할 수 있도록 규정하고 있다. 이는 종종 법안소위에서 심사 중인 법안과 관련한 반대되는 의견 혹은 뒤늦게 정부 입장을 반영하려는 방법으로 이용된다. 만약 반대의견이 곧바로 법안소위로 회부되면, 병합심사를 통해 서로 상충 된 것 중 어느 하나만 선택하기 어려울 경우 두 개의 법률안 모두 소위를 통과하지 못함으로써, 결과적으로 법안소위에서 '잠재우는 효과'를 얻을 수 있다.

법안소위 심사가 모두 끝나면 법안소위 위원장은 소위 회의록 또는 요지를 첨부하는 것과 함께 심사 경과 및 결과를 담은 심사보고서를 작성하고 위원회에 보고해야 한다.

⑦ 축조(逐條)심사

축조심사는 웬만한 사람이면 단 한 번도 들어보지 못한 말일 것이다. 설혹 한자를 병기 해도 일반인들이 그 뜻을 알기는 쉽지 않다. 축조심사는 법률안을 한 조항 또는 몇 개의 조항을 묶어서 낭독하며 각각에 대해 의견을 교환하고 문제점을 짚으며 심사하는 것을 말한다. 예를 들면 이런 식이다.

立法을 알아야 기업이 산다

김장열 의원: 제2조 말단에 '재산의 전부 혹은 일부를 몰수한다.'라는 문구를 '재산 및 유산의 전부 혹은 2분지 1 이상을 몰수한다.'라고 수정하는 것을 동의합니다. (중략)

부의장 김동원: 가부 묻겠습니다. 이 동의를 잠깐 낭독할 텐데 자세히 듣고 표결해주십시오. (중략)

이석 의원: 제2조에 대해 말씀드릴 것이 있습니다. (중략)

부의장 김동원: 제3조를 낭독할 테니까 들으세요. '일본 치하 독립운동자나 그 가족을 악의로 살상 박해한 자 또는 이를 지휘한 자는 무기 또는 5년 이상의 징역에 처하고 그 재산의 전부 혹은 일부를 몰수한다' 여기에 대해서는 수정안이 있습니다. 김명동 의원 외 12인의 수정안이 있습니다. 나와 말씀해주세요.

이상은 1948년 8월 25일 개회한 제헌의회 제48차 본회의의 회의록 일부를 옮긴 것이다. 당시 제헌의회는 「반민족행위처벌법」을 비롯한 법안을 논의하고 있었다. 특별법 기초위원회 김웅진 위원장이 「반민족행위처벌법」의 제목부터 제1조, 제2조, 제3조… 이런 식으로 조문마다 차례차례 낭독하고 이어 본회의에 참석한 의원들이 발언권을 얻어 논의하고 토론 후 마지막에 조문에 대해 투표했다.[134]

과거 국회는 제헌의회부터 제5대 국회(1948~1961년)까지 본회의 중심제를 채택, 본회의 제2독회(讀會) 시 의안을 축조 낭독해 심사하는 구조를 갖고 있었다. 그러나 1963년 12월 제6대 국회[135]부터 지금과 같은 상임위원회 중심제로 전환됨에 따라 본회의에서의 축조심사는 없어졌다. 그러다 1973년 2월 「국회법」 개정 시 위원회 축조심사제도가 신설돼 현재에 이르고 있다. 다만 위원회에 소속된 위원들이 모두 참석하는 위원회 전체회의에서는 제정법률안 및 전부개정법률안을 제외한 여타의 개정

---

134) 기획칼럼 소준섭의 [국회개혁 보고서] 〈18〉 '국회, 처음부터 이런 것은 아니었다' 참조.

135) 1960년 7월 29일부터 시작된 제5대 국회는 5.16 군사 쿠데타로 해산되면서 1961년 5월 16일부터 1963년 12월 16일까지는 국가재건최고회의가 그 역할을 대신했다.

법률안에 대한 축조심사는 위원회 의결로 생략할 수 있다고 규정하고 있다. 하지만 「국회법」은 소위원회에서는 축조심사를 생략할 수 없도록 명시적으로 밝히고 있다. 이는 법률안을 실질적으로 심사하는 법안소위 단계에서, 졸속으로 심사가 이루어지는 것을 방지하기 위한 것과 관련돼 있다. 법조문에 있는 단어 하나하나가 전 국민에게 영향을 미칠 수 있으니 그만큼 신중하고 꼼꼼하게 심사하라는 의미다.

이처럼 축조심사는 위원회와 함께 소위원회에서 이루어지는데, 대개는 법안소위 단계에서 행해진다. 축조심사는 법안에 대한 문제점을 짚고 의견과 당부할 점 등을 제시하는 위원회 차원에서의 '대체토론'과 법안소위 심사를 모두 마치고 위원회로 다시 회부해 찬반을 논하는 '찬반 토론' 사이에서 이루어진다. 따라서 축조심사는 '토론'이 아니고, 조문 하나하나에 대해 동의한다고 의견을 내거나 문안을 어떻게 바꾸자고 '심사'하는 것을 뜻한다.

여의도 브런치

법안소위 만장일치는 우리 정치사에서 두 번째로 여소야대(與小野大)가 이루어진 1988년 4월의 제13대 국회부터 시작됐다. 혹자는 이를 두고 한 명만 반대해도 법률안이 처리되지 않는다는 점에서 비효율이라고 비판한다. 때로는 정쟁의 도구로 악용되기도 했다. 그러나 이를 통해 소수 의견이 존중받고 예상치 못한 문제점의 발생 가능성을 낮췄던 것 또한 사실이다. 이런 점에서 정치력에 기반한 충분한 논의와 설득, 그에 따른 여야 합의가 의회 민주주의의 발전을 가져온 것은 부인할 수 없는 사실이다.

⑧ 찬반 토론

앞서 언급한 것처럼 법률안이 법안소위 심사를 통과하면 소위 위원장의 보고와 함께 전체회의에서의 찬반 토론을 위해 다시 상임위원회로 회부된다. 이후 상임위원

立法을 알아야 기업이 산다

회 위원장은 먼저 법안소위에서 회부된 법률안에 대한 이의(異意) 유무를 물어서 이의가 없는 경우 가결됐음을 선포한다. 하지만 안건에 대해 의원들 간 찬성과 반대로 의견이 나뉘면 표결에 앞서 찬반 토론을 진행한다.

찬반 토론은 심사대상인 법률안과 관련해 자신의 의견 또는 소속 정당의 의견을 적극적으로 개진해 위원들의 판단에 필요한 정보를 제공함으로써 표결에 영향을 미쳐 궁극적으로 안건을 가결 또는 부결시키기 위한 일환으로 진행된다. 따라서 찬반 토론에서는 의견 개진을 넘어 어떤 이유로 찬성 또는 반대하는지를 밝히는 것뿐만 아니라 수정의견도 제시할 수 있다. 찬반 토론은 반대토론부터 시작해 찬성과 반대 순으로 번갈아 가며 해야 한다. 이를 토론 교대의 원칙이라고 한다.

⑨ 표결

찬반 토론이 끝나면 안건처리의 최종단계로서 표결이 이루어진다. 표결은 의제와 관련해 위원이 찬성 또는 반대 의사를 표명하고 그 수를 집계하는 방식으로 이뤄진다. 이때 통상적으로 기립표결이 이용되나 거수 표기도 가능하다. 재적 위원 과반수의 출석과 출석위원 과반수의 찬성으로 의결된다. 표결이 끝나면 위원장은 그 결과를 선포한다. 이상의 위원회 법률안 심사과정을 표로 그려보면 〈도표-4〉와 같다.

나. 위원회의 특수한 심사절차

제18대 국회 임기종료를 단 4일 앞둔 2012년 5월 25일 새로운 안건 처리절차 도입 및 국회질서유지 강화 등을 주 내용으로 하는 개정된 「국회법」이 공포됐다. 언론에서는 이를 흔히 '국회선진화법'이라고 한다. 여기에는 △의장의 안건심사 기간 지정 요건 엄격화(의장의 직권상정 규제) △의안 자동상정제도 도입 △안건신속처리제도(Fast Track) 도입 △위원회 안건조정제도 도입 △법제사법위원회 체계·자구심사 지연 법률안에 대한 본회의 부의 절차 도입 △예산안 및 세입예산안 부수 법률안 본회의 자

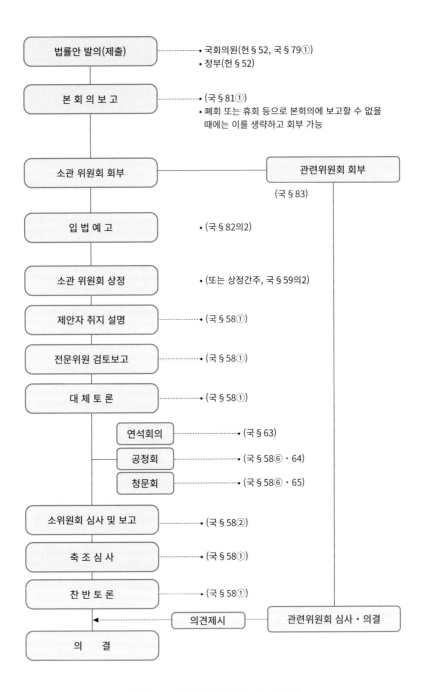

<도표-4> 위원회 법률안 심사과정도

　　　　立法을 알아야 기업이 산다

동부의제 도입 △본회의 무제한 토론제(필리버스터) 도입 △의장석 점거금지 등 국회 질서유지 제도 강화 등의 내용이 담겨 있다.

이 가운데 국회의장의 안건심사 기간 지정 요건 엄격화, 의안 자동상정제도 도입, 안건조정제도 도입, 안건 신속 처리제도 도입, 법제사법위원회 체계·자구심사 지연 법률안에 대한 본회의 부의 절차 도입 등 5가지는 위원회 차원에서의 특수한 심사 절차라는 의미를 갖고 있다. 반면 예산안 및 세입예산안 부수 법률안 본회의 자동부의제 도입은 예산결산특별위원회와 관련된 것이다. 이밖에 본회의 무제한 토론제 도입, 의장석 점거금지 등 국회질서 유지제도 강화는 본회의와 관련된 내용이다. 따라서 여기서는 예산과 관련된 것은 제외하고, 위원회 심사과정과 관련한 특수한 심사 절차만 살펴보겠다. 다만 법제사법위원회 체계·자구심사 지연 법률안에 대한 본회의 부의 절차 도입은 법제사법위원회와 관련된 것이기에 그때 살펴보겠다. 아울러 본회의와 관련한 특수한 사항들은 본회의 법률안 심의과정에서 살펴보겠다.

여의도 브런치

「국회법」 개정 논의가 2011년 중반부터 시작해 개정된 내용이 2012년 5월 25일 시행될 수 있었던 것에는, 당시 특수한 정치 사정이 중요한 배경으로 작용했다. 2012년은 4월 총선에 이어 12월 대통령선거가 예정돼 있었다. 그런데 당시 여야 모두 어느 당이 총선에서 과반수를 차지해 제1당이 되고, 또 어느 당이 대통령선거에서 이겨 여당이 될지 알수 없는 상황이었다. 그래서 여당의 입장에서 중요한 무기일 수 있는 직권상정을, 그리고 야당의 입장에서 중요한 무기일 수 있는, 즉 예산안 통과를 볼모로 여당의 양보를 얻어내던 것을 포기하는 타협을 이뤄냈다. 요컨대 총선과 대선에서의 불투명성 때문에 여당에도 반대로 야당에도 유리하지 않은 '중간적인 법'이 만들어진 것이다. 이를 두고 언론은 국회선진화법이라고 부른다. ☕

IV. 국회의 작동원리와 그 이해

① 의장의 안건 심사 기간 지정 요건 엄격화

국회의장은 법률안을 비롯한 안건을 위원회로 회부하면서 심사 기간을 지정할 수 있다. 여기서 '심사 기간'이란 상임위원회가 회부된 안건을 언제까지 심사하라고 날짜를 정해주는 걸 의미한다. 요컨대 여야 간 대립으로 상임위원회에서 법률안 심사를 지체할 것으로 예상하거나 혹은 지체하고 있는 경우, 심사 기간을 지정함으로써 위원회의 심사를 재촉하는 것이다. 의장은 이미 위원회에 회부된 법률안과 관련해서도 심사 기간을 지정할 수 있다. 또한 법제사법위원회에 회부 돼 체계·자구심사 중인 법률안 및 상임위원회에서 심사 중인 예결산과 관련해서도 심사 기간을 지정할 수 있다.

만약 의장의 심사 기간 지정에도 불구하고 위원회가 기간 내 심사를 마치지 않을 경우, 의장은 이를 다른 위원회에 회부하거나 곧바로 본회의에 부의(직권상정)할 수 있다. 상임위원회에서 심사 중인 안건이 본회의에 부의(附議)되면, 이는 곧 본회의에서 심의를 거쳐 의결할 수 있는 걸 의미한다.

그런데 이처럼 의장이 심사 기간을 지정하는 건, 곧 소수당의 반대에도 불구하고 다수당이 통과되길 원하는 쟁점법안들을 다수당 뜻대로 하겠다는 것을 의미한다. 왜냐하면 국회의장은 대개 대통령선거에서 이긴 다수당 소속 의원 중에 선출돼, 법률안 통과를 희망하는 정부나 다수당의 요구를 수용하는 방식으로 안건에 대한 심사 기간을 지정하기 때문이다. 이 경우 다수당과 소수당 간 의견 차이로 갈등을 일으키거나 극한적으로 대립하지 않을 수 없는데, 이는 결국 다수당과 소수당의 몸싸움과 날치기 통과로 귀결됐다.

18대 국회는 그렇지 않아도 여야 간 몸싸움과 날치기로 일관해 '헌정 사상 최악의 국회' 또는 '동물 국회'라는 오명을 썼는데, 여기에는 바로 심사 기간 지정을 통한 본회의 부의가 중요한 요인으로 작용했다. 실제로 16대 국회에서는 6건에 불과했던 법률안 심사 기간 지정이 17대 국회에서는 29건 그리고 18대 국회 들어서는 총 99건(소

立法을 알아야 기업이 산다

관 위원회 심사 기간 지정 39건, 법사위 체계·자구심사 지정 60건)으로 가장 많았다.[136]

여의도 브런치

'국회선진화법'은 쟁점안건 심의과정에서 발생하는 물리적 충돌을 방지하고 안건이 대화와 타협을 통해 심의되며, 소수 의견이 개진될 기회를 보장하기 위한 문제의식에서 시작됐다. 아울러 예산안 등이 법정 기한 내 처리될 수 있도록 제도를 보완하는 한편 의장석 또는 위원장석 점거금지 등으로 국회 내 질서유지를 강화하는 등 민주적이며 효율적인 국회를 구현하려는 여야의 필요성도 담고 있다. 이와 관련해, 여야는 2011년 5월 30일 여야 교섭단체 대표(황우여 의원, 김진표 의원) 회담을 통해 관련 법을 개정키로 합의하고 운영위원회 차원에서 「국회법」 개정안을 준비해, 이를 2012년 5월 2일 본회의에서 통과시켰다.

그 결과 국회 운영과정에서 가장 큰 문제를 불러일으켰던 두 가지 사안, 즉 물리적 충돌의 원인을 제공했던 쟁점법안에 대한 국회의장의 직권상정(다수당이 통과를 원하는 법률안에 대한 심사 기간 지정 후 기간이 지나면 곧바로 본회의에 부의)을 여당이 사실상 포기하는 대신 예산안의 헌법상 처리시한인 12월 2일을 야당이 지키는 선에서 대타협이 이루어졌다. 사실 여야가 강경대치하는 '동물 국회'는 야당이 반대하는 법률안을 여당이 직권상정 함으로써, 이를 막으려는 야당의 본회의장 점거에서 비롯됐다. 또 정부 여당의 예산안에 반대하는 야당은 이에 합의하지 않고 시간을 끄는 데 따라 예산안은 늘 12월 말이나 1월 1일 새벽에 국회 문턱[137]을 넘었다. 따라서 12월 2일까지 예산안 통과를 원하는 정부 여당의 희망 사항을 야당이 수용하는 대신 여당은 법률안 통과를 위

---

136) 법률안 심사 기간 지정 현황을 1985년의 12대 국회까지로 범위를 넓혀 살펴보더라도, 12대 국회 24건, 13대 국회 42건, 14대 국회 21건, 15대 국회 91건으로, 18대 국회에서 가장 많았다.

137) 바로 이 때문에 글쓴이는 국회선진화법이 시행되기 전까지는 매년 1월 1일 첫날을 국회 사무실에서 맞는 일이 다반사였다. 그러다 2012년 5월 25일 선진화법이 시행된 데 따라 당장 2013년 새해 첫날을 직장에서 맞는 일이 사라졌다.

해 야당의 반대를 무릅쓰고 전가의 보도처럼 휘두르던 직권상정을 양보함으로써 국회 선진화법이라는 대타협이 이루어진 것이다. ☕

바로 이런 점에서 국회선진화법은 다수당이 '전가의 보도'처럼 사용하던 의장에 의한 안건심사 기간 지정 요건을 엄격하게 규정하고 있다. 과거 「국회법」은 의장이 각 교섭단체 대표의원과 '협의'만 하면 심사 기간을 지정할 수 있도록 규정했다. 한마디로 의장의 심사 기간 지정 요건을 폭넓게 인정해 다수당이 원하면 언제 어떤 안건이든 본회의에 부의할 수 있도록 했다. 그런데 국회선진화법은 협의에 따른 심사 기간 지정 요건을 △천재지변의 경우 △전시 · 사변 또는 이에 따르는 국가비상사태의 경우로 제한했다. 다만 의장이 각 교섭단체 대표의원과 '합의'하는 경우에만 심사 기간을 지정할 수 있도록 했다. 요컨대 일반안건과 관련해서는 다수당과 소수당이 합의할 때만 심사 기간을 지정할 수 있도록, 그 요건을 엄격하게 제한한 것이다. 그런데 소수당 입장에서는 자신들이 통과를 희망하지 않는 법률안과 관련해 다수당과 합의해 줄 리 만무하다는 점에서, 결국 이는 과거와 같은 심사 기간 지정을 통한 본회의 부의는 불가능하게 됐다는 것을 의미한다. 제19대 국회 들어서부터 소수당 의원들의 상임위 위원장석 혹은 국회 의장석을 둘러싸고 점거하거나 혹은 본회의장에서 농성 또는 취침하는 것과 같은 과거의 모습이 대부분 사라진 것은, 바로 이 같은 의장의 심사 기간 지정을 엄격히 한 데 따른 결과이다.[138]

이런 점에서 19대 국회 하반기의 정의화 의장이 2015년 12월 16일 청와대의 요구에도 불구하고 직권상정을 거부한 것은 큰 의미를 갖는다. 당시 청와대는 「근로기준법」, 「고용보험법」을 비롯한 노동 개혁 5법 및 「서비스발전기본법」 등의 경제 활성화 주요법안의 국회의장 직권상정을 요구했다. 이에 대해 정 의장은 "어제 청와대에서

---

138) 의장의 심사 기간 지정 엄격화에도 불구하고 처리시한이 정해져 있는 국회의원 체포동의안, 국무위원해임건의안 및 인사청문회법에 따른 임명동의안 등과 관련해서는 기간 내에 심사를 마치지 못하는 경우 의장의 직권상정이 가능하다.

立法을 알아야 기업이 산다

메신저가 왔기에 내가 그렇게 (직권상정)할 수 있는 법적 근거를 조금 찾아봐 달라고 오히려 내가 부탁했다."라면서 "내가 (경제법안 직권상정을) 안 하는 게 아니고 법적으로 할 수 없으므로 못하는 것임을 알아 달라."[139]고 강조했다. 이처럼 의장에 의한 심사 기간 지정 엄격화는 국회의 모습을 바꾸는 데 크게 기여했다.

여의도 브런치

직권상정은 「헌법」이나 「국회법」상의 '법률용어'는 아니며, 언론에 의해 관행적으로 사용되는 표현이다. 이는 아마도 '본회의 부의'라는 말이 일반인에게는 어려운 용어인데 반해 직권상정은 좀 더 쉽게 이해될 수 있는 직관적인 표현이기 때문일 것이다. 부의란 안건을 '토론에 부친다.'라는 뜻이다. 그런데 부의됐다고 해서 바로 표결할 수 있는 건 아니다. 표결은 안건 상정이 전제될 때 비로소 가능한 일이기 때문이다. 한편 본회의 부의는 안건 심사과정에서 볼 때 최종적이고 예외적인 조치로서의 의미를 갖고 있다.

② 의안 자동상정제도

국회선진화법은 '의안의 자동상정'을 규정하고 있다. 이는 위원회에 회부됐음에도 불구하고 상정되지 않은 법률안의 경우, 15~20일의 숙려기간이 지난 뒤 30일이 지나간 후 처음으로 개회되는 위원회의 의사일정으로 상정된 것으로 보는 제도(상정 간주제도)이다.

과거 국회는 법률안의 위원회 최초 상정을 둘러싸고 잦은 충돌을 빚어왔다. 다시 말해 정부와 여당이 꺼리는 내용의 법률안이 야당에 의해 제출될 경우 또는 야당이 위원장으로 있는 위원회에서는 야당이 꺼리는 내용의 법률안이 여당에 의해 제출됐을 경우, 이 같은 법률안을 의사일정에 포함하지 않음으로써 아예 심사가 이루어질

---

139) 「연합뉴스」, 2015. 12. 16.

수 없도록 했던 것이다. 따라서 여야는 「국회법」을 개정해 법률안 상정 자체를 원천 봉쇄할 수 없도록 '자동상정제도'를 마련한 것이다. 다만 위원장이 간사와 합의한 경우에는 상정 간주(看做)제를 예외로 취급하고 있다. 아무튼 자동상정에 따라 위원회에 회부된 법률안은 시간이 지남에 따라 순차적으로 위원회 전체회의에 상정돼 여야 간의 충돌을 줄이는 효과를 낳았다.

③ 안건신속처리제도(Fast Track)

안건 상정에도 불구하고 여야 간 이견으로 심의되지 못하고 위원회에 장기간 계류되는 문제를 해결하기 위해 국회선진화법은 안건신속처리제도를 두고 있다. 이는 일정 의원 또는 위원이 안건의 신속처리를 요구하는 경우, 위원회에서의 안건심사 기간을 제한하고 심사 기간 이후에는 다음 단계로 자동 회부하는 것을 의미한다.

위원회에 회부된 안건(체계·자구 심사를 위해 법제사법위원회에 회부된 안건도 포함)을 신속처리대상안건으로 지정하고자 하는 경우, 의원은 재적의원 과반수가 서명한 '신속처리대상안건 지정요구동의'(이하 신속처리안건지정동의)를 국회의장에게, 안건의 소관 위원회 소속 위원은 위원회 재적 위원 과반수가 서명한 신속처리안건지정동의를 위원장에게 제출해야 한다. 신속처리안건지정동의가 제출되면 의장 또는 위원장은 바로 신속처리안건지정동의를 투표에 부치되, 재적의원 3/5 이상 또는 안건의 소관 위원회 재적의원 3/5 이상의 찬성으로 의결한다.

신속처리대상안건은 어느 단계에서 지정됐느냐에 따라 심사기간이 달라진다. 우선 위원회 단계에서 신속처리대상안건(법률안과 국회규칙만 대상[140])으로 지정되면, 지정된 법률안은 180일 이내에 심사가 완료돼야 한다. 만약 180일 이내에 심사를 마치지 못하면 법제사법위원회에 자동 회부된 것(회부 간주)으로 본다. 다행히 180일 이내

---

140) 만약 법률안과 국회규칙안 외의 안건이 위원회 단계에서 신속처리대상안건으로 지정되면, 이 또한 180일 이내에 심사를 마쳐야 하며, 만약 그렇지 못할 경우 바로 본회의에 자동 부의된 것으로 본다.

立法을 알아야 기업이 산다

에 심사를 마치면 곧바로 법제사법위원회로 회부된다. 180일 이내에 심사를 마치든 마치지 못하든 법제사법위원회로 회부되면, 90일 이내에 심사를 마쳐야 한다. 그렇지 못할 경우, 이후에는 본회의에 자동 부의된 것(부의 간주)으로 본다. 다행히 90일 이내에 심사를 마치면 곧바로 본회의에 부의된다.

앞서 신속처리제도는 체계·자구심사를 위해 법제사법위원회에 회부된 안건도 포함한다고 했다. 따라서 법제사법위원회 단계에서도 신속처리대상안건을 지정할 수 있는데, 이 경우 법제사법위원회는 90일 이내에 심사를 마쳐야 한다. 만약 90일 이내에 심사를 마치지 못하면, 이는 본회의에 자동 부의된 것(부의 간주)으로 본다. 한편 본회의에 자동 부의된 신속처리대상안건은 부의된 날로부터 60일 이내에 본회의에 상정돼야 한다. 만약 60일 이내에 상정되지 못하면, 60일이 지난 후 처음으로 개의되는 본회의에 자동 상정된다.

이렇게 볼 때 위원회 단계에서 신속처리대상안건으로 지정된 경우, 위원회 심사 기간 180일에 법제사법위원회 체계·자구심사 기간 90일, 도합 270일이 지나야 본회의에 부의될 수 있다. 만약 본회의 부의 후에도 60일 이내에 상정되지 못하면 최소 330일 이후에나 본회의 안건으로 상정될 수 있다. 따라서 위원회 단계에서 신속처리대상안건으로 지정된 법률안은 본회의를 통과하기까지 짧으면 270일+∞의 기간을, 길면 330일+∞의 기간이 필요하다. 반면 법제사법위원회 단계에서 신속처리대상안건으로 지정되면, 90일 이후 본회의로 자동 부의되고 이 또한 60일 이내에 상정되지 못하면 최소 150일(90+60일) 이후에나 본회의 안건으로 상정될 수 있다. 따라서 법제사법위원회 단계에서 신속처리대상안건으로 지정된 법률안이 본회의를 통과하기까지 짧으면 90+∞의 기간을, 길면 150일+∞의 기간이 필요하다. 이를 표로 그리면 〈도표-5〉와 같다.

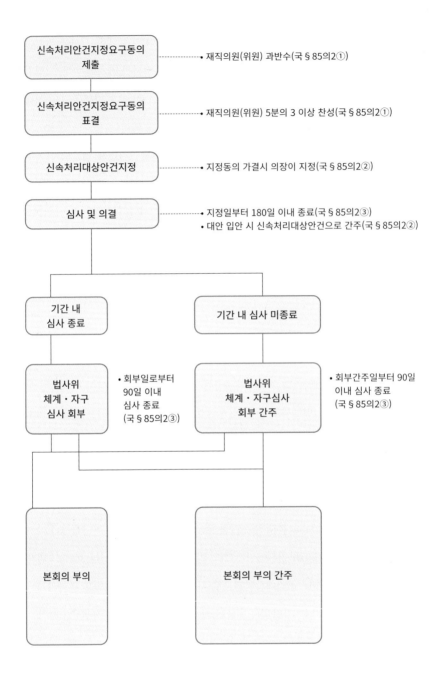

신속처리안건지정요구동의 제출	┄┄• 재직의원(위원) 과반수(국§85의2①)
신속처리안건지정요구동의 표결	┄┄• 재직의원(위원) 5분의 3 이상 찬성(국§85의2①)
신속처리대상안건지정	┄┄• 지정동의 가결시 의장이 지정(국§85의2②)
심사 및 의결	┄┄• 지정일부터 180일 이내 종료(국§85의2③) • 대안 입안 시 신속처리대상안건으로 간주(국§85의2②)

기간 내
심사 종료

기간 내 심사 미종료

법사위
체계·자구
심사 회부

• 회부일로부터
90일 이내
심사 종료
(국§85의2③)

법사위
체계·자구심사
회부 간주

• 회부간주일부터 90일
이내 심사 종료
(국§85의2③)

본회의 부의

본회의 부의 간주

<도표-5> 신속처리대상안건 심사과정

立法을 알아야 기업이 산다

「고위공직자범죄수사처 설치 및 운영에 관한 법률」(이하 「공수처법」)은 신속처리 대상안건으로 지정된 뒤 245일 만에 국회 본회의를 통과했다. 한편 「공수처법」 외에도 검·경 수사권 조정을 위한 「형사소송법」 및 「검찰청법」 개정안 등 이른바 '검찰개혁법' 과 '연동형 비례대표제'를 골자로 하는 「공직선거법」 개정안 등은 자유한국당의 반대에 도 불구하고 신속처리대상안건으로 지정된 후 모두 본회의 문턱을 넘었다. 그런데 20대 국회 출범 당시 123석에 불과했던 민주당이 신속처리대상안건 지정을 위한 3/5 이상의 찬성이라는 결과를 얻을 수 있었던 것은, 당시 정의당과 민주평화당, 대안신당 등의 소 수정당에 비례대표를 더 할애하는 선거법 개정안을 '당근'으로 제시한 데 따른 것이다. 하지만 「공수처법」 등 본회의 통과 이후 민주당은 개정된 선거법을 무력화시키는 비례 대표만을 위한 '위성 정당'을 만들어 결국 21대 국회에서 180석의 거대 여당 출현이라는 결과를 얻었다. 동시에 연동형 비례대표라는 '당근'을 믿었던 소수정당은 민주당의 '변 심'(?)으로 「공수처법」 통과에 기여하고도 총선에서 패해 정의당을 제외하고는 모든 소 수정당이 해산되는 결과를 맞았다.

④ 안건조정위원회제도

국회선진화법은 이견을 조정할 필요가 있는 안건[141]과 관련해 위원회 차원에서 안건조정위원회를 구성해 이를 심사할 수 있다고 규정하고 있다. 안건조정위원회제 도는 여야 간 첨예하게 대립하는 쟁점법안에 대해 여야 동수로 안건조정위원회를 구 성해 논의토록 함으로써 물리적인 충돌을 방지하고 대화와 타협을 통해 안건을 효율 적으로 처리하기 위한 제도이다. 특히 여야 동수로 구성하는 것과 함께 회부된 안건

---

141) 단 예산안, 기금운용 계획안, 임대형 민자사업 한도액안 및 체계·자구심사를 위해 법제사법 위원회에 회부된 법률안은 제외한다.

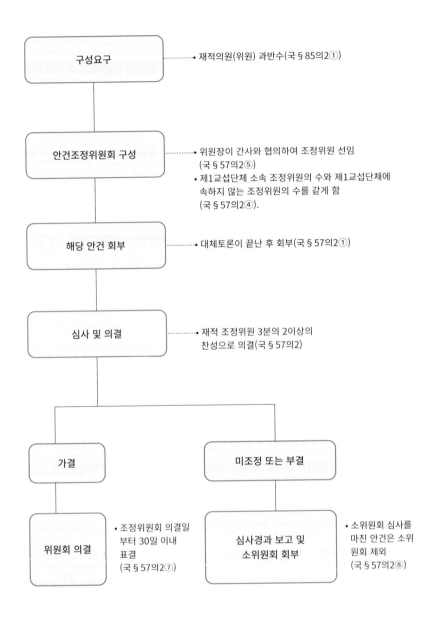

<도표-6> 안건조정위원회 심사과정

立法을 알아야 기업이 산다

이에 법률안 내용의 위헌 여부, 관련 법률과의 저촉 여부, 균형유지, 자체조항 간 모순 여부 등을 심사하는데, 이것이 바로 체계심사이다. 동시에 법규의 정확성, 용어의 적합성과 통일성 등을 심사해 각 법률 간에 용어의 통일을 기해 법률용어를 정비하는데, 이것을 자구심사라 한다.

체계·자구심사제도는 1951년 제2대 국회에서 도입[142]됐다. 당시만 하더라도 법률가가 많지 않았고 국회의 입법 지원체계 또한 미비한 상황이라 각 상임위원회에서 회부된 법률안을 주로 율사(律師) 출신들로 구성된 법제사법위원회에서 좀 더 정밀하게 심사하기 위한 취지였다. 이 경우 심사대상은 회부된 법률안이 국가 전체적인 차원에서 헌법에 위반되지 않는지 또 다른 법률과의 관계에서 문제는 없는지 그리고 정확한 법률용어가 사용됐는지 등이다. 하지만 '한 번 더 심사하는 것' 자체가 글자의 수정뿐 아니라 법안 통과 저지 또는 지체시키는 힘을 갖는 데 따라, 자연 이 길목만 지키고 있으면 사실상 모든 법안을 제어할 수 있는 결과를 얻을 수 있다.

원(院) 구성[143]때마다 여야가 서로 법제사법위원장을 차지하려고 하는 것도, 또 이로 인해 새로운 국회 출범이 몇 달씩 늦어지는 것도 실은 체계·자구심사제도 때문이다. 여당 입장에서 법제사법위원장은 자신들이 원하는 법률안을 전부 통과시키고 반대로 통과를 원하지 않는 것은 상임위원회에서 붙잡고 있거나 자구를 바꿔 통과시킴으로써 자신들 뜻대로 국정을 운영할 수 있는 장점을 갖는다. 반대로 야당 입장에서는 비록 선거에 패해 소수로 전락했지만, 모든 법률안이 반드시 거쳐야 하는 법제사법위원장 자리만 지키고 있으면, 여당이 다수의 힘으로 밀어붙이는 법률안을 제어하는 한편 자신들의 의견을 관철할 수 있는 장점이 있다.

---

142) 당시 법안을 발의한 무소속 엄상섭 의원은 법률안의 통일성을 높여 "본회의 시간을 절약할 수 있다."라고 제안이유를 밝혔다.

143) 국회는 의원 임기 4년 동안 전반기 2년과 하반기 2년을 나눠 상·하반기로 구분해 운영된다. 또 원(院) 구성이란, 2년 동안 운영될 국회를 어떻게 구성할지를 결정하는 것을 말한다. 우리 국회는 법제사법위원회 등 18개 상임위원회 중심으로 운영된다. 그런데 18개 중 어떤 상임위원회 위원장을 어느 당에서 갖고 또 상임위원회별로 위원들을 배치해야 비로소 회의를 진행할 수 있는데, 바로 이런 일련의 과정을 원 구성이라고 한다.

그러면 여기서는 여야 중 체계 · 자구심사권을 누가 갖든, 그로 인해 누릴 수 있는 장점들이 무엇이고 이는 구체적으로 어떻게 활용되는지 좀 더 자세히 살펴보자. 이럴 때만이 왜 여야 모두 법제사법위원장에 목을 매는지, 그러면서도 동시에 왜 '이율배반적'으로 여야 할 것 없이 체계 · 자구심사권을 삭제하자는 개정안을 발의하는지 정확히 이해할 수 있을 것이다.

법제사법위원회의 월권은 다양한 모습으로 나타난다. 대표적으로 여타 상임위원회에서 회부된 법률안과 관련해 내용을 수정한다거나 혹은 특정 내용을 꼬투리 잡아 통과시키지 않는 것을 들 수 있다.

소관 상임위원회를 통과해 법제사법위원회로 회부된 법률안은 모두 다 해당 상임위원회에서 전문적으로 논의해 여야 간 합의된 사항이다. 그런데 법제사법위원회는 체계 · 자구심사권을 무기로 법률안들에 대해 주저 없이 내용 수정을 가한다. 바로 이런 점에서 내용에 대한 수정이 '월권'이라고 비난받는 가장 일차적인 이유이다. 예를 들어보자.

대기업 이사회에 여성 이사를 최소 1명 이상 두도록 하는「자본시장과 금융투자업에 관한 법률」개정안은 2019년 11월 25일 정무위원회를 통과해 법제사법위원회로 회부됐다. 그런데 이틀 뒤 열린 법제사법위원회 전체회의에서는 체계 · 자구심사를 거치면서 "특정 성(性)의 이사만으로 구성하지 아니한다."라는 의무조항이 "노력한다."라는 권고조항으로 바뀌었다. 이는 "이사회의 성별 구성에 관한 의무규정을 도입하는 것은 영업의 자유 및 민간영역의 사적 자치 측면에서 검토가 필요하다."라는 전문위원 검토보고에 따른 것이다. 물론 이에 대해 정무위원회가 반발, 2020년 1월 9일 "노력한다."를 다시 "아니한다."라고 바꾸는 수정안을 본회의에 제출해 통과시킴으로써, 법제사법위원회의 내용 수정은 무위로 끝났다.

구체적인 내용 수정에 이어 상임위원회에서 회부된 법률안의 특정 내용을 꼬투리 잡아 통과시키지 않거나 지연시키는 것 또한 월권이지만, 이런 사례는 비일비재하다. 먼저 지연 통과 사례를 살펴보자.

군 영창 제도 폐지를 주 내용으로 하는 「군인사법」 개정안은 2017년 9월 국방위원회를 통과했지만 2년 2개월이 지난 2019년 11월에서야 법제사법위원회를 통과했다. 한 야당 의원이 체계·자구와 무관한 '군 기강 약화'를 이유로 영창 폐지를 반대했기 때문이다. 2016년 6월에는 세월호 참사 구조 활동으로 피해를 본 민간 잠수사에 대한 보상을 주 내용으로 하는 「4·16 세월호 참사 피해구제 및 지원 등을 위한 특별법」 개정안이 발의됐다. 이 법률안은 농림해양수산위원회 전체회의 2차례, 법안소위 3차례 등 활발한 논의를 거쳐 1년 9개월 만에 법제사법위원회로 회부됐다. 그런데 어렵사리 소관 상임위원회를 통과한 이 법률안은 2018년 3월 열린 법제사법위원회 전체회의에서 다시 난관에 부딪혔다. 야당의 한 의원이 "잠수사 사망 및 부상은 세월호 침몰하고 직접 관련이 없다."라며 반대하고 나섰기 때문이다. 이 같은 발언은 법안의 실질적인 내용에 문제를 제기한 것으로, 당시 월권 논란을 불러일으켰다. 해당 법률안은 이후 812일 동안 법제사법위원회에 계류됐다가 20대 국회 마지막 본회의인 2020년 5월 20일에서야 가까스로 국회를 통과했다. 국·공립대가 여성 교원을 25% 이상 임용하도록 하는 「교육공무원법」 개정안 또한 체계·자구 문제가 없었지만 346일 동안 계류됐다가 뒤늦게 법제사법위원회를 통과했다. 한 야당 의원이 '과잉입법'이라고 주장하면서 발목을 잡은 데 따른 것이다.

그런데 비록 시간은 걸렸지만 법제사법위원회를 통과해 본회의에 부의된 건, 그나마 천만다행이다. 왜냐하면 소관 상임위원회를 통과해 법제사법위원회로 회부 됐음에도 불구하고 끝내 법제사법위원회의 문턱을 넘지 못해 임기 말 폐기된 법률안도 적지 않기 때문이다. 당장 20대 국회의 경우 상임위원회를 통과했지만, 체계·자구심사에 막혀 임기만료로 자동 폐기된 법률안은 91건이다. 특히 이 가운데 19건은 법제사법위원회 전체회의에 아예 상정조차 되지 못했다. 이처럼 체계·자구심사를 통과하지 못하고 국회 임기만료로 폐기된 법률안이 17대에는 37건, 18대에는 95건, 19대에는 34건이다.[144]

식품위생 위반행위가 명백한 식당 등에 일시적인 '영업중지명령'을 내릴 수 있도록 한 「식품위생법」 개정안은 2016년 12월 보건복지위원회를 통과했다. 2017년 1월 법제사법위원회 전체회의에 상정됐으나 "영업중지명령에 이의를 제기할 수 있는 수단이 함께 규정돼야 한다."라는 반대에 부딪혀 법제사법위원회를 통과하지 못했다. 이는 "영업중지를 명령하는 것은 매우 강력한 기본권 제한 수단임에도 불구하고, 이에 대한 영업자의 권리구제 수단이 불확실하고 개정안으로는 이의제기에 따른 영업 중지 명령의 효력 등에 관하여 전혀 규정하고 있지 않으므로 개정안의 영업 중지 명령의 신설에 대해서는 보다 신중한 검토가 필요한 것으로 보인다."라는 법제사법위원회 전문위원 검토보고에 따른 결과다. 특히 당시 제2 법안소위 위원장이 검토보고서 지적을 근거로 "완결성을 기할 필요가 있다."[145]고 반대해 2017년 2월과 2019년 11월 두 차례에 걸친 체계·자구심사에도 불구하고 임기만료로 자동 폐기됐다.

법제사법위원회 활용해 자신들이 반대한 법안 통과 막은 행정부

가끔은 행정부 반대로 체계·자구심사과정에서 상임위원회에서 회부된 법률안이 통과되지 않는 사례도 있다. 2019년 11월 법제사법위원회 전체회의에서의 일이다. 한부모 가족에 대한 경제적 지원 강화를 골자로 하는 「한부모가족지원법」 개정안이 논의됐으나 예산이 과하다는 예산 당국의 반대로, 해당 법률안은 끝내 법제사법위원

---

144) 「내일신문」, 2020. 5. 29.
145) 「연합뉴스」, 2020. 5. 13.

회를 통과하지 못했다. 이와 관련, 기획재정부는 그렇지 않아도 "한부모 가족 아동양육비 지원 대상자 및 지원급여의 대폭 확대로 2019년에만 472억 원의 미지급금 발생이 예상되는 상황"인데 여기에 "개정안이 입법화되면 연간 약 901억 원의 추가 예산이 필요해 법률안 통과를 신중히 할 필요가 있다."라는 의견을 표명, 전문위원이 이런 내용을 검토보고서에 반영함에 따라 결국 체계·자구심사를 통과하지 못했다.

그런데 여기에는 몇 가지 의미가 있다. 우선 상임위원회에서 통과된 법률안과 관련해 정부 부처가 법제사법위원회에서 이견을 내고 통과를 방해하기도 한다는 것이다. 한마디로 상임위원들이 법률안을 만들었지만, 여기에 자신들의 의견이 반영되지 않았거나 혹은 자신들 의견과 반대되는 것으로 생각하는 정부 부처가 법제사법위원회의 체계·자구심사과정에서 특정 의원 혹은 전문위원을 상대로 자신의 의견을 반영함으로써, 상임위원회에서 회부된 법률안 통과를 막는 것이다.

이건 첫째, 「한부모가족지원법」 개정안이 의원입법이라는 점 둘째, 상임위원회는 소관 부처와 밀접한 관련을 맺고 있다는 점 셋째, 따라서 체계·자구심사과정에서 부처 간 밥그릇 싸움이 표출된다는 점을 의미하고 있다. 결국 이런 것들이 종합적으로 작용해 월권 논란을 불러일으키는데, 혹자는 이를 두고 오히려 체계·자구심사가 갖는 긍정적 측면이라고 평가하기도 한다. 이를 순서대로 자세히 살펴보자.

우선 「한부모가족지원법」 개정안은 소관 상임위원회인 여성가족위원회를 통과했지만 법제사법위원회 전체회의에서 예산이 과하다는 기획재정부 의견에 가로막혀 결국 폐기됐다. 같은 행정부이지만 여성가족부는 「한부모가족지원법」 개정안의 취지에 동의한 데 반해 '돈'을 생각하지 않을 수 없는 재정 당국은 여성가족부와 생각이 달랐던 것이다. 그런데 만약 「한부모가족지원법」 개정안이 의원입법이 아닌 정부입법이었으면 애초 이 같은 일은 벌어지지 않았을 것이다. 앞서 정부입법을 설명한 부분에서도 알 수 있듯, 정부입법은 부처 간 이견이 존재할 수 없기 때문이다. 하지만 의원입법은 다르다. 소관 상임위원회만 동의하면 얼마든지 해당 상임위원회를 통과할 수 있기 때문이다. 예를 들면 이런 식이다. 상임위원회는 그 소관 부처 혹은 그 부처와 관계된 이익단체들과 밀접한 관계를 맺고 있다. 그러다 보니 간혹 각 부처나 어떤 이익단체의 이해관계를 먼저 대변하기도 한다. 「한부모가족지원법」 개정안이 소관 상임위원회인 여성가족위원회를 쉽게 통과한 것도 이런 배경에 기인하고 있다.

바로 이런 점에서 체계·자구심사는 상임위원회 차원에서 협의되거나 결론이 나지 않은 중앙행정기관별 입장 차이를 여야 혹은 의원 개개인 또는 전문위원이 조정해주는 그리고 이 과정에서 협의를 만들어주는 의미를 갖는다. 「한부모가족지원법」 개정안과 관련해서 기획재정부는 자신의 의견을 전문위원을 통해 검토보고서에 담았고 결국 그 뜻을 이뤘다. 다시 말해 「한부모가족지원법」은 애초 의원입법으로 추진되다 보니 재정 당국의 입장은 도외시된 채 상임위원회 입장만 과잉 반영되는 결과를 초래했다. 결국 재정 당국의 입장은 전문위원 검토보고서를 통해 법제사법위원회 단계에서야 비로소 반영될 수 있었다. 만약 「한부모가족지원법」이 정부입법으로 제출됐다면, 이 같은 문제는 발생하지 않았을 것이다. 각 부처가 합의하지 않는 한 정부입법은 제출될 수 없기 때문이다. 앞서 행정기관을 대신한 의원 발의가 '청부입법'이라고 설명하며, 이 가운데는 중앙행정기관 간의 '밥그릇 뺏기' 혹은 '자기 밥그릇 지키기'가 작용한 측면이 있다고 했던 것도 바로 이런 맥락에서 이해할 수 있다.

혹자는 이를 두고 체계·자구심사가 갖는 긍정적 측면, 즉 법제사법위원회가 법안 '게이트 키핑' 역할을 한다고 평가하기도 한다. 다시 말해 체계·자구심사가 없었다면 「한부모가족지원법」 시행으로 당장 900억 원이라는 세금이 고스란히 국민부담이 됐을 것 아니겠냐는 것이다.

실제로 체계·자구심사가 긍정적으로 작용한 사례도 적지 않다. 종교인의 퇴직금에 매기는 세금을 2018년 이후 재직분에 한정한다는 「소득세법」 개정안은 발의된 지 두 달도 안 돼서 소관 상임위원회를 통과했다. 하지만 2019년 4월에 열린 법제사법위원회 전체회의에서 '종교인 특혜'에다 '조세평등주의'에 어긋난다는 비난에 직면

立法을 알아야 기업이 산다

했다. 이후 두 차례에 걸친 법안소위 심사에서도 논란이 가라앉지 않아 결국 본회의에 회부되지 못했다. 이 법률안은 누가 봐도 종교인에 대한 특혜를 주고 있다. 일반인은 누구나 재직한 전 기간을 근거로 퇴직금에 대한 세금을 내는데, 종교인에 대해서만 2018년 이후 재직분에 한정한다면, 이들이 낼 세금이 일반인에 비해 작을 것이라는 건 재론을 요하지 않는다. 따라서 이런 측면에서 보면, 체계·자구심사가 긍정적 역할을 하는 것도 사실이다. 하지만 이는 법률안의 정책적인 내용까지 심사한다는 점에서 월권이라는 비난을 피해갈 수 없다. 기획재정부의 반대로 법제사법위원회를 통과하지 못한 「한부모가족지원법」 개정안과 관련, 당시 한 야당 의원은 예산 과다로 반대하는 게 "체계·자구가 아니라고 생각하고 입법 정책적인 사안이라는 것에 대해서는 동의한다."라고 스스로 월권을 인정했다.[146]

○ 여의도 브런치 ○

현재와 같은 법제사법위원회의 체계·자구심사권을 계속 인정하는 건, 월권이라는 비난을 자초한다는 점에서 어떤 형식으로든 수정이 불가피해 보인다. 특히 이를 핑계로 상임위원회를 통과한 법률안을 본회의로 회부하지 않는 것은 논란의 소지를 안고 있다. 하지만 반대로 지금과 같이 상임위원회가 소관 부처와 밀접한 관련을 맺고 있어 특정 부처의 의견만을 반영해 법률안을 통과시키면, 그나마 법제사법위원회가 이를 조정·걸러주는 순기능을 수행한다는 점에서 무조건 폐지만을 주장할 수 없는 게 현실이다. 바로 이런 점에서 본회의에서의 의원 간 토론 활성화와 함께 상시적인 전원회의 심사 등이 수반될 때, 비로소 법제사법위원회의 월권방지를 논할 수 있을 것이다. 하지만 단 한 차례 본회의에서 평균 100여 건 내외의 법률안이 논의되는 현실에서 의원 간 토론을 활성화한다는 건 불가능에 가까운 일이다. 전원회의가 '가물에 콩 나듯' 이뤄지는 것도

---

146) KBS 취재후, 2020. 6. 11.

문제다. 이를 위해 본회의에서 법률안과 관련해 의원들 간 충분한 토론이 이뤄질 수 있도록 상정 법률안 수를 제한하는 것과 함께 본회의에 앞선 전원회의 심사를 활성화해야 한다. ☕

여야 모두 법제사법위원회의 '월권 방지법' 발의

회부된 법률안에 관한 내용 수정이나 통과 저지와 같은 법제사법위원회의 월권은 종종 소관 상임위원회의 반발을 불러일으켰다. 2014년 2월 산업통상자원위원회 여당 위원들은 산업통상자원위원회에서 회부된 법률안이 아예 상정조차 되지 않는다며, 법제사법위원장이 이를 막고 있다고 비난했다. 당시 법제사법위원장은 민주당 소속 박영선 의원이었다.

이에 앞서 2013년 7월에는 민주당 강기정 의원이 본회의장에서 '반대토론'을 통해 같은 당 소속인 법사위원장에게 공개 항의하는 일도 있었다. "정무위원회에서 오래 숙성시켜 법안을 잘 만들었는데, 법제사법위원회가 뚝딱 내용을 바꿔 가져오면 어떻게 하자는 거냐?"며 「특정금융거래정보의 보고 및 이용 등에 관한 법률」 개정안의 내용이 체계·자구심사과정에서 수정된 것에 항의했다. 특히 강 의원은 "이런 것이 한두 번도 아니고, 정무위원회 법안소위 위원들은 껍데기냐?"고 법제사법위원회를 '상원(上院)' '슈퍼 갑(甲)'이라고 비난했다. 정무위원회가 마련한 개정안은, 의심계좌와 관련해 검찰에서 금융정보분석원으로 파견된 실장 1인이 하던 업무를 좀 더 객관화하기 위해 원장 중심으로 5명이 심의위원회를 구성하자는 것이다. 그런데 법제사법위원회는 이를 검사와 판사 등이 포함된 3인 위원회에서 심의하는 것으로 내용을 바꿔버린 것이다. 이를 두고 강기정 의원은 "웃기는 짬뽕법을 만들었다."고 목소리를

立法을 알아야 기업이 산다

높였다.[147]

　법제사법위원회의 월권 논란은 결국 여야 할 것 없이 '월권 방지법'을 불러왔다. 강기정 의원과 박영선 위원장 간 논란이 일어나기 한 달 전인 2013년 6월 야당인 민주당의 이목희 의원은 "정당한 이유 없이 법률안 심사를 지연시키는 수단으로 악용되는 체계·자구심사 기능을 폐지하고, 이를 해당 법률안의 심사를 맡은 위원회에서 담당하게 하자."는 「국회법」 개정안을 제출했다. 이에 앞서 당시 여당인 새누리당 강기윤 의원은 19대 국회가 시작된 지 얼마 되지 않은 2012년 7월에 "법제사법위원회의 상원 역할이 말이 안 된다."라며 "법제사법위원회의 체계·자구심사 기능을 폐지하고 국회사무처 내 법제 전담기구를 만들어 이를 심사하자."고 개정안을 제출했다. 또한 새누리당 김성태 의원도 환경노동위원회 간사를 맡았을 때 산업재해보상보험법 등 상임위원회를 통과한 법률안이 법제사법위원회에서 제동이 걸리자, 2015년 4월 "중복심사를 초래해 효율성을 저해하는 건 물론 소관 상임위원회의 의결사항을 부정하는 것"이라며 "국회 내 별도기구 설치"를 주 내용으로 하는 「국회법」 개정안을 발의했다. 특히 김 의원은 '법제사법위원회 월권방지 촉구 결의안'을 추진하기도 했다.

　이 같은 움직임은 20대 국회 들어서도 계속됐다. 2018년 1월 여당인 민주당 소속의 우원식 의원은 "법률안의 본질적인 내용까지 수정하거나 법률안이 법제사법위원회에 장기간 계류되어 처리되지 못하는 상황이 발생하니, 체계·자구심사제도를 폐지하자."라는 개정안을 제출했다. 급기야 민주당은 21대 국회의원 선거를 앞두고는 '체계·자구심사제도 폐지'를 총선 공약으로 내세웠다. 이에 따라 21대 국회 임기가 시작되자마자 민주당은 체계·자구심사제도 폐지를 주장하는 것과 함께 2020년 7월 16일 이러한 내용을 담은 「국회법」 개정안을 소속 의원 176명 전원의 서명을 받아 제1호 당론으로 발의했다.

　그러나 법제사법위원회는 물론 18개 상임위원회 위원장을 모두 독식하자 언제 그

---

147) 2013. 7. 2. 제316회 임시회 제10차 본회의 속기록 참조.

랬냐는 듯이 민주당의 체계·자구심사제도 폐지 주장은 없던 일이 돼버렸다. 남이 가지면 안 되지만, 자신은 꼭 가져야 하고, 그러면 더없이 좋기 때문이다. 민주당이 21대 국회 제1호 당론으로 발의한 체계·자구심사제도 폐지를 중심으로 한 「국회법」 개정안은 2020년 12월 9일 운영위원회에서 위원회 대안으로 심사됐지만, 결국 폐지는 없던 일이 돼버렸다. 단지 국회 운영개선소위원회에 계류시켜 계속 심사하는 것으로 결론을 맺었다.

한편 2021년 7월 23일 여야는 법사위원장을 비롯한 국회 상임위원장 재배분에 합의하면서, 동시에 「국회법」 개정을 통해 그동안 논란이 됐던 법제사법위원회 기능과 관련해서도 체계·자구심사에 국한하기로 합의했다. 다시 말해 법제사법위원회의 체계·자구심사제도와 관련해 폐지 대신 더 이상 월권 논란을 낳지 않도록 다른 상임위원회에서 회부된 법률안의 내용은 건드리지 않고, 앞으로는 말 그대로 체계와 자구에 대한 심사에만 충실하자고 여당인 '민주당'과 야당인 '국민의힘'이 합의한 것이다.

② 심사보고서 작성·제출

법제사법위원회가 체계·자구심사에 들어가면 이후 법률안 심사과정은 위원회에서의 그것과 동일하다. 즉 상임위원장이 체계·자구심사를 의뢰하면, 법제사법위원회 전체회의에 상정 → 법률안 제안자의 취지설명(제안설명) → 전문위원 검토보고 → 대체토론 → 법안심사소위원회 심사 및 보고 → 축조심사 → 법제사법위원회 전체회의 찬반 토론 → 의결 순서로 진행한다. 이를 표로 그려보면 〈도표-7〉과 같다.

법제사법위원회는 체계·자구심사를 마치면 위원장 명의로 법률안과 관련한 심사보고서를 작성해 의장에게 보고해야 한다. 의원은 자기가 소속된 위원회가 심사한 법률안이 아닌 경우 심사보고서를 통해 법률안의 취지와 문제점, 이해득실 등을 상세히 파악할 수 있다. 이런 점에서 심사보고서는 본회의 심의를 위한 중요한 자료로

立法을 알아야 기업이 산다

서의 의미를 갖는다. 특히 위원회 심사를 거친 안건이 본회의의 의제가 되면 제안자가 취지 설명을 하지 않고 질의와 토론 또는 이 중 하나를 생략할 수 있는 점에서, 심사보고서는 대단히 중요한 의미를 갖고 있다.

③ 법제사법위원회 체계 · 자구심사 지연 법률안에 대한 본회의 부의 요구제도

앞서 △의안 자동상정제 △안건신속처리제 △안건조정제도 등 3가지를 위원회 차원의 특수한 심사절차로 살펴봤다. 마찬가지로 법제사법위원회 차원에서도 특수한 심사절차가 있는데, 이것이 바로 '법제사법위원회 체계 · 자구심사 지연 법률안에 대한 본회의 부의 요구제도'이다. 이는 법제사법위원회의 체계 · 자구심사가 이유 없이 장기간 지연됨으로써, 본회의 심의 또한 지연되는 것을 방지하려는 취지로 도입됐다.

위원회 차원의 특수한 심사절차가 그러하듯, 이 또한 국회선진화법에 따른 규정이다. 이는 상임위원회 심사를 마치고 법제사법위원회로 회부된 법률안이 이유 없이 60일[148] 이내에 심사를 마무리 짓지 못하면, 소관 상임위원회 위원장은 간사와 협의 후 이의가 없는 경우 의장에게 관련 법률안의 본회의 부의를 서면으로 요구할 수 있는 걸 말한다. 단 간사가 이의를 제기하는 경우 소관 위원회에서 본회의 부의 요구 여부를 재적 위원 3/5 이상 찬성의 무기명투표로 의결할 수 있다.

본회의 부의가 요구된 법률안이 있을 경우, 의장은 각 교섭단체대표의원과 합의하여 이를 본회의에 부의한다. 다만 본회의 부의 요구가 있는 날로부터 30일 이내에 합의가 이루어지지 않으면 그 기간이 지난 후 처음으로 개의되는 본회의에서 해당 법률안에 대한 본회의 부의 여부를 과반수 출석에 과반수 찬성의 무기명투표로 표결한다.

---

148) 체계 · 자구심사 지연에 따른 본회의 부의 요구 기간은 애초 120일이었으나, 여야는 2021년 7월 23일 법제사법위원회의 기능을 체계 · 자구심사로 국한하는 「국회법」 개정에 합의하면서 관련한 기간을 120일에서 60일로 줄였다.

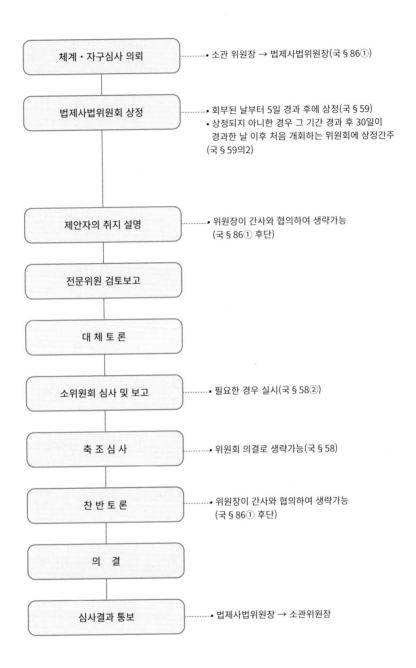

체계・자구심사 의뢰 ┈┈┈┈• 소관 위원장 → 법제사법위원장(국§86①)

법제사법위원회 상정 ┈┈┈┈• 회부된 날부터 5일 경과 후에 상정(국§59)
　　　　　　　　　　　　• 상정되지 아니한 경우 그 기간 경과 후 30일이
　　　　　　　　　　　　　경과한 날 이후 처음 개회하는 위원회에 상정간주
　　　　　　　　　　　　　(국§59의2)

제안자의 취지 설명 ┈┈┈┈• 위원장이 간사와 협의하여 생략가능
　　　　　　　　　　　　　(국§86① 후단)

전문위원 검토보고

대 체 토 론

소위원회 심사 및 보고 ┈┈┈┈• 필요한 경우 실시(국§58②)

축 조 심 사 ┈┈┈┈• 위원회 의결로 생략가능(국§58)

찬 반 토 론 ┈┈┈┈• 위원장이 간사와 협의하여 생략가능
　　　　　　　　　　　　　(국§86① 후단)

의 　 결

심사결과 통보 ┈┈┈┈• 법제사법위원장 → 소관위원장

<도표-7> 법제사법위원회의 체계·자구심사 절차도

立法을 알아야 기업이 산다

라. 전원위원회 심사

「국회법」은 위원회 중심주의를 보완하는 목적으로 의원 전원(21대 국회의 경우 의원 300명)이 위원이 되어 참여하는 전원위원회 심사제를 규정하고 있다. 과거 본회의 중심주의를 채택했던 제헌의회와 달리 현재 국회는 위원회 중심으로 운영되고 있다. 따라서 현행 제도하에서는 소관 상임위원회 위원이 아니면 본회의의 의제가 된 타 상임위원회 법률안과 관련해 자세한 내용을 알 수 없다. 그 결과 본회의 심의가 '형식화'되는 건 물론 심도 있는 논의 또한 어려운 게 사실이다. 전원위원회는 바로 이 같은 문제점, 즉 본회의 법률안 심의의 형식화를 보완하는 한편 보다 많은 의원에게 의안심사에 대한 참여 기회를 제공하기 위해 2000년 2월 국회 운영개혁의 일환으로 도입됐다.

전원위원회제도는 애초 1948년 10월 제정국회법에서 처음 도입돼 수차례 운영되다가 1960년 9월 「국회법」 개정으로 폐지됐다. 2000년 2월 전원위원회제도의 재도입 후 노무현 대통령 당시인 2003년 3월 28~29일 이틀에 걸쳐 「국군부대의이라크전쟁파견동의안」과 관련한 전원위원회가 열렸다.

한편 2020년 12월 9일 국민의힘은 '야당의 비토권'을 무력화시키는 「공수처법」 개정안, 세월호 참사 진상규명 특검 임명 요청안 등 2건의 법률안에 대해 박병석 국회의장에게 전원위원회 소집을 요구했다. 이에 따라 본회의는 1시간 반 동안 정회했다. 그러나 박병석 의장은 "정회하는 동안 전원위원회와 관련해 교섭단체 간 합의를 하려 했지만 이뤄지지 못했다."[149]고 밝히며 「공수처법」 개정안을 상정, 야당의 불참 속에 민주당 주도로 통과시켰다.

전원위원회 심사대상 안건으로는 위원회 심사를 거치거나 위원회가 제안한 의안 중에서 정부 조직에 관한 법률안, 조세 또는 국민에게 부담을 주는 법률안 등이다. 본회의 상정 전이나 상정 후에 전원위원회 안건으로 회부할 수 있으며, 재적의원 1/4 이

---

149) 「연합뉴스」, 2020. 12. 9.

상의 요구가 있어야 한다. 다만 의장은 교섭단체 대표의원의 동의를 얻어 전원위원회를 개회하지 않을 수 있다. 전원위원회는 안건심사와 함께 의안에 대한 수정안을 제출할 수 있다. 이 경우 전원위원장이 제출자가 되는데, 전원위원장은 의장이 지명하는 부의장으로 한다. 교섭단체별로 간사 1인을 두며, 국회운영위원회 간사가 전원위원회 간사가 된다. 재적 위원 1/5 이상의 출석으로 개의하고 재적의원 1/4 이상의 출석과 출석위원 과반수 찬성으로 의결한다.

마. 본회의 법률안 심의과정

법제사법위원회 체계·자구심사를 마친 법률안은 본회의에 부의된다. 단 심사를 마치고 의장에게 보고서를 제출한 후 1일을 지나야 의사일정으로 상정할 수 있다. 다만 특별한 사유로 교섭단체 대표의원과의 협의를 거쳐 의장이 정한 경우에는 예외로 한다.

본회의 심의절차는 위원회의 심사를 거친 법률안과 그렇지 않은 법률안, 즉 위원회에서 이유 없이 심사를 마치지 않아 의장이 바로 본회의로 부의한 것 간에는 차이가 존재한다. 전자의 경우에는 위원장의 심사보고 → 질의(대부분 생략) → 토론(대부분 생략) → 표결 순서로 이어진다. 반면 후자의 경우에는 제안자의 취지 설명 → 질의 → 토론 → 표결 순서로 진행된다. 이는 상임위원회에서 심사를 마치지 못한 데 따라 상정된 법률안에 대한 최소한의 이해와 의문을 해소하기 위한 것이다. 전원위원회 심사를 거쳐 제출된 수정안의 경우에는 소관 위원장의 심사보고 → 전원위원장의 심사보고 및 수정안 제안설명 → 질의 → 토론 → 표결 순서로 진행된다.

앞서 법제사법위원회 법률안 심사과정에서 살펴본 것처럼, 법률안 심사를 마치면 위원장은 심사보고서를 작성해 의장에서 보고해야 한다. 본회의 법률안 심의과정에서 위원장 심사보고란, 서면으로 된 심사보고서를 본회의장에서 위원장이 발언하는 것을 가리킨다. 심사보고는 위원장이 하는 게 원칙이나 다른 위원이 대신할 수 있으며, 소위원장 또는 간사가 보충보고를 할 수 있다.

본회의장에서의 위원장 심사보고는 해당 안건에 대한 심사 경과 및 결과, 제안이유, 주요 내용, 수정이유, 수정 주요 내용, 소수 의견, 관련 위원회 의견 및 법제사법위원회 체계 · 자구심사결과 등의 순서로 이루어진다. 다만 이는 이미 의장에게 제출돼 의원들에게 배부된 심사보고서에 상세히 기재돼 있으므로, 정작 본회의장에서는 요약해서 보고가 이뤄진다.

위원회 심사를 거치지 않은 안건에 대해서는 제안자의 취지 설명, 즉 제안설명이 이루어진다고 앞서 설명했다. 제안설명은 법률안 심의에 참고하기 위한 것으로, 제안이유 및 주요 내용 등을 담고 있는데, 상임위원회에서의 그것과 동일하다. 위원회에서 스스로 입안해 제안하는 '위원회안'이나 위원회에서 원안을 폐기하고 대신 제안하는 '위원회대안'의 경우에는 상임위원장이 제안자로서 취지를 설명한다. 위원회대안이 의제가 되면 대안에 관한 제안설명을 하면서 원안에 대한 심사 경과도 동시에 이루어진다.

위원장의 심사보고나 제안자의 취지 설명이 끝나면 질의 · 토론을 거쳐 표결이 이루어진다. 다만 위원회의 심사를 거친 안건에 대해서는 질의와 토론 또는 이 가운데 하나를 생략할 수 있다. 표결은 의장의 요구로 의원들이 의제에 대한 찬성 또는 반대 의사를 표명하고 그 수를 집계하는 것으로, 안건처리의 최종단계이다. 본회의 법률안 심의절차를 표로 그리면 〈도표-8〉과 같다.

본회의 무제한 토론제(filibuster · 필리버스터)

국회선진화법은 본회의장에서의 무제한 토론을 규정하고 있다. 필리버스터는 유신과 함께 1973년 폐지됐다가 2012년 5월 30일부터 시행된 개정 「국회법」으로 부활했

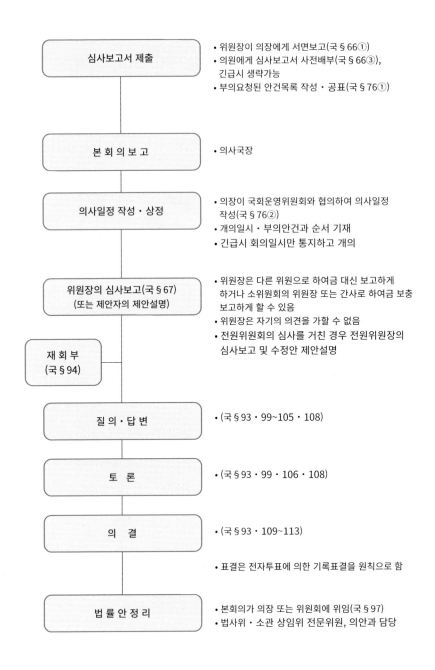

심사보고서 제출	• 위원장이 의장에게 서면보고(국§66①) • 의원에게 심사보고서 사전배부(국§66③), 긴급시 생략가능 • 부의요청된 안건목록 작성·공표(국§76①)
본 회 의 보 고	• 의사국장
의사일정 작성·상정	• 의장이 국회운영위원회와 협의하여 의사일정 작성(국§76②) • 개의일시·부의안건과 순서 기재 • 긴급시 회의일시만 통지하고 개의

위원장의 심사보고(국§67)
(또는 제안자의 제안설명)
	• 위원장은 다른 위원으로 하여금 대신 보고하게
	  하거나 소위원회의 위원장 또는 간사로 하여금 보충
	  보고하게 할 수 있음
	• 위원장은 자기의 의견을 가할 수 없음
	• 전원위원회의 심사를 거친 경우 전원위원장의
	  심사보고 및 수정안 제안설명

재 회 부 **(국§94)**	
질 의·답 변	• (국§93·99~105·108)
토 론	• (국§93·99·106·108)
의 결	• (국§93·109~113) • 표결은 전자투표에 의한 기록표결을 원칙으로 함
법 률 안 정 리	• 본회의가 의장 또는 위원회에 위임(국§97) • 법사위·소관 상임위 전문위원, 의안과 담당

<도표-8> 본회의 심의 절차도

立法을 알아야 기업이 산다

다. 당시 다수당에 유리하다고 평가되는 신속처리안건 지정제도가 도입되면서 반대로 소수당에 유리한 제도로 필리버스터가 재도입된 것이다.

무제한 토론하는 본회의는 토론종결 선포 전까지 산회하지 않고 회의를 계속한다는 점에서 '1일 1차 회의' 원칙[150]의 예외규정이라 할 수 있다. 본래 국회에서 한 발언에는 대부분 시간 제약[151]이 뒤따른다. 일반발언은 15분 이내이고, 의사진행발언이나 신상 발언 및 보충 발언은 5분 이내이다. 반론 발언은 3분 이내이다. 발언 시간이 가장 길게 주어지는 교섭단체 대표연설도 40분 이내이다. 이처럼 발언에 시간을 제한하는 것은 의원 개개인에게 골고루 발언권을 나눠주는 것과 함께 효율적인 회의 운영을 위한 데 따른 것이다.

필리버스터는 다수파의 독주를 막기 위해 소수파 의원들이 합법적인 방법 등을 동원해 의사 진행을 고의로 방해하는 행위를 일컫는다. 다만 의제와 관련 없는 발언은 금지하고 있다. 본회의 부의안건에 대해 재적의원 1/3 이상이 요구하면 발동할 수 있다. 이 경우 의원 1인당 1회에 한해 토론할 수 있고, 토론할 의원이 더 이상 없거나 재적의원 1/3 이상이 무제한 토론의 종결을 원하고, 무기명 투표로 재적의원 3/5 이상이 종결에 찬성할 경우 무제한 토론이 마무리된다. 아울러 「국회법」은 "무제한 토론을 하는 중에 해당 회기가 끝날 때는 무제한 토론의 종결이 선포된 것으로 본다. 이 경우 해당 안건은 바로 다음 회기에서 지체 없이 표결하여야 한다."라고 규정하고 있다. 바로 이 조항 때문에 「국회법」이 규정한 본회의 무제한 토론은 사실상 한계가 있다는 지적이다.

필리버스터가 먼저 도입된 미국의 경우, 정기회가 2년씩 계속되므로 회기 종료 때

---

150) 본래 국회에서 한 회의는 당일 24시까지 열리며, 24시를 넘겨 새벽까지 진행되면 24시를 전후해 사회자인 의장이나 위원장이 회의 종료를 선언하고 곧이어 새롭게 회의 개회를 선언한다. 이는 1일 1차 회의 원칙에 따른 것으로, 이처럼 24시를 넘겨 회의를 계속 진행하는 것을 '차수 변경'이라고 한다.

151) 단, 제안설명이나 심사보고 또는 답변과 같이 의무적으로 행하는 발언 그리고 국무위원의 발언에는 제한시간을 두지 않지만, 이는 길어야 수 분 내에 끝난다.

문에 필리버스터가 끊기지 않고 이론적으로는 무제한 의사방해가 가능하다. 그러나 우리의 경우 정기회가 100일에 지나지 않으며, 정기회 종료에 뒤이은 임시회의 회기는 대개 1개월 내외라는 점에서, 결과적으로 소수파는 필리버스터를 통해 표결을 잠시 지연시키는 효과만 얻을 뿐이다. 실제로 2019년 12월 패스 트랙으로 지정된 4개의 안건[152]과 관련해 야당인 자유한국당이 필리버스터로 맞서려 하자, 민주당과 정의당 등은 본회의 기간을 며칠씩 잘라서 연속해 개최하는 것과 같은 방식으로 「선거법」과 「공수처법」 등을 모두 통과시켰다. 이는 회기가 종료되면 필리버스터가 끝나는 국회 선진화법을 '악용'(?)해 사흘짜리 임시국회를 연속해서 연 데 따른 결과이다. 사실 이렇게 되면 무제한 토론을 허용하는 필리버스터도 무용지물에 불과할 뿐이다.

4) 법률안의 이송과 공포

국회 본회의를 통과한 법률안은 정부에서 필요한 조치를 취할 수 있도록 정부에 보내지는데, 이를 법률안의 이송이라고 한다. 국회에서 이송된 법률안과 관련해 대통령은 15일 이내에 공포해야 한다.

국회는 법률안의 이송에 앞서 의안을 정리한다. 오탈자, 띄어쓰기, 맞춤법 등의 적합성 여부를 확인한 뒤 정부로 이송하는 것이다. 법률안이 정부로 이송되면 법제처는 국무회의 부의안건의 작성요령에 따라 법률공포안을 작성한다. 국무회의의 심의를 마치면 법률공포문의 전문에 국회의 의결을 얻은 사실을 적시하고, 대통령이

---

152) 2019년 4월 29일 국회 사법개혁특별위원회와 정치개혁특별위원회가 패스트트랙으로 지정한 선거제 개혁안(공직선거법 개정안), 2개의 공수처 설치법안, 형사소송법·검찰청법 개정안(검경 수사권 조정안) 등 4개의 법률안을 말한다. 선거법 개정안의 경우 2019년 11월 27일 0시를 기해 국회 본회의에 자동 부의됐으며, 자유한국당을 제외한 4+1협의체가 내놓은 수정안이 12월 27일 국회 본회의를 통과했다. 또 공수처 설치법안과 검경수사권 조정 관련 법안 등은 12월 3일 0시를 기해 국회 본회의에 부의돼 27일 본회의에 상정됐으며, 공수처 설치법안은 그해 12월 30일 국회를 통과했다. 또한 검경 수사권 조정을 명시한 형사소송법 개정안과 검찰청법 개정안은 2020년 1월 13일 국회를 통과했다.

서명한 후 대통령 인을 찍고 그 일자를 명기하며 국무총리 및 관계 국무위원이 부서한다. 이후 법제처는 법률공포대장에 등재하고 공포번호를 일련번호로 부여하는 것과 함께 행정안전부에 관보 게재를 의뢰한다. 법령을 게재한 관보 또는 신문이 발행된 날이 법령 공포일이다. 법률은 그 법률 부칙에서 정하고 있는 시행일에 효력을 발휘한다. 가령 국회를 통과한 「국회법」 개정안 부칙에 "이 법은 공포 후 3개월이 지난 날부터 시행한다."라고 돼 있으면, 법령이 관보에 게재된 날로부터 3개월 뒤부터 법적 효력을 갖는 것이다. 법률이 공포되면 정부는 대통령 명의로 국회의장에게 법률 공포 통지문을 보낸다. 이때 법률 제명에는 '안(案)'자가 붙지 않는다. 예를 들면 '공수처법안'이 아니고 '공수처법'이 되는 것이다. 이는 이미 공포된 법률은 '법률안'이 아니고 '법률'인 데 따른 것이다.

지금까지 법률안 입안부터 국회 심의를 거쳐 정부로 이송돼 공포되는 입법의 전 과정을 단계별로 구분해 살펴봤다. 이를 요약하면, 입법과 관련한 대응전략은 우선 「국회법」과 함께 입법 전 과정을 모두 숙지할 때 비로소 논의할 수 있다는 것을 의미한다. 하지만 이건 기본에 불과하다. 입법과 관련한 다양한 경험과 노하우가 뒷받침될 때, 입법과정에 대한 이해가 힘을 가질 수 있기 때문이다. 여기에 법률안 논의 당시의 정치 상황, 여야의 정치지형 등을 감안한 정무적 감각까지 보태질 때, 비로소 제대로 된 대응전략을 수립할 수 있다. 이는 바로 입법과 관련한 대응전략이 누구나 알고 있는 정형화된 솔루션이 아니며 동시에 그러므로 누구나 할 수 있는 것도 아니라는, 따라서 정치분야 전문가의 정확한 컨설팅을 통해서만 수립될 수 있다는 의미를 담고 있다.

국회법은 '발언'과 '연설' 또한 구분하고 있다. 5분 자유발언, 신상 발언, 의사진행발언, 반론 발언처럼 대부분은 발언이라고 한다. 다만 교섭단체 대표가 행하는 것에 대해서는 '연설'이라고 한다. 그렇다고 비교섭단체 대표가 행하는 것까지를 연설이라고 하지는 않는다. 이 경우는 '비교섭단체 대표 발언'이라고 해 양자를 구분한다. 시간에도 차이가 있어 교섭단체 대표연설의 경우 40분, 비교섭단체 대표 발언에는 15분이 주어진다. 의사일정 또한 차이가 있어 교섭단체 대표연설의 경우 하루의 의사일정, 즉 교섭단체 대표연설이 있는 날에는 다른 의사일정을 함께 하지 않는다. 반면 비교섭단체 대표 발언은 통상 대정부질문이 의사일정으로 잡혀 있는 날, 이에 앞서 이루어진다. 그런데 언론은 물론 의원과 보좌진조차 이런 차이를 몰라 종종 '비교섭단체 대표연설'이라고 잘못 표기하는 오류를 범한다. ☕

02

국정감사 증인에 대한
이해와 대응

1) 국정감사와 증인

조언을 구할 곳도 참고할 자료도 없는 현실

국정감사를 수감(收監)하는 입장에서 가장 큰 부담은 아무래도 '증인' 채택 문제일 것이다. 공공기관의 경우, 국정감사가 아니어도 임시회 때 국회에 나가 업무를 보고(報告)하는 것과 함께 의원들의 질의에 답한다는 점에서, 증인 채택에 대한 부담감은 상대적으로 덜할 수 있다. 물론 특정 주제나 사안과 관련해 소관 위원회가 아닌 다른 상임위원회에서 증인으로 채택하면 좀 긴장될 수 있을 것이다. 또 증인에 대한 신문(訊問)은 일상적인 회의 진행과 다르다는 점에서 평소 국회를 상대로 업무를 보고한다고 해서 대수롭지 않은 것으로 치부할 수는 없을 것이다. 특히 증인에 대한 신문은 특정 주제나 사안에 대한 구체성을 띠는 건 물론 경우에 따라 개인적 판단이나 생각 또는 신상에 대한 것들도 많아 사전에 잘 준비하지 않으면 자칫 낭패를 볼 수 있다.

만약 위증한다면 그에 따른 처벌을 받을 수 있다는 점에서 증인으로 출석하는 건 결코 간단한 일이 아니다.

여의도 브런치

사람들은 증인신문인지 심문(審問)인지 헷갈려 한다. 심지어 의원과 보좌진 중에도 양자를 구분하지 못하는 사람이 있다. 신문이란 증인이나 피의자를 대상으로 특정 내용이나 답변을 얻어내기 위해 '캐묻는다.'라는 의미를 갖고 있다. 증인신문이나 유도신문 등이 대표적이다. 반면 심문이란 어떤 사안에 대해 '들어준다.'라는 의미로서, 판사가 피의자에게 해명할 기회를 제공하는 구속 전 피의자 심문이 대표적이다.

한편 증인에는 '기관 증인'과 '일반 증인' 두 가지가 있다. 기관 증인이란 국정감사 대상인 기관의 장(長)이 증인이 되는 것을 말한다. 가령 국토교통위원회의 피감기관인 국토교통부 장관이나 도로공사 사장은 기관 증인이 된다. 일반 증인이란 의원들의 개별 요청으로 채택되는 기업인 또는 피감기관에 속하지 않는 공무원과 공공기관 임직원 등을 의미한다. ☕

평소 늘 국회를 상대로 업무를 보고하고 의원들의 질의에 답하는 공공기관의 장(長)이 이처럼 국정감사 증인 채택에 부담을 갖는다면, 다른 증인 요컨대 기업이나 학계처럼 국회와 무관한 분야에서 일하는 일반인들이 갑자기 국정감사 증인으로 채택된다는 건 몹시 긴장되는 일일뿐더러 부담 또한 클 것이다. 여기에 긴장감을 더 키우는 건 증인 채택과 관련해 참고할 만한 책이나 자료가 마땅치 않다는 사실이다. 국정감사와 관련한 증인이 어떤 절차와 방식을 거쳐 채택되는지를 알려주는 책이나 자료는 거의 없다. 그렇다고 조언을 구하거나 상담할 수 있는 기관 또는 대상이 따로 있는 것도 아니다. 그러다 보니 일반인 가운데는 국정감사 증인 채택이라는 게 어떤 의

立法을 알아야 기업이 산다

미인지도 잘 모르는 사람이 많다. 증인과 관련된 의무와 권리는 더더욱 알 수도 없다. 그러니 자연 어떻게 대응해야 하는지도 모른다. 결국 일방적으로 끌려가거나 상황에 떠밀리기 일쑤다.

사실 일반인 입장에서 국정감사 증인 채택은, 평소 자신의 삶과 동떨어져 있거나 무관하던 '국회'가 어느 순간 불쑥 끼어드는 것처럼 받아들여질 것이다. 그래서 "이게 뭐야?"하고 주변을 둘러보면, 도움받을 곳도 참고할 책이나 자료도 없다는 것을 알게 된다.

단 하나 예외는 있다. 대기업의 사주(事主)와 임원(任員)들이 그렇다. 일단 상당수 대기업 사주와 임원들의 경우 그동안 종종 국정감사 증인으로 채택돼 이미 국회에 출석한 경험을 갖고 있다. 어떤 특정 상황에 직면했을 때, 경험이 있느냐 없느냐 하는 것은 큰 차이를 낳는다. 몇 차례 경험이 있다면 긴장감이나 부담감은 많이 줄어드는 게 사실이다. 일단 익숙하기 때문이다. 또 그것이 어떤 것인지 알고 자신이 어떻게 해야 하는지도 알기 때문이다. 설혹 경험이 없다고 하더라도 대기업에는 이른 바 국회와 행정부 등을 상대로 일하는 대관업무담당자들이 있어 이들로부터 필요한 도움을 받을 수 있다. 가령 이들에게서 △증인신청의 이유가 무엇인지 △증인으로 신청한 의원은 어떤 성향의 사람인지 △보좌진은 어떻게 구성돼 있는지 △또 어떻게 준비하고 대응해야 하는지와 같은 정보들을 얻을 수 있다. 자기 회사 직원 중 누군가가 의원 또는 보좌진과 학연이나 혈연·지연 등으로 얽혀 있다면 더 쉽게 그리고 더 많은 정보를 얻을 수 있다. 여기서 더 나아가 대관업무담당자들의 노력에 따라 △증인 대상을 회장이나 사장에서 임원으로 교체하거나 △증인에서 참고인으로 신분을 변경하는 것 또는 △증인신청 대상에서 제외하는 것과 같은 긍정적 성과도 얻을 수 있다.

증인으로 출석한 경험도 없고 대관업무담당자도 없는 것과 같은 최악의 경우에도, 대기업은 '경제력'을 기반으로 시중의 대형 법무법인에 증인컨설팅을 의뢰할 수 있다. 그러면 로펌은 증인으로 채택된 사람이 증언을 무사히 마칠 수 있도록 쟁점 법률 검토와 의원 성향 분석 그리고 답변 시 유의사항, 다시 말해 국정감사장에서 질의응답을 할 때 대답을 두루뭉술하게 하도록 증인을 가르치는 것과 같은 컨설팅을 해준다고 한다. 심지어는 의뢰인을 증인에서 빼달라는 로비도 한다고 한다.[153]

물론 여기에는 적지 않는 비용이 수반된다. 하지만 대기업 사주 입장에서야 그깟 돈이 문제겠는가? 결국 국정감사 증인 출석과 관련해 △절차와 방식 △채택 과정 △어떻게 응대해야 하는지 △출석에 대한 준비는 무엇부터 어떻게 해야 하는지 등을 물어볼 수도 참고할 자료도 없는 이런 현실이 로펌의 증인컨설팅 서비스를 양산하고 있는 것이다.

하지만 글쓴이가 제1장 보론2에서 기업들이 정치리스크와 입법리스크에 대응하기 위한 전문 인력의 필요성 때문에 국회 보좌관 출신들을 채용한다고 언급했던 것에서 알 수 있듯, 입법컨설팅 및 국정감사 증인컨설팅과 관련한 진정한 위기관리전문가는 바로 두 가지 사안을 주요업무로 담당하고 있는 국회 출신 보좌관들이다.

국정감사 증인 채택은 「국회법」 제129조에 근거

국정감사 증인 채택의 법적 근거는 「국회법」 제129조 제1항에 있다. 이에 따르면 "본회의 또는 위원회는 그 의결로 안건의 심의 또는 국정감사나 국정조사를 위하여 증인·감정인 또는 참고인의 출석을 요구할 수 있다."라고 돼 있다. 2016년 12월 「박근혜-최순실 게이트 국정조사 특별위원회」에 삼성·현대차 등 우리나라 8대 재벌 총수들이 증인으로 출석한 초유의 사건이 발생했다. 이 밖에도 우병우와 장시호, 차은택을 비롯해 주진형 전 한화증권 대표 등이 증인과 참고인으로 출석했다. 이들을 증

---

153) 「한국경제신문」, 2014. 9. 20. 인터넷 기사 (로펌의 '국정감사 증인컨설팅'의 내막)

立法을 알아야 기업이 산다

인과 참고인으로 채택한 법적 근거도 바로 「국회법」 제129조다. 다만 제3항은 "증언 · 감정 등에 관한 절차는 다른 법률이 정하는 바에 따른다."라고 규정하고 있다. 여기서 말하는 다른 법률은 「국회에서의 증언 · 감정 등에 관한 법률」을 의미한다.

먼저 증인의 출석 의무에 대해 살펴보자. 어느 날 갑자기 자신이 국정감사 증인으로 채택됐다고 가정해 보자. 그럼 당장 드는 생각이 '국회가 증인으로 부르면 무조건 나가야 하나?'일 것이다.

최순실 게이트 때 다들 방송을 봐서 아는 것처럼, 대개 증인에 대한 질의는 마치 뭔가 잘못한 사람에 대해 '취조'(?)하듯 진행된다. 의원이 물으면 증인은 답하는 구조다. 그래서 면접이나 구술시험 보는 것 같은 광경을 목도할 수 있다. 다만 분위기는 상당히 경직되고 때로는 비장함마저 연출되기도 한다. 특히 의원이 화난 것처럼 큰 소리로 물으며 "예와 아니오로만 답하라."라고 하면, 마치 윽박지르는 것 같은 강압적 분위기도 조성된다.

이는 기본적으로 양자 간 동등하지 않은 관계에 따른 것이다. 서로 같은 지위나 위치라면 묻는 말에 편하게 답할 수 있을 것이다. 하지만 문제는 신문하는 의원과 답을 하는 증인 간의 관계가 평등하지 않다는 것이다. 한쪽은 묻는 권한을 갖고 있고 다른 한쪽은 무조건 묻는 말에 답해야 하기 때문이다. 문제는 여기서 끝나지 않는다. 기본적으로 서로 처한 지위나 위치 못지않게 숫자 또한 평등을 가르는 중요한 기준이 된다. 그런데 1대 30이라고 하면 어떻게 될까? 이건 애초부터 불공평한 싸움(?)이 될 수밖에 없다. 아이들 잘 쓰는 표현으로 "게임도 안 되는 것"이 바로 국정감사 증인신문이다.

증인 입장에서 그나마 다행인 것은 30명의 의원이 각자의 역할을 분담하지 않는다는 것이다. 서로 갖고 있는 정보도 교환하지 않는다. 이 말은 곧 '팀플레이'가 없고 종종 '중복질의'가 이루어진다는 것을 의미한다. 사실 30명의 의원이 제각각 역할을 나누고 질의할 주제도 분배해, 중복을 배제한 채 누구는 주 공격수 역할을 하고 누구는 살살 구슬리는 역할을 한다면, 증인은 한결 더 어려운 입장에 놓일 것이다.

여의도 브런치

그런데 의원들은 누구나 당연하게 여기는, 이 같은 것을 하지 않는다. 그렇다고 의원들이 역할을 나누고 팀플레이를 할 줄 몰라 그런 게 아니다. 30명이 신문하더라도 중복질의가 나오지 않을 것이라고 자신해서도 아니다. 이유는 다른 데 있다. 의원들은 300명 모두 서로 간 경쟁상대이다 보니 팀플레이도 역할분담도 할 수 없는 것이다. 국회의원 300명은 우선 여야로 나뉘어 대립한다. 그러나 진짜 경쟁상대는 같은 당 소속 의원들이다. 왜냐하면 같은 당 소속 의원끼리는 당직(黨職)과 국회직(國會職), 더 나아가 국회의원 공천을 놓고 서로 경쟁하기 때문이다. 내가 경쟁상대보다 더 잘해야 좋은 당직과 국회직도 받고 장관도 될 수 있으며 다음 공천에서도 살아남을 수 있는 것이다. 한마디로 국회의원들은 홉스가 말한 것처럼 "만인의 만인에 대한 투쟁"을 해야 하는 것이다.

강압적 분위기와 동등하지 않은 관계, 30대 1의 싸움 외에도 증인을 어렵게 만드는 것은 또 있다. 그건 사진 촬영과 방송사 카메라. 최순실 게이트 때 봤던 것처럼 국민적 관심이 높은 사안에 대해서는 증인에 대한 신문과 답변이 전국에 생중계된다. 어떤 의미에서는 방송사에 의한 생중계가 증인에게 가장 큰 어려움일 수 있다. 자신에 대한 의원들의 공격적인 질의와 이에 대한 답변이 방송으로 생중계돼 전 국민이 본다고 생각해 보자. 웬만한 사람은 이 같은 가정만으로도 등골에 식은땀이 흘러내릴 것이다. 특히 기업인의 경우 생중계로 보도된 자신의 말 한마디가 회사와 사업 전체에 큰 영향을 미칠 수 있다는 점에서 부담은 더 클 것이다.

상황이 이와 같을 때 과연 누군들 국정감사 증인으로 나가고 싶겠는가? 글쓴이부터도 피하고 싶은 게 사실이다. 가끔 좋은 사례를 이유로 기업인을 증인으로 부르는 경우도 있다. 예를 들면 노사문제와 관련한 모범사례여서 다른 기업들에게 타산지석(他山之石)이 될 수 있겠다는 생각에, 어떻게 그처럼 했는지를 물어보기 위해 증인으로 부르려고 하는 것과 같은 일이다. 그런데 이때 해당 기업은 하나같이 "제발 부르지 말라."며 손사래를 친다. 자신들이 잘한 것을 칭찬해주거나 혹은 알려주는 것도 결코 고맙지 않다는 것이다. 한마디로 국정감사와 관련해 증인으로 나가는 건 어떤 일로든 무조건 싫다는 게 기업의 한결같은 입장이다.

증인 출석 의무화하는 「국회에서의 증언·감정 등에 관한 법률」

한편 이처럼 기업들이 증인 출석을 꺼리는 것에도 불구하고 「국회에서의 증언·감정 등에 관한 법률」 제2조는 국정감사 증인으로 채택되면 출석을 '의무화'하고 있다. "국회에서 증인·참고인으로서의 출석이나 감정의 요구를 받은 경우에는 이 법에 특별한 규정이 있는 경우를 제외하고는 다른 법률의 규정에도 불구하고 누구든지 이에 응하여야 한다."라고 한 것이다. 여기서 말하는 '특별한 규정'은 제5조의2에 잘 나타나 있다. 이에 따르면, "증인은 부득이한 사유로 출석하지 못할 경우 출석요구일 3일 전까지 의장 또는 위원장에게 불출석 사유서를 제출하여야 한다."라고 규정돼 있다.

이렇게 볼 때, 법조문에 따르면 불출석 사유서를 내기만 하면 출석하지 않아도 되는 것처럼 보인다. 그러면 실제는 어떨까? 이와 관련, 우선 과거에는 어떠했는지부터 살펴보자. 과거에는 불출석 사유서가 수용되거나 증인으로 채택되고도 출석하지 않은 사례가 많았다. 물론 「국회에서의 증언·감정 등에 관한 법률」 제12조는 "정당한 이유 없이 출석하지 아니한 증인, 고의로 출석요구서의 수령을 회피한 증인에 대해서는 징역 또는 벌금에 처한다."라고 규정돼 있다. 하지만 불출석으로 인한 고발로 정식 형사재판을 받는다고 해봐야, 그 결과는 최대 벌금 200~700만 원에 지나지 않았다. 나머지는 '기소유예' 또는 '혐의없음' 등의 처분을 받았다. 사실 경영인에게 벌금 700만 원은 큰 부담이 아닐 것이다. 요컨대 그동안 돈 많은 경영인이 국정감사 증인으로 출석하지 않은 것에 대한 처벌이 고작 벌금 200~700만 원의 솜방망이 처분에 그치다 보니, 오히려 출석하는 게 잘못한 일이거나 손해나는 짓으로 인식된 것이다. 전 국민이 보는 방송으로 생중계돼 망신을 사기보다는 '해외 출장'과 같은 핑계를 대고 출석하지 않은 뒤 최대 벌금 700만 원을 내는 게 더 남는 장사(?)라는 건 어린아이도 아는 상식이다.

그런데 19대 국회(2012.5~2016.5) 들어서면서부터 분위기가 완전히 달라졌다. 당장 불출석 사유서가 수용되지 않았다. 불출석 증인에 대한 국회의 대응 또한 단호해졌다. 과거에는 여당이 불출석 증인에 대한 고발을 꺼리곤 했는데, 그런 것이 없어진 것이다. 이는 기업 입장에서 볼 때 중요한 '바람막이'가 없어진 것이나 마찬가지다. 더 중요한 건 고발된 불출석 증인에 대한 사법부의 판단이 과거와 달리 아주 엄격해졌다. 여기에는 한 가지 계기가 있다. 2012년 11월 증인들의 불출석으로 정무위원회가 열기로 했던 청문회가 무산된 것이 그것이다. 정무위원회는 11월 6일 「대형유통

立法을 알아야 기업이 산다

업체의 불공정거래 실태확인 및 근절대책 마련을 위한 청문회를 열 계획이었다. 청문회의 증인은 신동빈 롯데그룹 회장, 정지선 현대백화점 회장, 정용진 신세계그룹 부회장, 정유경 ㈜신세계 부사장 등 4명이다. 이에 앞서 이들 4명은 2012년 10월 11일과 10월 23일 정무위원회 국정감사에서 증인으로 채택됐으나 출석하지 않았다. 10월 23일은 10월 11일에 출석하지 않은데 따라 재차 출석을 요구해 정해진 날짜이다. 국회 청문회 사상 채택된 증인이 출석하지 않아 청문회가 무산된 건 이때가 처음이다. 증인신청은 여야 만장일치로 이뤄졌으나 4명의 증인 모두 해외 출장을 이유로 출석하지 않았다. 이처럼 세 차례에 걸쳐 모두 출석하지 않자 11월 6일의 청문회가 무산된 뒤 여야는 불출석한 증인 4명에 대한 검찰 고발을 의결했다.

이와 관련, 당시 정무위원회 위원장이었던 김정훈 의원은 "여야가 만장일치로 의결한 사항을 세 번이나 불응한 것은 중소상인과 국민 의사를 무시한 오만한 행태"라고 비판했다. 당시 정무위원회 새누리당 간사인 박민식 의원은 "출석요구에도 국회에 나오지 않고 청문회도 같은 사유로 안 나온 것은 국회의 권위를 모독한 것을 넘어 국민의 기대를 깡그리 짓밟는 행위로 지탄받아 마땅하다."라고 했다. 민주통합당 간사인 김영주 의원은 "청문회에 출석하지 않고 자료제출 요구도 응하지 않는 등 국감을 무시하는 것은 국민을 우롱하는 것이며 의원들도 반성해 법을 강화해야 한다."라고 강조했다.[154]

이 같은 분위기 때문이었을까? 불출석한 4명의 증인은 '약식기소'를 거쳐 법정 최고형인 벌금 1000~1500만 원을 선고받았다. 이는 과거에 선고된 벌금 최고액이 700만 원이었던 걸 생각하면 2배가 넘는 금액이다. 여기서 1500만 원은 가중치에 따른 것이다. 2012년 당시 「국회에서의 증언·감정 등에 관한 법률」 제12조 1항에 따르면, "정당한 이유 없이 출석하지 않은 증인에 대해서는 3년 이하의 징역 또는 1000만 원 이하의 벌금에 처한다."라고 규정돼 있다. 그런데 4명의 증인은 세 차례에 걸쳐 출석을 거

154) 「뉴스1」 인터넷 기사, 2012. 11. 6.

부함에 따라 경합범 가중(加重)원칙에 근거해 가중처벌 됨으로써 정용진 부회장에게 1500만 원의 벌금이 선고된 것이다.

물론 개중에는 "700만 원이나 1500만 원이나 재벌에겐 '껌값' 아니냐?"고 비판할 수 있다. 하지만 재판부는 1500만 원의 벌금을 선고하면서 같은 혐의로 재차 기소되면 더 큰 형벌이 가해지는 형사 양형의 일반 원칙을 거론함으로써, 4명의 증인에게 새삼 법의 엄중함을 강조했다.[155]

한겨레
2013년 04월 19일 금요일 011면 사회

'국회 불출석' 정용진 부회장에 벌금 1500만원 선고
판사 "재벌에 벌금형이 무슨 의미 있냐지만…"

"반복되면 징역형 명심하길" 강조

"혹자는 재벌에게 벌금 1500만원이 무슨 의미가 있냐고 의문을 제기합니다. 그러나 범행이 반복된다면 집행유예, 또 반복되면 징역형을 선고하는 형사 원칙을 명심하길 바랍니다."

서울중앙지법 형사8단독 소병석 판사는 18일 정당한 이유 없이 국회의 출석 요구에 따르지 않은 혐의(국회에서의 증언·감정 등에 관한 법률위반)로 재판에 넘겨진 정용진(45) 신세계그룹 부회장에게 벌금 1500만원을 선고하면서 이렇게 말했다.

'국회에서의 증언·감정 등에 관한 법률'은 국회 출석을 거부하면 3년 이하의 징역이나 1000만원 이하의 벌금에 처하도록 규정하고 있다. 세 차례 나가지 않은 정 부회장은 경합범 가중을 적용받아 '징역 4년6월 이하 또는 벌금 1500만원 이하'까지 선고가 가능했다. 법원이 벌금형의 최고치를 선고하면서 앞으로 이런 행태가 재발할 경우 더 무거운 형벌도 가능하다고 경고한 셈이다.

소 판사는 "대형 유통업체인 신세계그룹에서 최종적 의사결정을 할 수 있는 실질적 총수로서, 국회의 요구에 출석해 성실히 답하고 기업인으로서 자신의 입장을 밝히는 것이 관련 법률이 정하는 의무이자 국회와 국민에 대한 의무다. 그런데도 국정감사·청문회에 해외출장 등을 이유로 세 차례 응하지 않아 국회 업무에 지장을 초래했다. 이에 상응하는 형사적 책임을 묻는 것이 마땅하다"고 말했다.

하지만 "정 부회장이 다른 대표이사들을 대신 출석시켰고, 당시 사정과 피고인의 환경 등을 종합하면 징역형은 과중하거나 가혹한 것으로 보인다"며, 징역형을 선고하지 않은 이유를 설명했다. 일주일 전 벌금 1000만원을 선고받은 정지선(41) 현대백화점 회장과의 형평성도 고려했다고 밝혔다.

한편 신세계그룹 이마트의 부당노동행위를 수사하고 있는 고용노동부는 피고발인인 정 부회장을 조만간 조사할 것으로 알려졌다. 노동부 관계자는 "소환조사를 할지 서면조사를 할지 방식은 결정되지 않았다"고 말했다. 이마트 공동대책위원회는 지난 1월29일 정 부회장 등 17명을 서울지방고용노동청에 부당노동행위 혐의로 고발한 바 있다.

이경미 이정국 기자 kmlee@hani.co.kr

국회 국정감사와 청문회에 불출석한 혐의로 기소된 정용진 신세계그룹 부회장이 18일 오전 서울 서초동 서울중앙지법에서 열린 공판을 받고 뒤 차에 오르고 있다.
박종식 기자 anaki@hani.co.kr

▲ 2017년 3월 국회는 증인 불출석에 관한 규정을 강화했다.

재판부의 경고는 곧바로 효과를 발휘했다. 이듬해인 2013년 11월 국정감사 증인으로 채택된 정용진 부회장, 2015년 국정감사 증인으로 채택된 신동빈 회장 모두 이전과 달리 해외 출장을 핑계 대지 않고 증인으로 출석한 것이다. 아무튼 이런 과정을 거쳐 이제는 국정감사 증인으로 채택되면 과거와 달리 꼭 출석해야 하는 것으로 분위기가 완전히 바뀌었다. 과거와 같이 해외 출장 혹은 병을 핑계로 증인 출석을 회피하면 안 되는 '불문율'이 새롭게 만들어진 것이다. 특히 한국 사회에서 일정한 지위를 확보한 대기업 총수나 임원이라면 더욱 그러했다.

---

155) 이전에도 약식기소는 간혹 있었지만, 이번처럼 약식기소 돼 벌금액의 최고액인 1000만 원, 더욱이 가중치가 감안 돼 50%가 더해진 1500만 원의 벌금이 선고된 건 이때가 처음이다.

立法을 알아야 기업이 산다

한편 국회는 최순실 게이트를 거치면서 2016년 12월 불출석에 관한 규정을 강화했다. 과거 "3년 이하의 징역 또는 1000만 원 이하의 벌금에 처한다."라는 것을 "3년 이하의 징역 또는 1000만 원 이상 3000만 원 이하의 벌금에 처한다."[156]로 바꾼 것이다. 바뀐 규정에 따를 경우 가중 처벌되면 벌금은 최대 4500만 원이 된다. 하지만 불출석에 따른 고발로 인한 벌금과 관련한 변호사 비용은 차치하고라도, 국회 고발로 인한 '기업 이미지 훼손'은 대기업 총수나 임원이 가장 두려워하는 요소일 것이다.

불출석 증인에 대한 동행명령장 발부와 고발

국회는 불출석 증인에 대한 고발에 앞서, 증인 출석에 대한 실효성을 높이기 위한 규정을 두고 있다. 「국회에서의 증언·감정 등에 관한 법률」 제6조에 따르면 "증인이 정당한 이유 없이 출석하지 아니하는 경우에는 의결로 해당 증인에 대하여 지정한 장소까지 동행할 것을 명령할 수 있다."라고 규정하고 있다. 이는 과반수 출석에 과반수 찬성으로 결정된다. 동행명령장은 위원장이 발부한다. 동행명령장에는 증인의 성명·주거[157], 동행명령 이유, 동행할 장소, 발부연월일, 유효기간 및 기간이 경과하면 집행하지 못하며 반환해야 한다는 취지 등의 내용이 담긴다. 위원장은 이에 서명·날인해야 한다.

동행명령장은 국정감사 과정[158]에서도 간혹 의결됐으나, 2016년 12월 최순실 게

---

156) 「국회에서의 증언·감정에 관한 법률」 제12조

157) 증인의 성명이 분명하지 않으면 인상·체격 기타 특정할 수 있는 사항으로 표시할 수 있다. 주거가 분명하지 않으면 기재를 생략할 수 있다.

158) 농림축산식품해양수산위원회는 2015년 9월 10일, 10월 1일, 10월 8일 세 차례에 걸쳐 김인호 한국무역협회장을 국정감사 증인으로 출석할 것을 요구했다. 하지만 김 회장은 세 차례 모두 불출석 사유서를 제출하고 출석하지 않았다. 이에 농림축산식품해양수산위원회는 10월 8일 오후 2시에 국정감사장으로 출석하도록 동행명령의 건을 의결하고 동행명령장을 발부했으나, 증인은 이에 응하지 않았다.

이트와 관련한 국정조사에서 가장 많이 발부됐다. 최순실 게이트 국정조사 특별위원회는 2016년 12월 15일 하루에만도 정윤회 전 박근혜 의원 비서실장과 박관천 전 청와대 행정관, 한일 전 서울경찰청 경위, 박재홍 전 승마국가대표 감독, 한용걸 전 세계일보 편집국장, 윤후정 전 이화여대 명예총장, 김영석 전 미르재단 이사, 김한수 전 청와대 뉴미디어비서관실 행정관, 김형수 전 재단법인 미르 이사장, 류철균 이화여대 교수, 이한선 전 재단법인 미르 상임이사 등 11명을 대상으로 동행명령장을 발부했다.

동행명령장은 국회사무처 소속 공무원들에 의해 증인에게 제시됨으로써 집행된다.[159] 여기서 '제시'란, 내용을 알 수 있도록 동행명령장을 증인에게 건네 읽도록 하거나 그 내용을 읽어줘 증인이 듣게 한 뒤 동행명령에 응할 것을 요구하는 걸 의미한다. 이 경우 동행명령장은 자유의사에 의한 임의동행으로 집행된다. 다시 말해 「형사소송법」 제152조와 같이 증인을 강제구인할 수는 없다는 것이다. 따라서 증인은 동행명령을 거부할 수 있다. 2016년 12월 최순실이 국회의 동행명령장에도 불구하고 국회 증인으로 출석하지 않은 것도 이 때문이다. 다만 동행명령을 거부 또는 수령을 회피하면 국회 모욕죄에 해당돼 5년 이하의 징역형에 처할 수 있다.[160]

동행명령장 발부에도 불구하고 끝내 출석하지 않으면 고발(告發)된다. 「국회에서의 증언·감정 등에 관한 법률」 제15조는 불출석에 대한 위원회 차원의 고발을 규정하고 있다. 이 경우 의결은 '일반정족수', 즉 상임위원 과반수 출석에 과반수 찬성으로 결정된다. 고발은 위원장 명의로 이루어진다.[161] 국회의 고발이 있을 경우 검사는 고

---

159) 증인의 출석을 요구하는 '출석요구서'는 당사자가 아닌 가족이나 직원에게 전달해도 무방하다. 하지만 동행명령장은 당사자에게 직접 전달해야 비로소 법적 효력을 발휘한다.

160) 국회는 2017년 3월 동행명령을 거부하거나 제3자로 하여금 집행을 방해하도록 한 것뿐만 아니라 "수령을 회피할 때도 5년 이하의 징역에 처한다."라고 법을 개정했다. (「국회에서의 증언·감정 등에 관한 법률」 제13조2항)

161) 다만 청문회의 경우에는 재적 위원 3분의 1 이상의 연서(連署)로 그 위원의 이름으로 고발된다.

발장을 접수한 날로부터 2개월 이내에 수사를 종결[162]해야 한다. 아울러 검찰총장은 지체 없이 처분결과를 국회에 서면으로 보고해야 한다.

▲ 김성태 '박근혜-최순실 게이트 국정조사 특별위원회' 위원장이 국회 경위들에게 동행명령장을 전달하고 있다.

이렇게 볼 때, "증인은 부득이한 사유로 출석하지 못할 경우 출석요구일 3일 전까지 의장 또는 위원장에게 불출석 사유서를 제출하여야 한다."라는「국회에서의 증언·감정 등에 관한 법률」제5조의2에도 불구하고, 누가 봐도 출석하지 못할 타당한 이유가 있지 않는 한 증인 출석을 거부하는 것은 사실상 불가능한 일이다. 특히 불출석 사유서는 제출하기만 하면 출석하지 않아도 되는 걸 의미하지 않는다. 국회가 이를 수용하지 않으면 사유서는 아무 의미가 없다는 점에서, 증인으로 채택되면 누구든 출석해야 한다. 따라서 누가 봐도 합당하다고 인정할만한 불출석 사유가 있지 않는 한 사유서 제출은 오히려 '매를 버는 것'에 지나지 않는다. 특히 반재벌 정서가 강한 현실을 감안, 재벌 총수나 대기업 고위 임원들은 사유서 제출에 신중해야 한다.

---

162) 통상적으로 고소·고발사건은 3개월 이내에 수사를 마치도록 하고 있다. 그런데 국회 고발과 관련해서는 2개월로 시한을 한정하고 있다. 이는 국회 고발 시 증거로 사용될 회의록이나 관련 자료를 함께 제출하므로 실제 수사에 많은 시간이 소요되지 않기 때문이다. 특히 이는 검찰로 하여금 신속히 수사를 마칠 것을 강제하는 의미가 있다.

---

2) 증인신청 프로세스와 단계별 대응전략

증인 채택에 대한 국회 차원의 진행 과정은 크게 신청 → 의결 → 출석요구 → 신문 → 불출석 증인에 대한 고발 → 국정감사 결과보고서 의결 등 6단계로 진행된다. 하지만 국정감사 증인으로 불려 나가는 기업 총수나 임원 입장에서는 조금 다르다. 의원실에 의한 증인신청과 관련해 사전에 해야 할 일들이 많기 때문이다. 그래서 기업 입장에서 국정감사 증인 채택은 상황 파악 → 대응 → 의결 → 출석요구 → 사전준비 → 실전(출석)의 6단계로 구분될 수 있다. 순서대로 살펴보자.

가. 증인신청과 상황파악

국정감사 증인신청은 각 상임위원회 행정실이 의원실을 상대로 한 e-mail 발송 → 의원실의 명단 작성 → 교섭단체별 간사실 취합[163] → 행정실 전달 및 취합의 과정을 거쳐 이뤄진다. 상임위원회 행정실은 8월 말 국정감사 일정이 확정되는 것과 때를 맞춰 「국정감사 관련 협조 요청사항」이라는 공문을 상임위원회에 소속된 의원실에 발송한다. 이는 크게 두 가지로 구성돼 있는데, 하나는 증인 및 참고인 신청과 관련된 것이고 다른 하나는 국정감사와 관련해 피감기관들을 대상으로 한 자료요구에 대한 안내이다.

증인 및 참고인 신청과 관련해서는, 정해진 양식에 따라 증인 신청서 및 참고인 신청서를 작성해 달라는 것이다. 동시에 여기에는 증인(참고인) 신청 공문을 비롯해 △서식-1 증인 신청서 △서식-2 참고인 신청서 △서식-3 증인 · 참고인 (철회·변경) 신청서 등 3가지의 서류가 첨부된다.

우선 증인 신청서는 소속과 성명, 직업 및 주소, 전화번호, 출석일시, 출석 기관,

---

163) 가령 정의당처럼 교섭단체에 속하지 않는 의원실은 어떻게 해야 할까? 정의당 혹은 무소속 의원실은 상임위원회 간사가 없기 때문에 증인 신청서를 간사실에 보낼 수 없다. 이 경우에는 상임위원회 행정실에 제출한다.

신문 요지 등을 작성하게 돼 있다. 의원실에서는 이 양식에 맞춰 서류를 작성해 간사실로 보내면, 증인과 관련한 신청은 모두 끝난다. 그런데 한 가지 변수가 생겼다. 「국회에서의 증언·감정 등에 관한 법률」이 2016년 12월 개정되면서 신청서에 △증인신청 이유 △안건 또는 국정감사·국정조사와의 관련성 등을 추가로 기재해야 하는 것이다. 이는 2016년 11월 국회의장이 의장 직속의 「국회의원 특권 내려놓기 추진위원회」가 보고한 '국회의원 특권 개혁안'을 반영해 국회 운영위원회에 개정안을 제시함으로써 이뤄졌다. 국회의장이 이 같은 내용을 제시한 데는 다음과 같은 이유가 있다. 그동안 증인은 의원실의 개별 협의를 통해 채택 여부가 결정됨으로써 채택 과정에 대한 투명성이 미흡하다는 지적이 있었다.[164] 특히 그러다 보니 증인 채택이 남발되고 있다는 비판이 많아 증인 출석요구의 투명성과 책임성을 강화하기 위해 신청 이유 등을 적시토록 한 것이다.[165]

한편 의원실이 증인 신청서를 작성해 간사실로 보내면 일단 중요한 절차가 끝나는 것과 달리 기업 및 대관업무담당자들은 사전에 챙겨야 할 것들이 많다. 우선 '상황 파악'이 그것이다. 의원실에서 증인 신청서를 간사실 거쳐 행정실로 제출하고 나면 일단 '협상' 가능성이 대단히 낮아지므로 무엇보다 사전에 분위기를 파악하는 것이 중요하기 때문이다. 또한 행정실에 증인신청 명단이 제출될 때까지 이 같은 의원실의 움직임을 파악하지 못하면 본연의 임무에 충실하지 못했다는 비난을 받기에 충분하기 때문이다.

증인신청이 상임위원회 행정실에서 의원실을 대상으로 협조요청사항을 e-mail

---

164) 이와 관련, 2015년 9월에는 어느 의원이 누구를 왜 증인으로 신청했는지 투명하게 공개하는 '증인신청 실명제'를 도입하자는 의견이 제기됐다. 당시 새누리당 정책위원회 의장인 김정훈 의원은 "증인 실명제는 정책위에서 개정안을 검토 중이며 증인채택소위원회를 별도로 구성해 회의 내용을 속기록으로 남긴 다음 증인 채택 완료 후 공개하는 방안도 검토하고 있다."라고 밝혔다. 「국민일보」 2015. 9. 10.

165) 2016년 11월 「국회에서의 증언·감정 등에 관한 법률」 개정안(위원회안)의 제안경위 및 제안 이유 참조. 하지만 이 같은 조치에도 불구하고 증인신청과 관련해 결과적으로 눈에 띄게 달라진 건 없다.

로 발송하는 것에서부터 시작되지만, 각 의원실은 이에 앞서 당해 연도 국정감사에서 누구를 증인으로 신청할지 내부 논의를 거친다. 보좌진끼리 일차적으로 논의하기도 하고 의원과 회의를 통해 대상자를 선정하기도 한다. 또 상반기 임시회 활동을 통해 평소 증인신청 대상자를 선별해두기도 한다. 따라서 증인신청과 관련해 대관업무 담당자들이 가장 우선시할 것은 해당 상임위원회에 소속된 의원실의 '동정'을 살피는 것이다. 어느 의원실에서 무슨 이유로 어떤 기업의 누구를 증인으로 신청하려고 한다는 정보를 사전에 파악하는 게 가장 일차적인 과제이다. 사실 국회의 피감기관도 아닌 일반기업의 대관업무담당자들이 국회 의원실을 출입하는 건 바로 이 같은 정보를 취득하기 위한 목적이 강하다. 평소 의원실 보좌진과 밥도 먹고 차도 마시며 가끔은 술도 한잔하는 건 서로 안면을 트고 필요할 때 관련된 정보를 얻기 위한 것이다.

그러나 여기서 그쳐서는 안 된다. 9월 정기국회를 코앞에 둔 8월부터는 의원실과의 접촉면을 더 넓혀야 한다. 8월이 통상 휴가철이기도 하거니와 정기국회 직전에 출입이 잦으면 너무 속보일 수 있으니, 7월부터 연락하고 만나면 더 좋다. 그래야 증인과 관련한 의원실의 동정을 파악할 수 있다. 이와 함께 교섭단체별로 증인 명단을 추리는 간사실에 대한 '관리'(?)도 더 강화해야 한다. 의원실에 대한 관리가 미진해 증인신청과 관련한 동정 파악에 어려움을 겪는다면, 곧바로 간사실을 통해 필요한 정보를 취득할 수 있어야 하기 때문이다. 같은 맥락에서 증인 명단을 최종 집계하는 국회 본청에 있는 각 상임위원회 '행정실' 또한 소홀히 할 수 없는 대상이다. 따라서 의원실과 간사실 그리고 행정실 등 3가지 차원의 관리 대상을 상대로 평소 대관업무를 담당하는 자신과 학연·혈연·지연으로 얽힌 사람이 누구인지를 파악해 꾸준히 안면을 익히며 접촉하는 게 좋다.

대관업무담당자들이 상황 파악 단계에서 의원실의 증인신청 움직임 못지않게 중요하게 챙겨야 할 게 또 있다. 그건 바로 '왜 증인을 신청하느냐?', 다시 말해 증인으로 신청하는 정확한 이유가 무엇인지를 아는 것이다. 왜냐하면 증인신청 이유에 따라

立法을 알아야 기업이 산다

기업의 대응 양태가 달라질 것이기 때문이다.

의원실에서 법률 개정안을 제출할 때, 모두 다 통과될 것이라고 생각하지 않는다. 왜냐하면 개중에는 통과가 어려운 걸 알면서도 발의하는 경우도 있기 때문이다. △지역구에 생색을 내기 위해서거나 △민원과 관련됐거나 △차기 당선이나 표를 의식해서거나 △행정부 압박용 또는 예산을 지원받기 위해서 등등 의원실이 법률 개정안을 제출하는 이유는 의원실 숫자만큼이나 다양하다. 심지어는 언론과 시민단체에서 법안 제·개정안 제출의 많고 적음을 근거로 의정활동을 평가하는 데 따라 '실적' 하나 더 늘리기 위한 경우도 많다.

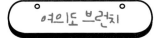

만약 의원실과 간사실, 본청의 행정실 등 3가지 차원의 관리 대상 가운데 학연·혈연·지연으로 얽히는 사람이 하나도 없다면 어떻게 해야 할까? 그럼 자신과 학연·혈연·지연으로 얽혀 있는 국회 구성원을 통해 사전에 필요한 대상을 소개받아 관계를 맺어야 한다. 가령 대학 동기가 국토교통위원회 보좌관으로 있으면, 자신이 필요로 하는 정무위원회 보좌관 중 잘 아는 사람이 있는지를 물어 소개받는 것과 같은 방식으로 대인관계를 넓혀가는 것이다. 개중에는 다른 보좌진의 소개 없이 의원실로 직접 찾아와 어느 기업에서 왔다며 명함을 내미는 대관업무담당자도 있다. 그러나 이 경우 내가 잘 아는 보좌진을 통해 소개받는 것에 비해서는 가까워지는데 더 시간이 걸린다. 경우에 따라서는 "피감기관도 아닌 기업에서 왜 국회를 출입하느냐?"고 문전박대(?)하는 의원실도 있다. 참고로 상임위원회 위원장이 의결권을 가진 만큼 위원장실도 관리 대상에 포함해 평소 친분을 맺는 게 필요하다. ☕

- 증인신청서 -

산업통상자원중소벤처기업위원회

2017. 9.　　　　담당보좌진 :　　　　　　（내선번호 :　　　　　）

국회의원	（인）	교섭단체		
신청 증인	성명		연락처	
	생년월일		직업 （소속 및 직위）	
	주소			
출석일시 및 장소 （감사대상 기관）				
○ 증인신청 이유（국정감사와의 관련성 포함）				
○ 신문 요지				

※ 증인신청서 작성시 주의사항

· 출석일시는 관련 피감기관의 국정감사일을 기입해 주시면 됩니다.

· 증인직업은 구체적으로 직장 및 직위를 기입해 주시기 바랍니다.

· **증인주소는 의원실에서 파악한 범위 내에서 자택 및 직장주소를 기입해 주시기 바랍니다.**

· **증인연락처는 의원실에서 파악한 범위 내에서 자택, 직장, 핸드폰 등 연락 가능한 모든 전화번호를 기입해 주시기 바랍니다.**

· 증인신청 이유 및 신문요지는 20~30자 내외로 간략히 적어주시기 바랍니다.

나. 대응과 수위 낮추기

증인신청 또한 마찬가지다. 따라서 증인신청 이유가 △지역구와 관련된 것인지 혹은 제3자의 요구에 따른 것인지 △지역구에서 진행되고 있는 공사의 신속한 종료인지 △보상을 더 해달라는 것인지 △타협의 여지 없이 정말 끝장을 보자는 것인지에 따라 각각에 대한 '대응'은 달라져야 한다. 한마디로 증인신청 이유를 정확히 파악한 뒤 협상에 나서 신청 대상에서 제외시킬 수 있는지를 판단하는 게 중요하다는 것이다. 만약 이 같은 과정을 거쳐 증인신청 대상에서 자기 회사의 사주나 임원을 제외할 수 있다면, 그야말로 자신의 직분에 가장 충실한, 그래서 최고로 업무를 잘 처리한 것이 될 것이다.[166]

증인신청 이유가 파악되면 그다음은 그에 걸맞은 '대응'이 이어져야 한다. 이건 사안에 따라 그것에 맞게 협상하면 된다. 가령 지역 민원과 관련해 증인으로 신청했다면 그걸 해결해주면 된다. 문제는 타협의 여지 없이 반드시 증인으로 신청하겠다는 것이다. 그러면 이때는 통상 '수위를 낮추는 작업'이 뒤를 잇는다. 수위를 낮추는 방법에는 몇 가지가 있다. 다만 여기서는 증인을 참고인으로 교체하거나 회장이나 사장을 임원으로 교체하는 것과 같이 흔히 사용하는 두 가지 방법만 언급하기로 하자.[167]

첫째, '증인'을 '참고인'으로 교체하는 것이다. 국회는 국정감사와 관련해 증인 또는 참고인을 채택한다. 여기서는 증인과 참고인을 병렬적으로 나열하지만 각각이 가지는 의미와 부담은 천양지차다. 수위를 낮추는 것은 바로 이 같은 차이에 근거한 것이다.

---

166) 그런데 이 경우 또 다른 문제가 존재한다. 애초 증인신청 명단에 오르지 않도록 제외하는 건 훌륭한 일 처리일 수 있다. 그러나 정작 이렇게 되면 회사에서는 증인에 거론됐는지조차 알지 못해 대관업무 담당자 입장에서는 일을 하지 않을 것이 될 수도 있다. 이 같은 상황이 반복되면 나중에는 대관 담당자의 '존재 가치'가 없어질지도 모를 일이다. 따라서 명단에 올라갔지만, 증인으로 의결되기 전까지의 중간 어느 단계에서 삭제되는 게 자신의 '공'(?)을 내세우는 데 가장 좋을 것이다.

167) 수위를 낮추는 방법에는, 여기서 논의하는 두 가지 말고도 여러 가지가 있다. 묻어가기, 참고인 활용, 우군 확보, 날짜 변경, 사전 김빼기 등이 그것이다. 그런데 이 같은 것들은 현재 컨설팅업체에서 근무하고 있는 국회 출신 전직 보좌관들이 사용하고 있는 만큼 공개는 부적절한 것으로 보인다. 따라서 더 자세한 사항은 개별적인 컨설팅에 맡기는 것으로 하자.

증인과 참고인의 가장 큰 차이는 '선서'에 있다. 증인은 상임위원장이 요구하면 반드시 선서해야 하며, 정당한 이유 없이 선서를 거부할 수 없다.[168] 반면 참고인은 선서 의무가 없다. 여기서 선서는 위증[169]이 있을 경우 처벌받을 수 있다는 걸 의미한다. 반대로 참고인은 선서하지 않았기 때문에 기본적으로 고발되거나 처벌되는 일은 없다. 따라서 증인과 참고인은 선서와 함께 위증에 따른 고발 및 처벌이라는 두 가지 부분에서 큰 차이를 보인다. 다시 말해 참고인은 고발되거나 처벌받을 일이 없으니 증인과 비교할 때 부담의 정도는 상당히 낮아진다. 상황이 이와 같을 때, 증인으로 출석하는 것보다는 참고인으로 채택되는 게 더 나은 것이라는 건 재론을 요하지 않는다.

증인이 하는 선서에는 "양심에 따라 숨김과 보탬이 없이 사실 그대로 말하고 만일 진술이나 서면답변에 거짓이 있으면 위증의 벌을 받기로 맹세합니다."[170] 라고 하는 내용이 기재돼 있다. 증인은 이 같은 선서문을 낭독한 뒤 서명 또는 기명날인해 이를 위원장에게 제출해야 한다. 다만 「국회에서의 증언·감정 등에 관한 법률」 제3조의 규정처럼 형사소송법 제148조와 제149조에 해당할 경우에는 선서를 거부할 수 있다.

그럼 증인이 위증하면 어떤 처벌을 받을까? 「국회에서의 증언·감정 등에 관한 법률」 제14조에 따르면, "1년 이상 10년 이하의 징역에 처한다."라고 돼 있다. 한마디로 위증을 하면 무조건 최소 1년 이상의 징역형에 처하는 것이다. 다만 범죄가 발각되기 전에 고백하면 그 형을 감경 또는 면제할 수 있는데, 그 기한은 국정감사나 국정조사가 끝나기 전으로 국한돼 있다. 최순실 일가의 주치의로 알려진 이임순 순천향대병원 산부인과 교수는 특검에 의해 위증으로 고발됐으나 뒤늦게나마 시인했다는 것 때문에 징역 10개월에 집행유예 2년에 처했다. 이는 뒤늦게 거짓을 시인함으로써 형이 감경된 사례이다. 반면 같은 위증혐의로 기소된 박근혜 전 대통령 자문의 정기양

---

168) 만약 선서를 거부하면 「국회에서의 증언·감정에 관한 법률」 제12조에 따라 3년 이하의 징역 또는 1천만 원 이상 3천만 원 이하의 벌금에 처한다.

169) 위증은 객관적인 사실에 대해 거짓말한 것을 처벌하는 게 아니라 자기가 알고 있는 사실에 대해 허위 증언을 했을 경우에 처벌받는 범죄다.

170) 「국회에서의 증언·감정 등에 관한 법률」 제8조

교수는 1심에서 징역 1년에 법정 구속됐다. 2심에서야 징역 6개월에 집행유예 1년으로 줄어들었지만, 금고형 이상에 처함에 따라 교수직을 잃을 위기에 처했다. 다행히 2018년 6월 대법원에서 박영수 특별검사의 공소 제기가 그 자체로 부적법하다며 공소가 기각됐다. 국회 위증에 대한 고발은 국정조사특별위원회가 존속하는 동안에 해야 하는데, 그렇지 못했기 때문에 절차적 문제가 있다고 대법원이 판시한 것이다. 이임순 교수 또한 같은 이유로 2018년 5월 대법원 전원합의체에 의해 공소가 기각됐다. 최순실 게이트와 관련한 위증 피의자는 총 14명이나 된다. 우병우 전 민정수석을 비롯해 김기춘 전 비서실장, 문형표 전 보건복지부장관 등이 그들이다.

여의도 브런치

「국회에서의 증언·감정 등에 관한 법률」 제3조는 "증인은 형사소송법 제148조 또는 제149조의 규정에 해당하는 경우에는 선서·증언을 거부할 수 있다."라고 규정하고 있다. 여기서 「형사소송법」 제148조는 본인이나 그 친족 또는 친족 관계에 있던 자, 법정대리인, 후견감독인이 "형사소추 또는 공소 제기를 당하거나 유죄 판결을 받을 사실이 드러날 염려가 있을 때는 증언을 거부할 수 있다."라고 규정하고 있다. 한마디로 근친이 형사적인 책임을 추궁당하거나 유죄 판결을 받을 것으로 예상하면 증언을 하지 않아도 된다는 것이다. 또한 제149조는 변호사, 공증인, 공인회계사, 의사 등이 "업무상 위탁받은 관계로 알게 된 사실로서 타인의 비밀에 관한 것일 때 증언을 거부할 수 있다."라고 규정하고 있다. 이는 업무상 비밀과 관련되면 증언하지 않을 수 있다는 걸 의미한다. 실제로 국정원

재벌이나 대기업 구조에서 월급쟁이인 전문경영인은 책임질 수 있는 답변을 할 수 없다. 가령 아무리 재벌 총수에게 인정받는 전문경영인이라고 해도 국정감사장에서 '특정 사업을 접겠다.'거나 혹은 '투자를 하겠다.'라는 식으로 답할 수는 없다. 그건 '오너'만이 내릴 수 있는 결정이다. 이와 관련, 좋은 사례가 있다. 2013년 10월 15일 국정감사 때의 일이다. 당시 산업통상자원위원회는 변종 SSM(기업형 수퍼마켓) 확장과 불공정행위 의혹 등과 관련해 허인철 이마트 대표이사를 증인으로 채택했다. 애초 신세계 정용진 부회장이 증인 명단에 있었으나, 중소기업과의 상생에 앞장서겠다고 해서 빼주고, 허인철 사장이 대신 나온 것이다.[172]

세계일보　　　　　　　　2013년 10월 16일 수요일
　　　　　　　　　　　　　　　004면 종합

정용진 신세계 부회장 증언대 세우기로

**이마트 대표 답변 거부에
산업위선 추가 증인 채택**

국회 산업통상자원위는 15일 전체회의를 열고 신세계 정용진(사진) 부회장을 증인으로 추가 채택했다. 정 부회장은 다음달 1일 국회에서 열리는 산업통상자원부와 중소기업청 확인감사에 출석해야 한다.

이날 산업위의 중기청 국정감사에서 여야 의원은 증인으로 나온 이마트 허인철 대표를 상대로 신세계가 운영하는 상품공급점인 이마트에브리데이가 실질적인 변종 기업형수퍼마켓

(SSM)으로서 골목상권을 침해하고 있다는 의혹을 추궁했으나 허 대표가 이런저런 이유를 대며 "제가 답변할 일이 아닌 것 같다"고 즉답을 피하자 정 부회장을 증언대에 세우기로 뜻을 모았다.

산업위는 정 부회장을 상대로 이마트가 협력업체의 조리식품 제조기술을 탈취해 동일한 제품을 신세계푸드에서 생산했다는 의혹도 집중 추궁할 계획이다.

이우승 기자 wslee@segye.com

▲ 허인철 이마트 대표가 의원들의 신문에 답하고 있다. 하지만 허 대표는 '모르쇠'로 일관해 정용진 부회장이 증인으로 채택되는 부정적 결과를 낳았다.

여당의 한 의원은 증인으로 출석한 허 대표를 상대로 "변종 SSM인 이마트 에브리데이와 이마트가 아무런 차이가 없다."라며 "위법은 아니라고 하지만 꼼수를 통해 왜 사회적으로 지탄받는 사업을 하는지 실망을 금할 수 없다."라고 지적했다. 이에 허 대표는 "제가 말씀드릴 부분이 아니다."라며 "저는 대형 할인점 사업만 맡고 있고 이마트 에브리데이 대표이사는 따로 있다."고 말해 사실상 답변을 거부했다. 또 야당 한

---

172) 허인철 이마트 사장 전격 사임 진짜 이유, 「주간조선」 2296호(2014. 3. 3.)

의원은 중소납품업체의 기술을 탈취해 제품명까지 같은 카피 제품을 만들고 납품업체와는 일방적으로 거래를 끊어버린 불공정행위를 했다고 지적했다. 이와 관련 허 대표는 "인정하지 않는다."며 "서로 간에 제품과 성분과 함량이 다르다."라고 답했다.

한마디로 허 대표는 여야 의원들의 질의에 '모르쇠'와 '부인'으로 일관한 것이다. 상황이 이렇게 되자 당시 산업통상자원위원회 위원장은 "허 대표가 관계가 없다고 한다면 증인을 잘못 부른 것"이라며 "여야 간사가 합의해 정용진 신세계 부회장을 부르겠다. 허 대표는 나가도 좋다."고 퇴장을 명했다. 한 여당 의원 또한 "허 대표가 관계가 없다고 하는데 증인으로 둬야 할 이유가 없다."라며 "그룹 회장이 와야 하는 게 맞다."라고 동의했다.[173] 허 대표는 여야 의원들에게 뭇매를 맞고 반강제로 국정감사장에서 퇴장했다.

여의도 브런치

허인철 전 이마트 대표는 그룹 내 자타가 공인하는 '2인자'다. 그동안 굵직굵직한 인수합병을 성사시키는 등 신세계 성장에 크게 기여한 것으로 알려졌다. 재무통인 그는 삼성물산 경리과장으로 재직하다 신세계로 자리를 옮겼다. 이후 그룹 전략기획실장을 맡아 월마트와 하이마트의 인수합병과 함께 신세계와 이마트의 인적 분할, 이명희 신세계그룹 회장 자사주 매입 등 그룹 현안과 신수종사업 조정을 도맡아 하면서 부동의 2인자로 성장했다. 이명희 회장의 신임도 돈독한 것으로 알려졌다.

그러나 국정감사 후 허 전 대표의 위치는 크게 바뀌었다. 증인 출석 후 이듬해 1월 사표를 제출한 것이다. 사표는 일주일 뒤 수리됐다. 이에 앞서 이마트는 2013년 연말 정기인사에서 이전에 1인 체제였던 대표를 경영 총괄과 영업 총괄 2인 대표체제로 바꾸면서 허 사장에게 영업 총괄을 맡겼다. 당연히 역할은 대폭 축소됐다. 이를 두고 세간에서는 국

173) 「news1」 2013. 10. 15.

회 증인 출석과 관련한 때문이라는 평이 많았다.

일반적으로 대기업 임원을 하다 물러나면, 그동안의 고생에 대한 '보상'으로 고문 자리를 줘 몇 년간 관리하는 게 상례다. 하지만 '사표'를 내고 퇴사하면 얘기가 달라진다. 결국 허 전 대표는 자신의 역할을 축소시킨 모욕적 상황에 대한 반발로, 당연히 주어지는 고문 자리도 박차고 신세계를 떠났다.

당시 허 전 대표가 증인 답변에서 책임소재를 오너 일가인 정 부회장에게 떠넘긴 걸 두고 말이 많았다. 아무리 회장의 신임을 받고 있더라도, 이는 우리 재벌 정서상 '괘씸죄'에 걸릴만하다는 게 그것이다. 한마디로 "월급쟁이 사장이야 오너 대신 욕먹는 것도 월급에 포함돼 있다."라는 것이다. 허 대표가 '정무적 감각'이 없었다는 말도 나왔다.

이유야 어찌 됐건 봉급생활자의 '비애'가 아닐 수 없다. 하지만 분명한 건 누가 증인으로 출석하든 본인 선에서 모든 걸 끝내야 한다는 것이다. 이건 '오너 대신 욕먹는 차원'의 문제가 아니다. 설사 아래 직급의 직원이 출석하더라도 당연히 지켜야 할 '증인의 처세'인 것이다. 사전에 윗선과 충분히 상의해 회사 전체의 문제로 퍼지지 않도록 하는 게 조직인의 자세다. 허 전 대표는 사표를 낸 지 4개월 만인 2014년 4월 오리온 부회장으로 선임됐다. ☕

2주 뒤인 11월 1일 정용진 부회장은 예정에 없던 국정감사 증인으로 출석했다. 그는 우선 허 대표의 답변과 관련해 "부적절한 행동과 불성실한 답변으로 심려를 끼쳐 죄송하다."라며 "직원 교육을 잘못시킨 제 책임이 크다."라고 한껏 자세를 낮췄다. 뒤이어 "변종 SSM이라고 지적한 상품 공급점 사업은 애당초 소비자에게 혜택을 주고 영세 상인에게는 이마트 경쟁력을 나눠주려고 한 것이었다."라며 "이렇게 문제가 될 줄은 몰랐다. 나의 불찰이고 반성한다."라고 했다. 그러면서 "상품 공급점 추가 출점을 완전히 중단하겠다."라고 밝혔다. 또 "기존 상품 공급점도 계약이 만료되는 시점부터 중단할 계획이고 지역 상인과 상생할 방법이 있다면 구체적인 실천방안을 만들겠다."라고 설명했다. 정 부회장은 국정감사장을 퇴장하기에 앞서 마무리 발언에서 "소비자의 이익보다 국민을 위한 신세계그룹이 될 수 있도록 기업 경영방침을 바꾸겠다."라고 강조했다.[174]

- 증인·참고인 (철회, 변경) 신청서 -

국회 정무 위원회					
2018.		국회의원		(위원	서명)
최초 신청자					
구분	소속	성명	직업(주소 및 전화번호)	출석일시 및 기관	질의요지
증인	㈜○○	홍길동	회장	2018.10.15.(월) 공정위	가나다
(철회, 변경) 신청자					
구분	소속	성명	직업(주소 및 전화번호)	출석일시 및 기관	질의요지
증인	㈜○○	임꺽정	사장	2018.10.15.(월) 공정위	가나다

※ (철회, 변경) 사유:

▲ 수위를 낮추려면 증인을 신청한 의원실에서 '증인 변경 신청서'를 작성해 행정실로 제출해야 한다.

174) 「news1」 2013. 11. 1.

이처럼 이마트에 대한 증인신청은 결국 정용진 부회장이 출석해 "이마트 에브리데이를 중단하겠다."라는 답변으로 마무리됐다. 사실 애초 허 대표에 대한 증인신청은 '이마트 에브리데이' 때문이었다. 영세 상인이 해야 할 슈퍼에 이르기까지 대기업이 나서 골목상권을 장악했다는 것이 질의의 요지가 될 게 뻔했기 때문이다. 그렇다면 이미 결론도 정해져 있었다. 지역 상인들과의 상생에 적극적으로 나서겠다는 것이고 관련된 일차적 과제는 '에브리데이(Every Day)'를 더 이상 출점하지 않는 것이다. 따라서 이 같은 결정은 오너만이 할 수 있다. 아무리 그룹 내 '2인자'라고 해도 한국의 기업 정서에서 사업의 진·출입이나 포기 또는 대규모 투자와 같은 의사결정을 총수와 논의 없이 독단적으로 할 수는 없을 것이다. 국회가 굳이 재벌 총수를 증인으로 신청하는 것도 이런 사정과 무관치 않다. 물론 허 대표가 이 같은 사정을 감안해 증인으로 출석하기 전에 오너와의 사전 논의를 통해 '답'을 도출했더라면 결과는 크게 달라졌을 것이다.

증인 교체는 얼마든지 가능하다. 증인을 신청한 의원실이 수용하기만 하면 된다. 가령 처음에는 회장을 증인으로 신청했으나 내용을 잘 아는 실무자가 나가는 게 좋겠다는 차원에서 사장이나 전무로 바꾸면 된다. 시기상으로도 특별한 제한은 없다. 의원실에서 증인 명단을 상임위원회 행정실에 제출한 뒤이건 혹은 상임위원회 차원에서 증인이 의결된 뒤이건 상관없다. 다만 이에 앞서 증인을 신청한 의원실에서 '증인 변경 신청서'를 작성해 행정실로 제출해야 한다. 또 상임위원회에서 증인으로 의결된 뒤라면, 양당 간사와 함께 위원장에 의해 변경이 수용돼야 한다. 전체 상임위원회 차원에서 증인과 관련한 안건을 매번 의결하지는 않기 때문이다.

다. 증인 채택 의결

상황 파악과 대응은 통상 의원실에 의해 증인 명단이 행정실로 넘어가기 전에 이루어진다. 물론 대응 가운데 수위 낮추기와 같은 방식은 증인 명단이 제출된 뒤에도 가능하다. 따라서 일단 명단이 제출됐다고 하더라도 대관업무담당자의 노력에 따라 수위를 낮추는 게 가능하다.

통상 행정실이 의원실로 증인신청 관련 서류를 e-mail로 발송할 때는 일주일 정도의 시간적 여유를 둔다. 가령 8월 10일쯤 서류를 보내면, 17일까지 여야 간사실로 증인 신청서를 접수토록 하고, 이후 2~3일 뒤 행정실에서 모두 취합한다. 그러면 모든 의원실에서 신청한 증인 및 참고인 전체 명단이 완성된다.

명단 작성이 끝나면 상임위원회는 어느 시점을 택해 '증인 및 참고인 출석요구의 건'을 의결한다. 증인 명단을 확정 짓는 것이다. 대략 국정감사를 2주일 정도 앞둔 시점이다. 그런데 이때 이뤄지는 증인 명단은 기관 증인뿐이다. 다시 말해 피감기관의 당연직 증인만을 대상으로 의결이 이뤄진다. 행정부에서는 국장급 이상이고, 산하 공공기관을 대상으로는 임원 또는 본부장급 이상이 기관 증인으로 채택된다.

재계나 학계 등 일반 증인에 대한 의결은 위원장과 간사에게 '위임'되는 것으로 마무리된다. 증인 변경과 함께 추가와 철회 또는 출석 날짜 변경이 반복해서 이루어지기 때문이다. 그러면 여기서 2016년 9월 6일 산업통상자원위원회 전체회의에서 진행된 '2016년도 국정감사 증인 및 참고인 출석요구의 건'과 관련한 속기록을 살펴보자.

일반 증인 및 참고인의 출석요구도 오늘 회의에서 의결을 거쳐 확정하는 것이 바람직할 것이나 위원님들이 증인 및 참고인 신청을 위한 충분한 논의 시간을 가질 필요가 있다고 봅니다. 따라서 일반 증인 및 참고인의 출석요구에 관하여는 위원님들의 신청 명단을 바탕으로 위원장이 간사들과 협의하여 추후 결정할 수 있도록 위임하여 주시기 바랍니다. (중략) 또한 효율적인 국정감사를 위하여 증인 또는 참고인 등을 신청한 위원이 철회를 요구하거나 증인 및 출석 일자 변경을 요구하는 경우 등에는 위원장이 간사와 협의하여 결정할 수 있도록 위임하여 주시기 바랍니다.

이는 결국 증인에 대한 의결은 위원장과 여야 간사 손에 달렸다는 걸 의미한다. 증인신청은 대상이 회장에서 사장이나 임원으로 변경되는 것과 같은 사례뿐만 아니라 신청 후 철회[175]되는 경우도 많다. 증인으로 채택했으나 신문하기에 앞서 '목적'이 달성되면 철회하기 때문이다. '오해'에 따른 증인신청이 적절한 해명을 통해 해결되는 경우도 이에 속한다. 가끔은 외부의 힘(?)에 의해 불가피하게 취소되기도 한다.[176] 이 밖에도 출석 날짜를 변경하는 사례도 있다. 가령 국정감사 첫날 나오기로 했다가 종합 국감이 치러지는 마지막 날로 출석일을 옮기는 것이다. 따라서 이 같은 사정 때문에 사전에 의결하거나 또는 전체회의에서 의결하면 변동요인이 발생할 때마다 전체회의에서 다시 의결해야 하는 문제가 발생한다. 바로 이런 점에서 증인 변경(대상자 또는 날짜)이나 취소를 신청했다면 위원장과 간사 간 합의를 잘 살펴야 한다. 자기 회사의 회장이 증인으로 신청됐는데 진짜 증인으로 채택돼 출석해야 하는지도 위원장과 간사 간 합의를 통해 결정된다.

라. 증인 출석요구

애초 증인은 상임위원회 위원의 과반수 출석과 과반수 동의로 채택된다. 하지만 앞서 설명한 이유 등으로 위원장과 간사 간 합의로 결정된다. 국회가 특정인을 증인으로 채택하면 곧이어 '출석요구서'가 발송된다. 가령 국토교통위원회가 홍길동을 증

---

175) 농림축산식품해양수산위원회는 2015년 9월 3일 정운천 외 17인을 국정감사 증인으로 채택했으나 여건변화 및 증인신청 사유 해소 등에 따라 애초 신청한 위원으로부터 증인에서 제외해 달라는 요청이 있어 위원장과 간사 간 협의에 따라 정운천 외 4인에 대한 증인 채택을 철회했다. 보건복지위원회는 2007년 10월 9일 김영곤 외 3인을 국정감사 증인으로 채택했으나 간사 간 협의 에 의해 증인 김영곤에 대한 출석요구를 철회했다.

176) 이와 관련해서는 앞서 1장 보론2에서 로펌의 증인컨설팅을 설명하며 거론한 바 있다. A식품회사 ㄱ전무를 증인으로 신청했더니 의원실 보좌관이 금요일부터 주말 사이에 200여 통의 전화를 받았다는 것이 그것이다. 여기에는 전직 국회의원의 전화도 있었다고 한다. "왜 신청했나?"고 의도를 묻는 전화부터 "다른 사람으로 교체하면 안 되겠나?" 또는 "증인 명단에서 빼주면 좋겠다." 등의 내용이었다고 한다. 글쓴이도 경험했지만 정도의 차이는 있을지 모르지만, 실제 재벌기업의 사주 일가를 증인으로 신청하면 온갖 곳에서 전화가 온다. 한동안 연락이 끊겼던 사람의 전화를 받기도 한다. 통화 목적은 모두 다 대동소이하다. '왜?'이거나 '증인 빼달라'는 것이다. 가끔은 자기가 모시는 의원이 통화 또는 누군가를 만난 뒤 보좌관에게 직접 증인 취소를 지시하기도 한다.

立法을 알아야 기업이 산다

인으로 채택하면, 위원장 명의로 홍길동이나 홍길동이 소속된 기관의 장에게 요구서가 전달된다. 출석요구서에는 증인이 출석할 일시 및 장소와 요구에 응하지 않을 경우에 대한 법률상 제재에 관한 사항이 기재된다. 아울러 증인이나 참고인을 대상으로 신문할 요지가 첨부된다.

「국회에서의 증언·감정 등에 관한 법률」 제5조에 따르면, 출석요구서는 출석요구일 7일 전[177]에 송달돼야 한다. 가령 8일이 출석해야 하는 날이라면 1일까지는 출석요구서가 당사자에게 전달돼야 하는 것이다. 여기서 전달은 「민사소송법」의 송달에 관한 규정을 준용하고 있다. 송달은 도달주의 원리에 따라 송달받을 사람에게 위원장 명의의 요구서를 직접 전달하는 교부송달이 원칙이다.[178] 다만 교부송달이 어려운 경우에는 보충송달, 유치송달 등의 방법에 의한다.[179]

보충송달은 당사자를 제외한 다른 사람에게 전달하는 것을 뜻한다. 가령 송달장소에서 증인을 만나지 못하면 증인의 동거인 또는 직원 등으로 사리분별 능력이 있는 자에게 요구서를 교부하는 것이다. '유치송달'이란 증인이나 보충송달에 해당하는 자가 정당한 사유 없이 송달받기를 거부할 때 요구서를 송달장소에 두고 오는 걸 의미한다. 교부송달, 보충송달, 유치송달 등으로 송달할 수 없을 때는 등기우편에 의한 우편송달 방법을 쓸 수 있다.[180] 단 이 경우에는 도달주의의 예외로 인정돼 등기우편을 발송할 때 송달의 효력이 발생(발신주의)한 것으로 본다.[181] 아울러 「민사소송법」 제188조는 공시송달을 규정하고 있다. 공시송달이란, 당사자의 주소 등을 알 수 없는 경우 법원사무관 등이 송달할 서류를 보관하고 출석요구 사유를 법원 게시판에 게시

---

177) 이 말은 7일 전까지 출석요구서가 증인신청 대상에게 전달되지 않을 경우, 불출석에 따른 책임을 물 수 없다는 것을 의미한다.

178) 「민사소송법」 제178조

179) 「민사소송법」 제186조

180) 대법원 판례에 따르면, 교부송달은 물론이고 보충송달과 유치송달도 할 수 없는 경우에 등기우편에 의한 발송송달을 할 수 있다고 규정하고 있다.

181) 「민사소송법」 제189조

수신:

발신: 서울시 영등포구 의사당대로1 국회 산업통상자원위원회

증인출석요구서

귀하

국회가 2016년도 국정감사를 실시함에 있어 국정감사 및 조사에 관한 법률 제10조 및 국회에서의 증언·감정 등에 관한 법률 제5조의 규정에 따라 이 요구를 발부하오니 아래와 같이 증인으로 출석하여 주시기 바랍니다.

출석시에는 국회에서의 증언·감정 등에 관한 법률 제9조 규정에 따라 변호인을 대동할 수 있으며 그 조언을 받을 수 있습니다.

만약 정당한 이유없이 출석하지 아니한 때에는 국회에서의 증언·감정 등에 관한 법률 제12조 및 제15조의 규정에 따라 고발될 수 있음을 알려드립니다.

1. 출석일시 : 2016. 9. 26(월) 15:40

2. 출석장소 : 국회 산업통상자원위원회 회의실(534호실)

3. 신문요지 : 시험성적서 평가 관련

2016년 9월 12일

대 한 민 국 국 회

산업통상자원위원장

▲ 출석요구서는 「민사소송법」의 송달 규정에 따라 당사자에게 전달되는 교부송달을 원칙으로 하고 있다.

立法을 알아야 기업이 산다

하거나 그 밖에 대법원 규칙이 정하는 방법에 따라 하는 것으로, 게시한 날로부터 2 주(외국에서 할 송달은 2개월간)를 경과함으로써 효력이 발생한다.[182]

한편 정확한 출석요구서 송달 및 증인 출석의 실효성 담보와 관련, 국회는 2017년 3월 「국회에서의 증언·감정 등에 관한 법률」을 개정했다. 이는 2016년 12월 최순실 게이트를 진행하면서 나타난 문제점에 따른 것이다. 당시 방송이나 뉴스를 본 사람이라면, 증인석이 텅 빈 장면을 목도했을 것이다. 특히 최순실 게이트임에도 불구하고 당사자인 최순실이 나오지 않은 것은 물론 '문고리 3인방'이라는 정호성·안봉근·이재만, 그리고 이영선·윤전추와 같은 핵심 증인들이 끝내 청문회장에 모습을 드러내지 않아 '맹탕 청문회'라는 비난이 이어졌다.

여기에는 크게 두 가지 이유가 있다. 최순실처럼 동행명령장에도 불구하고 출석을 거부한 게 그 하나이다. 하지만 애초부터 주소 또는 거소(居所) 불명확 등의 이유로 출석요구서를 송달(送達)할 수 없었던 것이 나머지 하나의 이유인데, 이런 사례가 전자보다 더 많았다. 이와 관련, 우병우의 행태를 대표적 사례로 들 수 있다. 우리 국민 모두 2016년 12월 '우병우 찾기'가 벌어졌던 걸 잘 알고 있을 것이다. 심지어 우병우를 상대로 현상금까지 내걸렸던 것도 기억할 것이다. 가족은 물론 장모까지 포함해 모두 숨어 도망 다니며 청문회 출석요구서를 수령하지 않자, 전 국회의원 한 명이 현상금 아이디어를 냈고 곧이어 국민과 다른 국회의원들이 동참해 현상금은 2000만 원을 넘었다.

우병우 증인이 이처럼 장모까지 대동해 함께 도망 다닌 건 출석요구서를 받지 않기 위한 것이라는 건 누구나 아는 사실이다. 물론 본인은 이후 증인으로 출석해 "도망 다닌 것이 아니다."라고 했지만, 당시 대학에 다니는 딸이 기말고사조차 보지 않고 함

---

182) 「형사소송법」 제150조의2에서는 증인 소환과 관련해 소환장의 송달과 함께 전화나 전자우편, 그 밖의 상당한 방법 등으로 소환방법을 다양하게 규정하고 있다. 하지만 국정감사 증인에 대한 출석은 「민사소송법」의 송달에 관한 규정을 준용하고 있어 전화나 전자우편, 팩스와 같은 방법은 사용되지 않는다.

께 숨었던 점에서 가족 모두 도망 다닌 것을 알 수 있다. 그럼 우병우는 왜 청문회 출석요구서를 받지 않으려고 했을까? 국정감사든 국정조사에 의한 청문회든 '출석요구서'는 앞서 살펴본 것처럼 본인이나 가족에게 직접 전달돼야 법적 효력을 발휘한다. 불출석에 따른 고발과 처벌은 출석요구서를 수령하고도 출석하지 않을 때 할 수 있다. 따라서 우병우는 바로 이 같은 '법의 허점'을 노린 것이다. 한마디로 가족 모두가 잠적해 출석요구서를 수령하지 않으니 국회가 '불출석의 죄'를 물을 수 없었다.

그래서 국회는 최순실 게이트를 마친 뒤 「국회에서의 증언·감정 등에 관한 법률」을 개정했다. 그 대상은 제5조의 출석요구, 그리고 제12조의 불출석의 죄이다. 우선 제5조에는 출석요구서 송달을 위해 위원장은 경찰관서의 장이나 전기통신사업자에게 증인의 주소·거소·영업소·사무소·전화번호(휴대전화번호 포함) 또는 출입국관리기록에 대한 정보를 요구할 수 있도록 한 것이다. 이는 우병우처럼 일부러 숨거나 도피한 증인을 쉽게 찾기 위한 조치이다. 아울러 제12조는 '고의로 출석요구서의 수령을 회피한 증인'에 대해서도 1천만 원 이상 3천만 원 이하의 벌금에 처할 수 있도록 개정했다. 이 또한 우병우처럼 잠적해 의도적으로 출석요구서를 수령하지 않는 증인들을 처벌하기 위한 조치이다.[183]

마. 사전 준비

국회로부터 출석요구서를 받으면 최소 7일 정도 준비할 시간이 주어진다. 그러면 사전 리허설을 포함해 7일 안에 모든 준비를 마쳐야 한다. 우선 증인을 신청한 의원실과 보좌진에 대한 정확한 판단이라는 과제가 주어진다. 한마디로 '성향 분석'이다. 이게 가늠돼야 앞으로 어느 정도의 강도로 어떻게 증인신문이 이루어질 것인지를 판단할 수 있다. 이와관련, 과거 글쓴이의 경험을 얘기해 보자.

---

183) 과거에는 정당한 이유 없이 출석하지 않은 증인만 처벌했다. 그러다 보니 우병우처럼 잠적이나 도피와 같은 방법을 통해 고의로 출석요구서를 수령하지 않는 경우에 대해 처벌할 근거가 없었다.

立法을 알아야 기업이 산다

10년도 더 된 오래전 일이다. 당시 글쓴이는 이름만 대면 누구나 알 수 있는 우리나라 굴지의 재벌기업이 평소 대관업무담당자들을 통해 의원실별로 성향 분석자료를 관리하는 사실에 깜짝 놀랐다. 방식은 이렇다. 평소 가깝게 지내는 보좌관을 통해 특정 의원실 보좌관에 대해 출신지와 학교 및 전공 같은 기본사항은 말할 것도 없고, 어떤 성향의 사람인지, 주변 평가는 어떤지 등등을 파악해 두는 것이다. 여러 명의 대관업무담당자가 각자 동원할 수 있는 인적네트워크를 활용해 이렇게 '조각 정보'를 모으면 나중엔 그 자체로 '큰 정보'가 되는 것이다. 그러면 이를 증인신문과 같은 기회에 활용, 문제 해결을 시도한다. 보좌관과 학연 또는 지연으로 연결된 자기 회사 직원을 보내 현안이 된 사안에 대해 설명하는가 하면 협상을 시도하기도 하고, 마침내 증인신문 요지를 미리 빼내는 것과 같이 움직이는 것이다.

성향 분석이 끝나면 사전 접촉을 통해 획득한 증인신청 이유에 대해 분석해 '예상 질의서'를 작성한다. 사실 의원실이 특정 목적을 갖고 증인으로 신청한 만큼 물어볼 내용도 정해져 있다. 그런 만큼 예상 질의를 뽑는 건 그렇게 어려운 일이 아닐 것이다.

다음 작업은 '답변 작성'이다. 예상 질의는 과(課)별로 분류돼 담당자들이 작성하면 된다. 증인으로 신청된 이유 가운데 법안과 관련된 것이 있으면 회사 법무팀 또는 로펌에 의한 자문이 이뤄진다. 수정과 퇴고를 거쳐 최종 완성된 답변서는 국회에 출석할 증인에게 보내지고 뒤이어 리허설이 시작된다. 그러면 마치 실전 같은 연습이 이뤄진다. 개중에는 국정감사장과 똑같은 좌석 배치와 분위기를 만들어 연습하는 기업도 있는 것으로 알려졌다. 사전에 분위기를 충분히 익혀두자는 계산이다.

증인으로 출석하기에 앞서 꼭 챙겨야 할 게 있다. 의원실에서 작성한 '질의서'를 사전에 입수하는 것이다. 만약 사전에 증인을 신문할 질의서만 입수할 수 있다면, 절반은 안심해도 무방하다. 무엇을 물어볼지 미리 아는 것은 물론 답변도 사전에 작성해 질의의 날카로운 예봉을 피해갈 수 있기 때문이다. 이는 '시험'으로 치면 사전에 문제를 아는 게 되니 정답만 외우고 수험장에 들어가는 것과 마찬가지다. 다만 여기서 '절반의 안심'이라고 한 건, 증인신문은 신청한 의원만 하는 게 아니기 때문이다. 자신이 증인으로 신청하진 않았지만, 증인의 답변이나 혹은 동료의원의 질의를 듣고 발언권을 얻어 얼마든지 추가로 질의할 수 있다. 이 경우는 예정에 없던 것이라 대응이 더 어려울 수 있다. 국정감사장에서 답변 하나하나에 신경 써야 하고 사전에 철저하게 리허설을 하는 이유도 바로 여기에 있다.

한편 국정감사 첫째 날에 자기 회사 회장이 증인으로 신청되지 않았다고 해서 마음 놓을 수 있는 건 아니다. 국정감사가 끝나는 마지막 날에도 얼마든지 증인으로 출석할 수 있기 때문이다. 그래서 대관업무담당자들은 국정감사 기간 내내 긴장의 끈을 놓지 않고 국회 동향을 살펴야 한다. 대개 증인신청은 첫째 날이나 마지막 날에 집중된다. 이날 본부에 대한 국정감사를 실시하기 때문이다. 이를테면 국토교통위원회에서 국토교통부에 대한 국정감사는 통상 국감 일정 첫날과 마지막 날에 배치된다. 그렇다고 국정감사가 모두 끝나는 마지막 날까지 긴장해야 하는 건 아니다. 마지막 날에 증인으로 부르기 위해서는 7일 전에 출석요구서가 전달돼야 하기 때문이다.

이해를 돕기 위해 달력으로 설명해 보자. 국정감사 기간은 통상 20일이다. 첨부된 달력을 예로 들면 8일부터 27일까지 3주가 국정감사 기간이다. 국정감사는 토요일에는 열리지 않으며 꼭 그런 건 아니지만 주중 수요일에도 국정감사를 하지 않는 위원회가 많다. 과거에는 주5일 동안 국정감사를 진행했다. 하지만 최근 들어서는 주중 한 가운데인 수요일에는 국정감사를 하지 않고 '자료정리'라는 명목으로 쉬어간다. 국정감사 참여자 모두 고단함을 호소하기 때문이다. 이에 따라 국정감사 기간 20일 중 실제 감사가 이뤄지는 날은 대개 12일 내외이다.

예시된 달력에 따를 경우 국정감사는 8일에 시작된다. 그럼 출석요구서는 1일까지 전달돼야 한다. 같은 논리로 마지막 날인 26일에 증인으로 출석시키려면 7일 전인 19일까지는 증인 채택이 이뤄지고 출석요구서가 당일 당사자에게 전달돼야 한다. 따

立法을 알아야 기업이 산다

라서 19일까지 국회로부터 아무 연락이 없으면, 그때는 긴장을 풀고 마음을 놓아도 된다.

국정감사 일정 및 증인신청 기한

일	월	화	수	목	금	토
	1	2	3	4	5	6
	증인 출석 송달					
7	8	9	10	11	12	13
	국정감사 시작 증인 출석		×			
14	15	16	17	18	19	20
			×		증인 신청 마감/송달	
21	22	23	24	25	26	27
			×		국정감사 종료 (종합감사) 증인 출석	

°여의도 브런치°

예상질문을 추출한 뒤 법무팀이나 로펌에 의해 답변을 작성할 때 반드시 잊지 말아야

할 게 하나 있다. 국회에 증인으로 출석하는 건 재판에 피고인으로 출석하는 게 아니라

는 것이다. 무슨 말이냐면, 자료 작성을 변호사들에게만 맡겨놓으면 오로지 답변 내용이 '법적으로 문제가 있는지'만을 기준으로 작성되는데, 그러면 안 된다는 것이다. 법적 잣대는 재판에서나 중요한 요소일 뿐, 국회를 지배하는 건 국민 정서나 감정 혹은 여론이다. 일례로 이인철 이마트 사장의 답변이 법이라는 기준에서만 보면, 문제 될 것이 없다. 하지만 '대기업이 골목상권을 침해했다'라는 국민 정서법으로 보면, 이 대표의 답변은 의원들 염장을 지르고 '매'를 버는 것에 지나지 않는다. 따라서 증인으로서의 답변은 탈법이나 불법이 없다고 문제가 해결되는 것은 아니다. 그러므로 반드시 '정무적 판단'이 수반돼야 한다. 요컨대 변호사가 답변을 작성하더라도 반드시 법에 앞서는 국민 눈높이로 문제를 판단할 수 있는 정치분야 위기관리전문가에 의한 최종 검토가 이뤄져야 한다는 것이다. ☕

바. 출석과 실전

드디어 출전의 날이 왔다. 증인신문은 해당 상임위원회 소속 의원들의 1차 질의가 끝난 뒤 시작된다. 시간상으로는 대략 오후 3~4시 전후가 된다. 위원 숫자가 30명인 국토교통위원회를 예로 들어 좀 더 자세히 설명해 보자.

국정감사는 오전 10시에 개회해 대략 1시간 정도 의사진행발언과 업무보고가 이어진다. 11시부터는 의원들 질의가 시작된다. 의원 1인당 질의시간은 기관장의 답변을 포함해 7분 내외이다. 그러면 대략 3~4시간 정도가 흐른다. 왜냐하면 회의를 주재하는 위원장을 뺀 나머지 상임위원 29명이 1인당 7분 내외의 시간을 쓰기 때문이다. 점심시간은 12시 반에서 2시까지다. 4시 전후로 1차 질의가 끝난다. 증인신문은 이에 뒤이어 시작된다. 다만 감사 마지막 날인 종합감사에서는 이미 첫날 주요업무를 보고한 터라 곧바로 질의에 들어간다. 또한 기관의 규모에 따라 업무를 보고하는 시간에 차이가 있다. 하지만 상임위원 수의 많고 적음과 상관없이 1차 질의가 끝나는 시간은 대동소이하다. 가령 상임위원이 20명이 안 되는 위원회의 경우, 국토교통위원

　　　　立法을 알아야 기업이 산다

회처럼 하면 1차 질의가 일찍 끝날 수 있다. 그래서 이 같은 상임위원회는 답변 포함 1인당 질의시간을 10~15분씩 준다.

증인에 대한 신문은 '선서'로 시작된다. 한편 증인은 국정감사장에 변호인을 대동할 수 있고 법률상의 권리에 관한 조언을 받을 수 있다. 단 이 경우 변호인은 변호인 선임서, 위임장 등 자격을 증명하는 서류를 제출해야 한다.

증인에 대한 질의는 신청한 의원에게 우선권이 주어진다. 국토교통위원회의 경우 질의와 답변을 포함해 5분 정도의 시간이 주어진다. 특별히 사회적 관심을 끌 만 한 주제가 아니거나 혹은 지엽적인 사안인 경우에는 대개 증인을 신청한 의원만 질의하고 끝난다. 하지만 현안이나 쟁점과 관련된 주제이면 다른 의원도 증인에게 질의할 수 있다. 다행히 증인을 신청한 의원만 질의하면 최대 10분 안에 모든 게 끝난다.

「국회에서의 증언·감정 등에 관한 법률」제9조 제2항에 따라, 증인은 사생활 보호 등을 이유로 중계방송이나 사진 보도에 응하지 않을 수 있다. 또 비공개[184]를 요구할 수 있다. 비공개 등의 요구나 요청이 있으면 국회는 우선적으로 처리해야 한다. 이 경우 상임위원회 차원의 의결이 전제된다. 과반수 출석에 과반수 동의가 이뤄지면 중계방송 또는 녹음·녹화·사진 보도를 금지하거나 회의의 일부 또는 전부를 비공개로 할 수 있다. 한편 증인은 국회에서 한 발언으로 인해 어떤 처벌도 받지 않는다. 이는 행정기관 등에 의한 행정처분 시의 불이익뿐만 아니라 사적 기관에 의한 불이익한 대우, 가령 인사상의 조치나 금전상의 조치를 의미한다. 만약 국회 증언으로 인해 불이익처분을 받았다면, 행정소송 또는 민사소송을 통해 불이익한 처분의 취소 또는 원상회복 등을 요구할 수 있다. 다만 증인의 진술에 형사적인 죄가 포함될 경우에는 예외로 한다. 증인은 자신의 발언에 대한 속기록 사본을 요구할 수 있다. 사본

---

184) 2015년 9월 10일 국방위원회의 국방부에 대한 국정감사에서 RCS 도입과 관련해 출석한 증인인 한희 한독미디어대학원대학교 교수로부터 비공개 요구가 있어 비공개로 증언이 진행됐다. 2008년 10월 24일 농림수산식품위원회는 농림수산부에 대한 국정감사에서 증인의 요청으로 경마 피해자인 증인 2인의 신상을 비공개한 상태로 증언이 이루어졌다.

교부는 위원장이 의장의 승인을 받아 이뤄진다.

증인은 신중히 답변해야 한다. 자신의 말 한마디가 회사의 명운을 좌우할 수도 있기 때문이다. 무엇보다 앞서 거론한 이마트 사례처럼 모르쇠로 일관해서는 안 된다. 특히 회사 오너나 제3자에게 '유탄'이 될 수 있는 발언은 삼가야 한다. 자기 선에서 질의를 막아내는 게 최선이다. 이 밖에도 증인이 효과적으로 답변하는 요령과 주의할 점에는 여러 가지가 있으나, 이 또한 앞서 다양한 수위 낮추기 요령처럼 '컨설팅'에 맡기기로 하자.

여의도 브런치

외국인에 대한 증인 혹은 참고인 채택은 어떻게 될까? 과거 국정감사에서 외국인을 증인이나 참고인으로 채택한 사례는 많다. 2015년 10월 8일 국토교통위원회는 국토교통부에 대한 국정감사에서 자동차의 부속품 가격 및 수리비 과다, 연비조작 등과 관련해 토마스쿨 폭스바겐코리아 사장, 요하네스타머 아우디폭스바겐코리아 대표, 디미트리스실라키스 메르세데스코리아 대표를 증인으로 출석시켰다. 미래창조과학방송통신위원회는 2015년 9월 14일 미래창조과학부에 대한 국정감사에서 애플코리아의 AS 불공정 약관 논란과 관련해 리차드 윤 애플코리아 대표를 증인으로 출석시켰다. 외국인에 대한 증인신문은 통역을 거쳐 이뤄진다. ☕

불출석 증인 고발과 '국정감사 결과보고서' 채택

국회에 출석한 증인에게는 국회 규칙에 따라 여비나 일당 또는 숙박료가 지급된다. 불출석이나 위증의 죄가 없으면 답변을 마치는 것으로 모든 게 끝난다. 단 답변

立法을 알아야 기업이 산다

과정에서 협박이나 기타 모욕적인 언행으로 국회의 권위를 훼손하면 '국회 모욕죄'로 고발된다. 모욕죄가 성립되면 5년 이하의 징역 또는 5천만 원 이하의 벌금에 처한다. 이는 증인뿐 아니라 참고인에게도 적용된다. 실제로 교육위원회는 2006년 10월 19일 광주광역시교육청에 대한 국정감사에서 욕설한 혐의로 광주광역시 서부교육장 윤영월에 대해 「형법」 제138조(법정 또는 국회회의장 모욕)에 의거해 검찰에 고발했으나 재판 결과 '혐의없음' 판결이 내려졌다.

국정감사가 끝나면 위원회는 불출석 증인에 대한 고발을 의결한다. 의결은 상임위원 과반수 출석에 과반수 찬성으로 결정된다. 따라서 다수당이 반대할 경우에는 불출석했더라도 고발을 피할 수 있다. 고발은 위원장 명의로 이루어진다.

증인 고발을 포함해 국정감사와 관련한 절차가 모두 끝나면, 상임위원회 행정실은 매해 년도 「국정감사 결과보고서」를 작성한다. 여기에는 감사 일정과 감사 대상기관, 주요 감사실시내용, 시정·처리요구사항 등이 포함된다. 아울러 증인 및 참고인 명단이 작성되는데, 이는 기관 증인을 비롯해 일반 증인 및 참고인이 몇 명이고 이 가운데 누가 불출석했으며 또 불출석 증인 중 재출석을 요구받은 증인은 누구인지 등의 통계를 담고 있다. 이 밖에도 개인별로 증인 출석 일자와 이름, 직업, 신문 요지, 출석 여부 등이 표로 정리돼 있다. 따라서 누구든 이것만 보면 어떤 사람이 증인으로 채택됐고 그 사유는 무엇이며 출석했는지 여부를 모두 알 수 있다.

행정실에 의해 작성된 「국정감사 결과보고서」는 상임위원회 의결을 거쳐 국회의장에게 제출된다. 그러면 의장은 이를 본회의에 보고하고 의결로 처리한다. 「국정감사 결과보고서」는 통상 정기회에서 의결된다. 하지만 여야 대립 등의 이유로 정기회기간 중 의결되지 못하면 이듬해 2월 임시회에서 처리된다. 「국정감사 결과보고서」가 본회의에서 의결되면 국정감사와 관련한 절차는 모두 끝난다.

롯한 각종 협회나 단체 등을 대상으로 정보이용료를 받고 실시간으로 보고서를 제공한다면, 어떻게 될까?

'입법 정보 서비스(Legislative Information Service)'라는 말은 이런 과정에서 만들어졌다. 글쓴이가 이를 영어 대문자만을 따서 'LIS'로 부르기 시작한 것도 이 무렵부터다. 하지만 '정치2부'는 이런저런 사정으로 구체화하지 못했다.

최근 언론 보도를 보면 경제5단체, 즉 대한상공회의소·한국경영자총협회·전국경제인연합회·한국무역협회·중소기업중앙회를 망라한 경제단체협의회(경단협)의 부활을 거론하는 기사[188]를 접할 수 있다. 이는 경단협 핵심 멤버인 전국경제인연합회가 2016년 국정농단 사태 이후 힘이 빠지면서 경단협 역시 지난 5년여간 존재감을 잃은 데 따른 것이다. 특히 2020년 하반기 내내 언론을 장식한 '공정경제3법'(「상법」 개정안, 「독점 규제 및 공정거래에 관한 법률」 개정안, 「금융그룹 감독에 관한 법률」 제정안)과 '노조3법'(「노동조합 및 노동관계조정법」 개정안, 「공무원의 노동조합 설립 및 운영 등에 관한 법률」 개정안, 「교원의 노동조합 설립 및 운영 등에 관한 법률」 개정안)이 경영계의 반대에도 불구하고 원안 그대로 국회를 통과하면서, 경단협 부활이라는 자성의 목소리가 힘을 얻기 시작했다.

2021년 들어 공교롭게도 15년 만에 기업인이 5개 경제단체장을 모두 맡는 일이 벌어졌다. 이 때문일까? 일부에서는 경제단체 간 대통합을 주장하기도 하는 모양이다. 하지만 글쓴이가 생각할 때 이보다 더 중요한 건 당장 '입법 정보 서비스'를 실시하는 것이다. 다시 말해 국회 입법활동을 챙기고 제출된 법률안이 갖고 있는 의미와 그것

---

188) 「매일경제신문」, 2021. 2. 22.

立法을 알아야 기업이 산다

이 미칠 영향력에 대해 분석해 규제 정책에 대응하는 것과 함께 기업 이익을 담보할 수 있는 법률안 성안을 통한 국회 통과를 이끌어내야 한다. 이 밖에도 기업인의 국회 증인 출석을 위한 정보 수집 및 대응전략 수립에 이르기까지 정치분야 위기관리 전문가에 의한 정무적 판단 또한 이뤄져야 한다는 것이다.

이 같은 작업은 5개 경제단체 합동으로 하든 아니면 산하기관으로 '한국경제원'을 두고 있는 전국경제인연합회가 주도하고 대신 나머지 4단체는 비용과 인력을 지원하는 방식으로도 할 수 있을 것이다. 어느 방식이 됐든 최소한 하나의 상임위원회를 10년 이상 경험한 십 수 명의 보좌관(1인 1상임위원회 담당)에 법학 및 경제학 전공자 몇 명이 보태진다면, '입법 정보 서비스'는 당장이라도 실시할 수 있다.

ADVENTURE & DESTINY

Sally(Sumin) Ahn, Trina Galvez 지음 | 값 13,000원

시집 『ADVENTURE & DESTINY』는 시와 문학에 대해서 깊은 열정을 가지고 꾸준히 창작활동을 계속하고 있는 한 젊은 시인의 문학적 사색과 고뇌를 보여주는 세계로의 모험이라고 할 수 있다. 각 챕터는 영어 원문과 한국어 번역을 모두 포함하여 원문의 느낌과 의미를 온전히 살리는 한편 한국어 독자들에게도 쉽게 접근할 수 있도록 하였다.

무일푼 노숙자 100억 CEO되다

최인규 지음 | 값 15,000원

책 『무일푼 노숙자 100억 CEO 되다』는 "열정이 능력을 이기고 원대한 꿈을 이끈다."는 저자의 한마디로 집약될 만큼 이 시대 '흙수저'로 대표되는 청춘에게 용기를 고하여 성공으로 향하는 길을 제시하고 있다. 100억 매출을 자랑하는 (주)다다오피스의 대표인 저자가 사업을 시작하며 쌓은 노하우와 한때 실수로 겪은 실패담을 비롯해 열정과 도전의 메시지를 모아 한 권의 책으로 엮었다.

정부혁명 4.0 : 따뜻한 공동체, 스마트한 국가

권기헌 지음 | 값 15,000원

이 책은 위기를 맞은 한국 사회를 헤쳐 나가기 위한 청사진을 제안한다. '정치란 무엇인가?' '우리는 무엇이 잘못되었는가?'로 시작하는 저자의 날카로운 진단과 선진국의 성공사례를 통한 정책분석은 왜 정치라는 수단을 통하여 우리의 문제를 해결해야 하는지를 말한다. 정부3.0을 지나 새롭게 맞이할 정부4.0에 제안하는 정책 아젠다는 우리 사회에 필요한 길잡이가 되어 줄 것이다.

나의 감성 노트

김명수 지음 | 값 15,000원

이 책 『나의 감성 노트』는 30여 년간 의사로서 의술을 펼치며 그중 20여 년을 한자리에서 환자들과 함께한 내과 전문의의 소소한 삶의 기록이다. 삶과 죽음에 대한 겸허한 자세, 인생과 노년에 대한 깊은 성찰, 다양한 인연으로 맺어진 주변 사람들에 대한 따뜻한 시선은 현대 사회를 사는 독자들의 메마른 가슴속에 사람 사는 향기와 따뜻한 감성을 선사할 것이다.

워킹맘을 위한 육아 멘토링

이선정 지음 | 값 15,000원

이 책은 일과 가정을 양립하는 데 어려움을 겪는 워킹맘에게 "당당하고 뻔뻔해지라"는 메시지를 전한다. 30여 년간 워킹맘으로서 직장 생활을 하며 두 아들을 키워온 저자의 경험담과 다양한 사례를 통해 일과 육아의 균형을 유지하는 노하우를 자세히 알려준다. 또한 워킹맘이 당당한 여성, 또 당당한 엄마가 될 수 있도록 응원하고 있다.

늦게 핀 미로에서

김미정 지음 | 값 15,000원

이 책 『늦게 핀 미로에서』는 학위도, 전공도 없지만 음악에 대한 넘치는 열정과 사회에 기여하는 인생이 되고 싶다는 소명감으로 음악치료사의 길에 발 디딘 저자의 이야기를 보여주고 있다. 사회 곳곳의 소외되기 쉬운 사람들과 음악으로 소통하고 마음으로 하나 되며 치유를 통해 발전을 꿈꾸는 저자의 행보는 인생 2막을 준비하는 사람들에게 많은 것을 생각하게 할 것이다.

위대한 도전 100人

도전한국인 지음 | 값 20,000원

이 책은 위대한 도전인을 발굴, 선정, 출판하여 도전정신을 확산시키는 것을 목적으로 도전을 통해 세상을 바꾸어 나간 위대한 인물 100명을 다양한 분야에서 선정하여 그들의 노력과 역경, 극복과 성공을 담았다. 어려운 시대 속에서 이 책은 이 시대를 살아가는 우리 모두의 가슴속에 다시금 '도전'을 키워드로 삼을 수 있도록 도울 것이다.

정동진 여정

조규빈 지음 | 값 13,000원

책 『정동진 여정』은 점점 빛바래면서도 멈추지 않고 휘적휘적 가는 세월을 바라보며 그 기억을 글자로 옮기는 여정에 우리를 초대한다. 추억이 되었다고 그저 놔두기만 하면 망각의 너울을 벗지 못한다. 그러기에 희미해지기 전에 기록할 것을 은근히 전한다. "기록은, 그래서 필요하다"라는 저자의 말은 독자들의 마음에 여운을 남기며 삶의 의미와 기억 속 서정을 찾는 길잡이가 되어 줄 것이다.

'행복에너지'의 해피 대한민국 프로젝트!
〈모교 책 보내기 운동〉

대한민국의 뿌리, 대한민국의 미래 **청소년·청년**들에게 **책**을 보내주세요.

    많은 학교의 도서관이 가난해지고 있습니다. 그만큼 많은 학생들의 마음 또한 가난해지고 있습니다. 학교 도서관에는 색이 바래고 찢어진 책들이 나뒹굽니다. 더럽고 먼지만 앉은 책을 과연 누가 읽고 싶어 할까요?

    게임과 스마트폰에 중독된 초·중고생들. 입시의 문턱 앞에서 문제집에만 매달리는 고등학생들. 험난한 취업 준비에 책 읽을 시간조차 없는 대학생들. 아무런 꿈도 없이 정해진 길을 따라서만 가는 젊은이들이 과연 대한민국을 이끌 수 있을까요?

    한 권의 책은 한 사람의 인생을 바꾸는 힘을 가지고 있습니다. 한 사람의 인생이 바뀌면 한 나라의 국운이 바뀝니다. **저희 행복에너지에서는 베스트셀러와 각종 기관에서 우수도서로 선정된 도서를 중심으로 〈모교 책 보내기 운동〉을 펼치고 있습니다.** 대한민국의 미래, 젊은이들에게 좋은 책을 보내주십시오. 독자 여러분의 자랑스러운 모교에 보내진 한 권의 책은 더 크게 성장할 대한민국의 발판이 될 것입니다.

    도서출판 행복에너지를 성원해주시는 독자 여러분의 많은 관심과 참여 부탁드리겠습니다.

도서출판 **행복에너지** 임직원 일동

문의전화 010-3267-6277

서 인석 1963년 경남 함양 출생

25년간 입법부 4급 공무원으로 일 하며 익힌 지식과 노하우를 기반으로, 규제 정책에 대한 대응 및 기업의 이해 관철을 위한 입법 등을 컨설팅 하는 '국내 1호 입법매니지먼트'(입법 및 정책분야 위기관리전문가)다.

한국정치를 전공하고 대학에서 시간강사를 하다 "왜 국회는 허구한 날 싸우기만 하느냐?"는 학생의 질문에 제대로 답을 하지 못해 직접 그 이유를 알아보기 위해 국회에 발을 내딛었다가, 보좌관이 평생 직업이 됐다.

국회에서 일 하는 동안 국회는 물론 대기업, 공공기관, 지방의회, 언론사, 시민단체 등에서 강의하는 한편 1948년 개원(開院) 이래 50년이 넘도록 보좌진을 위한 '업무 지침서'나 '참고도서' 하나 없는 국회 현실이 안타까워 국내 최초로 『국정감사 실무 매뉴얼』(2003년)을 썼다. '비정규직'이라는 한계로 보좌진 평균 재직 기간이 5년도 채 되지 않는 현실에서, 오랜 시간 '홀로 맨 땅에 헤딩'하며 익힌 업무 노하우를 담은 『국회 보좌진 업무 매뉴얼』(2008년)은, 지금도 단 한권밖에 없는 유일무이한 책이다. 공직선거 출마자들을 위해 『안전한 당선을 보장하는 선거법 해설』(2014년), 국회 취업 안내서인 『대한민국의 미래를 설계하는 전문직, 국회 보좌관에 도전하라』(2015년) 등도 출간했다. 국회 입사 전에는 『북한정치론』(1990년), 『우리들의 절반, 북한 백문백답』(1992년), 『한국사람 중국가기』(1995년) 등을 썼다.

많은 보좌진이 몇 년간 국회에 근무하다 선출직 혹은 공공기관이나 기업으로 자리를 옮기는 것과 달리 25년간 한 길을 걸으며 홀로 배우고 익힌 업무 노하우를 강의하고 책으로 출간하는 등 행정부에 대한 감사, 법률안 입안, 국가재정 분석과 관련해 '최고의 전문가'로 평가받고 있다. 한 때 Uber korea 자문위원, 성균관대학교 및 수원전문대 강사, 지방의회연구소 겸임교수, 「건설경제신문」 時論 필진, 「국회보」 편집위원, 월간 「말」 중국 통신원 등으로 활동했다.

국회 재직 중에는 후배들을 위한 업무 노하우 전수에 힘썼던 반면 퇴직 후에는 국민 세금으로 익힌 지식과 경험을 사회에 환원하기 위해 일반인들이 잘 알지 못하고 또 문턱이 높아 쉽게 접근할 수 없는 법률안 입안 및 국회 통과, 규제입법 대응, 기업인의 국정감사 증인 출석, 사업에 필요한 국가재정 확보, 정부의 정책자금 활용 등과 관련해 책 쓰고 강의하고 컨설팅하며 행정사와 작가로 활동하고 있다.

· 연 락 처: 010-7264-1157

· E - mail: dageda1@naver.com

· 블 로 그: http://blog.naver.com/dageda1(「입법을 알아야 기업이 산다.」)

· 강의주제: 국회의 입법과정과 대응, 국가재정 및 예·결산 심사, 국정(행정사무)감사와 증인 채택, 질의서 아이템 선정 및 작성, 성공적인 대외협력업무, 보좌진 직무 노하우, 국회 보좌진 취업, 책 쓰기 노하우 등

· 컨 설 팅: 규제입법 대응, 법안 성안 및 국회 통과, 정부 예산 확보, 정부 정책자금 활용, 국정감사 자료제출 및 증인 출석 대응 등